大旗出版
BANNER PUBLISHING

大旗出版
BANNER PUBLISHING

說春秋
之三
晉楚爭雄

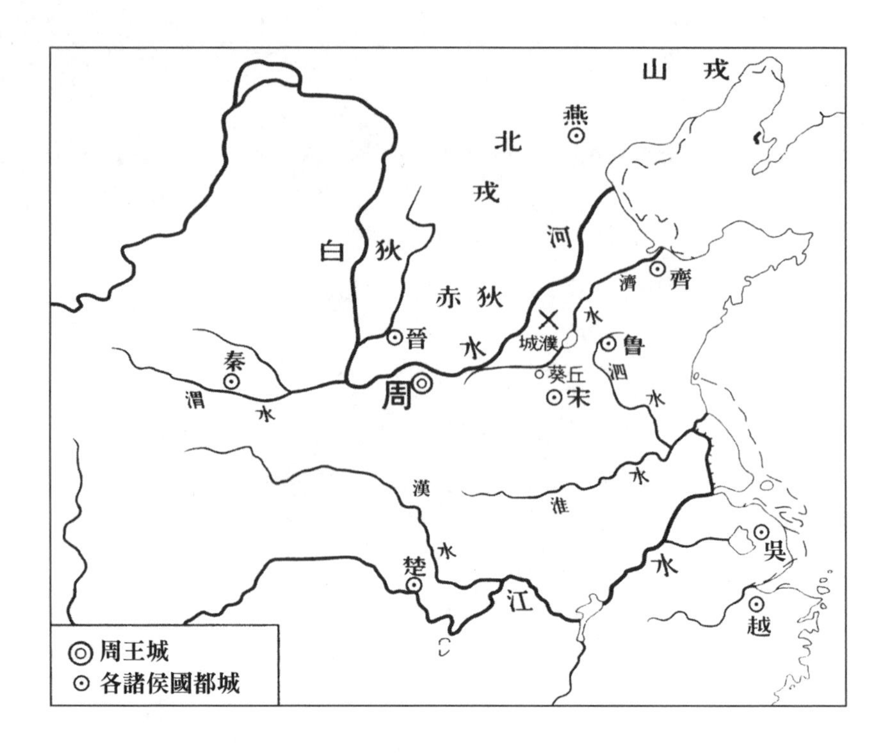

山戎
燕
北
戎
白
狄
赤狄
河
濟
齊
晉
水
城濮
魯
秦
葵丘
泗
周
宋
渭
水
漢
淮
水
吳
楚
江
越
周王城
各諸侯國都城

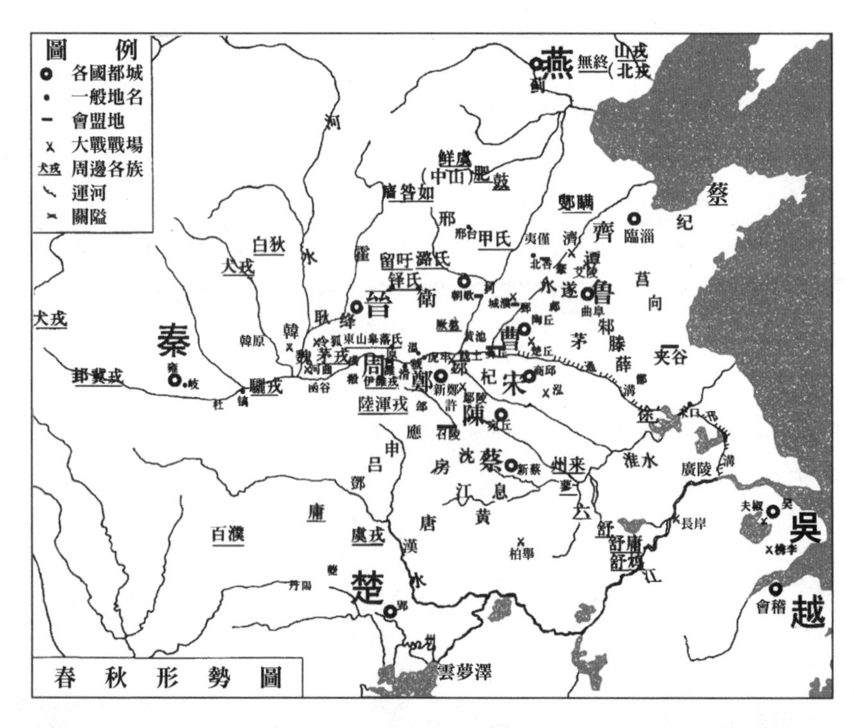

圖例
各國都城
一般地名
會盟地
大戰戰場
周邊各族
運河
關隘
燕
薊
無終
山戎
北戎
河
鮮虞
(中山)
肥
鼓
蔡
鄭
齊
臨淄
紀
白狄
水
霍
邢
甲氏
夷儀
濟
犬戎
留吁
潞氏
鐸辰
衛
朝歌
晉
絳
遂
魯
曲阜
莒
向
犬戎
秦
韓原
韓
令狐
東山皋落氏
曹
陶丘
茅
邾
滕
夾谷
魏
茅戎
周
鄭
杞
宋
商邱
泓
薛
驪戎
雍
岐
杜
鎬
函谷
陸渾戎
新鄭
許
陳
徐
召陵
淮水
廣陵
申
應
呂
沈
蔡
新蔡
州來
鄧
房
江
息
庸
百濮
唐
黃
六
舒
長岸
夫椒
吳
槜李
漢
柏舉
舒庸
舒鳩
江
楚
丹陽
郢
水
會稽
越
雲夢澤
春秋形勢圖

晉國卿世系（第三部・晉楚爭雄）

狐氏

狐偃—狐射姑（晉悼公七年出奔）

先氏

先軫—先且居—先克—先穀（先軫少子，晉景公三年被滅族）

趙氏

趙衰—趙盾（趙同、趙括、趙嬰）—趙朔（晉景公四年被滅族）—趙武（晉景公十七年獲平反）—趙景叔—趙鞅—趙無恤—趙浣（趙無恤兄趙伯魯之孫，三家分晉後為趙獻侯）

胥氏

胥臣—胥甲—胥克—胥童（晉厲公八年被殺）

郤氏

郤缺—郤克—郤錡（晉厲公八年被滅族）

士氏（范氏）

士會—士燮—士匄—士鞅—范吉射（晉定公十五年，被驅逐，後戰敗奔齊）

欒氏

欒枝—欒盾—欒書—欒黶、欒鍼—欒盈（欒黶子，晉平公七年被逐，後戰死于曲沃，被滅族）

荀氏（中行氏）

荀林父—荀庚—荀偃—荀吳（中行吳）—中行寅（晉定公十五年，被驅逐，後戰敗奔齊）

荀氏（智氏）

荀首（荀林父之弟）—荀罃—智盈（荀罃之孫）—智躒—智瑤（前453年被趙、韓魏三家聯手所滅）

韓氏

韓厥—韓起—韓須—韓不信—韓庚—韓虎—韓啟章—韓虔（三家分晉後韓景侯）

魏氏

魏犨—魏顆、魏錡—魏頡（魏顆子，別出為令狐氏）、魏絳（魏顆子）—魏贏（魏絳子）—魏舒—魏侈—魏駒（魏侈孫）—魏都（魏駒孫，三家分晉後為魏文侯）

春秋出世的祖師爺和祖師奶（三）

肉袒（裸奔）祖師爺：許僖公

愛國商人的祖師爺：弦高

徇私枉法的祖師爺：趙盾

權力鬥爭的祖師爺：趙盾

復活的祖師爺：秦國間諜

模仿秀的祖師爺：優孟

心理戰的祖師爺：楚莊王

因人設事的祖師爺：郤克

目錄

第八十一章

重回五鹿

晉文公五年正月（前 632 年），晉楚爭霸拉開了序幕。

晉國三軍齊發，一路東進。晉文公親自統軍，荀林父擔任御者，魏犨出任車右。大司馬趙衰，掌管三軍的賞罰。三軍帥佐統領各自的隊伍，中軍和下軍都是四十多歲的帥佐，再看上軍，兩個六十多歲白髮老頭領軍。

第一個目標，曹國。

為什麼打曹國？兩個原因。

對外公開說的原因是，當年晉文公路過曹國，遭遇曹共公性騷擾，嚴重走光。

真實的原因是，曹國去年剛剛投靠了楚國，討伐曹國，楚國不得不來救。

這就是狐偃和先軫的妙計嗎？是。但是，這僅僅是個開頭。下棋看三步，狐偃是個超級高手，他不僅僅看了三步，他看了十三步，已經把結果看到了。

借道衛國

在晉國攻打曹國之前，抓緊時間介紹曹國的歷史。

儘管曹姓起源略為複雜，不過我們基本上可以認為曹姓主要起源于曹國。

周滅商之後，周武王封十三弟姬振鐸在曹邑，也就是今天的山東菏澤、定陶、曹縣一帶，伯爵。由於地盤不大並且經營不好，曹國始終是一個小國，夾在衛宋之間，春秋時期主要投靠宋國。西元前 485 年，曹伯陽被宋國俘虜，曹國被宋國所滅，這是後話。

看看地圖，晉國與曹國並不接壤，要討伐曹國，必須借道鄭國或者衛國。向誰借道？來看看具體情況。

鄭國，楚國的保護國，楚成王是鄭文公的大舅子。

衛國，衛文公三年前鞠躬盡瘁了，兒子衛成公繼位，衛成公一年前把妹妹嫁給了楚成王，現在是楚成王的大舅子。

兩個國家，兩條裙帶。

狐偃選擇了向衛國借道，因為向鄭國借道是不可能得到同意的，那麼只能直接攻打鄭國。而鄭國緊鄰楚國，楚國勢必出兵救援，於是，晉國從一開始就要與楚國決戰。

不好玩，遊戲結束得太快，沒勁。所以，狐偃決定向衛國借道。

衛成公剛剛送走楚國特使。楚國特使前來，是要求衛國出兵，從北面進攻宋國，配合楚國大軍圍攻宋國首都睢陽。

衛成公沒有辦法拒絕這樣的要求，他答應儘快出兵。

這個時候，晉國特使到了。

「請問，貴國有何見教？」衛成公接見了晉國特使，還算客氣。不過，他瞧著晉國特使特別彆扭，不知道什麼原因。

「借道，我國要攻打曹國，借個道使使。」晉國特使說話的聲音陰惻惻，還有些尖利。衛成公恍然大悟：哦，這是個死太監，怪不得看著彆扭，沒鬍子。

晉國特使是誰啊？勃鞮。

衛成公很惱火，你晉國派個死太監過來做特使，明擺著瞧不起人啊。再說了，什麼叫借個道使使？連句客氣話也沒有，借你媽個頭啊。

「不借，朝別人借去。」衛成公一時火起，當場拒絕。

「哎，別後悔？」勃鞮一聽，什麼？屁大的國家，跟你借道你不借？當時歪著脖子就問了。

「嗯，你威脅我？來人，趕出去。」衛成公火更大了，這死太監竟然還威脅自己，要不是看在晉國是個大國的分上，直接砍了。

好在衛成公沒讓人砍勃鞮，否則，勃鞮動起手來，先死的恐怕就是衛成公了。

勃鞮被趕了出去，一路上罵罵咧咧，離開衛國，路上還擔心：沒完成任務，回去會不會被扣年終獎？

勃鞮不知道的是，他的任務完成得很好。派他去，要的就是這個效果。

如果真想借路，那就應該派職業外交官胥臣去了。派勃鞮去，一來是故意要羞辱衛成公；二來呢，勃鞮就一太監，懂什麼？

果然，勃鞮受到表揚。

拿下五鹿

「衛國，當年的國君粗暴拒絕了我國主公的問候，現在的國君不僅粗暴拒絕了我們借道的合理請求，還羞辱我們的特使。是可忍孰不可忍？羞辱特使，就是羞辱晉國國君；羞辱國君，就是羞辱晉國人民。兄弟們，告訴我，我們該怎麼辦？」出征動員大會上，中軍主帥郤縠正在煽情。

「打這些狂妄之徒！」三軍怒吼。

狐偃笑了，先軫也笑了。

如果直接打衛國，理由不充分，畢竟當年拒絕他們的衛文公已經不在了。如今這樣，理由充分了，士氣也鼓起來了。

晉國軍隊渡過黃河，殺奔衛國，一路上秋毫無犯，直取五鹿。

提起五鹿，當年隨晉文公流亡齊國的兄弟們就牙癢癢，那是一輩子最餓的時候，如今說起來，還覺得肚子裡空空如也。

「主公，先軫願為先鋒，拿下五鹿。」先軫請戰，實際上等於替當年的兄弟們請戰。三軍六名帥佐，狐家兄弟和先軫是當年流亡的兄弟，而那老哥倆自然不是做先鋒的合適人選。

於是，晉文公派先軫為先鋒，魏犨為副將，以兩百乘戰車，先行出發攻打五鹿。

五鹿，也算是衛國的邊防重鎮。

衛國大將公子休駐守五鹿，由於衛國投靠了楚國，因此加強了五鹿的防守，以對抗齊國。沒想到的是，齊國軍隊沒來，晉國軍隊倒來了。

怎麼辦？迎戰。衛國從來沒有跟晉國交過手，因此也談不上誰怕誰，既然來了，那就打打看。

這是先軫第一次帶晉軍打仗，怎麼打？先軫早有成算。對於五鹿的地形，他記得清清楚楚。不僅五鹿，凡是他到過的地方，他都繪有地形圖，哪裡適合車戰，哪裡適合步戰，哪裡可以埋伏，等等，都在他的地形圖中。

而公子休顯然沒有想到，他將要面對的是春秋第一名將。

城西三十里，晉衛兩軍擺好陣勢。

戰車，一百乘對一百乘。雙方大將，晉國是先軫，衛國是公子休。

兩軍對圓，也沒什麼話說，幹吧。

衛軍一通戰鼓，按理，晉軍也要一通戰鼓，雙方交戰。可是，晉軍沒有擂鼓。

衛軍再一通戰鼓，晉軍還是沒有動靜。

「嘿，學曹劌啊？」公子休樂了，他掰指頭算了算，自己已經兩鼓了，再來一鼓那就三鼓，對方來個一鼓作氣，自己的隊伍不就栽了？

「你以為就你聰明？」公子休決定，衛軍也不擂鼓了，嘿，你等我的三鼓，等死你。

就這樣，兩國軍隊誰也不擂鼓，也不對話，對視了一個時辰，好像比耐心一樣。

最後，衛國人在比耐心的比賽中取得了勝利，因為晉國人先說話了。

「公子休，投降吧。」先軫大聲喊道。

「哈哈哈哈，先軫，你投降吧。」公子休也喊。

「你回頭看看。」先軫又喊。

「你也回頭看看。」公子休順口喊道，喊完之後，忍不住還是要回頭看看。

回頭一看，公子休傻眼了。

五鹿城頭，不知道什麼時候已經換成了晉軍的大旗。現在公子休知道自己被耍了，城池都被人家偷襲了，自己還傻乎乎在這裡比耐心呢。

衛軍一陣騷動，大家都慌了手腳。就在這個時候，對面晉軍終於擂響了第一通戰鼓。公子休總算明白了，晉國人根本就不必等自己的第三通戰鼓。

衛軍崩潰，晉軍掩殺過來。公子休掉轉車頭，奪路而逃。剛剛逃過一個山坡，前面閃出一路晉軍，為首的大將正是魏犨。原來，在這邊比耐心的時候，魏犨率領剩下的一百乘戰車，換上衛軍的旗幟，大大方方進了五鹿，然後殺散守軍，城頭上換上晉軍大旗。一切妥當，這才率軍出來夾擊衛軍。

公子休遇上了魏犨，這位可不跟你比耐心，大戟直接刺過來，公子休急忙橫戟去擋，哪裡擋得住，被魏犨連人帶戟挑在空中，當場喪命。

一月九日，晉軍南征第一戰，零傷亡拿下衛國五鹿。

記得十二年前晉文公路過五鹿時的故事嗎？那時候狐偃斷言十二年後可以得到這裡，並且預測了具體時間為戊申這一天。

一月九日，恰好就是戊申日。

神哪，狐偃就是諸葛亮的祖師爺啊。

拿下五鹿，晉文公記下先軫和魏犨的首功，之後親自前往當初野人贈土的地方，看看那個野人還在不在。很遺憾，野人不見了，據另外的野人說，那個野人在那次贈土事件之後就瘋了，後來不知所終。

「神人哪，神人通常就是以瘋子的面目出現的。」狐偃說。

所以，整天神神叨叨的不一定就是神經病，他還可能是神人。

沒有見到那個野人，晉文公有些失望。之後，大家又去了介子推割肉的地方。晉文公追思介子推，忍不住淚流滿面。每個人都被感動了，被介子推，也被晉文公。

先軫升任元帥

衛軍五鹿守軍全軍覆沒，消息傳來，衛國首都楚丘震動。

現在衛成公知道了，跟晉國對抗，基本上相當於雞蛋碰石頭。如果說現在還有兩條路可以選擇的話，那麼第一是求和，第二是投降。當然，還有一條偷偷摸摸走的路，就是派人去楚國緊急求援。

衛成公派大夫寧俞前往五鹿，向晉國求和。

「我們請求和平談判，晉衛兩國，一衣帶水，血濃於水，世世代代要友好下去。」寧俞專揀好聽的說，一邊說一邊偷看晉文公。

「寧大夫，別說這些了，早幹什麼去了？沒得談。」晉文公對寧俞還挺客氣，不過態度很堅決。

「這，我們投降行不行？」寧俞攤了底牌，平起平坐談判沒資格的話，投降也行，這是來的時候衛成公交代好的。

「不行，不接受投降。」晉文公夠狠，投降都不接受。

寧俞哭著回去了。

不談判，而且不接受投降，晉文公想幹什麼？攻破楚丘，滅了衛國嗎？否。

晉國軍隊停在了五鹿，並沒有進攻楚丘。他們在幹什麼？他們在等。

按照計畫，第一步順利攻佔五鹿之後，軍事行動暫停，下一步的戰略部署展開。

國際形勢是這樣的，楚國軍力強大，所向披靡，導致以魯國為首的中小國家紛紛投靠楚國。目前，除了被攻打的宋國之外，還沒有投靠楚國的就只有秦國和齊國。其中，秦國是晉國的親戚兼戰略合作夥伴，齊國則在不久前剛剛被楚國軍隊侵略。

聯合齊、秦，共同對付楚國，這就是晉國第一步也是最根本的戰略部署。

晉國特使從五鹿出發，前往齊國和秦國，謀求合作對抗楚國，要求對方派出軍隊，協同晉軍作戰。

很快，齊國和秦國作出正面回覆：支持晉國，儘快派兵。其中，齊國還提出建立戰略合作夥伴關係，齊國國君齊昭公將親自來五鹿歃血為盟。

齊國國君不是齊孝公嗎？原來，自從被魯國忽悠之後，齊孝公氣憤不過，把自己給活活氣死了。原本是兒子繼位，誰知兒子太小，被齊孝公的弟弟公子潘殺死，公子潘就當了齊昭公，公子開方位居上卿。就在等待齊昭公來到的時候，晉軍發生了一件很不幸的事情：中軍元帥郤縠在軍中去世，享年五十六歲。

中軍元帥死了，誰來繼任？

最高機密會議。

「舅舅，老師，你們認為誰比較合適？」晉文公問。

「先軫。」狐偃和趙衰對視一眼，一起說道。

「那就是他了。」晉文公一拍桌子，其實，他也認為應該是先軫。

下軍佐先軫，現在是中軍元帥，地位僅次於晉文公。胥臣替補為下軍佐。

8 晉齊結盟

二月，齊昭公和公子開方來到衛國的斂盂（今河南省濮陽縣），晉文公已經等候多時。兩國國君共同追憶了齊桓公的豐功偉業，重溫了兩國之間從周武王和姜太公開始的長達數百年的裙帶關係，兩國國君主表示：南蠻楚國侵犯中原，必須要痛打。

兩國元首簽署了戰略合作夥伴備忘錄，歃血為盟。

最後，晉文公表示，晉國政府支持齊國收回谷城的合理要求。而齊昭公表示，打擊楚國侵略者是天下人共同的責任，為此，齊國將派兵前來協助晉國。

兩國元首會談期間，衛國元首衛成公數次派人前來，申請加入盟會，重回中原正統懷抱。

「沒得談。」晉文公多次斷然拒絕。

衛國大夫寧俞轉而求助於公子開方，希望這位衛裔齊國人能夠看在血濃於水的分上，為衛國人在晉國人面前求情。

「不可以，我是齊國人，不是衛國人。」公子開方斷然拒絕。

衛成公絕望了，楚國的援兵還看不到影，而晉國人只要願意，一個早晨就能拿下楚丘。怎麼辦？跑吧。

衛成公把楚丘交給了弟弟叔武和大夫元亙，自己跑到小城襄牛躲起來了。

晉軍隨時可以抓捕衛成公，也隨時可以攻破楚丘，甚至滅掉衛國。可是，晉文公為什麼不動手？因為，晉國人的目的不在這裡。

如果捉住了衛成公或者拿下了楚丘，也就等於晉軍控制了衛國，那麼，楚軍就沒有來救衛國的理由了，也就意味著，宋國的包圍依然沒有解除。

相反，放著衛成公和楚丘不動，衛國就依然是晉國手中的砝碼，依然有利用價值。等到解除了宋國的危機，那時滅掉衛國也不過是順手之勞。

就這樣，晉國人在衛國等待著楚軍北上。而元帥先軫已經佈好了陷阱，單等獵物出現。

楚成王的選擇

楚國會救衛國嗎？

楚成王在接到衛國求援之後，有些猶豫。儘管沒有和晉軍交過手，但是他知道晉文公的團隊是什麼樣的成色。要打，是沒有把握取勝的，可是，要是見死不救，今後還怎樣號令諸侯？

「各位，晉軍攻擊衛國，顯然是為解宋國之圍，我們救還是不救？」楚軍大營，成王召集了各國君主和大將，商討此事。

「主公，晉國人忘恩負義，幫助宋國來跟我們搗亂，我們一定要救衛國，給晉國人一點顏色看看。」成得臣第一個發言，他的意見是救。

「不然，我們打宋國，他們打衛國，各不相干，如果我們去救衛國，那就等於是我們直接挑起了兩國之間的戰爭，道理上說，正義並不在我們這一邊啊。依我看，不如遣使往晉國，展開斡旋。」大夫蔿（音偉）呂臣建議。

一時間，說什麼的都有，各有擁躉，也各有道理。

成王左思右想，與晉國交手他不願意，可是，就這樣放過宋國，他又不甘心。想來想去，最後想到一個辦法：「這樣，子玉留一半兵力繼續攻打睢陽，我親自率一半人馬北上，解衛國之圍。」

就這樣，成得臣以一半楚軍外加陳、蔡兩國軍隊，原地不動，繼續攻城，另一半楚國軍隊連帶鄭、許兩國軍隊，隨楚成王去救衛國。

這一邊，成得臣加緊攻城，力爭拿下睢陽，之後前去增援楚成王。宋國知道晉國軍隊已經出動，也士氣高昂，防守更加賣命。所以，睢陽這裡戰事與從前差別不大。

那一邊，楚成王率軍北上。

原本，楚成王就有些心裡打鼓，雖然決定救衛，但心裡始終還是猶豫。大軍走得極慢，而且是越走越慢，進入衛國之後，早早紮營，並不向楚丘進軍。與此同時，派出間諜前往楚丘及晉軍前線打探消息。兩天之後，間諜們回來了，帶來的消息如下：

第一，晉軍士氣高昂，訓練水準極高。目前，先軫為元帥。

楚成王一聽，心涼了半截。如果晉軍是別的人領軍，他還有點底，如今是先軫為元帥，說明晉國人不僅善於用人，而且空前團結，因為如果論資歷，根本輪不到先軫，如今狐偃、趙衰他們讓賢，晉軍是絕對佔據「人和」的。先軫他是知道的，早在晉文公在楚國的時候，楚國將軍們就說過先軫比他們都強，甚至有人建議把先軫留在楚國。如今先軫執掌晉國軍隊，從技術上來說，自己這邊已經處在下風了。

第二，齊國軍隊在國歸父、崔夭率領下已經抵達衛國，與晉軍協同作戰；而秦國軍隊在小子憖（音印）率領下，也正在向衛國開來。

這也是個壞消息。如今天下大國不過是楚晉齊秦，這下楚國要獨自面對另三個大國的合擊，楚成王的心算是徹底涼了。怎麼辦？楚成王有些發愁。

「大王，我看，咱們還是趁早撤軍吧。」蔿呂臣見楚成王的臉色不對，知道他在猶豫，於是上來勸說。

「你說說為什麼？」楚成王說。衝這語氣，就知道想要蔿呂臣找個撤軍的藉口。

「大王，你想，晉國軍隊零傷亡拿下五鹿，之後不許衛國投降，可是又不拿下楚丘。是晉國人拿不下楚丘嗎？當然不是，那麼他們想幹什麼呢？他們就是在誘使我們過來。別人不知道，大王還不知道先軫的能力嗎？還不知道魏犨的勇猛嗎？我們就算全軍過來，也不一定能取勝。如今咱們一半的兵力來，面對三個大國，大王啊，風險太大啊。」

「嗯，有道理。」

「大王，要撤就趕緊撤。我擔心晉國人正準備正面攻過來，而齊國人和秦國人從兩肋包抄，那時再撤，可就晚了三秋了。」

「撤。」

就這樣，楚軍迅速撤軍。

《史記》記載：「楚救衛，不卒。」

楚軍撤去了哪裡？申。大致是擔心被成得臣嘲笑，楚成王的部隊並沒有回到睢陽前線。

第八十二章

挖祖墳和縱火案

楚軍沒有進入晉軍的包圍圈就撤退了，這多少讓晉國人有些失望。不過，這更增強了晉國戰勝楚國的信心。儘管楚國人因此而逃脫，卻也暴露出楚國人從內心對晉國的畏懼。

「主公，我們怕楚軍。可是，楚軍也怕我們。兩軍交戰，勇者勝。雖然晉楚還沒有交手，已經算我們勝了一仗。」狐偃對晉文公說。他知道晉文公對楚軍的戰鬥力非常畏懼，如今正好給他打打氣。

「下一步怎麼辦？」晉文公問。

「按既定方針辦。」

按照既定方針，既然楚國不救衛，晉軍下一步就要拿下曹國，進一步刺激楚國人的神經。穿過衛國，晉軍挺進曹國，衛國則交給齊國軍隊駐守。

對待曹國和對待衛國，方法是不一樣的。對衛國，純粹是要誘使楚軍北上。對曹國，則是堅決拿下，加大對楚國人的刺激力度。

「讓他偷窺，這次我要讓他看個夠。」晉文公想起往事，恨恨地說。

「主公，小小陶丘，何勞大軍，給我三百人，我拿下陶丘等主公駕臨。」說話的是誰？天下武林第一高手勃鞮是也。

「好。」晉文公同意了。

於是，勃鞮率領三十乘戰車先行，要一舉拿下陶丘。

那麼，武林第一高手能行嗎？

第一高手栽了

勃鞮是一個急性子，總是急於立功的那種。從前這樣，現在還這樣。

三百人小分隊早早出發了，說實話，狐偃和先軫對這個大內高手都不是太放心，單打獨鬥沒得說，可是帶兵打仗是另一回事啊，不過既然晉文公答應了他，也不好說什麼。好在只有三百人，即使出了差錯，也不會太嚴重。

趕到陶丘，恰好是中午。

「兄弟們，進城吃中午飯啊。」勃鞮說。他根本不擔心自己拿不下陶丘。他已經計劃好了，速戰速決，自己人少，正好出其不意。

可是到了城門外，勃鞮發現，連速戰速決都免了。

原來，陶丘城城門大開，不僅沒人看守城門，城頭上甚至沒有守城官兵。

「哈哈哈哈，曹國人一定是聽說晉軍來了，棄城逃命了，兄弟們，進城。」勃鞮高興壞了，他覺得自己最近的運氣好得驚人，上次出使衛國也是，自己還沒弄明白怎麼回事就立了一功。現在呢，一座空城等著自己。

三百晉軍溜溜達達就進了陶丘，哥幾個還在討論是不是先去搶點什麼呢。進城一看，果然城裡空無一人，大家心情都很放鬆。

突然，只聽得「咣當」一聲，身後的城門關上了，三百晉軍都被關在了城裡。

「不妙。」勃鞮叫了一聲，這個時候才知道不妙，晚了。

大路兩旁，城牆之上，突然冒出數千名曹軍，更不打話，一個個手持弓箭，只聽得一聲喊——喊什麼？喊勃鞮這輩子最不願意聽到的那個字。

「射。」隨著這一聲喊，萬箭齊發誇張了點，但是兩三千箭沒有問題。隨後，又是一輪。

三百晉軍，沒有一個人逃生，包括武功天下第一的勃鞮。

武功再高，也躲不過亂箭。自古以來，天下第一高手往往都死得不明不白。

「士可殺不可辱，該死的曹國人，為什麼要污辱我？」勃鞮用最後一口氣說了這句話。

晉文公大軍抵達陶丘已經是第二天，眼前的一幕令他大吃一驚。

陶丘城頭，三百名晉軍屍體懸掛著，其中一具屍體被剝得精光，不用看臉，就知道那是勃鞮。

別說晉文公吃驚，所有晉軍士兵都大吃一驚。

「氣死人了，給我拿下曹國。」晉文公大怒，就要下令攻城。

「主公，且慢。曹國人這種做法，對我們的軍心是個打擊。貿然攻城，只怕傷亡很大。先紮下大營，找更好的辦法。」元帥先軫急忙阻止。元帥發了話，晉文公只得忍一忍。

晉軍紮了大營，晉文公親自和先軫來看城，只見城上的曹軍一個個十分得意，對著晉軍屍體指指點點，似乎很有信心。

看完城，眾人回到大營，召開戰前會議。

「剛才我們看了城，這座城城高牆厚，比一般城池難攻，當初宋軍圍攻一個月拿不下來。我看，不要急著攻城。我軍主要敵人是楚軍，不可在這裡折了銳氣。」元帥先軫率先發言。

「先元帥說得有理，可是，曹國人將勃鞮等人懸屍城上，還故意扒了他的褲子，是可忍孰不可忍？若不儘快拿下陶丘，對我軍士氣影響極大。」晉文公發言，他的意思是要盡快攻城。

於是，帥佐們開始討論，有支持先軫的，有認為應該立即攻城的。

狐偃沒有發言，他始終沒有說話。

「舅舅，你怎麼看？」先軫問。越是有疑難的時候，狐偃就越是有辦法。

「我的上軍要移出大營，單獨屯紮。」狐偃冒出這麼一句來，見大家都不解其意，接著說，「曹國人不仁，我們自然不義。他們懸掛我軍士兵的屍體，我們就挖他們的祖墳地。我們把上軍直接屯紮到他們的祖墳地，揚言挖掘祖墳，焚骨取暖。這樣，曹國人必然害怕，不得不交還屍體，那時，我們再想辦法破城。」

狐偃的主意非常陰損，可是沒辦法，曹國人的做法也很陰損啊。

主意一出，大家都說好。

打仗打仗，打成了挖人家祖墳。

屍體換屍骨計畫

狐偃的主意確實好使，這邊晉軍上軍屯紮到了曹國祖墳地，士兵們開始揮舞鐵鍬掘墓的時候，城裡就亂了營。

古人對祖先和鬼神都是很敬畏的，不像如今挖祖墳已經成了時尚。那時候祖墳被挖，驚動了祖上的神靈，那是後輩子孫的極大罪孽。如今挖祖墳，是祖上的神靈在歎氣：「唉，我造了什麼孽？生下這些不肖子孫。」

曹共公慌了神。羞辱晉軍士兵的屍體他可以不在乎，可是老祖宗的遺骨被弄出來當柴火燒，那可受不了。

「該死的晉國人，咱們還是兄弟啊，挖我的祖墳，不就等於挖你們自己的祖墳嗎？」曹共公破口大罵，也不想想晉國人為什麼要挖他的祖墳地。

罵歸罵，曹共公還是趕緊派人去晉軍大營，提出「以屍體換屍骨」的交換方案，也就是曹國把晉軍屍體還給晉軍，晉軍撤出曹國祖墳地。

「原本呢，我們非把你們祖墳給挖了，骨頭餵狗，頭蓋骨盛尿。看在祖上還是兄弟的份上，放過你們。不過，三百具晉軍屍體被你們晾了這麼多天，必須用上好的棺木給裝殮了，三天之內送出來。否則，我們還要挖墳。」先軫答應了「以屍體換屍骨」，但是，提出了必須用棺材把屍體運出來的條件。

到了這個時候，曹國也只好答應了。

問題是，三百具屍體要用三百副棺材，一時半會兒去哪裡弄這麼多棺材？當初射殺晉軍的時候嫌殺得太少，如今才發覺殺得太多了。

「能不能兩個人一副棺材？」曹共公派人去討價還價。

「去你媽的，你們曹國人才兩個人一副棺材呢。要是你們棺材不夠，我們就從你們祖墳裡挖出來給你們用。」先軫強硬地回答。

沒辦法了，就是拆門板也要拆了。曹共公發出「實幹苦幹加巧幹，三天造出三百棺」的號召，整個陶丘連續奮戰三個晝夜，終於在第三天下午將三百副棺材做好了。

棺材做好了，將三百具晉軍屍首一一裝好。每副棺材用一輛車拉著，開了城門，浩浩蕩蕩拉了出去。

如果外面的敵人不是晉國人，而是魯國人或者宋國人，那麼，曹國人這樣的行動是沒有問題的，因為魯國人和宋國人決不會在兩軍進行交換的時候動手。

可惜的是，曹國人面對的是晉國人。

曹國人的車隊剛剛出城不遠，就被晉軍攔住了。

「卸車，驗屍。」晉國人提出要驗屍，沒辦法，曹國人只好把棺材抬下來，再把棺材打開給晉國人檢查。

前面的車停下來驗屍，可是城裡的車隊依然在向外走。很快，車隊擁堵起來，城門擠滿了拉棺材的車。

「咚咚咚，咚咚咚。」鼓聲響起，緊接著，晉軍從四面八方殺來。

「關城門，關城門。」守城的曹軍急忙要關城門，可是，城門裡都是棺材，哪裡關得上？

晉軍越過棺材，殺進城中。

戰鬥很快結束，守城曹軍大部投降，其餘被殲。自曹共公以下，曹國卿大夫全部被活捉。

三月八日，晉軍攻陷陶丘。

三八縱火案

現在，開始報仇。

曹國國庫被搬空，全數運往晉國，後宮美女勞軍。

曹國官員秩序冊交到了晉文公手中，一一過目，看看哪些人該殺。看了一遍，發現全部該殺，理由很簡單：曹國賢人僖負羈竟然不在這個名單中。一問，原來是僖負羈性格太直，不被曹共公喜歡，因此已經被開除出公務員隊伍。

晉文公把曹共公叫來，痛罵一頓。《左傳》記載：「數之，以其不用僖負羈而乘軒者三百也，且曰：『獻狀。』」什麼意思？

就是斥責曹共公手下有三百個高級公務員，卻解雇了僖負羈。乘軒者也就是使用公車者，意思是你曹國狗屁大個國家，竟然有三百輛公車，而其中卻沒有僖負羈一輛。「獻狀」是什麼意思？就是你不是喜歡看我的排骨嗎？這次讓你看個夠。

小小曹國三百輛公車啊，可見自古以來，公車數量直接反映政府腐敗程度。

好人被開除，那麼當官的一定都不是好人。好人沒有公車坐，坐公車的一定不是好人。

這是晉文公的結論，基於這個結論，晉文公下令：凡是坐公車的，殺，抄家。

三百換三百，公車換棺材。

你殺我三百人，我殺你三百家。

仇要報，恩更要報。這是晉文公的做人原則。

「僖負羈全族受晉軍保護，任何人膽敢動僖負羈家一草一木，斬首示眾。」晉文公下令，他還記得當初僖負羈送熟食，千里送鴻毛，禮輕情義重啊。

報仇，沒人反對；報恩，有人不滿了。

魏犨和顛頡是跟隨晉文公流亡的，兩個人都自我感覺不錯，覺得自己功勞不小。可是，論功行賞的時候，哥倆都落在第三檔次，兩人心中就有些不服。如今看晉文公對僖負羈這麼好，不僅下令保護，而且還準備重賞，兩人不禁憤憤不平。

「魏哥，你說咱們出生入死跟著主公，大好青春都耽誤了，也不過混個三等功臣。這僖負羈無非就送了兩盤羊雜碎，主公就這樣優待他，太便宜他了。」顛頡來找魏犨喝酒，喝得半醉，開始發洩心中不滿。

「他奶奶的，你說得對啊。你說咱們兄弟，真刀真槍那麼幹，腦袋拴在褲腰帶上，最後不受待見，僖負羈這種人動動嘴皮子，送幾盤羊雜碎，就好像成了大功臣，我想不通。」魏犨聽了顛頡的話，也有點不平。

哥倆你一言我一語，互相拱火，最後一拍大腿：「我們也不動他家什麼，我們要燒了他家。」

俗話說，一個人缺心眼不可怕，可怕的是兩個缺心眼碰在一塊。

哥倆商量好了，也不去想後果，趁著酒勁，各帶了貼身隨從，直奔僖負羈家而去。

當時已經是半夜，巡街晉軍見是魏犨和顛頡，也不敢盤問。兩人帶著人來到僖負羈家，一人前門一人後門，開始放火。當晚有微風，風助火力，眼看著火勢大起。魏犨燒得高興，忘了危險，結果被一棵橫樑掉下來，躲閃不及，砸在胸口。也就是魏犨，換了別人，直接砸死，魏犨只是胸部受傷，倒給砸清醒了，急忙離開火場。

僖負羈家裡人在睡夢中被火燒醒，哭爹喊娘，四處奔逃。

附近的晉軍看見火起，急忙來救。

僖負羈被困在房內，逃不出來。晉軍急忙找工具砸門砸窗，紛紛喊：「有沒有錘錘？」「有沒有鏟鏟？」

等到找到錘和鏟的時候，已經晚了三秋。

僖負羈被煙熏死了，而家裡也被燒成一片灰燼。

事後統計，一共二十五人被燒死，七十六人受傷。

趙衰當晚展開緊急調查，很快確認這是一起人為縱火案。繼續調查，發現是那兩個二百五幹的。

由於這一起縱火案發生在三月八日晚上，因此我們稱之為「三八縱火案」。

殺一留一

第二天一早，最高機密會議。

現在這個會議增加了中軍元帥先軫。

趙衰首先把昨晚發生的事情的經過作了一個簡短介紹，並且確認昨晚大火是魏犨和顛頡放的。

「這項罪名，怎樣處置？」聽完了彙報，晉文公問趙衰。

「殺。」

晉文公一時沒有說話，這兩個兄弟跟隨自己流亡十九年，要殺他們，真有些下不了手。

「主公，魏犨為天下第一勇士，楚國人歷來怕他，是否可以讓他戴罪立功？」於公於私，先軫為魏犨求情。

「老師，你看呢？」晉文公問趙衰。趙衰是行軍司馬，賞罰都出於他，所以，晉文公要跟他商量。

「先軫說的也有道理，還沒有跟楚國人開戰，先斬兩員大將，確乎有損軍心。不如我去看看魏犨，據說他昨晚受了傷，如果傷勢嚴重，留著也沒有什麼用，那就殺他。如果傷勢沒問題，那就留下他，殺顛頡。」趙衰建議。

「就這麼辦。」晉文公同意。

趙衰是個有原則的人，但也是個靈活的人。

有原則很可貴，但是有原則而且靈活，就更加可貴了。

趙衰回去洗了一把臉，撒了一泡尿，又換了一身衣服，然後去看魏犨。

來到魏犨軍帳，守門士兵通報了，魏犨親自出帳迎接。

「司馬前來，不知有何見教？」魏犨給趙衰看了座，假裝不知道趙衰來幹什麼。想想看，法院院長到你家了，還能有什麼事兒？

「昨晚的大火，據說是你放的，你有什麼話說？」趙衰單刀直入。

「司馬，不瞞您說，我也是剛才醒來才知道。昨晚跟顛頡喝酒喝得爛醉，我都不知道自己幹了什麼。司馬，究竟，燒了誰家？」魏犨現在裝糊塗了，這時候，除了裝瘋賣傻，沒別的法子。

趙衰沒好意思揭穿他，一起混了這麼多年了，魏犨的酒量誰不知道？

「聽說你受傷了，傷勢怎樣？主公讓我來問候你。」趙衰問。其實，這才是他最關心的。

「嗨，司馬，你還不知道我？那點傷，搔癢一樣。你坐好了，看我給你比劃兩下子。」魏犨說。是死是活就靠這兩下子了。

《左傳》記載：「距躍三百，曲踴三百。」什麼意思？就是魏犨摸爬滾打來了一套魏家拳，打得虎虎生風，威風八面。

趙衰一看，看來老魏還行。

趙衰走了，魏犨咕咚倒在床上，乾喘氣起不來，胸口陣陣劇痛。

「娘的，多虧了先軫來通風報信，夠意思，現在把老趙給忽悠了。」魏犨自言自語。原來，最高機密會議一結束，先軫就派人來給魏犨通風報信，告訴他就是痛死也要打一套魏家拳給趙衰看。性命攸關，魏犨讓手下把自己的胸用白布纏好，然後忍著劇痛，若無其事在趙衰面前表演。

只有一樣，魏犨以為自己忽悠了趙衰，其實，趙衰根本沒有被忽悠，他之所以磨蹭了一陣才來，就是給先軫通風報信的時間。

又堅持了原則，又不給別人留下把柄，趙衰也算是個老油條了。

中軍大帳，元帥先軫主持宣判大會。

「查，顛頡違抗軍令，夥同魏犨燒毀僖負羈家，該當何罪？」先元帥大聲喝問。

「報元帥，死罪。」司馬趙衰答道。

「推出，斬首示眾。」先軫發令，顛頡還要辯解，刀斧手根本不給機會，直接推出轅門，「咔嚓」一聲，腦袋落地，就掛在轅門示眾。

大將違令，照殺不誤，這叫做「做法」，也就是殺一個人來明正法令。後來打仗，經常有主帥出師之前故意找人「做法」，就是源於此處。

「魏犨，飲酒大醉，在不知情情況下協同犯法，該當何罪？」先軫問，算是直接給開脫了。

記大過？錯。

內部警告？錯。

通報批評？錯。

雙規？錯。

「報元帥，革職。」趙衰答道。那年頭，還沒內部警告、記大過之類的說法。

「魏犨，革去軍中一切職務，戴罪立功之後另行考慮。此外，為嚴肅法令，禁閉十五天。」先軫下令。禁閉十五天實際上是給他養傷時間。

魏犨被帶走關禁閉去了，晉文公戎右的位置由舟之僑出任。

此外，僖負羈已死，晉文公下令僖負羈倖存的家人移民晉國，任命僖負羈的兒子為晉國大夫。殺了顛頡，晉文公讓顛頡的兒子做了大夫，也算對顛頡有個交代。

第八十三章
退避三舍

這邊拿下了曹國，那一邊宋國已經十分危急，宋國特使門尹般前來告急，說是楚軍攻勢兇猛，睢陽危在旦夕，請晉軍火速增援。

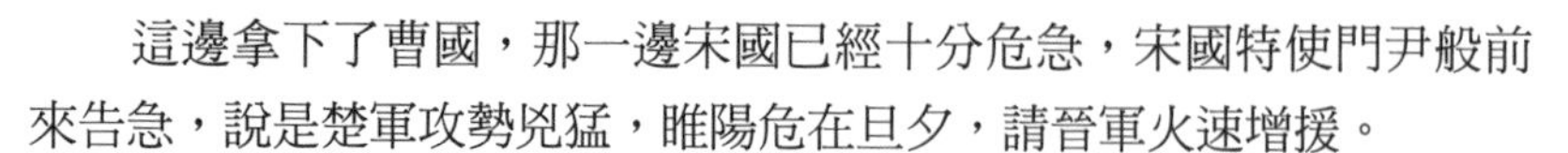

宋國危急，救還是不救？怎麼救？

「如果不救宋國，聽任宋國被攻破，那我們此前的一切都是白做；如果救，我又擔心秦國和齊國不肯和我們一同對抗楚國。各位，有什麼好辦法？」晉文公有些發愁，他甚至考慮是不是跟楚國人講和。

趙衰沒有說話，打仗的事情，他並不是太內行。

「主公，據我所知，宋國人的防守十分牢固，雖然看似危急，其實再頂一個月也沒有問題。至於秦國和齊國的問題，我也考慮過了。這樣，讓宋國人直接去找秦國和齊國，請他們勸說楚國退軍。與此同時，我們把曹國和衛國的土地分給宋國一部分，激怒楚國人。那麼，楚國人一定會拒絕秦國和齊國的調解，得罪他們。那時候，我們三國就可以緊密聯合了。」元帥先軫把整套方案說了出來。

「舅舅，你看呢？」晉文公又問狐偃。

「哈哈，先元帥已經比我高明了，聽元帥的吧。」狐偃笑道。對於先軫，他一直看好，如今先軫的表現比他預料的還好！

成得臣

一切都在晉國人的掌握之中。

宋國人向秦國和齊國送去了禮物，請他們調解與楚國人之間的關係，而他們的調解受到了楚成王的斷然拒絕。

大家都是大國，開個口也不容易，既然不給面子，就幹一場。

於是，秦齊兩國主動向晉國表示，大家一起幹楚國佬。

戰爭的烏雲正一步步逼近。

很快，楚成王得知晉齊秦成為緊密型合作關係之後，他發覺自己上當了。進而，楚成王感到自從晉軍出動之後，似乎每一步都被晉國人掌握主動，楚軍在戰略上完全被動，被晉國人牽著鼻子走。

「這仗已經沒法打了。」楚成王得出這樣的結論。在這個結論得到蔿呂臣的支持之後，楚成王果斷作出決定：全線撤軍。

楚成王派人分赴谷地和睢陽，命令戍守谷地的申叔時撤軍，自然，公子雍和易牙也跟隨撤回。命令成得臣撤軍，命令見於《左傳》：「無從晉師。晉侯在外十九年矣，而果得晉國。艱難險阻，備嘗之矣；民之情偽，盡知之矣；天假以年，而除其害。天子所置，其可廢乎？《軍志》曰：『允當則歸。』又曰：『知難而退。』又曰：『有德不可敵。』此三者志，晉之謂矣。」

什麼意思？大意是說晉文公德才兼備，還有上天的幫助，別跟他對抗。

注意，「艱難險阻」和「知難而退」這兩個成語的出處就在這裡。

申叔時得到命令，當天撤軍，他早就想走了。

成得臣呢？

「撤軍？無條件撤軍？這不等於把曹衛白白送給了晉國人？這不成了楚國歷史上最丟人的一次出征？」成得臣這火就大了，他罵了出來。可是，他不敢罵楚成王，他只好罵楚成王身邊的人，基本上，他罵的就是蔿呂臣了。「這一定是奸佞之人嫉妒我，不願意看到我立功，該殺的小人，我一定要滅了晉軍，給他看看什麼叫馬王爺三隻眼。」

於是，成得臣拒不撤軍，他派伯棼（音焚）向楚成王請戰。

伯棼，姓鬥名椒字子越，因此又叫鬥椒或者鬥越椒，他是鬥伯比的孫子，子文的侄子。為什麼這裡要介紹他，因為後面有他的故事，「狼子野心」這個成語與他有關。

伯棼是這樣代表成得臣請戰的：「非敢必有功也，願以間讒佞之口。」（《左傳》）意思是打敗晉國人是次要的，關鍵要給讒佞小人看看。

楚成王很不高興，非常不高興，《左傳》的話叫做「王怒」。

楚成王實在是不願意跟晉國直接對抗，可是，成得臣擁兵自重，不肯撤軍，楚成王也不願意搞得太僵。

「好，既然你不見棺材不落淚，那你就打。」楚成王一咬牙一跺腳，批准了成得臣的請戰。

按理說，面對第一強勁的對手，應該全軍出動，可是，楚成王不肯把自己的部隊全部給成得臣。給了多少？《左傳》記載：「惟西廣、東宮與若敖之六卒實從之。」

西廣，楚軍的右軍；東宮，太子的部隊；若敖之六卒，成得臣的族兵。

基本上可以這樣判斷，西廣部隊和若敖部隊一直跟隨成得臣攻打睢陽，現在楚成王把東宮的部隊給了成得臣。也就是說，現在成得臣用來對抗晉國的部隊，實際上只占楚軍的一半強。

成得臣用若敖六卒的一百八十乘戰車為中軍，子西鬥宜申率領西廣部隊為左軍，子上鬥勃率領東宮、陳國和蔡國軍隊為右軍。

現在，箭在弦上，不打也不行了。

將計就計

楚國人的前敵會議在睢陽城外召開，參加者為子玉成得臣、子西鬥宜申、子上鬥勃和伯棼鬥越椒。

「各位，大王顯然不相信我們能夠戰勝晉國人，你們有什麼想法？」成得臣徵詢意見，戰略上藐視敵人，戰術上還是要重視敵人。

「令尹，恕我直言，其實，這一仗不一定非要打。」鬥勃說話了。成得臣瞪了他一眼，有些不高興地問：「事到如今了，請戰也請了，增兵也增了，怎麼能說不打了？」

鬥勃笑了笑，他知道成得臣是個戰爭狂人，有仗不打那不是他的性格。可是，鬥勃知道，晉國人可不是宋國人，也不是齊國人，晉國人很難對付。

「其實，令尹之所以要與晉國人交戰，是因為不願意無條件撤軍而已。如果我們向晉國人提出條件，讓他們恢復衛國和曹國，我們解圍宋國，雙方同時撤軍。這樣不就又挽回了面子又得到了實惠？不用打仗，您也立了一件大功啊。」鬥勃接著把自己的想法說了出來。

成得臣一聽，這主意不錯啊。

「好主意，可是，萬一晉國人不幹呢？」成得臣有疑慮。

「如果他們不幹，那宋國人、衛國人和曹國人都會怨恨他們，他們自己的士兵也會不滿，那時再打，我們就可以佔據優勢了。」

「子上，你太有才了，先軫也不過如此。」成得臣大喜。你晉國人玩心眼，我楚國人也會。

於是，成得臣派大夫宛春前往晉軍大營，提出「以曹衛換宋國」的和平方案，同時向楚成王彙報。

宛春來到晉營，見人打招呼，因為跟晉國那幫人在楚國的時候混得很熟。

「哎喲，老狐，身體倍兒棒啊。」

「哎喲，胥臣，胖了，長胖了。」

「哎喲，老魏，別拍我，我怕你。」

一路「哎喲」，宛春來到了中軍帳，元帥先軫正在辦公。在楚國的時候，宛春就叫先軫為「小先」，如今先軫當了元帥，不怒自威，宛春也不敢嘻嘻哈哈了。

「先元帥，我家元帥有個建議派我來與貴國協商。」宛春看了座，把鬥勃的和平方案說了一遍。

鬥勃的方案說出來，晉軍帥佐們發出「切」的聲音，雖然沒說話，眼神裡分明流露出的意思是：「楚國人什麼時候也學會忽悠人了？」

狐偃笑了，直接拍拍宛春的肩膀：「春哥，你這不行啊，你們用一個國家換我們兩個國家，不公道啊。」

「這，這個，曹國和衛國加起來也沒有宋國大啊，哈哈哈哈，和平萬歲啊。」宛春打個哈哈，算是回答。

大夥兒還要說話，元帥先軫擺擺手。

「想當年，我們欠楚國的人情，這次，吃虧點就吃虧點吧。這樣，宛春大夫是我們的朋友，留在這裡敘敘舊，讓我們也盡盡東道主的意思，過幾天再走。楚國的方案我們全盤接受，宛春大夫先派副使回去通報子玉將軍。啊，就這樣了，來人，帶宛春大夫去迎賓館休息用餐。」先軫一通號令，答應了楚國人的全部條件，而且不給大家商量的餘地。

宛春高高興興走了，他知道自己實際上是被扣留了，不過這也沒有什麼。

宛春出去之後，大家就開始議論了，都說吃虧了，先軫不該這麼草率答應他們。

「先元帥，是不是草率了一點？」晉文公問，他也有疑惑。

「舅舅，你說呢？」先軫問狐偃。

「哈哈，還是你說。」狐偃不肯說。

「既然這樣，我就說了。」先軫沉吟一下，慢慢說道：「楚國人的和平方案等於是救了三個國家，如果我們拒絕，就等於害了三個國家，道義上我們已經輸了，三個國家的人民都會怨恨我們。如今，我們答應了他們，但是，並不等於就被他們忽悠了。要跟我們玩忽悠，他們還嫩點。按照和平協議，我們恢復衛國和曹國國君的位置，但是，我們可以命令曹衛兩國國君發出絕交信給楚國，這樣，恢復了三個國家，但是都成了我們的，楚國人一定惱火。我們再扣留宛春，楚國人就更受不了，他們就一定要來攻擊我們。那時候，我們利用他們的急火攻心，必然能夠擊敗他們。」

先軫說完，看看狐偃：「舅舅，我說得對嗎？」

「哈哈，看來，我可以退休了。」狐偃笑道。

成得臣得到了宛春副使的回報，說是晉國人全盤接受了和平協定，恢復衛國和曹國國君的地位。不過，宛春被晉國人留下敘舊了。

成得臣高興啊，這個功勞算是不費吹灰之力得來的，比楚成王無條件撤軍那不是合算了上百倍？他立即派鬥勃前往申，向楚成王彙報這一巨大成就。

「真的？」楚成王當場表示質疑。

三天之後，鬥勃回來了，隨身帶著兩份國書。

「大王讓我給你的。」鬥勃把那兩份國書給了成得臣，鬥勃自己也沒有看過。

成得臣接過那兩份國書，拆開來看，看完之後，臉色變得十分難看。

「令尹，國書上說什麼？」鬥勃覺得有點不對勁，忙問。

成得臣沒有說話，把那兩份國書遞給了鬥勃。鬥勃一看，也是臉色大變。

原來，那兩份國書來自衛國和曹國，兩國國君在國書裡表示：跟著楚國混，越混越沒勁，從此之後，一刀兩斷。

得，辛辛苦苦保全了這兩個國家，可是人家成了晉國人的跟班了。

「奶奶的，晉國人，老子忽悠不過你們，咱們真刀真槍戰場上見。」成得臣被徹底激怒了。

第二天，圍攻睢陽的楚軍拔寨而起，北上曹國挑戰晉國。

退避三舍

三月二十九日，楚軍抵達曹國，晉楚兩軍在歷史上首次對壘。

第二次南北戰爭，如果算上當年齊桓公伐楚，這是第二次南北戰爭；如果以戰爭的實際發生為標準，這就是第一次南北戰爭。

面對咄咄逼人的楚軍，晉軍怎樣？

晉軍撤了。

晉國人害怕了？晉國人又出詭計了？

都不是，晉國人出成語了。

前敵軍事會議。

「各位，晉楚大戰在所難免，有何建議？」元帥先軫發話。

別人沒有說話，這一次狐偃搶著說話了。

「先別說怎樣戰鬥，退九十里再說。」狐偃的話一出來，所有人都吃了一驚，為什麼要撤退？「各位，當初主公在楚國的時候，曾經答應楚王，兩國若開戰，晉軍退避三舍。國君的話，要講信用。」

大家不以為然，什麼時候的事情了，還管那些幹啥？

「對面又不是楚王，何必要退呢？況且，楚軍遠端來襲，已經很疲憊，我們完全可以在這裡擊敗他們。」中軍佐郤溱說道。基本上，他代表了大家的意見。

「打仗，關鍵在於理的曲直，有理的一方士氣高昂，無理的一方士氣低落。當年受了楚國的恩惠，我們應該退避三舍報答他們。如果他們也退，我們並沒有損失；如果他們追上來，那就是他們無理了。何況，楚軍一向精悍，如今算不上疲憊，再拖他們九十里，我們更有把握。」狐偃堅持道。

先軫有點拿不定主意了，看看大家，再看看晉文公。看到晉文公的眼神的時候，先軫下了決心，他一拍桌子，下令：「撤，後撤九十里。」

「退避三舍」，這個成語就來自這裡。

成得臣似乎永遠搞不懂晉國人想幹什麼，他覺得那是一幫火星人。

三月三十日，成得臣派鬥勃去下戰書，不多久鬥勃回來了，告訴他：「令尹，晉國人不見了。」

「什麼？」成得臣聽了一愣，晉國人逃跑了？

到晚上，哨探來報，說是晉國人一口氣退了九十里，一直從曹國退到了衛國的城濮（今河南省範縣西南）。

「他們為什麼要退？」成得臣問。

「說是當初在楚國的時候，晉侯答應了大王要退避三舍。」

成得臣想起來了，是有這麼回事，不過自己從來沒有把晉文公當初的話當回事。

「嗯，他們怕了，為逃跑找個藉口而已。我說過，晉國人只會忽悠。」成得臣打死也不會相信，晉國人這個時候竟然會守信用。

「我看，既然他們退了，咱們也不要追了。大家撤軍，也不傷和氣。」鬥勃的意思，楚軍到此為止算了。

「追。」成得臣沒有理會鬥勃，他現在的信心更足了。

成得臣不知道，晉國人忽悠你的目的就是要打你。

佈陣

四月一日，楚軍追到了城濮，背靠丘陵下寨。

晉軍先一天趕到，並沒有絲毫懈怠，一切按照大戰前的準備進行。

中軍帳裡，晉文公還有些不放心，於是大家開導他。

「昨天晚上我做了一個夢，夢到我和楚王摔跤，結果他把我壓在身下，還咬我的頭，是不是個壞兆頭啊？」晉文公說。他真是越到大戰臨近了，越覺得心裡沒底。

「好兆頭啊。」狐偃立即就說話了，他知道越是到了關鍵時刻，就越是必須把任何可能引發悲觀情緒的事情扼殺在搖籃階段，所以他根本不給別人發言的機會，「主公仰面朝天，證明得到了天的照顧。而楚王面朝下，正是跪地認罪啊。就憑這個，我們一定能戰勝楚國人。」

正說著，鬥勃來了，來幹什麼？下戰書。

古人下戰書是很客氣的一件事情，似乎這是文化人的事情。來看看鬥勃是怎樣轉達成得臣的話，感受一下。

「請與君之士戲，君憑軾而觀之，得臣與寓目焉。」(《左傳》) 翻譯過來是這樣的：請求與晉君您的戰士遊戲，請您站在車上觀賞，得臣我也陪著您看。

多客氣啊，好像不是打仗而是奧運會體操比賽。

楚國人很客氣，晉國人同樣客氣，晉文公派與鬥勃同等級別的下軍帥欒枝前往楚軍大營回復戰書，欒枝代表晉文公的話也很客氣，再感受一下。

「寡君聞命矣。楚君之惠未之敢忘，是以在此。為大夫退，其敢當君乎？既不獲命矣，敢煩大夫謂二三子，戒爾車乘，敬爾君事，詰朝將見。」(《左傳》) 翻譯過來是這樣的：我明白您的意思了。楚王的恩惠我不敢忘懷，所以一直不敢挑戰貴軍。我們退避三舍，就是希望能夠避免作戰。既然你們不肯放過我們，我只好麻煩您通知你們的兄弟，準備好戰車，為你們的國君而戰吧。明天早上，不見不散。

真是客氣。

古人打仗，有的時候是很優雅的。

四月二日淩晨。

晉、楚兩軍分別佈陣。

晉軍總兵力七百乘戰車，其中包括齊軍和秦軍的戰車。

楚軍儘管不是全部兵力，但是加上陳、蔡兩國軍隊，戰車數量同樣在七百乘上下。

楚軍中軍由成得臣指揮，兵力為若敖的一百八十乘戰車，這是楚軍最精銳的部隊，儘管戰車數量不多，但是戰鬥力驚人。

楚國左軍為原右軍，子西鬥宜申統領；楚軍右軍為東宮軍，外加陳國和蔡國軍隊，由子上鬥勃統領。陣勢列好，楚國人有一種很奇怪的感覺，他們似乎沒有往日必勝的信心，對於對面的敵人，他們捉摸不透。

事實上，先軫的指揮才能遠遠高於成得臣。

中軍，先軫坐鎮。前部，三層弓箭手；其後，執戟戰士；後部，公族精銳，一百乘戰車。

左路，下軍佐胥臣虛張下軍帥欒枝軍旗，率一半下軍對陣楚軍右軍。

右路，狐毛、狐偃各率一半兵力，高坡上列陣，迎戰楚軍左軍。欒枝率一半下軍，埋伏於高坡之下三里之外的一片樹林後面。

秦國、齊國軍隊在晉軍之後，聽候調遣。

佈陣完畢。

「今日必無晉矣。」大戰開始之前，成得臣說了一句很無厘頭的話，意思是今天一定要消滅晉國軍隊。

人有多大膽，地有多大產。這大概是成得臣的信條，可惜的是，他這次面對的不是宋襄公。

第八十四章 城濮大戰

一切都在計畫之中，一切都在掌控之中。

先軫知道，勝利已經在望。但是他或許不知道，這將不是一場尋常的戰鬥，這將是一場意義深遠的，影響整個中國軍事歷史乃至世界軍事歷史的完美戰例。

「開始吧。」先軫下令。

精兵出擊

晉國人的戰鼓率先響起，晉國左軍發起衝鋒。

下軍一半的兵力就敢衝鋒？

對於成得臣把陳蔡兩國軍隊放在右軍，先軫幾乎要笑出來。如果是他，寧可讓這兩國軍隊上山頭去當啦啦隊，這也是先軫不用齊秦兩國軍隊的原因，儘管齊秦兩國軍隊比陳蔡兩國軍隊的戰鬥力要強很多。

「成事不足，敗事有餘。」這是先軫對陳蔡兩軍的定義，這樣的軍隊，一個衝鋒就能擊潰。

胥臣額外為陳蔡軍隊準備了一份禮物，以保證兩軍還沒有交手就讓陳蔡軍隊崩潰。

記得當年魯國公子偃大破宋國南宮長萬的那場戰鬥嗎？胥臣博學多才，他決定照方抓藥。晉軍前排戰車上，每匹馬都披上虎皮。

披著虎皮的馬是忽悠不了人的，但是可以忽悠馬。

晉軍的「馬虎」衝鋒，對面陳蔡軍隊的戰馬就開始哆嗦了。國家弱小，連馬的膽子也小。陳蔡軍隊的馬要逃命，馬車上的人更想逃命。原本還不敢逃，怕秋後算賬，現在有藉口了：不是我要跑，是馬要跑。

只見陳蔡兩國軍隊瞬間亂了營，大家都是撥轉車頭逃命，誰還有心思打仗？

「陳、蔡奔，楚右師潰。」《左傳》如此記載，一個「奔」字，無比傳神。什麼是奔？就是沒命一般地逃跑，根本不回頭。

陳蔡崩潰，連累楚軍東宮部隊。東宮部隊除了被陳蔡戰車撞翻和壓死的之外，其餘戰士誓死不退，被晉國左軍一通橫掃，十死七八，鬥勃拼死殺出，率領殘軍逃命。

第一戰，叫做以我之長擊敵之短，率先突破敵人的薄弱點。

後來《孫子兵法》中有一句話叫做「亂軍引勝」，其原理就來自這裡。

殲滅戰

楚軍左軍戰鼓響起，楚軍衝鋒。

晉軍二狐的上軍旗號混亂，呼兄喚弟，看上去，狐家兄弟根本不是統軍的材料。楚軍開始衝鋒之後，晉軍後隊變前隊，立即逃命，比楚軍右軍的崩潰還要快。

鬥宜申有點不敢相信，晉軍這也太離譜了吧？狐偃難道就是個南郭先生，平時吹牛一套一套，真要上陣就原形畢露了？莫不是晉國人有什麼詭計？

鬥宜申急忙傳令停止前進，楚軍將士一片譁然，晉國人逃跑了，為什麼不追？

鬥宜申在觀察，他要確認敵人是誘敵還是真的逃跑。很快，他得出了結論：晉國人逃跑了。結論怎樣得出呢？二狐的隊伍逃下了山坡，已經看不見他們。但是很快，更遠處灰塵大起，說明晉國人沒命在逃，已經逃了很遠。

「全速追擊。」鬥宜申下令。

「楚軍馳之。」《左傳》如此記載，真要佩服古人用詞的精到了，一個「馳」字，把楚國人以輕快的步伐全速追擊晉國人的場景表現得淋漓盡致。

可是，楚國人沒有能夠「馳」太久，很快他們就「馳」不動了。

楚軍以加速度衝下山坡之後，從他們的右翼殺出一支軍隊來，這支軍隊的彪悍程度即便在楚軍中都是頂級的。只見大旗飄飄，上面寫著一個「郤」字，原來，這是中軍佐郤溱率公族部隊攔腰殺來。當先一員大將，正是魏犨。

魏犨的勇猛楚國人是知道的，看見他，楚軍士兵不戰而怯，無人敢擋。此戰之後，楚國人把不知死活的行為稱為「找魏犨」，後簡化為「找犨」，這就是當今「找抽」這個詞的來源，此是後話。

當時楚軍被沖成兩段，緊接著，左後方殺出一路大軍，正是晉軍上軍，楚軍後段正當其衝。楚軍前部正要回頭助戰，誰知前方又殺出一路晉軍，帥旗上大寫一個「欒」字，原來，是下軍主帥欒枝率領一半下軍殺到。

現在，楚軍左軍實際上遭到晉軍上中下三軍的夾擊。楚軍被沖成兩段包圍，晉軍人數佔據絕對優勢。這一仗打得是昏天黑地，日月無光。楚軍有史以來都是拿別人開宰，什麼時候當過被聚殲的物件？當時殺得楚軍哭爹喊娘，呼兄喚弟，不死即傷。鬥宜申在親隨衛隊保護下，拼了老命撞開重重包圍，車也不要了，翻山越嶺而逃。計點手下逃出的人馬，只剩兩成上下。

《左傳》記載：「楚左師潰。」

現在來看看先軫的部署。

二狐的上軍故意亂打旗號，迷惑楚軍。待楚軍進攻，晉軍上軍後撤，下坡之後向左，在一片山丘後埋伏。欒枝率領下軍一半人馬在正後方的樹林後埋伏，預先砍伐樹枝，待上軍撤下山坡並埋伏好之後，用馬拖著樹枝來回跑動，激起灰塵，造成晉國上軍已經逃跑到這個位置的假像，引誘楚軍追擊。欒枝的這一招，後世廣泛應用，《三國演義》中張飛在當陽橋就曾經用來欺騙曹操。

楚軍果然上當，全速追擊，這個時候，中軍公族殺出，上軍下軍前後夾擊，消滅楚軍。

第二戰，叫做集中優勢兵力打殲滅戰。毛澤東的戰術思想，就來自先軫這裡。

春秋以前，兩軍交鋒以擊潰對方為目的；春秋以後，常常以殲滅對手為目標。這樣的改變，就是出自先軫。

楚軍左右兩軍慘敗，中軍怎麼樣？

晉軍中軍一直沒有進攻，成得臣也沒有輕舉妄動。很快，楚軍右路被擊潰的消息傳來，成得臣擔心晉軍左路會來夾攻，更加不敢進攻。

得到左軍也潰敗的消息之後，成得臣的腦子已經一片空白。

「完了。」成得臣只有這樣的念頭。

「後隊變前隊，弓箭手押後，撤。」這個時候，好在兒子成大心還算冷靜，而且宗族部隊強悍而忠誠。

於是，楚國中軍緩緩後撤。

這個時候，晉文公就在車頭看著成得臣逃走。

「主公，現在我們三面夾擊，一定讓他們片甲不回。」先軫在下令追擊之前，要問一問晉文公。

「算了，放他們走吧，算是我們回報楚王。」晉文公輕輕地說。他是個知恩必報的人。

城濮之戰，中國歷史上著名的城濮之戰，交戰雙方投入了總共超過十萬人的兵力，創下了春秋以來的戰爭人數紀錄。其結果以晉國的全面獲勝而告終結，此前無敵于天下的楚國損失了幾乎一半的精銳部隊，元氣大傷。以此為標誌，春秋進入晉楚爭霸的時代。而晉文公也因此登上春秋第二位霸主的寶座，先軫則憑此一戰成為一代名將。

城濮之戰，晉國君臣聯合策劃上演了一齣精妙絕倫的戰爭大戲，這齣大戲，對於中國軍事思想的發展具有劃時代的意義。這場戰爭，從策劃到實施，從謀略、外交到具體的戰鬥部署，都是一部戰爭教科書。此後著名的《孫子兵法》，極大地受到這場戰爭的啟發和影響。

晉文公、狐偃、先軫、趙衰、欒枝、胥臣、魏犨，等等，一個個鮮活的歷史人物應該永遠被我們記住。而楚成王的遠見、成得臣的強橫以及楚軍的精悍，也同樣令人難忘。

這樣一場具有深遠歷史意義的戰爭，卻是源於三個弱國國君的一次無聊的會見。

城濮大戰，晉國大獲全勝。儘管楚軍是輕裝追到城濮，糧食輜重還是有一些。晉軍進駐楚軍大營，在裡面會餐三天，才把楚軍的糧食吃完。然後，能帶的輜重帶走，帶不走的，一把火燒掉。《史記》記載：「火數日不息。」

戰勝楚國，也就意味著天下無敵，可是，晉文公還是憂心忡忡的樣子。

「主公，我們已經戰勝了楚國，為什麼還要擔憂？」眾人問。

「唉，戰勝了強敵還能夠怡然自得的，那是聖人才能做到的啊。雖然楚軍敗了，但是成得臣還在，只要他在，我們就過不安生啊。」晉文公說。他瞭解成得臣，那是一個生命不息戰鬥不止的戰爭狂人。

眾人默然，每個人都知道，成得臣是一個難纏的對手。

鄭文公的妙計

吃飽了喝足了，幹什麼？

「趁熱打鐵，趁著大勝的機會，先不要回國，直接朝拜王室，確定霸主地位。」狐偃建議，眾人都贊成。於是，三軍拔寨都起，向雒邑進軍。齊秦兩國軍隊各自回國。

胥臣作為使者先行，走到半路，遇上了王室派來的王子虎。原來，聽說晉軍大勝，周襄王高興，派王子虎前來祝賀。胥臣把晉文公的意思說了，王子虎也高興，高興歸高興，心裡卻有些疙瘩，猶豫了半天，決定實話實說。

「老胥啊，有句話說出來不怕你笑話。晉侯要來，真是一件大好事。可是有一點，王室現在窮得叮噹響，要招待各國諸侯吧，那就是打腫臉充胖子，非砸鍋賣鐵不可。要不招待吧，那說不過去。我看，乾脆貴國就在鄭國衡雍的踐土（今河南省原陽縣境內）修建行宮，到時候貴國做東，天子親自過來接見大家，一來顯示貴國的實力，二來王室不用破費，你看怎麼樣？」王子虎說來說去，就是不想當東道主。

「好啊，這個主意好，就這麼定了。」胥臣高興，這樣等於晉國是主辦國，周王親自前來證明晉國面子大，其餘諸侯來都等於給晉文公當綠葉了。

兩人商量好，胥臣直接回來了，把事情一彙報，大家都誇胥臣行事果斷。

於是，晉文公派出各路特使前往各諸侯國，邀請他們參加周王親自出席的盟會。除了太遠的國家和楚國之外，只有一個國家沒有邀請，那就是真正的東道主鄭國。

為什麼不邀請鄭國？晉文公的意思，在盟會之後，直接滅了鄭國。

鄭文公這段時間過得很不舒坦，楚老大被打翻了，馬仔當然就很恐慌。在慶倖自己的隊伍沒有參加城濮之戰之餘，他必須要考慮今後的前途了。

幹革命要跟對人。

從前跟楚國也不能說沒有跟對人，不跟也不行。可是如今現實問題就在眼前，當年得罪了晉文公的曹國和衛國都處於半亡國狀態，晉文公還沒有表態是不是讓他們存在下去，自己是第三個得罪了晉文公的人，而且又是楚國的頭號馬仔，怎麼辦？

對於鄭文公來說，幹不幹革命不重要，跟對人才重要。什麼樣的人是對的？誰強就跟誰。沒辦法，北面是晉國，南面是楚國，誰也得罪不起。

晉國人在鄭國的地盤上開建樓盤，把鄭國當透明，鄭文公意識到了危險，巨大的危險。鄭文公厚著臉皮，派人送雞送肉給晉軍，晉軍照單全收，但是一個謝謝也沒有，好像就是鄭國欠他們的。

熱臉貼上冷屁股，鄭文公知道僅靠送肉是不夠的。於是，鄭文公親自出馬，來到偉大首都雒邑朝見周襄王。好些年沒來過了，好在有當年給周襄王送肉的面子，死皮賴臉套上近乎，送上禮物，說些「血濃於水、兄弟情深」一類的套話，算是說動周襄王，答應為他調解。

周襄王派王子虎陪同鄭國大夫子人九前往衡雍求和，看在周王的面子上，晉文公總算答應了鄭國的請求，並派欒枝出使鄭國確認。

即便得到了欒枝的確認，鄭文公還是心裡沒底，想來想去，想出一個好招。什麼好招？

五月九日，周襄王駕臨衡雍，隨從隊伍中有一個人，這個人就是第二天結盟的相禮，也就是主持儀式的官員。而這個官員，就是鄭文公。

「我現在是天子的隨從人員以及明天活動的主持人，你殺我嗎？」鄭文公就這個主意。別說，這主意挺好，搞得晉文公哭笑不得。

當天，晉文公和鄭文公在衡雍結盟，鄭文公算是徹底放心了。

也別笑話人家鄭文公，在強國夾縫中混，人家容易嗎？

授權典禮

晉文公五年（前632年）五月十日，這是一個晉國人民永遠不能忘懷的日子。

這一天，陽光明媚。

怎麼又是陽光明媚？不行嗎？最高領導人光臨，陽光不可以明媚一下嗎？

來看看節目安排。

第一個節目：獻禮；

第二個節目：閱兵；

第三個節目：宴請；

第四個節目：授權；

第五個節目：再見。

節目主持人：鄭文公。

與會嘉賓：周襄王、晉文公、齊昭公、魯僖公、宋成公、陳穆公、蔡莊公以及多個小國國君。受邀而沒有前來參加的國君只有秦穆公和許僖公，想來而來不了的是曹共公和衛成公。曹共公此時正在五鹿的晉國牢房中觀摩「晉文公菜板圖」，原來，晉文公說了「讓你看個夠」之後，令人畫了一幅「肋骨圖」給曹共公去看，這幅圖就是「晉文公菜板圖」；衛成公想來但是不敢來，偷偷派了自己的弟弟叔武過來，看看組織上是不是肯收留。

大家看著鄭文公忙前忙後，都覺得好笑，這廝幾年前還在給楚成王玩「九獻」，現在又給周襄王當司儀，確實有點跳樑小丑的意思。沒辦法，只要能不跳樓，跳樑無所謂了。其實看看魯僖公、陳穆公那一幫，誰又比誰強多少？

不跳樑，就跳樓。或者反過來更恰當，不跳樓，就跳樑。

第一個節目是獻禮，晉文公向周襄王獻禮。

這是一份大禮，令諸侯瞠目結舌的大禮。

首先獻上的是晉軍在曹國國庫中淘到的寶貝，然後是晉軍在楚軍大營中搜獲的楚國特產。

隨著一陣鼓聲，一百乘嶄新的由四匹馬驅動的戰車駛過主席臺，這些戰車都是晉軍從楚軍手中繳獲的戰利品，都是當時天下最先進的戰車。戰車的後面，是一千名勇武的戰士。不好意思，這些戰士都是楚軍俘虜，從此之後，他們將是周王室的底層士兵。

現場一片譁然，看見楚軍戰車和士兵，各國諸侯忍不住還有些心驚，沒辦法，從前被打怕了。

周襄王高興得合不上嘴，這麼多先進戰車和好馬，就算自己不用，賣出去也是不少錢呢。

第二個節目，閱兵。（此處省略一千五百二十五字）

第三個節目，宴請。（此處省略一千五百二十五字）

第四個節目，授權。

根據《左傳》記載，授權儀式如下：「王命尹氏及王子虎、內史叔興父策命晉侯為侯伯，賜之大輅之服、戎輅之服，彤弓一、彤矢百，玈（音盧）弓矢千，秬鬯（音唱）一卣（音有），虎賁三百人。曰：王謂叔父：『敬服王命，以綏四國，糾逖王慝（音特）。』」

這段話別看字數不多，翻譯起來可就多了，所以免了。那麼，什麼意思呢？

就是周襄王從國庫的箱底弄了一堆禮物給晉文公，然後說：「叔叔啊，從今以後，您就代表我安撫諸侯，討伐叛逆了。」

為什麼叫叔叔？這是規矩。周王跟諸侯的稱呼，同姓的叫叔父，異姓的叫伯舅。

之後，頒發了「策書」，也就是證書。什麼證書？授權證書。

證書發了，開始盟誓，與會諸侯共推晉文公為盟主。

因為結盟的地點在踐土，此次結盟被稱為「踐土之盟」。

現在，晉文公成為繼齊桓公之後，第二個名正言順、實至名歸的霸主。

春秋第二霸，晉文公。

從齊桓公和管仲到晉文公和狐偃，稱霸天下最看重的就是一個「信」字，這不是不約而同，這是真理。而這個「信」字，內涵其實就是法治。取信于民，國家富強；取信于天下，諸侯信服。

春秋的霸主，絕不僅僅是軍事強大這麼簡單。

那麼，晉文公的「信」與宋襄公的「仁」有什麼區別呢？

「信」是靈活的有具體指向的，譬如晉軍對楚軍退避三舍，但是對其他國家沒有這樣的承諾，決不會這樣做。說到就做到，做不到就不說，這就是晉文公的原則。「仁」是一種自我約束，對任何人都適用，宋襄公對楚軍不肯半渡而擊，對任何國家也都如此。「信」是看得見摸得著的東西，而「仁」是一種概念化的東西，所以，「仁」的變種很多，諸如「婦人之仁」、「假仁假義」，等等，而「信」只有一種。時至今日，信用是可以評級的，而仁義則沒有辦法界定。

用如今的體育項目來比喻，「信」就是對抗項目，比分決定一切；「仁」就是打分專案，評委決定一切。腐敗生於「仁」，而止於「信」。

司馬遷寫道：「晉文公，古之所謂明君也。」

孔子評說：「齊桓正而不譎，晉文譎而不正。」哈哈，孔夫子比較不喜歡晉文公。

至於評點《東周列國志》的蔡元放，對晉文公可以說崇拜得五體投地：五霸之中，當推第一。認為晉文公的人品、學問、見識優於齊桓甚遠。

第八十五章 秦晉聯軍

晉國大軍浩浩蕩蕩回到絳，受到百姓的熱烈歡迎。

晉國人民真是做夢也沒有想到，自己的國家竟然戰勝了楚國，自己的國君竟然成了霸主。

論功行賞，這一次晉文公的論功行賞大會開得非常及時。

賞罰分明

古人行賞，從最高等級開始，而不是現在先從安慰獎開始。在開始之前，人們一致認為頭功得主非中軍元帥先軫莫屬。可是，人們都想錯了。

「頭功得主，狐偃。」晉文公宣佈。一片譁然，誰都沒有想到，連先軫也有些意外。

大家忍不住去看狐偃，只見狐老頭神色坦然，面帶微笑。

「暗箱操作。」大家都這麼想，親舅舅嘛。雖然這樣想，大家還是感到不滿，晉文公從前不是這樣啊，當了國君了，就開始搞腐敗了？再說狐偃，老頭一向有自知之明啊，這回怎麼這麼不要臉？還笑呢，老不要臉，難道人老了就可以不要臉？

「城濮大戰，先軫之謀。」終於有人忍不住，喊了出來，為先軫鳴不平。

晉文公不慌不忙，開始解釋。這一段見於《史記》，晉文公這樣說：「城濮之戰，狐偃告訴我不要失信，先軫告訴我取勝不擇手段。用先軫的謀略，我們取勝了一場大戰。但是，先軫的話只是一時之用，狐偃的話受用萬世。一時之利和萬世之功，誰更大？」

沉默，寂靜無聲。

隨之，一個人開始鼓掌。誰？先軫。之後，掌聲雷動。

晉文公的解釋令所有人心悅誠服。

這是一個讓人心悅誠服的解釋嗎？你認為是就是，你認為不是就不是，這取決於你所站的高度。

作為頭功，狐偃得到賈為封邑。後來，狐偃的兒子狐射姑以封地為姓，改稱賈季或賈佗，是賈姓的另一起源。

功勞榜上排名第二的先軫被封在原，因此先軫後又稱為原軫，先軫也是原姓的始祖之一。

賞完了，開始罰。

第一個被押上來的是祁瞞，他是中軍的掌旗官，負責中軍大旗。古時作戰，沒有無線電，全軍的作戰方向都靠戰鼓和軍旗來指揮，因此掌旗官的地位很高，責任也很重。城濮大戰開始之前，突然刮來一陣大風，竟然把前軍左軍的大旗給放了風箏，險些動搖了軍心。

按今天的話來說，這屬於一起嚴重的責任事故，事後問責。

「身為掌旗官，中軍大旗被吹走，該當何罪？」晉文公發問。

「當斬。」司馬趙衰回答。

「斬。」晉文公下令。

祁瞞被推出去，斬首。

什麼是問責？這才是問責。

第二個被押上來的人令人吃驚。誰？舟之僑。舟之僑犯了什麼事？說起來，都是愛情惹的禍。

原來，踐土之盟前，元帥先軫派遣舟之僑先行回國，在黃河渡口準備船隻，等候大軍凱旋。按理，幹這樣的事情舟之僑有經驗，根本不在話下。

到了黃河渡口，舟之僑收到了一封家書。

家書，並不一定都是好東西。

家書是老婆寫來的，青梅竹馬的老婆，兩人感情一向情比金堅。信上的內容大致是：老公，我得了重病，想你在我的身邊。

舟之僑愛老婆啊，算算那邊盟會的日程，先回家看看老婆完全來得及。於是，舟之僑把事情交代給了副手，自己回家看老婆去了。

可是，人算不如天算，那邊盟會提前了。等晉國大軍凱旋回國到了黃河渡口，船隻還沒準備好，一問，舟之僑回家看老婆還沒回來。晉國大軍又臨時搜找船隻，這才渡過黃河。過了河，舟之僑也回來了。沒說的，擅離職守，捉拿。

「舟之僑接受君命，而擅離職守，延誤大軍渡河，該當何罪？」晉文公又問。

「當斬。」司馬趙衰回答。

「斬。」

可憐舟之僑，為了愛情，送了性命。想舟之僑多聰明的人啊，竟然這樣死法，冤不冤？

城濮一戰，晉文公斬了顛頡、祁瞞和舟之僑三個大夫，同時通報諸侯。於是，天下人都說：「看人家老晉，賞罰分明啊。該賞的不客氣，該殺的更不客氣。」

後來，晉文公又恢復了衛國和曹國，依然讓衛成公和曹共公當國君。其氣度再次受到廣泛好評，這是後話。

成得臣之死

城濮大戰，徹底改變了天下的格局，勢力範圍重新劃分。原先，除了齊秦晉宋，天下都是楚國的勢力範圍，如今，楚國算是樹倒猢猻散，扈從國紛紛投靠晉國，只剩下許國一個國家還在充大頭。

這一天，晉文公君臣幾個一起喝早茶，回顧當年流亡的日子。喝著喝著，大家開始算天下還有哪些國家沒有投順，一算，除了楚國和八竿子打不著的燕國越國之類，就只有秦國和許國沒有參加上一次的會盟了。

「嗯，主公，我看，要抓緊時間收拾這些不服的國家。」狐偃捋著鬍子說。

「對了，主公，誰不服我跟先哥就去打誰，我老魏專治各種不服。」魏犨說。從城濮回來，他的處分被撤銷了，因此還有資格跟晉文公一起喝茶。

「政策，」晉文公瞪了魏犨一眼，笑著說，「要注意政策。現在不一樣了，我們是盟主了，凡事要講政策。上次盟會的時候，咱們還不是盟主，人家不去說得過去，怎麼能無緣無故去打人家？」

別說，晉文公的政策水準有了很大提高。

但是，各種不服還是要治的。

頭腦風暴之後，趙衰的建議被採納。什麼建議？晉國在本國的溫召開春秋霸主的第二屆聯大第一次全會，各諸侯國參加，同時邀請周王前來與大家親切見面。如果哪個諸侯敢不參加，聯合國軍隊將無情打擊。

那麼，不擔心楚國出兵嗎？不用擔心，因為成得臣已經死了。

成得臣怎麼死的？讓晉國人繼續喝茶，我們來看看楚國。

成得臣率領的中軍在城濮之戰中全身而退，撤退途中又收攏了一些殘餘部隊，還好鬥勃、鬥宜申都還活著。

「奶奶的，先軫狗日的不講規矩。」成得臣敗得很惱火，到現在還沒弄明白自己的隊伍是怎樣把這場戰爭稀里糊塗地給輸掉的，反正就覺得先軫玩陰的了。這時候，他挺懷念宋襄公。

罵歸罵，罵完了，還要考慮自己的前途問題。

打了敗仗，屬於罪人，成得臣不知道該怎麼處置自己，因為楚國從來沒這麼敗過。

「我，我沒臉活著回去了，我自絕于祖國算了。」成得臣就要抹脖子，說實話，作作秀而已，真沒想死。

眾人連忙攔住，鬥勃說了：「令尹啊，其實打敗仗不怪您，不是我們太愚蠢，而是晉國人太狡猾。我看，還是先請示大王，大王讓您死，您再自殺也來得及啊。」

真想自殺的，誰也攔不住。成得臣本身就做做樣子，鬥勃這一說，他順勢下臺階，自己和幾個兄弟不敢回去，就留在連谷這個地方，派兒子成大心帶著殘部去申地請示楚成王了，意思是看兒子能不能幫自己求個情什麼的。

成大心到了申，直接去見楚成王，楚成王正火大呢。

「什麼？你爹還有臉回來？整個西廣被你爹給送個乾淨了，他不怕被申、息兩地的父老給剁了嗎？告訴他們，去死吧。」楚成王一頓臭罵，把成大心給罵出來了。

原來，楚軍西廣部隊的士兵來自申、息兩地，這次幾乎全軍覆沒，兩地百姓怨聲載道，有人還準備示威遊行。

成大心灰溜溜到了連谷，把最高指示一傳達，實際上就三個字：「去死吧。」

成得臣的心涼了，他不想死，他可以逃走，儘管他知道晉國大概不會歡迎他，但是秦國一定歡迎他。可是，他是一條好漢，他寧願去死。

成得臣選擇了戰士的死法：橫劍自刎。

鬥宜申選擇了比較斯文的方式：上吊。不過他運氣不好，用了一根不夠結實的繩子，結果繩子斷了，他只吊得個半死，在地上倒了半天氣，準備第二次上吊。

三個人中，鬥勃年紀最小，職位最低，所以他要負責給那兩個收屍，然後才能輪到自己。他還沒有想好自己用什麼方法，自刎和上吊都被人用了，他覺得自己試一試一頭撞死更好一些。

世界上的事情總是這樣，利好和利空不是絕對的。就在鬥宜申痛苦地準備二次上吊的時候，一匹快馬已經趕到。

「傳大王口諭，所有人一律免死。」來人是楚成王的特使，原來楚成王後悔了，他決定赦免所有人。

鬥宜申激動地扔掉了手中的繩子，撿起那一段斷了的繩子，他決定用那段幸運繩做褲腰帶；鬥勃笑了，他這時候才領悟到，官小有官小的好處。

成大心痛哭起來，他覺得自己真傻，他問自己為什麼要快馬加鞭趕回來呢？就算在路上多拉一泡屎，爹也死不了啊。

「我真傻，真的，我分明憋了一泡屎啊，嗚嗚嗚嗚。」成大心這叫一個後悔。

不管怎樣，成得臣死了。

「莫餘毒也已。」得知成得臣的死訊之後，晉文公高興地說。「莫餘毒也」，儘管少有人用，但是扎扎實實是一個成語，意思是再也沒人能傷害我。這個成語的出處就在這裡，見於《左傳》。

接替楚國令尹職務的是蔿呂臣，晉文公對他的評價是：「奉己而已，不在民矣。」（《左傳》）意思是盡忠職守，不喜歡用兵。

成得臣已死，晉文公知道，現在只有一個世界員警了，那就是他自己。

討伐許國

晉文公五年冬天，第二屆聯大第一次全會在晉國的溫召開。踐土盟會缺席的秦穆公這次出席，踐土盟會擔任司儀的鄭文公無故缺席，而許國依然沒有與會。

大會在晉文公的主持下，就當前的國際形勢進行了熱烈的討論，與會諸侯國君紛紛表示，世界和平需要一個盟主，而這個盟主就是晉文公。

大會期間，周襄王親自前來看望大家，並與大家親切交談。

最後，大會強調了要在晉文公的領導下，團結在王室周圍，為世界和平作出貢獻。大會作出決議：許國投靠楚國，背叛正義，打它該死的。

晉文公五年十一月十二日，聯合國軍討伐許國。

許國急忙向楚國求救，楚國的回答是：我們始終堅持以和平方式解決國際紛爭，希望交戰各方坐下來進行談判。同時，對於晉國等國家粗暴干涉別國內政的行徑進行譴責，強調由此造成的一切後果必須由晉國承擔。

「唉。」許僖公幾乎要哭出來，你說你不救就不救吧，說這一堆屁話幹什麼？

老大都衰了，跟班還有底氣嗎？現在的許僖公只有兩個字可以定義：後悔。

「我們投降。」許僖公直接開了城門，掛了降旗。

「不許，你們不是牛嗎？來啊，看看聯合國的鐵拳比楚國的怎麼樣。」晉文公代表聯合國拒絕了許僖公投降的請求。

感覺上，晉國人經常拒絕別人投降，這一點，不像齊桓公。

許僖公慌了，連投降都不准，那就是要滅了你啊。怎麼辦？這時候，只有最後一招了，什麼招？肉袒。就是把自己光著個膀子捆起來，插上荊條，去跪求對方饒恕。

說起來，這算是許僖公的老行當了。二十八年前，當時許國跟著齊國混，結果被楚成王包圍，那時候就是靠著肉袒過關的。想不到，二十八年後，還要故技重演。

許僖公把自己剝成光豬，拾掇好了，邁開大步，向聯合國軍走去。聯合國軍將士一看，人家打仗都穿盔戴甲，許國的兄弟怎麼光著就出來了。走近了一看，好嘛，玩肉袒的。

俗話說：殺人不過頭點地。如今人家光著屁股來給你磕頭認錯，還能怎樣？

晉文公服了，心想，跟人家相比，自己當年那點走光算得了什麼？於是，聯合國接受了許國的投降。

在許國，聯大第二次會議舉行，再次盟誓。

從齊桓公到晉文公，都喜歡開聯大會議，時不時提醒大家：我才是你們的老大。

晉文公和秦穆公進行了私下會談，雙方決定兩國結成超強版戰略合作夥伴關係，具體內容就是：晉國打誰，秦國幫忙；秦國打誰，晉國幫忙。

看起來，秦晉之好又發展到了一個更高的層次。

可是，再好的朋友，做合夥生意也是很危險的。

花匠燭之武

晉文公六年，天下基本還算太平。這一年，晉國組建了三個步兵軍來抵禦狄人的進攻，稱為三行，其中中行主帥是荀林父。到這個時候，晉國已經意識到靠車戰與狄人的騎兵作戰太吃虧，還不如用步兵的強弓硬弩來得有效。

這一年裡，魯國遭受自然災害，而鄭國又投靠了楚國。

晉文公七年秋收之後，晉國終於決定要收拾鄭國了。根據和秦國的戰略合作夥伴協定，秦國應當同時出兵。秦穆公沒含糊，親自領軍出征。

晉國軍隊率先抵達，駐紮在函陵。第二天，秦國軍隊抵達，駐紮在汜水南面。兩國軍隊呈夾擊之勢，準備對鄭國都城滎陽進行合圍。

鄭文公慌了，急忙派人前往楚國求救。兩天之後，特使回來。

「楚王怎麼說？」鄭文公忙問。

「楚王說了，楚國一貫堅持以和平方式……」特使還沒說完，鄭文公擺擺手示意他別說了。

「什麼時候了，還忽悠呢。」鄭文公不屑地說。真是三十年河東三十年河西啊，現在楚國竟然都當縮頭烏龜了。「各位，大家說怎麼辦呢？」

打，那是肯定打不過的；逃，那也是不能逃的。

「投降吧。」有人建議，可是立即被否決，不是不能投降，而是晉國人根本就不接受你的投降。

「肉袒吧。」又有人建議，可是立即也被否決了。鄭文公倒不是擔心丟臉，比這更丟臉的事情也不是沒幹過，可是他知道自己跟許僖公不一樣，自己從前還得罪過晉文公，況且這次沒那麼多諸侯在，晉文公也不用裝大度了，到時候鄭文公自己剝光了去了，弄不好直接就給扔鍋裡，連剝衣服都省了。

鄭文公很發愁，所有人都很發愁。

「主公，既然投降不行，想別的辦法吧。我看，也不一定一門心思想著晉國，要是能先把秦國給忽悠回去，晉國就好對付了。」說話的是大夫佚之狐。鄭文公一聽，這也是個辦法，也只好死馬當做活馬醫了。至少把秦國忽悠走了，自己實在不行逃命還能逃出去。

「那，你有什麼辦法忽悠他們？」鄭文公問。

「我沒辦法，可是我有一個朋友叫燭之武的，他肯定行。」

「他幹什麼的？」

「國家大花園種花的。」

「你怎麼知道他行？」

「實不相瞞，我家鄰居的老婆長得漂亮，我垂涎已久，可是沒有辦法。後來燭之武幫我去忽悠了一通，結果那人把老婆親自給我送來了。就因為這個，我知道他能忽悠。」

「那趕緊叫他來。」

燭之武來了，乾瘦一老頭，說話還有點結巴。大家一看就樂了，就這麼個老頭，能把別人老婆給說跑了？

近視眼不等於槍法不好，結巴也不等於口才不好。忽悠靠嘴，更靠腦子。

鄭文公把情況簡要介紹了一遍，然後說：「老兄啊，國家和百姓就指望著您了。」

「別、別介。」燭之武聽完了，翻了翻白眼，擺擺手說：「主公，我年、年輕的時候尚且沒、沒什麼用處，現在老、老了，什、什麼也幹不成、成了。」

「我知道了，從前我沒有重用您，那是我的過錯，我道歉行不？這次只要您能把秦國人忽悠走，我讓您當卿，還給您三個年輕漂亮的老婆，怎樣？」鄭文公馬上反省，立即許願。

「主、主公，我老、老、老了。」燭之武又說自己老了，大家一聽，這還是要推辭啊，可是大家錯了，在連說了三個老之後，燭之武接著說：「那東西不、不中用了，老婆就不、不要了，給三個老、老、老媽子伺候我，就行、行了。」

哄堂大笑。

鄭文公對燭之武有信心了，一個知道自己真正需要什麼的人，他一定也知道秦國人需要什麼。

第八十六章
結巴老頭大忽悠

燭之武是一個忽悠大師，一輩子忽悠了不知道多少人，可是，忽悠諸侯這樣的事情還是第一次幹，有把握嗎？他不怕忽悠不成，被秦國人砍了嗎？

「忽悠的最高境界是什麼？是忽悠自己。如果被秦國人砍了，那我不就是忽悠了自己嗎？那不是死得很值嗎？」在忽悠秦國之前，燭之武先這樣忽悠自己。

結巴老頭忽悠秦國人

當天晚上，燭之武出了城，一步一顛，直奔秦軍大營而去。

秦穆公正和百里奚、公孫枝等人研討攻城策略，突然守營軍士來報，說是捉了一個鄭國奸細，該奸細口口聲聲說有大事要找秦伯。

奸細被押了上來，秦穆公一看，什麼奸細，就一個乾瘦老頭。不用說了，就是燭之武。

「你是幹什麼的？到我軍大營來幹什麼？」秦穆公喝問。

「我是鄭、鄭、鄭伯……」乾瘦老頭說。秦穆公一聽，什麼，你是鄭伯？你是鄭伯他爹還差不多，剛要發話，誰知老頭剛才的話沒說完，接著說：「派、派來的使臣，我叫燭、燭之武。」

這個大喘氣，一下子把秦穆公等人都給逗樂了。

「你連話都說不利索，還當使者？」秦穆公笑著問。

「我說話不利、利索，可是我心眼利、利索。不像君侯您，說話利、利索，可是缺心眼。」燭之武結結巴巴，竟然開罵秦穆公。看來，當年寧戚的套路大家都學到了。

秦穆公一愣，勃然大怒，這個結巴老頭竟然敢羞辱自己。

「你活、活膩了，我殺、殺了你。」秦穆公一急，把自己也給急結巴了。旁邊人看了想笑，又不敢笑。

百里奚在一旁看著，他知道這個老頭一定不是個尋常人，一個結巴老頭，孤身一人，半夜來罵秦穆公，一定有他不可告人的秘密。

「燭之武，你說我家主公缺心眼，有什麼證據？」百里奚問。

燭之武結結巴巴，開始了一次歷史上著名的忽悠，為閱讀方便，不再用結巴語言：「秦晉兩國圍攻鄭國，鄭國一定會被滅掉。可是秦國和鄭國之間隔著晉國，所以鄭國一定被晉國吞併，秦國不過是個抬轎的角色。晉國更加強大了，對秦國是好事嗎？晉國下一步一定會吞併秦國。別以為你們對晉國有恩，這年頭流行白眼狼。你們還記得晉惠公父子嗎？晉國人都是忘恩負義的，楚王當初對晉國人多好，落得個被晉國人騎在脖子上拉屎的結果。秦伯啊，你是被人家賣了還給人家做廣告啊，你不缺心眼，誰缺心眼？」

一番話，說得秦國君臣目瞪口呆。

「我靠，這話雖然結巴，可是理不結巴呀，我們還真是缺心眼啊。」秦穆公和百里奚幾個倒吸一口涼氣，慶倖在這樣一個沒有月光的晚上遇上了這樣一個明白人。

燭之武一看，自己這番話挺管用，於是又加了幾句話：「若舍鄭以為東道主，行李之往來，共其乏困，君亦無所害。」（《左傳》）意思是：如果放棄攻打鄭國，那麼鄭國可以作為貴國東道上的主人，今後貴國使者來往，我們也能提供食宿什麼的，對你們不是也沒有壞處嗎？

「東道主」這個詞，這個如今被用爛了的詞，就來自這裡。

緊急磋商，秦國君臣緊急磋商之後，決定明天早晨就撤軍，去他媽的戰略合作夥伴。秦穆公還不過癮，他覺得不僅不能攻打鄭國，而且要保衛鄭國。於是，秦穆公命令杞子、逢孫、楊孫三員大將率兩千士卒，協同鄭國守城，就算是秦國志願軍。

「老、老師，跟我回秦國、國吧。」秦穆公盛情邀請燭之武，稱他為老師，別的沒學到，先把結巴學到了。

「等、等到祖國安定了，我還沒、沒有死的話，我一定去。」燭之武婉拒了秦穆公的邀請。

結巴老頭忽悠晉國

晉軍大營。

秦軍私自撤軍的消息傳來，晉文公君臣先是驚訝，後是憤怒。

「該死的秦伯，被一個結巴老頭給忽悠了，缺心眼啊。主公，秦國撤軍，士兵一定急於回家，我們從後追殺，一定大勝。」狐偃氣得差點吐血，一輩子忽悠人，這回被這缺心眼的給忽悠了。

元帥先軫以下，包括趙衰在內，一致要求追殺秦國人。

晉文公沉吟片刻，緩緩說道：「算了，如果沒有秦伯，哪裡有我們的今天？他們也就是缺心眼罷了，沒有惡劣到該被追殺的地步。」

有恩必報，晉文公是個厚道人。

現在，盟軍跑了，是繼續打，還是也撤軍，商量了一陣，沒有結果。晉文公的意思，撤軍算了，可是大家都覺得就這樣撤軍太沒面子，何況不用秦軍，晉軍也能拿下鄭國。

誰都沒有想到的是，結巴老頭能忽悠走秦國人，同樣也能忽悠走晉國人。

又是夜裡，又是沒有月光，又是一個結巴老頭，又是被晉軍守營軍士捉到了主帥大營。一句話，又是燭之武來了。

「你是什麼人？」晉文公喝問。

「我是鄭、鄭、鄭伯……」燭之武又搞了一次大喘氣，這次把晉國人也給樂得夠嗆。這是燭之武的固定套路，他有很多類似這樣的套路，通常都能把正常人忽悠得暈頭轉向。

氣氛輕鬆了，說話也就好說多了。

「你是怎麼把秦國人忽悠走的？」狐偃問，他很感興趣。

「我跟他們說，鄭國準備接、接受晉國的條、條件了，你們在這裡是多餘、餘的。所以，他們就走、走了。」燭之武說。

「什麼條件？我們有什麼條件？」狐偃挺奇怪，他自己都不知道晉國有什麼條件。

「我聽、聽說公子蘭在晉侯身、身邊，晉侯攻打鄭國就是想讓公子蘭回來繼、繼位。我家主公願意聽、聽從貴國的命令，立公子蘭為太、太子，今後世世代代跟著晉國幹、幹。」話雖結巴，理卻不結巴。

公子蘭是誰？鄭文公的兒子，當初被鄭文公從鄭國趕到了晉國，晉文公很喜歡他，把他帶在自己的身邊。此次攻打鄭國，確實有讓公子蘭取代鄭文公的意思。而公子蘭拒絕隨同晉軍來攻打鄭國，他說不管怎樣都不應當攻打自己的祖國，因此他留在了晉國邊界。而正因為這樣，晉文公更喜歡他了。

大家都看著晉文公，每個人都知道這是一個臺階，如果要撤軍，沒有比這更好的臺階了。

「好，就這麼辦、辦了。」晉文公表態了，也學到了燭之武的結巴。

第二天，鄭國派出石甲父、侯宣多兩個大夫隨同晉軍前往晉國，迎請公子蘭回國。

燭之武，一個結巴老頭，忽悠了秦國，又忽悠了晉國。

千萬不要輕視結巴老頭。

一代霸主鞠躬盡瘁

天下太平，討無可討。

晉文公九年春天，楚成王派鬥章前來晉國，請求建立友好關係。晉文公非常高興，派陽處父前往楚國問候楚成王，並簽署晉楚友好和諒解備忘錄。這標誌著，楚國承認了現有的勢力版圖，承認了晉國的霸主地位。

當所有這些事情都辦好之後，晉文公突然發現自己沒什麼事情可做了，自己閑下來了。不僅晉文公，狐偃也覺得很無聊了，魏犨也覺得有勁沒地方使了。

人間沒事幹，活著幹什麼？

狐毛、狐偃兄弟二人率先離開了人世，狐偃享年六十六歲，魏犨大醉之後墜車歸天，只有五十一歲。

到了冬天，晉文公知道自己看不到明年的春花了。

晉文公九年冬（前628年），春秋第二霸晉文公溘然長逝，在位九年，享年四十五歲，英年早逝。公子歡繼位，就是晉襄公。

晉文公，生的偉大，死的冷靜。為什麼這樣說？

在晉文公知道自己將要鞠躬盡瘁之後，將自己在身邊的四個兒子做了妥善安排。大兒子公子歡是太子，準備繼位。其餘三個兒子，公子雍送去秦國，在秦國當大夫；公子樂送去陳國，擔任陳國大夫；小兒子黑臀送去周王室的首都雒邑，擔任王室的大夫。

從此之後，這成為晉國不成文的規矩。除了太子，所有公子都送去國外。歷史證明，這有效地防止了骨肉相殘，也為異姓人才提供了上升的通道。

但是，這也必然產生了一個嚴重的後果。什麼後果？

這裡有一個學術問題需要提出來單獨討論，那就是關於晉文公（重耳）、狐突、狐偃和狐射姑的關係和年齡問題，這是一個千古以來的疑難問題。直到今天，依然爭論紛紛。限於篇幅，資料出處在此不一一注明。

重耳出奔時的年齡有兩種說法，《史記》說是四十二歲，《左傳》說是十七歲。那麼，晉文公去世的年齡就成了七十歲或者四十五歲。而重耳的年齡又影響到狐突、狐偃父子倆的年齡，這就產生了問題。

如果按《左傳》的說法，那麼狐突、狐偃父子的年齡是比較合理的，而如果按《史記》的說法，狐偃特別是狐突的年齡就太高壽了，而且七十多歲還能出任申生的「御戎」，那真是牛得一塌糊塗了。不僅狐突、狐偃父子倆的年齡問題難以解釋，事實上，整個重耳團隊的年齡問題都是難題。

可是，如果按照《左傳》的說法，同樣有問題，首先，晉文公死得太年輕了，與《左傳》的某些記載有衝突；其次，晉文公的年齡也跟他父親獻公的年齡差距太大，無法解釋出逃前的事情。

綜合而論，本書中重耳的年齡以《左傳》為準。

狐射姑是不是狐偃的兒子又有疑問，狐射姑、賈季、賈佗是不是一個人也有諸多不解之處。狐射姑、賈季、賈佗應該就是一個人。那麼，狐射姑究竟是不是狐偃的兒子呢？根據推理，應該是。

按照記載，狐射姑的名聲幾乎不亞於狐偃，他也是一個非常有才能的人，為什麼在晉文公的時代始終無法出頭呢？最合理的解釋就是，狐偃是他父親，有這個超級強勢的父親在，沒有他發揮的空間。狐偃做到了卿，狐射姑不可能與父親平起平坐，因為他受到禮法的壓制。直到狐偃去世，他才成為卿，才開始進入最高管理層。

晉文公的一生還要去評判嗎？他是一個俗人，一個有血有肉的俗人，一個朋友，一個大哥，這就是對他的最高評價了。

如果還需要，那麼再送一句話：幹革命就要跟晉文公這樣的人。

晉文公的團隊是一個傳奇一般的團隊，這不能不說是晉文公的人格魅力。十九年的流亡，如此多的時代精英堅定不移地跟隨他，這本身就是一個奇蹟。

狐偃的深謀遠慮、隨機應變，趙衰的公正無私、明白變通，先軫的運籌帷幄、決勝千里，胥臣的博學多才、機敏善變，這四個人，對於整個春秋的影響都是巨大的。晉文化在整個春秋戰國都是強勢文化，晉地的人才幾乎左右著整個春秋戰國史的方向。而這一切，都是晉文公及其團隊打下的基礎。

《國語》中有很多關於晉文公的小故事，挑選其中的兩個來說說。

晉文公治國非常勤奮，也很親民。他的宮室修建得非常簡陋，並且下令不得大建樓堂館所，農忙季節不得徵用民工，等等。同時，他還很好學，拜了胥臣為師。

一天，胥臣向他推薦一個人，此人名叫郤缺。郤缺是誰？郤芮的兒子。郤芮，晉文公的仇人。胥臣推薦郤缺的理由是這樣的：胥臣到冀考察工作，恰好看見郤缺在地裡幹農活，郤缺的老婆給他送飯，結果是「敬，相待如賓」，雖然家道沒落了，兩口子還是很講究禮儀和互相敬愛。

「相敬如賓」這個成語來自這裡。

「這說明郤缺的品德很高尚啊。」胥臣說。

於是，晉文公任命郤缺為下軍大夫。

還有一次，晉文公對大夫郭偃說：「原先我以為治理國家很容易，可是現在我知道這是一件很困難的事情。」

郭偃回答說：「當您以為容易的時候，困難很快就會來；當您覺得困難的時候，事情就正在變得簡單。」原話是這樣的：「君以為易，其難也將至矣；君以為難，其易也將至焉。」

多麼富於哲理的對話！

秦國人在行動

晉文公去世的前後腳，鄭文公也鞠躬盡瘁了，公子蘭繼位，就是鄭穆公。

兩個文公都沒有了，有人就有想法了。誰？

杞子、逢孫、楊孫從晉文公七年冬天開始留在滎陽守城，轉眼過了兩年。別人的老婆都生兩個了，自己這兩年連老婆的屁股都沒摸過。幾個兄弟很鬱悶，想要回國，可是沒有最高領導的指示，誰也不敢走。

鄭穆公登基之後，那是死硬的親晉派，早就看這幫秦國鄉巴佬不順眼，可是又不好明目張膽趕他們走。於是，鄭穆公搞了一些小動作來膩歪他們，譬如菜裡放死老鼠、軍營旁邊搞個糞坑之類，總之，就是要讓秦國人自己滾蛋。

哥三個這叫一個鬱悶，也不知是誰突然靈光一現，想了一個好主意，對大家一說，大家都說好。於是，駐鄭國的秦國人民志願軍打了一個報告給秦穆公。

秦穆公這兩年基本上已經把秦國人民志願軍給忘了，這一天收到秦國人民志願軍的加急密報，這才想起來還有兩千多個兄弟在鄭國呢。

打開密報一看，上面寫著：鄭裝雖然穿在身，我心依然是秦國心。如今我三人掌管鄭國都城北門，若趁著鄭文公、晉文公剛死，兩國人心不穩，我國出兵偷襲，我等為臥底，內外結合，可滅鄭國。妥否？請指示。

這就是那三兄弟的主意了，滅鄭國事小，關鍵借這個機會撈一把，然後名正言順回老家看老婆孩子。

秦穆公一看，好主意啊。這一回，也不召集大會了，因為這是一件需要保密的事情。秦穆公直接找來大將百里孟明視、西乞術和白乙丙，戰車三百乘，點將出發。同時，派人回覆那三兄弟，約好了日期。

百里奚和蹇叔聽說了，都來勸秦穆公：「主公，千里偷襲，兵家大忌啊，何況還要經過晉國的地盤，何況在道義上也說不過去，何況……」

兩個老頭一大堆何況，聽得秦穆公心煩。他知道，人老了，就膽小怕事；人老了，就沒上進心了；人老了，就容易老年癡呆了。總之，他就覺得跟眼前這兩個八十多歲老頭沒什麼共同語言了。

其實，秦穆公忘了，自己也五十多歲了，也老了。人老了，就很倔。

「不行，機不可失，時不再來，這是一個向中原國家宣示實力的機會，一定要幹。」秦穆公是下定了決心，內心裡，他想當霸主了。

兩個老頭說了半天，秦穆公忍不住了，說聲送客，直接給趕出來了。

大軍出發，秦國人民像歡送英雄一樣歡送他們。當然，沒有人傻到告訴大家自己去偷襲別人，公開的說法是秦軍前往王室參加聯合國軍事演習。

無論是出征的戰士，還是送行的群眾，都是興高采烈，好像這是去領獎。只有兩個老頭哭哭啼啼，淚流滿面。哪兩個老頭？就是百里奚和蹇叔。

秦穆公的心情原本非常好，可是看見兩個眼淚鼻涕橫流的老頭，美好心情一下子受到了破壞。

「哎，二位，省省吧，哭什麼啊？要哭回家去哭，別在這裡惑亂軍心。」秦穆公說話也沒客氣。

「主公啊，只怕我們能看見他們去，看不見他們回來啊。」蹇叔一邊抹眼淚，一邊說。

「你這什麼話？你是說你活不了幾天了？嘿，老爺子，你算長壽了，要是像常人一樣，你現在墳墓上的樹都有一抱粗了。」秦穆公更來氣了，說話也夠陰損。

正說著，白乙丙過來了。蹇叔將他拉到一邊，對他說：「兒啊，你知道你會死在哪裡嗎？」

白乙丙一聽，爹怎麼這個時候說這種喪氣話，換了別人，早一拳打翻了。

「我不知道。」白乙丙說，心說最好死在美女懷裡。

「晉國人一定在崤谷伏擊你們，崤谷有兩個山頭，南面的是夏朝天子皋的墳墓，北面的是周文王當年避雨的地方，你一定會死在這兩座山頭之間的，到時候我去那裡找你的屍骨。」蹇叔說。當年從送過來秦國的時候路過那裡，他印象深刻。白乙丙不願意聽了，心說老爺子八成老年癡呆了，要不就是幻想狂了，支吾幾句，走了。

另一邊，百里奚比蹇叔稍微樂觀一點，他在想萬一孩子能活著回來呢？

「主公，我有個小小請求。」百里奚說。

「說吧。」

「如果孟明視能活著回來，請主公赦免他。」

「赦免？立大功回來，獎勵還來不及呢。」

「不，主公，你要答應我。」

「好，我答應你。」秦穆公有些不耐煩了，順口說道。

第八十七章 崤之戰

秦軍吼著秦腔向東開進，基本上，每個人都相信這是一趟腐敗之旅——好吃好喝還有女人可以玩。

對於秦國人來說，其實他們此時的動機與戎狄沒有什麼兩樣，都是準備去撈一票就走的。而他們的主帥百里孟明視是一個打狼出身的人，什麼陣法、紀律在他看來都是沒用的東西，最重要的是兄弟們賣命。至於謀略，什麼叫謀略？

所以，這就是一支打狼的隊伍，一路叫著向獵物行進。

在他們的眼裡，世界上只有狼。可是，世界上不僅僅有狼，還有獵人，還有獵殺獵人的獵人。

從秦國到鄭國，有很長的路要走。不僅要穿過晉國南部的狹長地帶，還要經過周王室的偉大首都雒邑，還要經過幾個類似滑國的小國家，之後才能到達鄭國。

讓秦國人走著，看看世界上的其他人怎麼反應。

晉國人要行動

絳，晉國朝廷。

駐秦國地下辦事處最新的線報是秦軍三百乘戰車在孟明視的率領下向東進發，出發時，蹇叔和百里奚都在痛哭。據內部人士透露，秦軍是準備偷襲鄭國。

秦國人的保密工作很差。

而崤谷一帶守軍也以快馬加急來報，說是秦軍吼著秦腔通過晉國，一路向東去了。

「秦國人要幹什麼？」晉襄公問。襄公是過過苦日子的人，人很寬厚，性格與他父親有些相像。

「如今天下沒有戰事，秦軍東行而不事先向我們借道，必有陰謀。三百乘戰車，一定不是一件小事。依我看，他們一定去鄭國。如果我沒有猜錯，他們準備偷襲鄭國。」先軫是什麼人？他認為駐秦辦的情報是準確的。

「先元帥，為什麼秦國人不是去換防呢？」欒枝問。

「第一，換防不可能出戰車三百乘；第二，不可能派孟明視去戍守鄭國；第三，如果換防，士兵一定很沮喪，不可能一路唱著歌過去。」先軫分析，十分透徹。

現在，每個人都知道秦國人要幹什麼了。

「那，我們怎麼辦？」晉襄公問。他剛剛登基，甚至也可以說還沒登基，因為父親還沒有下葬。

「消滅他們。」先軫說得斬釘截鐵。

大嘩。

從情理上說，秦晉兩國是親戚，而且晉國欠秦國很大的人情，更何況兩國還是戰略合作夥伴關係。所以，憑什麼要消滅對方？

從另一個角度說，秦軍在上次的聯合行動中出賣晉軍，這一次又趁著晉文公剛剛去世偷偷摸摸單獨行動，似乎又有打的理由。

「元帥，秦伯對先主公有恩啊，還沒有報答他們就要打他們，不好吧？」欒枝有不同意見。

「不然，秦晉兩國都是大國，而且緊鄰，兩國之間今後必有一戰。再說，秦國要去偷襲我們的同姓國家，那就是要傷害我們的兄弟，我們怎能袖手旁觀？這次放過他們，今後幾代人都要遭受他們的禍患。若能一戰殲滅他們，我們的子孫都能過得舒坦一點。為了子孫後代的利益，一定要打。」先軫決心已下。

儘管所謂的同姓兄弟的說法大家聽起來就是放屁，但是為了子孫後代的說法還是引起了共鳴。

「好吧，那就打。那麼，要不要派人趕緊給鄭國送信？」晉襄公沒什麼主意，既然大家說打，那就打。

「不用，千里奔襲，我看他們根本到不了鄭國。」先軫斷定。

王孫滿看出問題

秦軍吼著秦腔，穿過了晉國，這一天來到了周王室的偉大首都。

「傳令，所有人脫盔下車步行。」經過雒邑北門的時候，孟明視下令。這一點規矩他是懂得的，在出發之前他爹還特別交代過。

除了御者，秦軍士兵紛紛跳下車來，摘下頭盔，可是只走了兩步，又紛紛跳上車去。

雒邑城頭，人們紛紛前來參觀秦軍的軍容，看著亂七八糟的秦軍車隊，紛紛感歎：「這哪裡是軍隊，簡直就是一群打狼的。」

這確實是一群打狼的。

周襄王的孫子王孫滿那時候還小，看完秦軍，回去對周襄王說：「爺爺，秦軍一定要被打敗的。」

「為什麼？」

「秦軍輕佻無禮，所以不僅沒有謀略，而且不夠細心，這樣的軍隊，能不失敗嗎？」王孫滿說。

偉大首都的小孩子都看出問題來了，可見問題真是不小。

賣牛的忽悠秦國人

秦軍吼著秦腔，來到了滑國（今河南偃師縣一帶）。剛剛紮下大營，一件令他們始料未及的事情發生了。什麼事情？鄭國使節來了。

鄭國使節名叫弦高，送了四張熟牛皮和十二頭肥牛來勞軍。

「三位將軍，我國國君聽說你們過來，十分高興，特地派我趕了十二頭牛來犒勞大家。另外，我們已經準備好了貴國軍隊的食宿，還有保安人員，保證讓你們住得安心，玩得開心，走得放心，絕對沒有安全問題，哈哈哈哈。」弦高說，聽起來很熱情，但是話裡帶著話，分明是告訴秦國人：來吧，我們已經有準備了。

孟明視傻眼了，大家都傻眼了。毫無疑問，行蹤已經被鄭國人發現了，偷襲不成，肯定沒戲了。

尷尬，十分的尷尬，為了掩飾尷尬，孟明視開了句玩笑：「嘿嘿，老弦，你們這麼客氣，趕了這麼多頭牛過來，知道的說你是鄭國使節，不知道的還以為你是牛販子呢。」

「我就是個牛販子啊，哈哈哈哈。」弦高大笑。

「你是牛販子？哈哈哈哈。」孟明視也笑了，他覺得鄭國人很有意思。

其實，孟明視不知道的是，弦高不是在開玩笑，他真的不是使節，他就是一個牛販子。孟明視甚至沒有注意到弦高根本就沒有代表使節身份的旄，這印證了王孫滿的話，秦國人很粗心。

弦高，鄭國商人，確切地說就是個牛販子。可別小瞧牛販子，春秋時期的牛販子牛得很，相當於現在的汽車經銷商。

那一天，弦高趕了二十多頭牛從鄭國去雒邑賣，這一趟下來，能大賺一筆，一年就不用再幹別的了。

到了滑，就聽人說秦軍來了，不知道幹什麼來。

別看是個商人，弦高可是個愛國商人。他一分析，發現秦國人沒安好心，一定是來偷襲鄭國的。前面一個小孩看出了問題，現在一個賣牛的又看出了問題，可見得秦軍的行動確實很不專業。

敵人來偷襲偉大祖國了，怎麼辦？弦高靈機一動，計上心頭。

這邊，派人立即趕回鄭國，向鄭穆公報告。另一邊，自己冒充鄭國使節，趕著牛，假裝代表鄭國犒勞他們，讓他們最好知難而退。

十二頭牛啊，等於一個車隊，可是，為了國家利益，弦高沒有猶豫，他毅然決然地獻了出去。這是一種什麼精神？這是一種專門利人毫不利己的愛國主義精神。我們說，弦高就是愛國商人的祖師爺。

弦高成功地忽悠了孟明視，於是秦軍原地不動，派人前往鄭國探看情況。而鄭國的情況令他們絕望，因為鄭穆公在接到報告之後，派人去看戍守秦軍的動靜，結果發現他們正在「束載、厲兵、秣馬」，就是在收拾傢伙準備打仗呢。「厲兵秣馬」這個成語出於此。鄭穆公大怒，立即將駐鄭國秦軍趕走了，那三個兄弟不敢回國，杞子逃往齊國，逢孫和楊孫逃往宋國，其餘的兄弟作鳥獸散，各自逃往秦國去了。

孟明視哥三個一看，臥底沒了，鄭國是不用去了，可是也不能白出來一趟啊，賊還不走空呢，堂堂秦國大將，空手回去多沒面子。

於是，哥三個也沒客氣，順手把滑給滅了。國君殺死，國庫清空，姦淫擄掠一通，回師秦國了。

你說人家滑招誰惹誰了？這就是命。

崤之戰

秦國軍隊又是一路吼著秦腔，沿舊路向秦國進發。

這一天，秦軍來到了崤谷，過了崤谷，就是秦國了。大家高興啊，這一趟算是沒有白出來，好歹把滑國的東西都給搶來了。

「哎，兄弟，咱們出來的時候，兩個老爺子要死要活的，這不，咱們不是平平安安回來了。」孟明視高興啊，打這麼多年狼，就這次收穫最豐富。

「老孟，你爹還好啊，哭哭就是了。我爹那叫一個煩啊，說咱們非死不可，還給指定了一個地方，說非死在那裡。」白乙丙接過話頭，得意地說。

「你爹說什麼地方？路過的時候，咱們在那裡喝兩盅，看看死的地方風水怎麼樣啊，哈哈哈哈。」孟明視大笑，他覺得蹇家老爺子很搞笑。

「說是在崤谷，哎，嚮導官，咱們這是到哪裡了？」白乙丙說著，問嚮導。

「報，這裡是崤谷。」

「南邊那個山頭是什麼山？」

「那是夏朝天子皋的墳墓。」

「北面的山頭呢？」

「那是周文王當年避雨的地方。」

「哈哈，老孟，說著了，我家老爺子說的地方就是這裡啊，咱們仔細看看，哈哈哈哈。」白乙丙大笑，孟明視也大笑，西乞術也跟著大笑。

笑聲經久不息，因為笑聲縈繞。為什麼笑聲縈繞？因為這是個山谷。

笑過之後，哥三個開始看這個預言中的死地。

崤谷，一座山谷。南北向各有一座山，東西向各有一個谷口，這裡就像是一個葫蘆的肚子。

「嘿嘿，還別說，這要是有人把住兩頭，咱們還真就死定了。」西乞術說，他看出一點門道來了。

「這麼說，咱爹也不是亂說啊，哈哈。」白乙丙還沒回過味來。

孟明視的臉色有些不好起來，雖然是打狼出身，但也是要講究地形地貌的，趕狼也不是亂趕的。現在這個地形，確實看上去很不舒服，狼都不願意往這裡跑。如果自己是晉國人，一定在這裡設伏。

「傳令，加快行軍速度，快速通過這裡。」孟明視已經笑不出來了，聲音有些發緊。

可是，已經晚了。

一聲巨響。

隨後是滾石的聲音，只聽見巨石檑木從山上滾下的轟隆聲，秦軍前軍後軍一片驚叫。兩頭的谷口已經被亂石堵住。

隨後，兩側山上閃出無數的晉國士兵，都是張弓搭箭。

孟明視心中咯噔一下，腦子裡只有兩個字：「完了。」

「你，你喊一喊，問、問問山上是什麼人？」孟明視令他身邊一個嗓門大的軍士喊一喊，萬一山上是搞錯了伏擊對象呢。

秦國人能喊，而那個士兵又是最能喊的，當時扯開了嗓子，對山上大喊：「你們是什麼人？」

剛把「人」字喊出來，山上一支箭就過來了，準準地扎在這名軍士的脖子上，軍士咕咚倒在地上。

秦軍炸了營，一個個跳下車來，四處亂竄。孟明視大聲喝止，這時候大家都慌了，誰聽他的？

山上，晉國軍旗招展。沒有人向山下喊話，因為沒有必要，晉國人是要消滅秦國人，跟一幫要死的人說話，有什麼意義呢？

「嗖嗖嗖。」山上開始第一撥箭雨，兩個方向同時開射，秦軍慘叫聲一片。

箭，一撥連著一撥，中間還夾雜著從山頂推下來的巨石。秦軍士兵非死即傷，即便有人僥倖爬上山頂，也被山頂上的晉軍殺死。

孟明視、白乙丙和西乞術嚇得半死，躲在石頭後面不敢動。看著自己的兄弟們死傷枕藉，三個人抱頭痛哭。

等到慘叫聲越來越稀少的時候，晉軍停止了射箭，開始下山進行地毯式搜索。

秦軍無一倖免，所有士兵均被殺死，高級軍官則被俘虜。

孟明視、白乙丙、西乞術都被活捉。

秦晉之好，這就是秦晉之好。

因為行軍的需要，不適合穿白色喪服，晉軍此次出征全部改穿黑色喪服。到晉文公下葬的日子，就使用了黑色喪服。從那之後，晉國通用黑色喪服。

秦國戰俘逃生

秦國三帥很悲慘，因為晉國人已經決定用他們去祭祀祖先了。這樣說來，還不如就死在崤山好些。

難道就等死嗎？可是，除了等死，還有什麼辦法？

有史以來，人們就在討論究竟是生兒子好還是女兒好。到現在認為生女兒好的人漸漸多起來。為什麼很多人認為生女兒好？因為女兒天生是顧娘家的。

當初晉惠公被秦國捉住，結果是穆姬以死相威脅，這才留了晉惠公一條小命。

這一回，秦國三帥被捉回來之後，有人有想法了。誰？辰嬴。

辰嬴是誰？就是當初的懷嬴，也就是先嫁給懷公再嫁給文公的那一位秦穆公的侄女。

當初晉襄公還是公子歡的時候，由於生母已經去世，晉文公特地指定辰嬴為他的養母，儘管辰嬴的歲數比晉襄公還要小。

辰贏聽說晉軍伏擊了秦軍，感到十分傷心。到後來知道三帥被捉回來而且要殺了祭祖，她就急了，這些都是娘家人啊。不行，娘家人一定要救。

怎麼救呢？來硬的？來硬的就不是辰贏了，人家是一知性美女，玩的是智慧。

當下，辰贏稍稍打扮了一下，去找晉襄公了。

晉襄公是個實在人，平時對辰贏也很尊重，看見辰贏來，連忙讓座看茶。

「夫人，有什麼事？儘管吩咐。」晉襄公話說得很客氣。

「聽說，你們捉了秦國的三帥。」

「是。」

「怎麼處置他們？」

「殺了他們祭祖，不過，還沒最後敲定。」

「你要放他們回去。」辰贏見晉襄公說話客氣，就直接把自己的目的說了出來。

「為什麼？」晉襄公問。其實他並不看重這三個人，放回去未嘗不可。

「因為我聽說這三個人挑撥秦國和晉國之間的友好關係，這次偷襲鄭國都是他們的主意。秦伯對他們恨之入骨，恨不得將他們剝皮剔骨。我看，放他們回去，讓秦伯處置他們吧。再怎麼說，秦伯是我的伯父，也是你姑父啊。」辰贏的道理說得挺淺顯，還拉出了裙帶關係。

「沒問題，放。」晉襄公也沒多想，下令放人。

先軫也惦著秦國三帥呢，心裡不踏實，總覺著不早點把他們宰了，他們就有逃走的可能。而秦國能夠帶兵的也就是這三個人，殺了他們，至少二十年不用擔心秦國人。於是，先軫來找晉襄公，看看是不是早點處置他們。

「元帥，請坐。」晉襄公很敬重先軫，這不僅是叔叔輩的，曾跟著老爹走南闖北，還是天下名將啊。

「主公，我來問問，那三個秦國俘虜是不是早點處置？」

「已經處置了。」

「處置了？怎麼處置的？」

「辰嬴夫人來找我，說是放他們回去讓秦伯殺他們，想想也是，我把他們給放了。」

「啊？」先軫聽完，騰地就站起來了，指著晉襄公的鼻子吼了起來，「小子，我們三軍將士費了這麼大力氣捉來的，一個女人幾句話你就給放了？這不是打擊我們的士氣嗎？晉國離完蛋不遠了，啊呸！」

先軫一口口水吐過去，吐了晉襄公一臉。

晉襄公滿臉通紅，用袖子擦擦臉，弱弱地說：「元帥說得對，元帥說得對，放的時間不長，快去追吧。」

先軫頭也不回，大踏步走了。

回到元帥府，先軫立即命令大將陽處父快車去追。

「要死的，不要活的。」先軫下令。

秦國三帥，現在是秦國三囚。

「老白，你爹真厲害啊，什麼都料到了。」孟明視對白乙丙說，雖然自己就要死了，還是要表達對蹇叔的敬意。

「一般般啦，也不算都料到了，咱們不也沒有死在崤山嗎？」到這個時候了，白乙丙還要謙虛一下。

正說著，晉襄公的赦令到了，哥三個當場釋放，外面有辰嬴給備好的車。

「哎，老孟，要不要去向晉侯致謝？」白乙丙問。

「腦子有病啊？趕緊跑吧，指不定晉國人什麼時候就反悔呢。」孟明視比白乙丙明白多了，趕緊上了車，催駕車的立即出發。

哥三個坐著車一路狂奔，向西直奔黃河而去。什麼叫漏網之魚？什麼叫驚弓之鳥？

那四匹馬跑了兩個時辰，終於來到黃河岸邊，哥三個剛一下車，四匹馬就倒下了兩匹，累的。

也不知道怎麼就那麼巧，在岸邊就泊著一條小船，船上坐著一個艄公。哥三個來到船邊，定睛一看，都笑了。原來，那個艄公是百里奚家裡的老家人了。

「哎喲，老主人說萬一你們沒死，一定會逃到這裡，讓我來等你們。沒想到還真等到你們了，快上船。」艄公急忙招呼。

「等等，我先撒泡尿，憋了一路了。」西乞術說。

「尿個屁，趕緊上船，去對岸尿吧。」孟明視瞪了他一眼，心說大家都憋著呢，是命要緊還是尿要緊啊？

哥三個上了船，艄公用力撐開船，船到河中央，只見河邊趕來十多乘戰車，陽處父的追兵到了。

陽處父跳下戰車，目測一下，射箭正好夠不到小船，怎麼辦？陽處父急中生智。

「三位將軍，先元帥聽說你們回國，特地派我送來好馬三匹，回來帶走吧。」陽處父大聲喊道，一邊假模假樣解自己車上的馬。

「留著自己用吧，三年之後，我們一定回來拜謝。」孟明視喊道。

陽處父不甘心，還要接著忽悠，卻看見西乞術在船上站了起來，脫了褲子，對著這邊撒起尿來。陽處父歎了一口氣，連西乞術都開始尿自己了，說明秦國人已經不是那麼好忽悠了。

「老孟，還是你爹厲害啊，什麼都料到了。」這一回，輪到白乙丙對百里奚表達敬佩了。

「嗨，都是蒙的。」孟明視笑了，替老爺子謙虛一回。

夕陽下，黃河上，又傳來了秦腔的吼聲。

第八十八章

戰神之死

秦國三帥回到雍城的時候，秦穆公親自率領群臣到郊外迎接，倒好像是迎接獲勝而歸的英雄。

蹇叔和百里奚看到各自的兒子撿了一條命回來，百感交集，痛哭失聲。

「主公，這三人全軍覆沒回來，為什麼不殺他們？」有人問秦穆公。

「為什麼要殺他們呢？當初是我不聽蹇叔的勸告，讓他們去的，都是我的過錯啊。他們有什麼過錯呢？不能以一眚（音省）掩大德。」秦穆公說。他是一個勇於認錯的人。

「不以一眚掩大德」，成語，發明者秦穆公，意思是，不因為一件過錯而抹殺從前的功勞。

孟明視、白乙丙和西乞術不僅沒有受到處罰，反而得到一筆安慰金，同時，官復原職，繼續統領秦軍。

秦穆公，一個厚道人。

春秋的君主，普遍有一種反省的精神。

這一點，是後世的君主們所不具備的。

秦軍全軍覆沒，三帥不能說沒有責任，至少他們的警惕性就成問題，對於地形也缺乏判斷。這樣的過錯，砍了他們並不冤枉。可是，秦穆公把責任都攬到了自己的身上。

敢於承認錯誤、承擔責任，這是秦穆公能夠率領秦國走向強大的根本。

而晉襄公的寬厚絕不在秦穆公之下，知錯就改本身就很難得，更難得的是他能夠不計較手下的過激之舉。在被先軫吐口水之後，晉襄公並沒有記恨先軫。

「先元帥都是為了國家，為了我。」晉襄公表示。

通常，領導人越大度，手下就越是反思。

先軫之死

跑了秦國三帥，先軫很鬱悶了幾天，等到他冷靜下來，覺得很不安。自古以來，敢把吐沫吐到國君臉上的，似乎自己是第一個人，自己為什麼這麼衝動呢？自己憑什麼這麼牛呢？先軫認真地思考了一遍，最終他想明白了。

先軫這一撥留齊派的兄弟跟晉文公在骨子裡根本就是兄弟，而不是正經八百的君臣。流亡十九年，大家都一個鍋裡吃飯，說話都吆三喝四，沒大沒小。基本上，晉文公也沒把自己當根什麼蔥，兄弟們在一起嘻嘻哈哈，什麼玩笑都開。

因此，先軫從一開始就沒有把晉襄公放在眼裡，認為他不過是自己的一個侄子而已，該罵就罵，該說就說，反正都是為他好。

在冷靜反思之後，先軫明白了，國君終究是國君，臣子終究是臣子，不能整得太近，不能沒有規矩，否則，後果不可想像。

「晉侯可以原諒我，但是我不能原諒自己。」先軫心想，他在想像自己問趙衰：「司馬，當眾羞辱國君，該當何罪？」趙衰會怎樣回答？

聰明人應當自己解決問題，而不是等問題變大了讓別人來解決。

先軫知道，自己應當自己來解決這個問題。

他怎樣解決這個問題？

解決問題的機會很快到了。

在晉國的北面有一個狄叫做白狄，大致因為他們長得比較白。白狄的資訊很不靈通，否則他們就應該知道晉國現在有多強。

那一年的雨水不夠，秋天，草原上的草大片枯死，羊被餓死了不少，狼也餓死了許多，人自然也吃不飽。沒辦法，白狄的兄弟們決定到中原去搶些吃的。於是，他們進攻晉國，一直打到了萁（今山西省蒲縣）。

先軫率領晉軍迎擊狄人，晉襄公親自壓陣。

這並不是一場著名的戰爭，因為這根本不是一個數量級的戰鬥。與先軫相比，狄人的戰術素養幾乎等於零。

對付狄人，擊敗他們並不困難，困難的是消滅他們，因為他們騎馬，比車和人跑得都快。當年鄭國公子突的辦法就是採取誘敵深入包圍殲滅的辦法，這個辦法被證明是最為有效的。

先軫照方抓藥，略施小計，給狄人佈置了一個口袋陣。

交戰的時候，雙方佈好陣勢。晉軍用弓箭壓住陣腳，等待衝鋒的號令。

突然，晉軍大陣衝出一乘戰車，直奔狄人陣地而去。

「什麼人？」所有人在驚問。

仔細一看，大家又吃一驚，因為戰車上的人竟然沒有甲冑護身。換句話說，沒穿軍裝沒戴鋼盔，穿著便服就上去了。

仔細再一看，大家目瞪口呆了。因為，那人就是元帥先軫。

晉軍大陣鴉雀無聲，擂鼓的掌旗的都瞠目結舌，手足無措，直等到先軫已經撞進對方大陣，晉軍中軍副帥郤溱才回過神來，大喊：「快擊鼓，快擊鼓。」

晉軍開始衝鋒，但是一切都已經晚了。

元帥先軫死于白狄的亂箭之下。

這場大戰，晉軍元帥先軫戰死，白狄首領白狄子被郤缺斬殺，白狄大敗。戰後雙方交換屍體，《左傳》記載：「白狄歸其首，面如生。」白狄把先軫的人頭送來的時候，臉色還像活著一樣。

一代名將，以這樣的方式結束了自己的生命。

晉襄公感念先軫的功勞，任命先軫的兒子先且居為中軍帥。

戰神先軫

之所以用「戰神」這個詞來形容先軫，是因為他配得上。

可以說，中國有史以來，第一個有記載的靠謀略打仗的人就是先軫，他改變了中國戰爭的傳統思維方式，而第一個案例就是城濮之戰。《孫子兵法》是世界上最偉大的兵書，但是請注意，不誇張地說，《孫子兵法》最主要的就是在總結先軫的戰爭藝術。

且看《孫子兵法・謀攻》:「上兵伐謀，其次伐交，其次伐兵，其下攻城。」如果不能理解的話，看看城濮大戰的前前後後，就能準確理解。

「用兵之法，十則圍之，五則攻之，倍則分之。」「亂軍引勝。」這就是具體戰鬥中晉軍實施的「集中優勢兵力打殲滅戰」和「各個擊破」的總結。

再看看《兵勢》篇、《虛實》篇、《軍爭》篇，幾乎都是城濮大戰研究的理論成果，而《九變》篇、《九地》篇令人想起崤之戰。

如果我們說孫子是兵聖的話，先軫就是他最重要的老師。而城濮之戰，是整個春秋最漂亮的戰例，先軫的戰略思想和指揮藝術都堪稱千年楷模。

幾千年之後的中國，毛澤東領導的軍隊統一了中國大陸。而毛澤東的軍事思想主要就是兩條：集中優勢兵力打殲滅戰；各個擊破。就這兩條，打遍中國無敵手，甚至在朝鮮戰場對抗實力超強的美國人，同樣取得勝利。

可是，人們長期以來忽略的事實是，這兩條金科玉律實際上早在春秋時期就已經被先軫創造性地運用了。城濮一戰，晉軍殲滅半數楚軍精銳，一舉遏制楚國的北上擴張。以當時的形勢，如果沒有晉軍的勝利，楚國甚至有可能統一全國，從而讓我們的歷史出現一個楚朝。所以，城濮之戰作為一次「扳頭」戰役，改寫了歷史。

同樣，崤之戰和萁之戰，晉軍全殲秦國遠征軍、重創狄軍，成功震懾來自西方和北方的威脅。可以說，只要先軫在，沒有任何國家敢於對抗晉國。

三國時期關雲長喜歡夜讀《春秋》，估計他沒有讀對地方，如果他能夠多讀幾遍城濮大戰，就不會有走麥城的悲劇發生了。當然，或許，走麥城也是關羽為自己設計的死法。

戰神先軫，這個評價，應該是公允和不誇張的。

而戰神的死法令人感慨和讚歎，真的英雄啊。

找死小分隊

先軫戰死的消息很快傳遍五湖四海，有人遺憾感慨，有人額手稱慶。

「娘的，報仇的機會來了。」在楚國人看來，這是報城濮之戰大仇的機會，更是重新爭奪霸權的機會。

「娘的，報仇的機會來了。」而在秦國人看來，報崤之戰大仇的機會來了。

「娘的，渾水摸魚的機會來了。」即便是小國，也都看到了自己的機會。

先軫沒有想到或者根本沒有想的是，由於他的死，短暫的世界和平不復存在了。

我們先來看看秦國人是怎樣報仇的。

晉襄公三年（前 625 年）春天，孟明視、白乙丙和西乞術哥三個率領秦軍來報仇了。當初逃命的時候孟明視聲稱三年之後來報仇，如今知道先軫死了，哥三個忍不住了，不到一年半的時候，來報仇了。

如果先軫還在，什麼也不用說，一定是出兵迎戰。話說回來，如果先軫還在，孟明視他們也不敢來了。如今先軫不在了，晉襄公還真有點心裡沒底。

「怎麼辦？」襄公問大家。

「打回去。」趙衰回答，於是大家都不說話了。趙衰認為要打，誰敢說不打？

晉國第一代領導團隊現在只剩下三個人，誰？趙衰、欒枝和胥臣。而欒枝和胥臣都處於半退休狀態，一個得了帕金森氏綜合症，一個有些老年癡呆的狀況了。沒辦法，欒枝這樣的猛將通常都會患帕金森氏綜合症，而胥臣這樣的高級學者一般會得老年癡呆，其原因很簡單，什麼東西用得過度了，最後都會出問題。

只有趙衰的腰板還行，在先軫死後，重新回到一線撐持著晉國的霸業。

論輩分，趙衰還是晉文公的師傅，那就是晉襄公的師爺。雖然趙衰為人低調，後輩們對他是敬畏有加。

於是，晉襄公親自領軍，中軍元帥為先且居，趙衰為中軍佐。

兩國軍隊在晉國彭衙相遇，一場大戰就要打響。

先且居對這場戰鬥沒有把握，他可不像老爹那樣經歷過大風大浪，他是第一次作為統帥指揮軍隊打仗。非常不利的是，秦軍一個個都是紅了眼的，他們是來報仇的，而晉軍並沒有這樣不勝無歸的士氣。

實際上，晉軍高層都有些心裡打鼓。可是，事已至此，不打也不行了，硬著頭皮也要打了。

兩軍對圓，沒什麼話可說。

孟明視咬牙切齒，總算找到了報仇的機會。正要下令擂鼓衝鋒，突然，看見對面晉國軍中殺出七八乘戰車，後面跟隨著一百多人，直奔秦軍大陣而來。

「哎，晉國人沒有擂鼓呢，怎麼就有人衝過來了？難道是來投降的？」孟明視有點糊塗了，打這麼多年仗，這樣的事情頭一回見到。

孟明視愣住了，整個秦軍大營都愣住了。別說秦軍大營，對面的晉軍陣地也是鴉雀無聲。

在所有人的注視下，那一隊晉軍衝到了秦軍跟前。直到這個時候，孟明視才明白這些晉國人不是來投降的，因為他們並沒有減速。

晉軍小分隊大喊著撞進了秦軍陣地，一陣狂砍。回過神來的秦軍連忙圍攏過來，要全殲來犯之敵。可是他們發現，要消滅這些晉國人並不容易，因為這一隊晉國人也是紅了眼的，而且比秦國人的眼睛還要紅。

晉軍小分隊在秦軍陣地左衝右突，把個秦軍大陣攪得一場糊塗。等到秦軍費了九牛二虎之力，終於把晉軍小分隊消滅乾淨的時候，整個大陣已經成了一盤散沙。

晉軍戰鼓擂響了，隨著鋪天蓋地的喊殺聲，晉軍主力掩殺而來。這個時候，秦軍還有什麼辦法抵擋嗎？

「該死的晉國人，從來不按規矩打仗。」孟明視一邊逃命，一邊破口大罵。

血流成河，秦國人再次慘敗而歸。

這一次，孟明視又錯了，因為這根本就不是晉國人的戰術。

狼潭

晉國小分隊的領軍人物叫做狼潭，黃繼光、王成式的英雄人物。

那麼，狼潭怎麼想到了這麼一個犧牲自己的主意的呢？說起來，還要從崤之戰開始。

崤之戰，晉軍捉獲了一個名叫褒蠻子的秦國勇士，這哥們力大無窮，雖然五花大綁，還在嗷嗷亂叫，隨時可能掙斷繩子。

「萊駒，砍了他。」晉襄公命令自己的車右萊駒去把褒蠻子給殺了，以免意外。

萊駒一聽，挺高興，這將來說起來自己也算是力斬秦國勇士褒蠻子了。萊駒當下拔出刀來，去殺褒蠻子。褒蠻子急眼了，大喝一聲，渾身用力，「咔吧」一聲，竟然將繩子掙斷。

萊駒嚇了一跳，手一哆嗦，刀掉在地上。褒蠻子看到了機會，一個跨步過去，就要搶地上的刀。萊駒已經傻眼了，哪裡還敢去搶刀。

說時遲那時快，旁邊一個晉國士兵閃電一般衝了過去，搶在褒蠻子之前抓住了那口刀，之後一邊起身一邊迎著褒蠻子的胸口揮刀。

刀光閃過，一道血光。褒蠻子悶哼一聲，仰面摔倒在地。

肅靜，歡呼。

「哼。」晉襄公看著呆若木雞的萊駒，從鼻孔裡哼出一聲來。

萊駒被取消了車右資格，並且從此被驅逐出晉國軍隊。而那個危急關頭殺了褒蠻子的士兵被晉襄公提拔為車右，這個士兵，就是狼潭。

狼潭的事蹟迅速傳遍了整個晉國，加官晉爵，發房子發地發老婆，就差全國巡迴演講了。親戚朋友都來祝賀，街坊四鄰都來拍馬屁。狼潭高興啊，一時間也分不清東西南北了。

可是，正在狼潭以為自己一步登天，跑步進入上流社會的時候，一個壞消息傳來了。

元帥先軫免掉了狼瞫的晉襄公車右的職務。先軫的做法是有道理的，國君的車右是一個非常重要的職務，級別應該是大夫以上，如果不是國家頭號勇士，就是重要謀臣，隨時能夠為國君出謀劃策的那種。晉文公的車右就是魏犨，後來是舟之僑，後來是士會。狼瞫無論從地位、能力和威望上都不足以作為晉襄公的車右，所以，先軫免去他的職務是正常的。免去狼瞫之後，先軫讓狐毛的兒子狐鞫居做了晉襄公的車右。

可是狼瞫不這麼看，他覺得晉襄公都讓自己當車右了，你先軫憑什麼給我撤了？這不是太不給我面子了？

狼瞫很鬱悶，很憤怒。他曾經想過去找先軫討說法，可是想來想去，又不敢去。

「不行，我一定要找機會表現自己，不能讓先元帥小看我。」狼瞫暗暗發誓。

到晉軍與白狄的萁之戰，狼瞫曾經請求擔任先鋒，被先軫一口拒絕。儘管沒有說原因，狼瞫從先軫的眼神裡也能看出對自己的輕視。

狼瞫很惱火，因為自己再一次被輕視。

那一戰，先軫戰死了。

狼瞫很傷心，因為再也沒有機會在先軫面前證明自己，讓先軫承認自己絕不僅僅是個只能殺俘虜的人。

很長時間裡，狼瞫過得很不開心。

直到隨晉軍迎戰秦軍，狼瞫暗自做出了一個決定，要以死來證明自己是一個真正的勇士的決定。

於是，就有了令秦晉兩軍都目瞪口呆的那一幕。

「死而不義，非勇也。共用之為勇。」在狼瞫英勇犧牲之後，狼瞫的朋友把他的生前遺言告訴了大家，這兩句遺言的意思是：如果不義而死，那不算勇敢。為國捐軀，那才是真的勇士。

《左傳》上「君子」高度評價了狼瞫的英雄主義精神：「怒不作亂而從師，可謂君子矣。」啥意思？就是說生氣上火了但是不作亂，而是上前線找敵人泄火，這就是君子。

狼潭，一個小人物，卻是一個典型的春秋英雄。他生的或許不夠光榮，但死的絕對偉大。到了陰間，先軫一定會對他另眼相看的。

先軫，即便是死了，秦國人依然敗在了他的手下。

戰敗之後的秦國人更加憤怒了，現在是恨上加恨。

第二年，秦穆公親自領軍，討伐晉國，要報兩次戰敗的深仇大恨。

秦軍渡過黃河，秦穆公下令：「把船燒掉。」

《左傳》記載：「秦伯伐晉，濟河焚舟。」由此可見，項羽並不是破釜沉舟的祖師爺，秦穆公才是。

秦穆公的意思很清楚：奶奶的，這次要是還打不過晉國人，都他娘別回去了。秦穆公沒有想到的是，後來項羽用同樣的辦法把自己的後代的軍隊打得個落花流水。

絕了後路的秦軍比上一次更加生猛，一鼓作氣拿下王官（今山西聞喜縣境內）。

面對來勢洶洶的秦國人，晉國人怎麼辦？

「算了，冤冤相報何時了。再說了，秦軍是秦伯親自領軍，怎麼說那也是我們的恩人，還是主公的姑父。算了，讓他們一次吧，否則，年年來，煩也煩死了。」趙衰的意見是忍了，趙衰都這意思，誰還反對。

於是，晉軍堅守不出。

晉國人忍了，秦國人就反思了。秦穆公知道這算是趙衰給的個面子，算是給自己個臺階。這個臺階下不下？傻瓜才不下。

秦穆公是個明白人，自己這次來討伐，就是為了出一口氣。如今對方縮了，自己這口氣也就算是出了。要是還不依不饒，人家晉國軍隊也不是吃素的。

於是，秦軍又從茅津渡過黃河，到崤谷關，收拾了當年在這裡陣亡將士的屍骨，下葬樹碑，然後回國。

此後，秦穆公從西戎挖來人才由余，以孟明視為大將，專心向西擴張，終於吞併了整個西戎。

秦國暫時退出了中原的舞臺。

第八十九章 楚成王之死

晉國人真正的對手不是秦國人，而是楚國人。

在先軫戰死當年的冬天，楚國人就迫不及待地出動了。令尹鬥勃率領楚軍討伐陳國和蔡國，兩國立馬投降，於是，陳國和蔡國又成了楚國的跟班。

隨後，楚國人討伐鄭國。這一次，鄭國堅決抵抗，竟然讓楚國人無功而返。

衛國趁火打劫，發兵討伐鄭國，奪回了早年被鄭國搶奪的三座城池。鄭國向晉國求援，晉國出兵奪回了這三座城市。可是，衛國直接進攻晉國。

許國又投靠了楚國，魯國則在暗地裡跟楚國勾勾搭搭。

天下大亂。

用現代的話來說，要重新瓜分殖民地了。

冤死的鬥勃

沒面子，晉國人感到很沒有面子。

「怎麼辦？」內閣會議召開了，晉襄公對目前的局面很不滿意。

「我看，我們可以派上軍帥陽處父討伐蔡國。」先且居提出建議，一來蔡國小，二來不要自己出動。

「也好。」晉襄公同意了。

陽處父是很不願意去的，他擔心楚國會救蔡國，而與楚國作戰他是沒有信心的。可是沒辦法，國君下令了，不去也得去。

磨磨蹭蹭，慢慢吞吞，晉軍進軍蔡國了。果不其然，蔡國立即向楚國求援，鬥勃立即領軍北上，他決心要把當年在先軫手上吃的虧在陽處父的手上撈回來。打先軫打不過，打陽處父還是有信心的。

晉軍有多慢呢？慢到晉軍還沒到，楚軍就先到了。兩國軍隊隔著泜水紮營，遙相對峙，誰也不敢貿然渡河。這大營一紮就是一個多月，看看快過年了。

與楚軍對峙一個多月，陽處父覺得回去已經可以交代了。可是，如果單方面撤軍的話，一來名聲不好，二來害怕楚國人在後面追。怎麼才能體面撤軍呢？想了一個晚上，陽處父有主意了。

第二天，陽處父令人前往河對岸找鬥勃下戰書，戰書這樣寫道：「既然我們來了，那就只好打了。可是這樣耗下去，大家沒有好處。如果你是爺們，我後撤三十里，你過河來，早打晚打聽你的；否則，讓我們過去，休整幾天，咱們就決一死戰。」

鬥勃一聽，誰怕誰啊？你以為你是先軫啊？

「你們後撤，我們渡河，明天就打。」鬥勃對來使說，他根本沒把晉國軍隊放在眼裡。

成大心急忙攔住了，他說：「老鬥，不能這樣啊。晉國人不是宋襄公，他們沒什麼信用的，萬一咱們渡河渡到一半，他們半渡而擊，咱們不傻眼了？到時候，抹脖子上吊就輪到咱倆了。我看，咱們後撤，讓他們渡河。」

鬥勃一聽，對啊，這世界上哪有那麼多宋襄公啊？

「那這樣，我們後撤三十里，你們渡河。」鬥勃心說差點又被晉國人忽悠了。

原本以為這樣就不被忽悠了，可是鬥勃萬萬沒有想到，他還是被忽悠了。

第二天上午，楚軍拔營都起，後撤三十里，等晉軍過來決戰。

對岸，陽處父哈哈大笑，對晉軍官兵說道：「哈哈哈哈，看見沒有，楚國人害怕，他們逃了。算了，看在先君和楚王的交情上，放他們一馬，兄弟們，咱們回家過年吧。」

當天，晉軍打點行裝，回家過年去了。

鬥勃憋足了勁，等了幾天，不見晉軍渡河，派人過河一看，好嘛，晉軍撤離時拉的屎都硬了。

沒辦法，敵人都沒有了，自己也撤吧。

就這樣，鬥勃率領楚軍撤回楚國，準備過年去了。

可是，鬥勃萬萬沒有想到的是，這個年他是過不去了。

鬥勃率領楚軍回到楚國，楚軍大營在郢都城外，回到大營，鬥勃稍事休息，準備去見楚成王。正要動身，楚成王的特使已經到了。

「令尹，打敗晉國人了？」特使問。

「晉國人逃了。」鬥勃說。按照他的想法，雖然沒有擊敗晉國人，但是晉國人逃了，解救蔡國的目的已經達到了，雖然算不上大功，也該算一件功勞。

「晉國人逃了？可是大王聽說是你先逃啊。」特使說話有些陰陽怪氣，沒辦法，一個太監，本來就這樣。

「哈哈，怎麼會？我要是逃了，晉國人不是就拿下蔡國了？」鬥勃有點惱火。

「不是這麼說吧？記得出兵之前你信誓旦旦要擊敗晉國人，怎麼能讓晉國人逃了？」

鬥勃一時沒話可說，要說是被忽悠了，太沒面子；可是要不說是被忽悠了，這個問題還真不好回答。

沒等鬥勃想明白怎麼回答，特使已經從懷裡掏出來一個小瓷瓶。

「令尹，根據可靠消息，你私下串通晉國人，共同導演了一出撤軍的大戲。大王說了，既然你這麼喜歡晉國人，就把這件晉國進口的東西賜給你。」特使說著，小瓷瓶遞了過來。

鬥勃接過小瓷瓶，只見上面寫著：劇毒，請勿服用。

那年頭，大家也都是喜歡進口貨。所以，晉國殺人用楚國的毒藥，楚國殺人用晉國的毒藥。

「該死的晉國人，該死的陽處父。」鬥勃仰天長歎，含恨飲毒自殺了。

連續兩任楚國令尹，竟然都間接死在了晉國人手中。

那麼，是什麼人向楚成王提供了所謂的「可靠消息」？

公子商臣

一年前，楚成王決定立太子。

「齊桓公不夠聰明，遲遲不立太子，結果最後引起內亂了吧？最後被自己兒子給餓死了吧？哈哈。」楚成王說。前車之覆，後車之鑒。楚成王認真汲取教訓，要立大兒子商臣為太子。

不過，在立太子之前，楚成王還是決定諮詢一下令尹鬥勃的意見。

「大王，我看還是等等吧。您歲數還不大，夫人這麼多，現在立了太子，到時候想換可就麻煩了。再說，商臣這人，心黑手狠，不適合當國君。」鬥勃表示反對。

「蜂目而豺聲，忍人也。」鬥勃這樣形容商臣的外部特徵。什麼意思呢？就是眼睛長得像蜜蜂，聲音像豺狼，這樣的人很殘忍。

楚成王沒搭理鬥勃，心說這又不是星光大道，還拿長相和嗓子說話？齊桓公不也是一堆老婆，立太子立得晚，怎麼樣？

就這樣，楚成王立商臣為太子，當時暗暗發誓，就算海枯石爛，也不會廢了商臣立別的兒子。

鬥勃沒想到的是，商臣在宮裡有臥底，所有這些對話都被臥底聽到，然後原原本本傳到了商臣的耳朵裡。

「奶奶的，不喜歡老子也就罷了，還說什麼老子蜂目而豺聲，人身攻擊啊。你濃眉大眼長得好看是吧？別撞在我手裡，否則整死你。」商臣被傷了自尊，對鬥勃恨之入骨。

這一次，鬥勃被陽處父給忽悠了，商臣一看，機會來了，於是趕在鬥勃沒回來之前，去忽悠自己的老爹了。

基本上，商臣在楚成王面前回顧了鬥勃出兵之前如何信誓旦旦要全殲晉國人，強調陽處父是一個怎樣的靠拍馬屁爬上去的根本不會打仗的蠢材，詳細分析了鬥勃和陽處父勾結的可能性和可行性，最終得出結論：鬥勃勾結陽處父，擅自撤軍。

楚成王被商臣說動了，他認定鬥勃是害怕晉國人，因此才找個藉口撤軍的。

「鬥勃出賣國家，該殺。」商臣建議。

楚成王點了點頭。

就這樣，鬥勃沒有死在晉國人的刀槍之下，卻死在了自己人的讒言之下。

自古以來，家務事特別是國君的家務事，少管為妙。

害死了鬥勃，商臣只能說是出了一口氣，但是還遠遠沒有到鬆一口氣的時候。商臣明白，鬥勃對自己父親說的話其實是有道理的，在父親咽最後一口氣之前，什麼事情都有可能發生。

事情很快就發生了，在鬥勃死後不久，楚成王答應了公子職的娘，要廢了商臣，立公子職為太子。

什麼事情如果讓女人知道了，基本上第二天天亮以前所有人都會知道。公子職的老娘第一時間告訴了自己身邊的侍女，侍女們第二時間告訴了宮裡的其他宮女。想想宮裡有多少女人，就知道這個消息洩露得有多快了。

商臣第三時間就得到了消息，怎麼辦？他第四時間把自己的師傅潘崇給請來了。

「師傅，大事不好了，我爹要廢了我，立公子職。」商臣有些驚慌失措，趕緊把情況彙報了一遍。

「公子啊，別急，啊，別急。凡是內幕消息，分成兩種。一種是保密工作沒做好洩露出來的，另一種是有人故意造謠散佈出來的。如果真有這事兒咱們以為沒這事，還傻不啷啷不當回事，那就傻帽了；如果沒有這事咱們偏偏相信有這事，冒冒失失採取行動了，那就更傻帽了。所以，當前最要緊的，是弄清楚究竟有沒有這樣的事。」師傅出馬，分析得頭頭是道。

「可是，會不會沒等我們弄明白呢，腦袋就搬家了？」商臣還是不放心。

「孩子，說了別急啊。你想想，就算老百姓殺頭豬，也要找個過年或者娶媳婦這樣的藉口啊。大王要殺自己的太子，難道說殺就殺？」

「師傅說的是。」商臣這才安下心來。可是，怎樣才能知道是不是真有這事呢？商臣還是沒有辦法。「師傅，你有什麼好辦法？」

潘崇沒有說話，他在想。這個辦法既要靠譜，又不能被別人看出來自己是在刻意驗證。想了一陣，潘崇一拍大腿，有了。

「公子，大王現在最寵愛的夫人是江芊，什麼想法一定都會告訴她。你可以設宴請她，從她嘴裡套出實情來。」別說，師傅就是師傅，辦法多。

「師傅，您這主意太好了，就問她，她一定知道。」商臣高興起來了。

「別，不能問。你要問她，她一定會告訴大王，到時候反而弄巧成拙了。」

「不問？不問請她吃飯幹什麼？」商臣覺得師傅前後矛盾。

「孩子，很多事情不用問，也能知道答案啊。」

驗證內幕消息

江芊，來自江國的美女，年輕貌美，深得楚成王的歡心。

商臣下了些功夫，打探到江國最著名的一味菜叫做回頭魚。回頭魚是一種逆水向上游的魚，肉味十分鮮美。商臣知道，江芊一定喜歡。

商臣找了一個楚成王睡覺的時間來到宮裡，求見江芊。

「夫人，我那裡最近來了一個江國的廚師，好手藝，特別是回頭魚做得十分鮮美。這樣鮮美的美味我不敢一個人享用，特地來請夫人前去品嚐。」商臣發出邀請。

江芊猶豫了一下，她知道這是個敏感時期，幹革命不能站錯隊。可是，萬事有不一定，這個時候得罪商臣也絕對不明智。她咽了一口口水，回想起家鄉的回頭魚，忍不住又咽了一口口水。

「這個，不大方便吧。」江芊的意思是說，偷偷溜出宮去不太好。

「沒什麼啊，父王過兩天要去狩獵，那時候我安排好宴席，親自來接您。」商臣知道江芊沒什麼藉口再推辭了。

果然，江芊點了點頭。

楚成王去雲夢狩獵去了，江芊則來到了太子府赴宴。由此可見春秋時期，偷情其實還是挺容易，只不過這一次是偷吃而已。

大宴？當然不是，只是小宴。這樣的事情只能偷偷摸摸，要是給大王知道，那誰能說得清？

江國師傅的回頭魚做得果然鮮美，江芊十分高興，吃得津津有味。

「好吃，好吃，鮮嫩，鮮嫩。我從小就喜歡，可惜嫁到楚國之後就少有吃到。」江芊誇讚。

「嘿嘿，我說夫人的皮膚怎麼這樣鮮嫩，原來是因為吃這樣鮮嫩的魚長大的。」商臣語帶調戲，一雙色眼在江芊的臉上掃來掃去。

江芊有些惱火，她一向不喜歡商臣。想想看，一個兩眼突出，說話聲音跟狼一樣的男人，誰會喜歡。可是，江芊忍住了。

「夫人，你看，多麼圓的月亮啊。大王打獵去了，夫人何不在我這裡打個野食？」商臣厚著臉皮說，兩眼就盯在江芊微露的胸口。如果說剛才那句是調戲，這句就是赤裸裸的勾搭了。

江芊終於忍不住了，她騰地站了起來。

「啊呸，不要臉，臭流氓。怪不得你爹想廢了你立公子職，你真是活該背時。」江芊漲紅了臉，指著商臣的鼻子大罵起來，嘴裡沒咽下去的回頭魚噴了商臣一臉。

商臣一點也不生氣，他依然面帶笑容，得意的笑容。

「送我走。」江芊說著，轉身就走。

「哎哎，要不，再給你打包兩條魚回去？」商臣笑著說。

「留著自己吃吧，吃一條少一條了。」

殺父

事情已經很清楚了，內幕消息是準確的。事實上，內幕消息歷來基本上都是準確的。

商臣不擔心江芊去父親那裡告狀，因為江芊根本就不敢說自己偷偷摸摸出宮，否則她比商臣還要死得早。

「師傅，現在我們怎麼辦？」商臣問潘崇。

「孩子，記得我給你講過的杜原款和申生的故事嗎？」

「記得，那兩個晉國傻帽。」

「你想學習申生嗎？」

「我的師傅可不是杜原款。」

「那我問你，你能夠心甘情願主動讓出太子位，今後接受公子職的領導嗎？」

「不能。」商臣的回答十分堅決。

「你能甘心逃亡國外，做一個外國的大夫嗎？」

「不能。」回答同樣果斷。

「那麼，你能幹掉大王嗎？」

「能。誰不讓我好過，我就不讓誰好過。」商臣毫不猶豫。

「蜂目而豺聲，忍人也。」還記得鬥勃的結論嗎？以後遇上這樣的人，一定要小心。

一個月以後，到了十月。

商臣以東宮也就是太子府的部隊包圍了王宮。王宮的部隊為什麼沒有抵抗？因為王宮的部隊也在商臣的指揮之下。

楚成王被軟禁在了自己的宮裡，確切地說是被關押了。

楚成王傻眼了，現在這個時候，真是呼天天不應，叫地地不靈。一開始幾天還好，還有人伺候，有吃有喝。之後，沒人伺候了，每天只有稀飯。再之後，連稀飯也沒有了。

「我靠，我怎麼跟齊桓公一樣了？」楚成王是做夢也沒有想到，齊桓公的命運竟然會落在自己的頭上。

想見商臣，可是商臣不見。

「弟兄們啊，我知道商臣要害死我。死就死吧，我提個最後的請求，能不能給我煮個熊掌，讓我飽著肚子去死啊？」楚成王提出最後請求，其實他依然心存僥倖。如果兒子能夠答應這個要求，說不定就能放過自己一條老命。

熊掌沒有，繩子有一條。

就這樣，楚成王上吊自殺。

「鬥勃啊，我沒臉見你啊。」臨上吊，楚成王哀歎道。

一代雄主，落到如此一個下場。

那一年，是楚成王四十六年（前626年），楚成王享年五十七歲。

同樣的死法，楚成王和齊桓公犯的卻不是同樣的錯誤。齊桓公的錯誤在於立太子太晚，以至於太多人有想法了；楚成王則是立太子太早，而後來又想換，以至於太子要下毒手。

自古至今，多少人死在接班人的問題上？

楚成王原本應該是春秋的第二任霸主，遺憾的是，他遇上了晉文公及其團隊。如果沒有城濮之戰的大敗，他絕對是名正言順的春秋第二霸。

即便沒有成為霸主，楚成王依然是偉大的。在他的英明領導下，楚國不僅在強國的路上繼續前行，而且完成了華夏化的進程，這為楚國此後的發展打下了基礎。而楚成王具有的霸氣和大氣，其實並不輸于齊桓公和晉文公。

如此一個偉大的楚成王，卻有一個如此淒涼的結局。

商臣，現在是楚穆王。

公子職被楚穆王親手勒死，公子職老媽為楚成王殉葬。至於楚成王的小老婆們，全數被楚穆王接手。

江芊，楚成王的寵妾，現在成了楚穆王的寵妾。

不過，江芊還是不喜歡楚穆王，她很憂鬱，以至於兩年之後就香銷玉殞了。楚穆王十分懷念江芊，於是發兵滅了江國，這是後話。

楚穆王儘管心黑手狠，但是知恩圖報。

楚穆王把自己的太子府整體移交給師傅潘崇，除了自己的孩子和孩子他媽，其餘男女老少包括自己的小老婆們一律留給了師傅，而自己淨身進王宮，接管父親的一切。潘崇被任命為太師，主持國政。

說到潘崇，請全世界潘姓起立致敬。

潘姓起源其實有些說不清，一種說法是出於姬姓，畢公高的兒子封在潘，後代姓潘；另一種說法是出於芈姓，楚國公族潘崇為潘姓之祖。兩種說法都有存疑，沒有證據證明潘崇是楚國公族，很可能潘崇就是畢公高的後代。不過不管怎樣，潘崇是潘姓最早的名人，也被潘姓廣泛接受為始祖。當今聯合國秘書長潘基文祖籍河南滎陽，當是潘崇後代。

第九十章
龜鱉大戰

晉國的情況有些複雜，或者準確說，有些微妙。

晉國的政治體制叫做「六卿制」，某種意義上可以這樣表述：以國君為核心，在中軍帥領導下的六卿集體負責制。

聽起來有些複雜了，簡單說，國君管理國家和軍隊的分量大幅縮減，主要的軍政管理工作由中軍帥為首的六卿委員會來執行。換言之，這是早期的內閣制。

在這樣的體制下，六卿的作用就顯得非常大，而中軍帥的影響力甚至超過國君。這意味著什麼？意味著許多人都在盯著六卿的位置。

糟糕的是，六卿中的趙衰、欒枝和胥臣都已經是風燭殘年，而先且居身體狀況很差。有四個卿的位置供人們去遐想，這絕對不是一件好事。

當時的形勢是這樣的，在平靜的外表之下，有兩種勢力在進行暗中的較勁。

第一種勢力：「海龜」二代。

留齊派是晉國稱霸的主要力量，也是晉國最強大的政治勢力，他們的後人非常渴望承襲父輩的地位和權勢。

這一派的代表人物是狐射姑和先且居。其餘還有趙衰的兒子趙盾、胥臣的兒子胥甲以及儘管不是留齊派但是與留齊派關係密切的欒枝的兒子欒盾等人。其中，狐射姑原本就是留齊派，只是被父親狐偃壓制而始終無法成為一線領導人，不過現在他已經是太師，儘管沒有實權，但是地位極高。先且居則借助父親的英勇戰死，直接成為中軍帥。

第二種勢力：土鱉。

這一派屬於本土勢力，他們靠著軍功和年紀一點點熬上來，現在已經接近了權力的核心。這些人中以陽處父、荀林父、箕鄭父、郤缺等人為代表，他們的資歷使得他們已經可以覬覦中軍帥或者六卿。

一場空前的「龜鱉」大戰就要拉開大幕。

寧贏

晉襄公六年（前622年）冬季，太傅陽處父前往衛國聘問。作為晉襄公的師傅，陽處父知道自己很快就會位極人臣，沒有人比自己更能影響晉襄公。因此，他把這一次的衛國之行看成自己的一次巡視，為自己今後執掌晉國朝政打下外交基礎。

在衛國，陽處父受到熱情接待，衛國君臣一通馬屁，把個陽處父拍得屁顛屁顛，分不清東西南北了。

出了衛國，在回絳的路上，路過晉國的寧這個地方（今河南省修武縣），陽處父遇上了一個人。此人叫寧贏，寧贏的父親和陽處父以前是朋友。

「陽叔，那個什麼，我今後就跟您混了唄？」可以想像，寧贏提出這樣的請求。

「沒問題，小寧，你跟我吧。」陽處父春風得意，決定提攜老朋友的兒子。

寧贏一看，高興得也找不到東西南北了。回家跟老婆一彙報，老婆也高興啊。

「老公，去吧，跟著陽處父，以後吃香的喝辣的，老婆我也跟著享福啊，嘻嘻。」老婆全力支持，還約好今後升官發財了不許娶小老婆。

就這樣，寧贏跟著陽處父走了。

寧贏的老婆在家裡做著發財夢，基本上親戚朋友左鄰右舍也都通知到了，有羨慕的有嫉妒的有不服氣的還有晚上往他家扔磚頭的。

可是，好夢不長。自古以來，好夢都不長。

第三天，寧贏回來了。

「老公，你回來了？接我們全家去首都？」老婆興奮得猴子上樹一般，從小到大，還沒去過大城市呢。

「去什麼首都啊，好好活著吧，我不走了。」寧贏說。

「不走？陽處父把你趕回來了？」老婆吃了一驚，還有些失望。

「不是，我不想跟他了，沒勁。」

「吹罷，是人家不要你了吧？」

「還真不是。」寧贏看了老婆一眼，然後說了一句名言：「幹革命要跟對人，知道不？」

老婆一愣，她就知道「女怕嫁錯郎，男怕入錯行」這類話，幹革命這樣的事情她哪裡能知道？

「不知道。」老婆老老實實地說。

「陽處父這個人，學問是沒得說，可是太過剛強，剛強到剛愎自用，根本不管別人的感受。這樣的性格就很容易得罪人。他這人說得多，做得少，華而不實，這樣的性格，很容易被人瞧不起。我擔心跟著他得不到好處，反而會被他連累。」寧贏說。

「哼，你是怕自己沒本事跟著他吧？狗肉上不了大席，我嫁給你，真是倒了八輩子霉了，嗚嗚嗚嗚。」老婆哭了，她恨老公沒本事。

「我都沒臉出門了，嗚嗚嗚嗚。」老婆又加了一句，她覺得沒面子。

先克

陽處父沒有想到的是，他在外面巡遊的時候，首都發生大事了。什麼大事？欒枝患帕金森氏綜合症晚期，不治身亡；第二天，胥臣也結束了老年癡呆的痛苦生活；同日，趙衰也終於為老一輩領導團隊畫上了句號。更為震撼的是，中軍帥先且居突發腦膜炎病故。

不到三天時間，晉國政壇四個重量級人物去世。設身處地想想看，四個主要國家領導人在短時間內接連去世，內閣成員少了三分之二，這個國家會處在一個怎樣的微妙處境下？我們來解析一下。

對於任何一個朝代的建立也好，或者任何一個國家的崛起初期也好，第一代領導團隊通常都是強勢的，這個團隊的特點就是個人能力與團隊精神的完美結合。於是，這個團隊對於國家的控制力是超強的。而一旦這個團隊紛紛故去之後，權力的真空就會出來，而第二代缺乏有足夠能力和威望的人來填補這個真空，於是，權力鬥爭就展開了。

狐偃、先軫的強勢以及趙衰的威望讓晉國的權力場平靜了很多年，但是，當他們先後去世之後，已經沒有人能夠讓這個國家的權力場繼續平靜下去。

權力鬥爭，中國有史以來最為殘酷的權力鬥爭已經拉開帷幕了。晉國的權力鬥爭就像潘朵拉的盒子或者那個裝龍口水的罈子，一旦打開，就再也無法挽回。從那之後的幾千年裡，中國的權力鬥爭就再也沒有停歇過。晉國的權力鬥爭就像是一部權力鬥爭的教科書，指導著歷朝歷代統治階層內部的鉤心鬥角和互相殘殺。

很多人喜歡看《春秋》，有的人看到的是大義，有的人看到的是謀略，有的人看到的是權力鬥爭。所以，有的人越看越傻，有的人越看越聰明，有的人越看越老辣。譬如，關羽看到的是大義，所以他死得很慘；諸葛亮看到的是謀略，所以他很聰明；曹操看到的是權力鬥爭，所以他玩弄漢獻帝和大臣們在股掌之中。

任何有志於在權力場中有所作為的人，可以關注後面發生的故事。

下面，我們將在講述春秋故事的同時，為大家總結權力鬥爭的金科玉律。

假設我們現在進行的是北京奧運會110米欄的決賽，那麼，在權力的起跑線上站著五個人，儘管呼聲不同，實力有差距，但是現在實實在在地站著五個人，他們誰都有可能被絆倒，也都有可能率先撞線。哪五個人？

第一道，陽處父，太傅，晉襄公的老師。

第二道，狐射姑，太師，碩果僅存的留齊派。

第三道，士穀，司空，資歷最老的本土元老。

第四道，趙盾，趙衰的兒子，留齊派第二代的帶頭大哥。

第五道，先克，先且居的兒子，爺爺和父親先後出任中軍帥。

中軍帥、佐的位置同時空出來，晉襄公決定立即補上人選。

與陽處父良好的自我感覺截然相反的是，晉襄公從一開始就沒有考慮讓陽處父出任中軍帥，而原因與陽處父伐蔡有關。那一次陽處父忽悠了鬥勃，回到晉國接著忽悠，說是楚國人害怕了，逃跑了；後來鬥勃被殺，陽處父又吹噓說是自己使的反間計。可是，晉國駐楚國地下辦事處最終傳來確切線報：先逃跑的是陽處父，鬥勃之死完全是商臣在搞鬼，跟陽處父也沒關係。

晉襄公沒好意思揭穿自己的老師，不過也算是看透了他。

晉襄公的第一方案採取論資排輩原則，士穀做中軍帥，梁益耳為中軍佐；箕鄭父做上軍帥，先都做上軍佐。這四個人都屬於本土勢力，按年齡和資歷應該是他們晉升。其中，士穀是士蔿的兒子，而先都與先軫並沒有直接的關係，只是同族。

這個方案還沒有宣佈，但是大家都有了風聞。「土鱉們」暗自歡喜，準備慶祝。「海龜」第二代也已經探聽到了消息，他們則很沮喪。怎麼辦？這項任命如果下來，也就意味著留齊派第二代徹底失敗。

狐射姑有些急，他認為中軍帥無論如何應該是自己的，可是他不好去說；趙盾也有些急，不過父親剛去世，自己也不好去說。不過，有一個人比他們更急，誰？先且居的兒子先克。

論資歷，先克屬於留齊派的第三代，如果論資排輩，趙盾、胥甲等人還有得排，自己可就要等到猴年馬月去了。怎麼辦？自己能夠迅速上位的唯一辦法就是讓晉襄公改變提拔高級幹部的規則，由論資排輩改為父業子承。

先克去找晉襄公去了，晉襄公一看先克來了，還說了些「節哀順變」之類的話，卻不知道先克早已經節哀了，現在是順便忽悠來了。

「主公，我想問問，我父親的職位誰來接呢？」先克也算開門見山。

「這個，打算士穀吧。哎，你父親臨走之前有沒有說過誰接班比較好？」晉襄公說，他還沒有最後下定決心。

「我父親說過，說是狐家和趙家功勞最大，沒有他們就沒有主公的今天。我父親說了，狐趙兩家的人沒當中軍帥，他死不瞑目，希望主公能夠考慮把他的位置留給狐家或者趙家的人。」先克一通忽悠，忽悠得晉襄公連連點頭。

「你說得對啊，做人不能忘本啊，要懂得報恩啊。」晉襄公說。

第二天，新任中軍人選宣佈：狐射姑任中軍帥，趙盾任中軍佐。箕鄭父為上軍帥，荀林父為上軍佐，先蔑為下軍帥，先都為下軍佐。

第一回合，「海龜」二代獲得完勝，「土鱉」大敗。

陽處父呢？他不僅一無所獲，甚至連上軍帥也給剝奪了。

陽處父不是一個合格的政治家，他應該明白，對於老人來說，冬天永遠都是一個檻。他不應該在冬天出去，況且，他明知道這四個人的身體已經很不好。

權力鬥爭金科玉律第一條：權力交接時期，不要輕易離開權力中心。

副一條：權力就像狗不理包子，熱蒸熱賣。你來晚了，肯定涼了。

狐射姑

「終於熬到這一天了。」狐射姑長舒了一口氣，這麼多年了，壓抑啊。

論能力、論資歷，狐射姑甚至早就應該是中軍帥了，可是，父親活著的時候，一直被父親壓制著；父親去世之後，似乎大家又根本想不起他來。而一個更重要的原因是，父親狐偃太過強勢，太過高傲，真正的朋友不多。因此當狐偃不在了的時候，願意幫助狐射姑的人並不多。

換言之，父親給狐射姑留下來的政治資源太少了。

狐射姑是一個有想法的人，大權在握，他決定要做些什麼。做什麼？

通常一個國家新任領導人的做法是這樣的：前輩做加法，後輩就做減法。前輩做減法，後輩就做加法。

狐射姑的口號是：不折騰。

而不折騰的具體體現就是：首先，治國方式不變，沿襲留齊派的既定方針；其次，裁軍，將五軍裁為三軍，也就是說，把新上軍和新下軍裁掉，採用精兵政策。

開春的時候，狐射姑決定在夷這個地方進行閱兵式，檢閱三軍，樹立威信。

一個歷史規律千萬記住，新官上任的第一次點名一定要萬分小心，因為新官通常會在這個時候找人過錯來樹立威望。狐射姑當然明白這個道理，他要看看誰是這個倒楣蛋。

臾駢，下軍司馬，似乎這個不中不洋的名字註定他就是個倒楣蛋。閱兵當天，也不知道是老婆叫床叫晚了還是頭天晚上拉肚子了，總之，別人都到了，他沒到。狐射姑正發愁找不到人發威呢，這下高興了。

「閱兵遲到該怎樣處罰？你自己說。」狐射姑喝問。

「該打一百鞭子，可是，我拉肚子啊，人有三急啊。」

「三急？只要腸子沒拉出來，就不能遲到。來人，拉下去打一百鞭。」狐射姑下令。

這一百鞭可不是個小數，把個臾駢打得皮開肉綻，這還是行刑的士兵手下留情。臾駢被抬回家中，在床上整整趴了一個月才起來。一個月時間裡，他用了十天咒罵狐射姑，用了十天自認倒楣，又用了十天反思。到能夠下床的那一天，他終於想明白了：「這事情不怪狐射姑，怪我自己缺心眼。如果再這麼缺心眼，死都不知道怎麼死的。」

強勢，狐射姑很強勢，這一點像他的父親狐偃。可是，有一點他沒有想到，那就是，他的政治環境比他的父親差了太多。

狐偃是晉文公的親舅舅，是留齊派的首腦。只要他發話，晉文公全力支持，大臣們心悅誠服，不服也得服。可是，狐射姑跟晉襄公之間勉強算是個表叔，談不上親情，更沒有交情。換言之，狐射姑沒有晉襄公這個堅強後盾。而由於長期不能在政治一線活動，他的人脈、他的威望都無法與父親當年同日而語。

狐射姑的地位並不穩固，而在地位並不穩固的情況下，他裁掉了新上軍和新下軍，鞭責了臾駢。他的朋友沒有增加，他的敵人卻在成倍增長。

他不是一個成熟的政治家，而一旦不成熟的政治家執掌大權，危險就會如影隨形。

權力鬥爭金科玉律第二條：權力應當用來發展朋友，而不是製造敵人。

陽處父

陽處父回來了，可惜狗不理包子已經涼了。

「我真傻，我怎麼偏偏這個時候出去呢？」陽處父後悔得腸子都青了，原本他是盯住了中軍帥的寶座的，如今被狐射姑捷足先登了，他很失望。不僅失望，他還很惱火。

說起來，陽處父最痛恨的人一個是狐偃，另一個就是胥臣。恨父及子，他對狐射姑也沒有任何好感。為什麼陽處父會痛恨狐偃和胥臣呢？說起來，話兒倒也不長。

原來，陽處父是一個很有學問的人，而且很自負。當初晉文公回國之後，陽處父曾經找過狐偃，求狐偃推薦自己。可是狐偃根本沒有把陽處父放在眼裡，認為他只會誇誇其談，這也難怪，誰能跟狐偃相比呢？在狐偃那裡被拒絕之後，陽處父轉而尋求趙衰的幫助，趙衰是個老好人，看陽處父有學問，於是向晉文公推薦，晉文公就讓他做了太傅，太子的師傅。

在任命陽處父作太傅之前，晉文公特地徵求了胥臣的意見，因為胥臣是個有學問的人。

「臣啊，我準備讓陽處父做太子的師傅，他能勝任嗎？」晉文公問。

胥臣不喜歡陽處父，他覺得這個人更像是一個小人。不過胥臣知道陽處父是趙衰的推薦，自己也不好意思明說，於是胥臣拐了個彎，說了一通雞胸不能彎腰、駝背不能挺胸之類的話，最後的結論是：「太子好不好，取決於太子本人。」

基本上，胥臣的意思就是陽處父這個人不能用。不過晉文公最終還是用了陽處父。

就因為這個，陽處父恨狐偃和胥臣恨得牙癢癢。與此同時，陽處父對一個人心存感激，誰？趙衰。

「不行，我要把狐射姑給弄下來。」陽處父不僅恨狐射姑，還認為這次自己沒有能夠當上中軍帥是狐射姑在搞鬼。

「哎喲，老師，您回來了？」看見陽老師，晉襄公畢恭畢敬。不管怎樣，還是老師啊。

「主公，我在路上聽說您任用狐射姑為中軍帥了，因此我趕緊回來了。」

「老師，狐射姑不行嗎？」

「不是不行，是根本不行。」陽處父連拐彎都省了，直奔主題了，「狐射姑的能力不行啊，人際關係也不行啊。他當中軍帥，誰服啊？我覺得吧，任命中軍帥，那一定要用賢能的人，不能用那些徒有虛名的人。」

「那，老師，誰比較賢能？」晉襄公這人耳朵軟，聽師傅這麼一忽悠，覺得挺對。再想想，好像真沒有多少人說狐射姑的好話。

「趙盾啊，別看年輕，趙盾的能力比狐射姑高了不知道多少倍了。主公，換人吧。」

「這，這是不是不太好？剛任命了，又換人家。再說，狐射姑那是老臣啊。」晉襄公還有些猶豫。

「你不好意思說，我有辦法。」對付徒弟，師傅當然有辦法。

夷地閱兵僅僅一個月之後，晉襄公宣佈在董地進行第二次閱兵。

「怎麼回事？怎麼又要閱兵？」狐射姑覺得有些奇怪，但是並沒有想太多。

閱兵當天，狐射姑早早來到閱兵現場，直奔帥壇而去，準備登壇發令。然而來到壇前才發現有人比自己來的還早，令他大吃一驚的是，自己的中軍帥的寶座竟然有人坐了。誰？趙盾。

狐射姑的臉色變得很難看，趙盾這個小屁孩竟然如此不敬，膽肥了？想當中軍帥想瘋了？狐射姑一臉怒氣，就要登壇呵斥趙盾。

正在這個時候，一旁陽處父閃了出來。

「太師，請在壇下聽令。」陽處父淡淡地說。

「壇下？我是主帥。」狐射姑一向討厭陽處父，看他半陰不陽地說話，也沒什麼好臉給他。

「不好意思，主公有令，中軍帥佐調換，趙盾任中軍帥，你現在是中軍佐。」

「什麼？」狐射姑這個時候才反應過來，原來這次閱兵就是為了這個。不用猜他也知道，這些都是陽處父在搞鬼。

狐射姑的第一反應是拔劍，他要宰了陽處父。然而，劍拔到一半，他又把劍插了回去。他知道，可以激動，但是不能衝動。

第九十一章
瘋狂的強盜

奪了狐射姑的權力，而且是以羞辱的方式奪走了狐射姑的權力，陽處父算是出了一口積鬱多年的惡氣。可是，他覺得這還不夠，還要繼續羞辱狐射姑。

趙盾年輕，年輕人有年輕人的衝勁和幹勁，這一點，確實是狐射姑不能相比的。執掌國政之後，趙盾立即著手進行改革。改革主要在以下幾點：第一，制定規章制度，修訂法律條令；第二，清理訴訟積案，督察追捕逃犯；第三，運用契約賬簿作為憑據；第四，恢復日益混亂的等級，重建已經廢棄的官職，起用屈居下位的賢能。

改革方案出來之後，陽處父跟趙盾商量，把推行的任務交給了狐射姑。

狐射姑鬱悶啊，被奪權了就已經很痛苦了，如今還要給趙盾和陽處父使喚。

「我忍。」狐射姑咬牙切齒，他決定繼續忍。

難道狐射姑沒有反擊的力量？沒有，因為對手太強大。我們來看看對手的力量。

第一次謀殺

陽處父是晉襄公的師傅，這一層關係就夠厲害。同時，陽處父還是本土勢力的首領，他背後有一個集團的支持。

趙盾呢？從個人來說，趙盾本人是沒有什麼力量的。但是，父親趙衰給他留下了用之不盡的政治資源。趙衰在世的時候，數次主動讓賢，大力推薦新人，而且行事低調，待人和藹，可以說，滿朝文武無論是留齊派後代還是本土勢力，沒有一個人說他的壞話，而對他感恩戴德者不計其數。

大致回憶一下，城濮之戰前，趙衰曾經把中軍帥和中軍佐讓給郤縠和郤溱，把下軍帥和下軍佐讓給了欒枝和先軫，之後又舉薦先軫為中軍帥，再次把下軍佐讓給了胥臣。後來，又多次讓賢或者薦賢。

打個比方，如果說狐射姑和趙盾在朝廷上打起來，一半的人會去幫趙盾，另一半的人會為趙盾加油。

所以，給別人恩惠，就等於給自己的後代恩惠；你提攜別人的同時，你要想到，有一天別人也會提攜你的後代。

在這一點上，狐偃遠遠沒有趙衰那麼聰明。

即便是狐射姑，他對趙衰也同樣抱有敬意，延及趙盾的身上，狐射姑認為一切都是陽處父在搗鬼，趙盾並沒有多少值得指責的地方。甚至狐射姑也很欣賞趙盾，認為他的改革方案非常好。也正是基於這一層理由，狐射姑在執行趙盾的改革方案時還算盡心盡力。

權力鬥爭金科玉律第三條：給人恩惠，就是在為自己的後人積累政治資本。

副一條：對人苛刻，就是在為自己的後人樹立敵人。

誰也沒有想到的是，狐射姑與陽處父和趙盾之間的鬥爭會很快升級。

八月，晉襄公薨了。這意味著什麼？學生死了，師傅的地位就會鬆動。這還意味著什麼？意味著機會來了。誰的機會？尋覓機會的人的機會。

陽處父有些傻眼，他不是那種很鎮定的人。

「怎，怎麼辦？」陽處父跟趙盾商量。

「這個事情要請狐射姑來商量了，畢竟他是老臣，見多識廣。」趙盾建議。表面上，他是很尊重狐射姑的。

陽處父沒意見，於是，趙盾派人把狐射姑給請來了。

「太師，你看在目前的情況下應該怎樣做？」趙盾請教，很真誠地。

「現在的情況是這樣的，國際上，楚國一直虎視眈眈，隨時可能來報仇；國內呢，主公去世，太子夷皋太小。如果太子繼位，國家很可能會動亂。依我看，我們不如從文公的兒子中挑一個來做國君。」別說，到底是見過大風大浪的，狐射姑這個時候很鎮定。

「對對對對。」陽處父點頭。

趙盾偷著樂，他的看法其實與狐射姑一樣，只是擔心自己提出來，萬一被狐射姑反對，那就麻煩了。所以，要讓狐射姑來提。

一個成熟的政治家往往就是這樣，自己想的事，自己不提，讓別人先提出來。

「我看，就公子雍吧。」趙盾先發制人，他跟公子雍關係不錯，如今是自己提出來把公子雍弄回來的，自己的地位一定更鞏固，「公子雍歲數最大，喜歡做善事，能力又強，現在他在秦國做到了亞卿。他要是回來，我們等於又多了秦國這個強援，多好？」

狐射姑一聽，立馬就明白了。心說自己真傻，不該那麼快就說出自己的想法的。

「我看不如公子樂好一些，他的母親辰嬴曾經是懷公和文公的夫人，百姓一定歡迎他。」狐射姑當然不願意看到趙盾這麼容易就得逞，所以推薦了公子樂。

「不行，公子樂的母親嫁了兩次，太淫蕩。公子樂本人也不行，大國國君的兒子，竟然跑去陳國混日子，有什麼出息？」趙盾強烈反對，基本上是強詞奪理。想想看，辰嬴改嫁那是辰嬴的問題嗎？公子樂被送去陳國的時候不過七八歲，他能決定什麼？

兩人各執己見，誰也不服誰。

「別爭了，少數服從多數。明天就派人去秦國，迎請公子雍回來，散會。」陽處父當然支持趙盾。

第二天，陽處父和趙盾派先蔑和士會前往秦國，迎請公子雍回來。

狐射姑非常惱火，他有一種被忽悠的感覺。他知道，如果公子雍回來，陽處父肯定要借題發揮，去公子雍面前搬弄是非，到時候自己的日子更難過，說不定連這個太師和中軍佐的位置都保不住。

怎麼辦？先下手為強。

狐射姑管不了那麼多了，悄悄派人前往陳國把公子樂接回來，到時候先占上寶座，那叫生米煮成熟飯，你趙盾和陽處父也只能幹瞪眼。

主意是個好主意，可是保密工作沒做好。也不知道是家裡出了陽處父和趙盾的臥底，還是路上露了行蹤。總之，狐射姑派人去接公子樂的消息很快被趙盾和陽處父知道了。

「怎麼辦？」陽處父又傻眼了，秦國雖然近，但是那是大國，不可能偷偷摸摸把公子雍給弄回來，那一定是要轟轟烈烈給送回來的，明年能送過來就不錯了。

趙盾沒有說話，只是用手做了一個殺頭的動作。

幾天之後，狐射姑派去接公子樂的人哭著就回來了。

「怎麼回事？」狐射姑急忙問。

「我們順利接到了公子樂，悄悄趕路。誰知道到了郫這個地方，出來一夥強盜，把公子樂給剁了。」

「啊？！」狐射姑倒吸一口涼氣，不用問也知道這是陽處父和趙盾幹的。「氣死人了，欺人太甚，欺人太甚。」

忍無可忍，狐射姑真的忍無可忍了。

狐射姑找來一個人，誰？狐鞫居，狐毛的兒子，狐射姑的堂弟。因為狐毛封在續，狐鞫居又叫續簡伯，是續姓的始祖。百家姓排名最後一個的，就是續姓。

基本上，狐射姑唯一的同黨，就是這個自家兄弟了。

「兄弟，陽處父這個該死的專門和我們做對，以我們狐家的功勞，兄弟你怎麼不得做個帥佐什麼的？我實在忍無可忍了，兄弟，你辛苦一趟，把他給辦了。」狐射姑下定決心要殺了陽處父，他不好自己出面，於是找狐鞫居來幫忙。

「好說。」狐鞫居二話沒說，他也知道，只要陽處父在，自己就沒有出頭之日。

第二次謀殺

《左傳》載：「九月，賈季使續鞫居殺陽處父。」

賈季是誰？就是狐射姑，因為封邑在賈，又叫賈季，還叫賈佗。

續鞫居是怎樣殺死陽處父的，史書沒有記載。不過續鞫居不會傻到明目張膽去殺人的地步，他也會扮強盜。而且，陽處父基本上是一個文人，不需要太高的高手就可以幹掉他。

就這樣，陽處父從歷史舞臺上消失了。

寧贏，一個聰明人。

作為政治家，陽處父是很不合格的，甚至在做人上他都不合格，他幾乎是逼著狐射姑殺死自己的。

權力鬥爭金科玉律第四條：除非你能置對手于死地，否則，不要把對手逼上絕路。

現在，政治格局發生了微妙的變化。陽處父沒有了，剩下的是趙盾和狐射姑的對抗了。

趙盾現在的心情是複雜的，陽處父的死令他悲喜交加。不管怎麼說，陽處父對他是不錯的，沒有陽處父，自己就沒有這一天，所以陽處父的死令他傷心；另一方面，陽處父總是擺出一副恩人的樣子，而且越來越輕慢，趙盾已經感到與他相處會越來越難受，因此，陽處父的死令他鬆了一口氣。可是，趙盾沒有多少時間去想陽處父的事情，他現在必須要考慮的是怎樣應對狐射姑。

「趙哥，絕密線報，陽處父是被續鞫居派人殺死的，續鞫居又是狐射姑授意的。」先克前來彙報，先克原本與趙盾的關係就很好，現在更好。而趙盾也很感激當初先克的仗義執言，他也很願意把先克納入自己的勢力範圍。

「兄弟，不會吧，沒證據的話可不能亂說啊。」趙盾回答。其實，地球人都知道陽處父是被狐家兄弟殺的。

先克沒有再說話，他是個聰明人，他知道話說到這裡已經夠了，再說就是多餘了。

狐家兄弟悄悄地厲兵秣馬，隨時準備迎擊陽處父殘餘勢力的攻擊。可是很快，他們發現一切就像沒有發生過一樣，趙盾反而更加客氣了。

「看來，趙盾並沒有懷疑我們，至少，他跟陽處父之間也並沒有我們想像中那麼鐵。」續鞫居對狐射姑說。

「嗯，不過，還是要小心一些。」狐射姑說，他總覺得有些奇怪。

不管怎樣，狐家兄弟放鬆了警惕。

事實證明，狐家兄弟還是低估了趙家小兄弟的智慧。

第三次謀殺

十月，趙盾主持安葬了晉襄公。

十一月的一天，狐射姑出門在外，去一個朋友家中做客。正吃著，家裡來人了。

「報、報告，出大事了。」來人上氣不接下氣地說。

「什麼大事？」

「狐鞫居被殺了。」

「怎麼被殺的？」

「在回家的路上被一夥強盜給殺了。」

「強盜？」

狐射姑不是笨蛋，他知道一定是趙盾幹的。公子樂、陽處父和狐鞫居都是被強盜殺的，不過地球人都知道真正的強盜是誰。

所以，自古以來，所謂強盜殺人，八成以上都是偽強盜。

狐射姑騰地站了起來，起身就走。

「快，回家。」狐射姑下令。

「來的路上，我看見路上似乎有強盜。」家人說。

「啊？那，快，一路向北。」狐射姑向御者發出命令，他逃了，除了逃，他沒有第二個選擇。狐射姑知道自己的實力，自己根本就不是趙盾的對手。如今趙盾既然下手了，自己只能逃命，否則，自己也會在路上被強盜殺死。

就這樣，狐射姑逃到了北翟，回到了爺爺出生戰鬥過的地方。

「可惡的強盜，殺害了陽處父，又殺害了狐鞫居，由此可見，國家的治安需要整頓了。」朝廷上，趙盾這樣對大家說。現在，晉襄公死了，新國君還沒有登基，趙盾就是這個國家的老大。

「就是，強盜太猖獗了。」大家都說，大家心裡也都明白強盜是誰。

對於狐射姑的逃跑，似乎不太好解釋，畢竟狐射姑是太師和中軍佐，他的逃跑還是引發了震動。

「狐太師為什麼跑了？」梁益耳問。他故意問，因為他對趙盾不滿。

「狐太師跑了？跑哪裡去了？」趙盾裝不知道。

「跑北翟去了。」這一次是先克回答，他早就看清了形勢，「我懷疑，狐太師可能與這幾起案件的強盜有關聯，很可能是畏罪潛逃。」

罪名已經安好了，大家都在猜，猜趙盾會怎樣做。

可是，所有人都低估了趙盾的政治智慧。

「不，絕對不可能，狐太師是我尊敬的人，他絕不會幹這種下三爛的事情。莫非，他去看望他姥姥了？對了，當年在北翟的時候，他就說過以後想去那裡養老。唉，落葉歸根啊。既然這樣，我們也就不攔著他了。臾駢，你辛苦一趟，把狐太師的家小和財產給狐太師送過去。」

什麼叫大度？什麼叫寬宏？什麼叫政治智慧？趙盾展現給了大家。表面上，趙盾一番好意，讓你全家團圓；實際上，把你全家送走，封邑自然沒收，讓你想回來都沒機會了。

好人也做了，目的也達到了。除此之外，還有什麼？真的還有。

臾駢奉命送狐射姑的家小去北翟，他帶著家丁去了狐射姑家中，該收拾的收拾了，該打包的打包了，全家老小浩浩蕩蕩向北而去。

「將軍，當初狐射姑這老狗羞辱過你，為什麼不在路上殺了他全家，報仇雪恨呢？」臾駢的手下有人提出這個建議。

「我缺心眼啊？」臾駢瞪了手下一眼，問他，「你想過沒有？這麼多人不派，為什麼趙盾偏偏派我來送？他不知道我跟狐射姑有仇？」

後面的話臾駢沒有再說，傻瓜才會說出來。

事情明擺著，趙盾之所以派臾駢，就是想讓他殺了狐射姑全家，之後呢？之後趙盾就會殺了臾駢，罪名自然是公報私仇。最後的結果就是，趙盾成功把狐射姑的問題解決了，同時還不承擔惡名，而臾駢成為替罪羊。

「想起來，還多虧了狐射姑當初那一頓鞭子，讓我想明白許多道理。」臾駢暗自慶倖。

就這樣，臾駢將狐射姑全家和財產送到了邊境，交給翟國，然後才回來。

臾駢的高尚情操受到廣泛讚揚，連趙盾也驚詫於臾駢的智慧。

「嗯，人才，可以用。」趙盾不由得欣賞起臾駢來。

與陽處父相比，臾駢要高明得多。

權力鬥爭金科玉律第五條：如果能置對手于死地，堅決不能手軟。

副一條：不僅不能手軟，而且要斬草除根。

秦穆公死了

陽處父死了，狐射姑跑了，晉國政治三巨頭就只剩下了趙盾一個人。

趙盾非常高興，他幾乎是沒費吹灰之力就掃除了兩個最有力的對手。換一個角度說，陽處父和狐射姑的性格缺陷葬送了他們的政治前途。

到了這個時候，趙盾突然發現一個問題：秦國人還沒有把公子雍送過來。

為什麼這一次秦國人這麼磨蹭？他們捨不得公子雍嗎？不是秦國人磨蹭，也不是他們捨不得公子雍，而是秦國出了大事。

秦穆公鞠躬盡瘁了。

說起來，秦穆公還走在晉襄公的前面。臨終時，秦穆公下了最後一道命令：子車氏三兄弟為我殉葬。

子車氏三兄弟名叫奄息、仲行、鍼虎，是秦國有名的賢良，大概是秦穆公愛才心切，再加上那時秦國有用活人殉葬的傳統，因此子車氏三兄弟給殉葬了。

秦國人民對這件事情感到非常悲傷，於是有了一首詩《黃鳥》來寄託大家的悲憤，《黃鳥》後來收在《詩經 • 秦風》裡，全詩如下：

交交黃鳥，止於棘。誰從穆公？子車奄息。維此奄息，百夫之特。臨其穴，惴惴其栗。彼蒼者天，殲我良人。如可贖兮，人百其身！

交交黃鳥，止于桑。誰從穆公？子車仲行。維此仲行，百夫之防。臨其穴，惴惴其栗。彼蒼者天，殲我良人。如可贖兮，人百其身！

交交黃鳥，止于楚。誰從穆公？子車鍼虎。維此鍼虎，百夫之御。臨其穴，惴惴其栗。彼蒼者天，殲我良人。如可贖兮，人百其身！

《左傳》為此聲討秦穆公：「君子曰，秦穆之不為盟主也，宜哉。」

我們常說，做一件好事並不難，難的是做一輩子好事。

秦穆公，一輩子英明偉大，臨死的時候做了一件被人唾棄的事情。所以說，世界上最難保的就是晚節。

就因為秦穆公死了，秦國人一門心思辦秦穆公的後事，愣是沒有顧過來把公子雍給送回來。秦國人不知道，由於他們的磨蹭，事情已經有了變化。

計畫沒有變化快

趙盾後悔了。

從前，狐射姑和陽處父在，趙盾希望把公子雍接回來，以此壯大自己的力量。可是現在，狐射姑和陽處父都不在了，自己的需求已經發生了改變。

公子雍是一個有能力的人，背後還有秦國的支持，對於趙盾來說，這絕對不是一件好事。相反，如果把太子夷皋扶上去，一個小屁孩豈不是很容易對付？

如果說從前趙盾把狐射姑當作敵人，把公子雍當作盟友的話，那麼，在敵人被消滅之後，盟友還有什麼用呢？當敵人不復存在，盟友就是下一個敵人。

趙盾決定，放棄公子雍，扶太子夷皋繼位。可是，一個現實的問題擺在面前，從前請公子雍回來也是自己，如今要放棄公子雍也是自己，這不是自己扇自己的耳光？

趙盾有辦法，他有的是辦法。

很快來到了第二年的春天，秦國來通報，說是三月份送公子雍回來繼位。而在晉國的朝廷，也多了兩個人。

晉襄公夫人穆贏在春天來到之後開始天天上朝，當然不是坐在國君的寶座上，而是坐在地上。穆贏抱著兒子，每天大臣們上朝議事的時候他們就來了，大臣們不走，他們也就不走。那麼，他們去幹什麼？

坐地泡。

穆贏每天都會坐在地上哭訴吵鬧，基本內容是：放著太子不立，你們去從外面找人，太不仗義了吧？太殘忍了吧？我就是做鬼也不會放過你們所有人祖宗八輩。

朝廷上鬧完了，穆贏又抱著孩子去趙盾家哭鬧，基本內容是：我老公把這孩子託付給你了，你卻放棄不管，你還算是個人嗎？

基本上，天天是這齣，也不知道是誰給出的主意。

「元帥，辦了他們？」先克看不過去了，主動找趙盾請纓。

「怎麼說話的？先主公言猶在耳，怎麼能對不起他的老婆孩子？」趙盾嚴厲地批評了先克。

先克沒有再說話，他知道，該消失的，趙盾一定會讓它消失；沒有消失的，一定是趙盾不讓它消失。

慢慢地，大臣們給煩得受不了，而且聽多了之後，漸漸覺得穆贏的話有些道理，母子倆看上去又很可憐。

「算了，就讓太子繼位算了。」有人向趙盾建議，之後，這樣看法的人越來越多。

到了三月份的某一天，趙盾知道秦國人已經派人送公子雍回來了，他知道，最佳機會來了。

「各位，我思慮再三，覺得還是順應民意，扶立太子，否則對不起先主公啊。」這一天，趙盾把卿大夫們召集來，商量著要變主意。

趙盾的話一出，大家開始議論紛紛，多數人支持。其中一部分早就看出了趙盾的意圖，另一部分則是同情太子母子。

「就是就是，孤兒寡母的，怪可憐的。」有人附和。

「是啊，我們有太子了，何必再從外面請呢？」有人支持。

基本上，扶立太子成了水到渠成的事情。

所有人中，荀林父是個最實在的人，雖然他也支持扶立太子，可是畢竟人家秦國已經把公子雍給送回來了，總該給人家一個合理的解釋吧？

「元帥，秦國可是已經把公子雍送回來了，今天就到令狐（晉國地名，今山西臨猗縣西）了，咱們出爾反爾，怎麼跟人家解釋呢？」荀林父問。

其實，大家都有這個問題，大家也都覺得既然忽悠了人家秦國，應該想個穩妥的辦法，給人家秦國一個至少說得過去的解釋。實在不行，就算賠點銀子也行啊。

趙盾笑了笑，給了大家一個被集體雷倒的答案。

第九十二章
逆我者亡

宣子曰：「我若受秦，秦則賓也；不受，寇也。既不受矣，而複緩師，秦將生心。先人有奪人之心，軍之善謀也。逐寇如追逃，軍之善政也。」訓卒利兵，秣馬蓐食，潛師夜起。戊子，敗秦師於令狐，至於刳首。

——《左傳 · 文公七年》

趙盾給大家的答案是：如果我們接受秦國人送來的公子雍，秦國人就是朋友；如果我們不接受，他們就是入侵者。如今我們已經決定不接受公子雍了，還不做防備，秦國人就會乘機攻擊我們。我們不如先下手為強，把他們趕出去。

趙盾的話說得很明白了，一個字：打。

荀林父瞠目結舌，目瞪口呆，這趙盾跟當年的晉惠公有得一比啊。

「真不要臉。」每個人心中都這樣想，可是，誰敢說出來？

終於，還是有一個人忍不住說了出來。

「這樣太不厚道了吧？今後我們還怎麼讓天下的諸侯信任我們？我們還有什麼臉去見秦國人？」說話的是下軍帥先蔑，當初他和士會被派往秦國迎請公子雍，在秦國受到熱情接待，對秦康公和公子雍的印象都非常好。

趙盾沒有回答，士會也跟著說話了。

「主帥，我也覺得不妥，不如讓我們去跟秦國人說明白，如果他們不肯回去，再打也不遲啊。」士會也覺得趙盾不地道，不過說話委婉一些。

趙盾一拍桌子，喝道：「胡說，我看你們兩個一定是受了秦國人的好處，這個時候為他們說話。」

這句話一出來，先蔑和士會都沒話說了，裡通外國的帽子扣上來，誰說得清啊？

「元帥說得對，對秦國人沒什麼信義可講。」先克發言了，這麼多人裡，也就先克支持趙盾。

趙盾是一個執行力超強的人，當即命令三軍集結，當晚出發，要在天亮的時候抵達令狐，消滅秦國人。

天理何在，天理何在啊？

第四次謀殺

秦穆公鞠躬盡瘁之後，太子公子罃繼位，就是秦康公。秦穆公共有四十多個兒子，他最喜歡的始終還是公子罃，公子罃是穆姬的兒子，也就是晉文公的外甥，也是公子雍的表哥。因為長期受母親的影響，秦康公對晉國可以說非常嚮往，對晉國人的印象也很好。

當初晉文公在秦國的時候，公子罃就喜歡去找舅舅談天說地，他很喜歡這個舅舅，甚至有些崇拜他。當秦穆公出兵送晉文公回晉國的時候，公子罃依依不捨，一直把晉文公送到渭陽。臨別之際，公子罃作詩相贈，至今我們還可以在《詩經 ‧ 秦風》中看到《渭陽》這首詩，來看看這首詩：

我送舅氏，曰至渭陽。何以贈之？路車乘黃。
我送舅氏，悠悠我思。何以贈之？瓊瑰玉佩。

後人以渭陽來比喻甥舅關係，就是從這裡來的。

晉文公鞠躬盡瘁之後，公子雍來到秦國，秦康公很喜歡這個表弟，處處關照，而公子雍也很賢能，一直做到了亞卿。可以說，就算不回晉國，公子雍在秦國的前途也是一片光明。

當晉國人來請公子雍回去的時候，秦康公很為自己的表弟高興，以為秦晉之好將可以再次實現。也是為了穩妥起見，秦康公並沒有急著送公子雍回去，而是在為父親下葬之後，鄭重其事地派軍隊送他回去。這個時候，已經是第二年的三月了。

然而，秦康公萬萬沒有想到的是，機會稍縱即逝。

「當年送晉文公回去的時候，就是因為兵力不夠，才引發了郤芮和呂省的叛亂，這一次，要多派軍隊保護。」秦康公特地派出三百乘戰車，老將白乙丙親自領軍，以為這樣就萬無一失了。

可是，他和他的父親一樣，低估了晉國人無恥的程度。

秦國軍隊保護著公子雍來到晉國，所到之處，毫無阻礙。三月三十日，秦軍抵達令狐。按著行程，第二天就可以到達絳了。

當晚，疲憊不堪的秦軍紮營休息。他們想不到的是，危險已經來臨。

第二天清晨，當第一縷陽光照進軍營的時候，晉國人的軍隊也已經殺到了。

這又是一場屠殺，毫無防備的秦軍被殺得七零八落，十不存一，白乙丙戰死，公子雍被趙盾親軍殺害。

這一仗，趙盾動員了晉國全部的力量，三軍同時出動，狐射姑出走留下的中軍佐的位置給了小兄弟先克。趙盾的目的，就是要全殲秦國軍隊。

黑啊，趙盾真的很黑。

冤哪，還有比秦國士兵更冤的人嗎？

後來到了戰國，白乙丙的後代秦將白起坑殺四十萬投降的趙軍，應該說就是對趙盾的報應。

先蔑和士會也被迫參加了這次戰鬥，看著無辜被殺的秦軍，兩人既憤怒又慚愧，先蔑的戰車一路向西，御者困惑了：「元帥，追殺敵人也已經過了，咱們該回去了。」

「回去什麼？昨晚我得罪了趙盾，回去不是等死？」先蔑一方面是出於義憤，另一方面也是看清了趙盾的心黑手狠，當時咬咬牙，要投奔秦國。

當天收隊，晉軍發現下軍元帥不見了。再一調查，叛國投敵了。

「好啊，跑了算便宜他。」趙盾放話出來。

士會聽見了，心說：我跟先蔑一塊去秦國的，他跑了，我留在這裡不是等死？算了，我也跑吧。

當天，士會也跑去秦國了。

權力鬥爭金科玉律第六條：不擇手段，把潛在的主要對手消滅在搖籃中。

在所有人中，荀林父和先蔑的關係最好。當初，趙盾派先蔑去秦國的時候，荀林父就悄悄勸過先蔑：「兄弟，本國有太子了，又去外國請，這事情基本上就是扯淡，肯定成不了。你要是去了，到時候一定把自己弄得裡外不是人，背黑鍋的一定是你。聽老哥一席話吧，就說自己上廁所扭了叉腰肌，把這活推掉吧。」

「怎麼會？沒你想得那麼危險吧？」先蔑不以為然。

荀林父這人特實在，見先蔑執迷不悟，一急之下，念了一首詩出來，什麼詩？《詩經・大雅・板》中的第三章：「我雖異事，及爾同僚。我即爾謀，聽我囂囂。我言維服，勿以為笑。先民有言，詢於芻蕘。」

什麼意思呢？就是說我們是同事，給你提點建議。別笑話我，我可是認真的。

最終，先蔑還是沒聽荀林父的。

如今，先蔑逃去了秦國，荀林父立即去找趙盾。

「元帥，先蔑和士會雖然跑了，畢竟情有可原。我想，元帥大人大量，不如也效仿當初對狐射姑的做法，把他們家屬給送過去算了。」荀林父去幫先蔑求情。

趙盾心裡也知道自己理虧，索性做個好人：「好啊，那你給他們送過去吧。」

就這樣，荀林父親自領兵，把先蔑和士會的一家老小都給送到秦國去了。

噩耗傳到秦國，秦康公當場昏了過去。

「姥姥的，晉國人太不要臉了。從今以後，我與晉國不共戴天。」秦康公醒過來之後對天發誓，一定要向姥姥家報仇。

從那之後，秦國人開始聯絡楚國，共同對付晉國。一直到秦國統一全國，秦與晉以及瓜分晉國的韓趙魏一直戰爭不斷，其根源就在於秦國被傷得太慘，對晉國恨到了骨子裡。

郤缺

現在再來看看晉國的政治格局。

趙盾立太子夷皋為晉國國君，就是晉靈公，一個什麼都不知道的小屁孩，自然被趙盾掌握在股掌之中。

《史記》十二諸侯年表中這樣記載：「晉靈西元年，趙盾專政。」

專政啊，專政是什麼意思？就是什麼都是他說了算，不管對錯。

先蔑和士會逃走，對於本土派政治勢力是一個極大的打擊。而趙盾的小兄弟先克借機成為中軍佐，又是對趙盾的一個極大的支持。

基本上，趙盾現在的策略是：團結提拔留齊派後代，削弱本土勢力。

這個時候，一個人敏銳地看到了機會。誰？郤缺。

儘管在胥臣的舉薦下郤缺被晉文公任用，儘管因為戰功一度被任命為下軍佐，郤缺在政壇的人脈還是不足，所以很快他就被調整下去了，成了一個普通的大夫。

作為郤芮的兒子，父輩的政治資源是負面的，郤缺要想爬上去，只能靠自己了。而這個時候，他已經敏銳地看到了機會。

權力鬥爭，是危機更是機會，關鍵在於要站對隊。

郤缺主動找到了趙盾。

「元帥啊，國內安定了，可是還要加強國際上的威望啊。想想看，當初衛國跟咱們作對，咱們搶了他們的土地。如今呢，大家都是友好鄰邦了，如果把土地還給他們，不是顯示我們大國風範？國際上不是從此要歌頌您的德行？」郤缺出了這麼個主意，要提升趙盾的國際聲望。

趙盾一聽，好主意啊，反正土地是國家的，聲望是我的，捨棄點土地有什麼不可以的？

於是，趙盾派解揚去了衛國，把當初侵佔衛國的土地還給了他們。

看上去，一切都挺好，可是，一年之後，出問題了。

五人幫

年輕人，一旦得意就容易忘形。

先克年紀輕輕就當上了中軍佐，在內閣中僅僅排在趙盾的後面，創造了晉國歷史上最年輕的卿的紀錄。

趙盾很欣賞先克，自己之所以能夠這麼順利掌握大權，這個小兄弟鞍前馬後功勞最大。因此，趙盾處處護著這個小兄弟。

先克得意忘形了，他放鬆了階級鬥爭這根弦。平時，除了趙盾，他誰也不尿，幾乎得罪了所有人。

得意忘形是很危險的，自古以來都是這樣。

晉靈西元年年末的時候，有五個人在一起喝悶酒。哪五個人？士縠、梁益耳、箕鄭父、先都和蒯得。這五個人的共同點是，他們都是先克的受害者。前面四個人因為先克而失去了升官的機會，蒯得則被先克奪走了封邑。

哥五個喝了一陣悶酒，然後說起國際國內形勢來，說到最後，話題落到了先克的身上。

「這個小雜碎的，狗仗人勢，奪走了我的土地，我今後吃什麼啊？嗚嗚嗚嗚。」蒯得哭了。

「兄弟，別說你被欺負了，我們這些國家元勳，還不是被這兔崽子輕視，唉。」梁益耳說起來，也是一肚子氣。

「先都兄弟，怎麼說先克也是你的本家，找機會管管他。」箕鄭父說。

「管他？我哪裡管得了他？我要是管得了他，直接把他趕出晉國了。這個小王八蛋是六親不認的，說起這些來，我就想起我哥哥先蔑來了，要不是先克和趙盾幹那沒屁眼的事情，我哥哥怎麼會流亡到秦國去？」說起先克，先都火就大。

說了一通，大家看士縠。這些人中，士縠年齡最大，資歷最老，是他們的主心骨。

「說起來，如果不是先克搗鬼，現在的中軍帥本來就是我的了，哪裡輪得到趙盾指手畫腳。各位啊，趙盾這人心黑手狠，不擇手段，我看啊，我們遲早被他害了。與其等死，不如我們先下手。」士縠說出話來，咬牙切齒。對於這個問題，他已經想得太久了。

士縠的主意一出來，全體贊成。

方向是有了，具體怎樣實施呢？

「這樣，咱們先把先克這小兔崽子給辦了，趙盾就失去了羽翼。然後，咱們再找機會幹掉趙盾，怎樣？」士縠開始部署工作，殺先克的任務就派給了先都和梁益耳。

「哼，等老子當了中軍元帥，咱哥五個都是卿，還有一個卿，咱想給誰就給誰，誰也不想給就空著，哈哈哈哈。」士縠一高興，難免喝多了點。

「哈哈哈哈，乾杯。」哥五個都喝多了。

第五次謀殺

晉靈公三年（前 618 年）一月二日，趙盾得到了一個壞消息：先克被強盜給殺了。

又是強盜。

趙盾當時就火了：「哼，跟老子玩強盜？老子就是最大的強盜。」

趙盾真的很惱火，這不是擺明瞭要挑釁自己嗎？這不是要在太歲頭上動土嗎？

「給我徹查，不捉到兇手，就不過這個年了。」趙盾下了死命令。

古人辦案其實也很有效率，案件很快水落石出。先克被害是在自家祖廟附近，當天先克去之前先都先去了一趟，有人發現案發時梁益耳也在附近。

「抓了。」一月十八日，趙盾下令把這哥兩個給抓了，嚴刑拷打之下，兩人都招了。

「砍了。」趙盾下令，把這哥兩個都給殺了。

趙盾很聰明，他並沒有動另外三個人，儘管他知道他們都是一夥。想想看，士穀是司空，箕鄭父和先都都是卿，如果一口氣殺掉兩個卿和一個司空，很可能會招致動亂。

先都被殺，士穀、箕鄭父和蒯得被嚇得夠嗆，他們實在沒有想到趙盾的反應這麼迅速這麼強烈。現在兩個兄弟被砍了，自己是該動手還是該忍一忍？結果過了一陣，似乎沒什麼動靜了。

「咱們怎麼辦？不行就動手，拼個魚死網破。」箕鄭父沉不住氣，問士穀。

「忍忍吧，過了這一陣再想辦法。」士穀說，他懷有僥倖心理。

政治鬥爭，沉不住氣是不對的。可是，僥倖心理也是不對的。究竟哪一項更不對，只能看結果了。

到三月二十八日，士穀接到了趙盾的通知，說是準備討伐北狄，請他過去商量一下。士穀一聽，好啊，大事還找我商量，說明很信任我啊。

就這樣，士穀高高興興去了元帥府。到了府裡一看，立馬發現不妙。為什麼？因為箕鄭父和蒯得兩兄弟也在。

「三位，既然都到齊了，咱們明人不說暗話。你們的計畫，先都和梁益耳都招了，你們自己看著辦吧。我的政策是，坦白從寬，抗拒從嚴。說吧，從誰開始？」趙盾開門見山，直截了當。

三個人當時就傻眼了，士穀還在那兒裝：「元帥，您說的是什麼意思？我沒弄明白啊。」

趙盾瞪他一眼，說道：「沒弄明白就別說，弄明白了的先說。」

蒯得抖抖索索，看看士穀，再看看箕鄭父，他決定招了，他認為自己職位最低，作用最小，而且是後加入的，如果再有立功表現，趙盾還是有可能放過自己的。

「元帥，這，這不干我的事情，都是士穀大夫主謀的。」蒯得第一個招了。

趙盾笑了，他對士穀說：「你看，他都招了，你怎麼說？」

「他胡說的，這事情，就是先都和梁益耳他們兩個人幹的，不干我們的事情。不信，你問箕鄭父。」士穀有些慌，但是還沒有亂。

「這麼說，該你了。」趙盾對箕鄭父說。

箕鄭父這麼半天沒有說話，是因為他已經看明白了。他知道，既然已經落到了趙盾的手裡，說什麼都是多餘的。他現在只後悔沒有及早下手，至於死，他並不怕。

「趙盾，說這些幹什麼？不就是個死嗎？來吧。」箕鄭父眼皮子都沒有抬。

「爽快，既然這麼說，那也就別廢話了。來人，拉下去，殺了。」趙盾臉色一黑，要殺人了。

衛士們一擁而上，將三人推了出去。蒯得還喊呢：「哎，不是說坦白從寬，抗拒從嚴嗎？我都招了，怎麼還殺我？」

「寬你媽個頭，招了的更要殺，多砍他兩刀。」趙盾說。

權力鬥爭金科玉律第七條：僥倖心理要不得。

副一條：寧可冒險一搏，不能心存僥倖。

四年時間，趙盾肅清了所有的主要政敵，這不能不說是一個奇蹟。唯一的損失是先克被殺了，不過趙盾發現了另一個人，這個人比先克更穩重也更會見機行事，這個人就是郤缺。趙盾決定，重點培養郤缺。

在一連死掉三個卿之後，趙盾重新進行了權力佈局。

中軍帥依然是自己，中軍佐由上軍佐荀林父遞補；上軍帥破格給了郤缺，上軍佐是臾駢，從送狐射姑老小這件事上，趙盾看出這人是個人才，值得拉攏。這樣，上軍都是趙盾的人馬。下軍帥給了欒枝的兒子欒盾，下軍佐為胥臣的兒子胥甲。基本上，這兩個人的任用是為了拉攏留齊派勢力。

從這個人事佈局來看，趙盾相當老辣。荀林父遞補中軍佐是對本土勢力的安撫，同時也把上軍的位置騰出來了。上軍破格提拔郤缺和臾駢，是趙盾強勢風格的體現，只要他看好的人，就大膽超拔。而下軍的人事安排，是拉攏留齊派勢力。

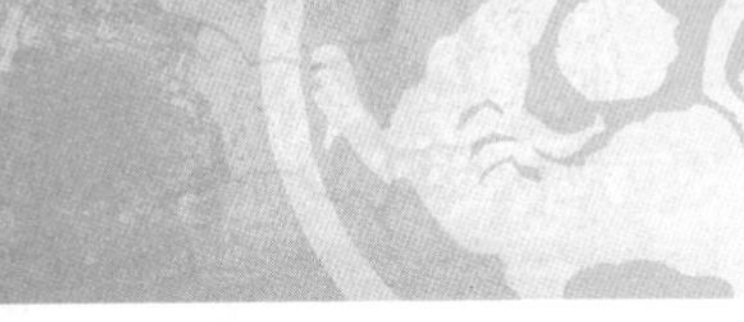

第九十三章
趙盾帶兵

秦康公恨死了晉國人，秦國人恨死了晉國人。

每天早上太陽升起的時候，秦康公都會向著東面恨恨地說：狗日的晉國人，狗日的晉國人。

先篾和士會受到重用，特別是士會極有學問，秦康公把他當作自己的老師一樣尊重。

秦康公下了決心要報仇，不過由於秦國元氣大傷，也只好忍著，幾年間小打小鬧了幾次，始終不敢出動大軍討伐晉國。到晉靈公六年（前615年），秦康公感覺國力恢復得差不多了。於是，向南聯絡楚國，向東聯絡魯國，要夾擊晉國。令他失望的是，楚國和魯國雙雙拒絕了秦國的要求。

「哼，他們怕晉國，老子不怕。」秦康公大怒，決定出兵報仇。

韓厥

晉靈公六年冬天，秦國人來了。秦康公親自領軍，五百乘戰車殺奔晉國。

秦國大軍浩浩蕩蕩過了黃河，直逼晉國腹地。

趙盾的意思，是裝聾作啞算了，這幾年秦國人也來過幾次，每次都是小打小鬧，不用管他們，自己就回去了。可是出乎趙盾意料的是，這一次秦國人一戰拿下了羈馬（今山西永濟縣），鋒芒直逼絳。這下，裝聾作啞是混不過去了。

「哼，欺人太甚。老虎不發威，以為老子是加菲貓。」趙盾沒辦法了，再不打，只怕國人就要起義了。

晉國人大起三軍，三軍帥佐不變。不過，除了帥佐，有兩個人要重點提出。

趙穿，趙盾的從弟，一直嚷嚷著要當卿。為什麼他敢跑官要官？因為他有後臺，他是晉襄公的女婿，也就是駙馬。此次出征，他非要跟著去，趙盾沒辦法，把他放到上軍了。

韓厥，韓簡的孫子，不過不是嫡孫。韓厥從小父母雙亡，孤苦伶仃，卻在一個偶然的機遇被趙衰碰上了。趙衰將韓厥收養在自己家裡，當兒子來養，「你們都不如他」，趙衰常常這樣對自己的兒子們說。趙盾也很喜歡韓厥，他覺得韓厥的性格很像自己的父親，感覺上，好像韓厥是自己父親的兒子，自己兄弟幾個倒像是抱來的。這一次，趙盾向晉靈公推薦了韓厥，錄用為大夫，趙盾任命他為中軍司馬。

晉國三軍一出，秦國人真有點傻眼。要真幹，秦國人還真有點心裡沒底。

「老士，怎麼辦？」秦康公問士會，此次出征，專門請他隨軍出謀劃策。

「撤吧。現在我們在晉國腹地，弄不好腹背受敵，不如撤到河曲，再與晉國人決戰。」士會建議。

於是，秦軍主動後撤，一直到河曲，等待晉國軍隊前來決戰。

看見秦軍主動後撤，趙盾放下一點心來。

「追。」趙盾下令，晉國三軍浩浩蕩蕩，殺奔河曲。

搞權力鬥爭，趙盾是一等一的高手。可是，說到打仗，趙盾還真不是那塊料。看看晉國大軍，人數雖多，但是訓練明顯不足，就連佇列都走得歪歪扭扭。這個時候，趙盾突然想起狐射姑來。

「老狐要在，打仗一定比我內行啊。唉。」趙盾歎了一口氣，他想起狐射姑閱軍時的樣子，三軍整整齊齊，十分威武。閱軍之後，狐射姑曾經對趙盾傳授秘訣：要想號令統一，三軍賣命，最簡單也是最有效的辦法就是找人來立威，這叫殺雞儆猴。

想到這裡，趙盾向上軍的方向看了看，他看見臾駢，想起那一次狐射姑就是拿臾駢來立威的。

趙盾再掃視四周，想看看有沒有合適的倒楣蛋。結果他很失望，沒有人倒楣到該被殺的地步。最後，他收回目光，眼睛自然地落在自己的御者身上。突然，他眼前一亮。

「沒辦法，算你倒楣吧。」趙盾暗想。

韓厥是個聰明人，某種程度上，他比趙盾要聰明。想想看，在別人家裡混，而且混得還很討大家歡心，容易嗎？沒有超人的智慧行嗎？他必須八面玲瓏，但是又要不卑不亢，這就要求他考慮問題很全面，很前瞻，很會為別人著想。

韓厥知道趙盾現在需要什麼，而且，他是司馬，他完全可以為趙盾完成這個任務。他也在找，可是也找不到合適的倒楣蛋。

就在韓厥眉頭緊鎖的時候，一陣馬蹄聲和驚叫聲傳了過來。韓厥急忙去看，只見一乘戰車從後面疾駛上來，衝亂了隊形。

「該死的，正在找你呢。」韓厥很憤怒，之後暗自高興，終於有倒楣蛋自己出來了。

「什麼人？敢於在行伍之中橫衝直撞，拿下。」中軍司馬韓厥下令，不多久，那輛肇事車被捉了過來，只有御者，沒有乘客。

看清御者的時候，韓厥吃了一驚。為什麼吃驚？因為是熟人。熟人就要吃驚嗎？因為不是一般的熟人，是趙家府上的熟人。明白說，就是趙盾的御者。第一次行使權力就碰上這樣的難題，怎麼辦？殺，還是不殺？

「為何橫衝直撞？」韓厥喝問，管他娘，問清楚再說。

「奉趙元帥之命，去問嚮導官到了哪裡。」御者說，似乎滿不在乎。事實上他有充分的理由滿不在乎，一來是奉了元帥的命令，二來韓厥也不是外人。

韓厥遠遠地望了望趙盾的方向，他迅速地做了判斷，然後迅速地做出了決策。他為什麼能夠如此迅速地做出決定？因為，他太瞭解趙盾了。

「按軍法，衝亂行伍，當斬。來人，斬首示眾。」韓厥下令。

御者愣了。

旁邊所有的人都愣了：「剛爬上來，就把老大的御者給辦了，這小子還想不想混？」

人們不知道，韓厥才知道，不僅還要混，而且還要混得更好。

趙盾御者的人頭被號令出來，三軍震恐。

大聲喧嘩的沒有了，亂蹦亂竄的沒有了，說怪話的沒有了。

晉軍，在一瞬間成了一支莊嚴之旅。

趙盾笑了，現在他徹底相信，老爹的眼光沒錯，韓厥這小子，行。

權力鬥爭金科玉律第八條：對自己的親信，有條件要提拔，沒有條件創造條件也要提拔。

副一條：提拔自己的親信，也要講究策略。

士會

晉軍來到河曲，就地紮營。

前敵會議。

趙盾不會打仗，荀林父不願意發言，郤缺刻意保持低調，欒盾和胥甲大眼瞪小眼，於是，三軍帥佐只有臾駢一個人還算是有想法的人。

「根據兵法，秦軍遠來作戰，利於速戰。我們不妨堅守不出，他們一定堅持不了多久。等他們撤退，我們再從後追擊，必能大勝。」臾駢發言，主意夠正的。

大家一聽，好主意啊，能不打仗就不打仗，多好？

「就這樣了，三軍堅守營壘，擅自出戰者，斬。」趙盾下令。

秦康公等著晉國軍隊來決戰，根據士會提供的內部情報，當今晉國沒什麼會打仗的人，晉軍戰鬥力嚴重衰退，只要兩軍正面交鋒，秦軍勝面至少六成以上。

可是，晉國軍隊似乎根本就不想打仗，整天躲在營裡不出來。

「老師，這是怎麼回事？他們到底想不想打仗？」秦康公問士會。

「主公，據我所知，晉國三軍帥佐中，真正會打仗的只有一個人，就是臾駢，一定是他出的主意，要在這裡拖著我們，等我們沒有糧草撤退的時候，他們來追擊我們。」士會猜得很準，說起打仗，現在的晉軍沒有一個人比他高明的。

其實，說到這裡，士會挺佩服趙盾一點，臾駢這樣沒什麼背景的人能夠做到卿，說明趙盾確實很愛才。

「那，那怎麼辦？」

「晉軍中還有一個人，名叫趙穿，這人是趙盾的從弟，晉襄公的女婿，狗屁不懂但是心高氣傲，自以為很勇猛而且很瞧不起臾駢。如果我們派一點老弱病殘去挑戰，趙穿一定會不顧號令，殺出來應戰的。」士會分析，都被他說對了，有這樣一個叛徒在秦國，趙盾怎麼能過得踏實？

說到這裡，士會又有些瞧不起趙盾，他太縱容自己子弟了。

「好。」秦康公決定接受士會的建議。

秦軍來挑戰了，因為他們知道趙穿在上軍，特地單挑晉國上軍。

「堅守營壘，不許出戰。」上軍帥郤缺和上軍佐臾駢守住營門，禁止任何人出戰。

「我們穿著盔甲，帶著糧食，不就是來跟敵人打仗的嗎？啊，你們怎麼要做縮頭烏龜？」趙穿果然按捺不住，要出營迎戰。

「不是不跟他們打，是我們在等待機會。」臾駢耐心解釋。他知道自己得罪不起這個人，否則，早就軍法處置了。

「啊呸，膽小鬼。」趙穿罵起來。

沒辦法，臾駢假裝沒聽見，管他罵什麼，就是不讓出去。

秦軍鬧哄了半天，看見晉軍始終不肯出戰，沒辦法，撤了。

秦軍撤了，郤缺和臾駢也就沒有必要再守著營門了。可是他們萬萬沒有想到，趙穿來勁了。

趙穿率領本部人馬開了營門，追擊秦軍去了。

郤缺和臾駢傻眼了，怎麼辦？還是郤缺反應快：趕緊報告趙盾。

趙盾一聽就急了，也不管自己頒佈的軍令了，也不管制定的既定方針了，也不知道是因為趙穿是自己的從弟還是因為趙穿是晉襄公的女婿，總之，趙盾一點也沒猶豫：「號令三軍，立即出擊，一定要保住趙穿。」

晉軍全軍出動了，追出去不遠，就看見秦軍正圍攻趙穿的人馬，眼看就要活捉趙穿。

晉軍的來到救了趙穿，而救了趙穿之後，趙盾想到的就是趕緊回去。

晉軍收隊了。

按理說，兩軍對決是秦國希望見到的，如今晉軍來了，秦軍應該咬住不放，畢其功於一役。可是，秦國並沒有不依不饒，他們也收兵了。為什麼？

因為士會發現了問題，他發現晉軍的戰鬥力似乎有了成倍的提升，戰鬥中的紀律性也更好了。依照這樣的戰鬥力，再加上人數優勢，秦軍是很難擊敗晉軍的。

「主公，不要打了，晉國人的戰鬥力出乎我的意料。」士會建議，秦康公也看出不對勁了，因此也收兵回營。

「晉軍吃興奮劑了？」士會百思不得其解，他哪裡知道，這是趙盾犧牲了自己御者的成果。

胥甲

到了晚上，晉軍再次舉行前敵會議，討論目前的形勢。

「我們依然以堅守為上策，不過，趙穿我們管不了。」臾駢發言。

「這樣，趙穿不要在上軍了，到中軍來，我親自看著他。」趙盾發言。韓厥就在旁邊，他生怕韓厥發言要軍法處置趙穿，那就不好辦了，所以要搶先把這話說了。

韓厥根本沒有準備發言，他知道什麼時候該發言，什麼時候要假裝什麼都不知道。

正在這時，秦軍使者來到。

「趙元帥，我家主公派我前來，說今天打得不盡興，約你們明日上午決戰。」使者是來下戰書的。

「對不起，我們要休息兩天。」趙盾回答。

「那，那，隨便吧，啊。」使者一邊東張西望，一邊心不在焉地說。

秦國使者走了。

「哼，我們才不跟他們打呢，拖死他們。」趙盾得意地說。

「哈哈哈哈。」大家都笑了，只有一個人沒有笑，那就是臾駢。

「不，元帥，我們必須跟他們決戰，而且要儘快決戰。」臾駢說。說得大家都愣住了，拖垮秦國人是他的主意，速戰速決怎麼也是他的主意？「我注意到秦國使者了，他眼神不定，聲音失常，顯然他們已經害怕我們。約我們明日作戰是為了穩住我們，他們一定在今晚逃走。機不可失，時不再來，我建議，今晚出擊，打他們個個措手不及。打得好，甚至可以全殲他們。」

臾駢的一番話，讓大家恍然大悟。

會打仗的和不會打仗的真的不一樣。

「好主意，通知三軍，準備出擊。」趙盾下令。

歷史證明，任何時候，都一定會有蠢貨。

歷史同樣證明，蠢貨一般都會成對出現。

兩個蠢貨擋在了晉軍大營的門口，一個叫趙穿，另一個叫胥甲。

「受傷的戰士還等待救治，你們就要拋下他們不管，還是人嗎？還沒有到約定的時間，你們就要偷襲別人，太不仁義了，還是人嗎？」趙穿和胥甲不知道是哪根神經搭錯了線，要不就是宋襄公靈魂附體。總之，他們帶著一幫人堵著大門，不許晉軍偷襲秦軍。

你說趙穿仗著有趙盾撐腰，胡鬧就胡鬧吧，你胥甲湊什麼熱鬧啊？

事情很快驚動了趙盾，趙盾會怎麼處置？

「唉，算了，等明天看看再說吧。」趙盾竟然妥協了，當然他才不會管什麼仁義不仁義，他還是懷疑臾駢的判斷是不是準確。

「唉。」臾駢歎了一口氣，他有點想念狐射姑了。

第二天，探馬回報，秦軍昨晚連夜逃跑了。

趙盾的臉色很難看，非常難看。他有些後悔，但更多的是惱火和沒面子。按照昨晚兩個蠢貨的表現，如果問韓厥怎麼處理，那肯定是殺無赦斬立決的。

所以，趙盾並沒有問韓厥。

在晉軍撤軍的路上，趙盾一句話也沒有說，他必須儘快想出妥善的解決辦法來。

回到絳，總結大會是要開的，或者叫總結小會。

大會上，趙盾重點表揚了兩個人，一個是提出合理化建議的上軍佐臾駢，另一個是嚴格執法不徇私情的韓厥。

宣子曰：「我言韓厥於君，言之而不當，必受其刑。今吾車失次而戮之僕，可謂不黨矣。是吾言當也。」這段話見於《說苑》，意思就是趙盾當眾表揚韓厥：我把韓厥推薦給國君，擔心他做得不好，我要受連累。可是這次他表現出色，不畏強權，不看面子，依法殺了我的御者，真是好啊，證明我的推薦是正確的。

多麼赤裸裸的高帽子？通常，高帽子戴上去，也就等於告訴你：後面不要說話了。

果然，表揚完韓厥之後，高潮才真正來到。

「這次我們沒有全殲秦國人，責任人就是趙穿和胥甲。他們的職業精神我們是可以理解的，但是，他們不應該以個人行為破壞組織行動，因此，必須處罰。胥甲身為下軍佐，帶頭違犯軍令，姑念其父親胥臣于國家有大功勞，死罪饒過，活罪不免。即時趕出晉國，前往衛國安置，永世不許回國，其職位由其子胥克接任。趙穿，年輕氣盛，誤聽別人躥唆，跟從鬧事，本應處罰，念在是襄公女婿，不予處罰，回家反省三天。」

如此處罰，大致趙盾可以算得上是徇私枉法的祖師爺了。

經過與秦國的交戰，趙盾反省了。反省什麼？

六卿會議召開，除了胥克替補被趕走的老爹之外，其餘五人不變。

「各位，大家知道，流氓不可怕，就怕流氓有文化。秦國和北狄原本都是土包子，不足為慮，可是如今他們有了士會和狐射姑，那就是流氓有文化了，很可怕的。各位，怎麼辦？」趙盾提出問題，這就是他反省的結果。

荀林父第一個發言，他屬於腦子不太好使的那種人。

「我覺得應該把狐太師給請回來。他在國際上聲望高，又懂得打仗，再加上他父親還是國家的功臣，應該請他回來。」荀林父建議。

趙盾瞪他一眼，沒說話，心裡說：「你缺心眼啊？他回來，我怎麼辦？」

郤缺沒等趙盾說話，騰地站了起來。

「老荀，你說話沒道理。狐射姑那是畏罪潛逃啊，還喜歡鬧事，怎麼能讓他回來？我看，士會這個人性格溫順，能屈能伸、又沒有野心，還足智多謀，把他弄回來還差不多。」郤缺說話沒客氣，他知道，越是反應激烈，趙盾就會越高興。

果然，趙盾用賞識的目光看了郤缺兩眼，心說：「人才啊。」

荀林父不說話了，就算缺心眼，現在也明白怎麼回事了。

於是，會議一致通過把士會弄回來的決議。

可是，怎麼弄，是個問題，照趙盾自己的話說：秦康公那麼欣賞他，怎麼才能讓他回來？

頭腦風暴吧。

別說，頭腦風暴還真有成果。

「據我所知，士會其實很想回來，畢竟秦國窮鄉僻壤，待著沒勁。我認識一個人，叫魏壽余，是魏犨的侄子，現在魏這塊地就歸他。魏壽餘跟士會是朋友，我想了一個辦法，通過魏壽餘，把士會給弄回來。」

出主意的是誰？臾駢。

第九十四章
國際大忽悠

晉靈公七年。

秦國來了一個不速之客，誰？魏壽餘。

在那個時期，一個晉國人來到秦國，立即會被認為是間諜。魏壽餘也不例外，當即被秦國軍民捉拿。

「我是士會的朋友，來投誠的，我要見秦伯。」魏壽餘沒有反抗，只是說明來意。

於是，魏壽餘被送到雍城。

「又來一個投誠的？看看我們秦國的感召力。」秦康公很高興，晉國人這是在用腳投票啊。

忽悠秦國

秦康公親自接見了魏壽餘，為了給客人以安全感和親近感，他還特地叫上士會，共同接見。

「哇，嗚嗚嗚嗚。」見到秦康公，魏壽餘先哭了一通，然後自我介紹：「我叫魏壽餘，河對岸晉國的魏地就是我們家，士會知道。因為趙盾這小子太不是東西，我決定帶領全族把魏地歸附秦國。可是走漏了消息，我全家被趙盾都給抓了，我這是好不容易越獄出來，前來投奔主公。現在，我們整個家族等著我的消息呢，希望主公派兵去收取魏地。唉，我可憐的老婆孩子啊，嗚嗚嗚嗚。」

魏壽餘這一邊哭，士會那一邊還證明呢：「沒錯，老魏是我朋友，人很實在。」

秦康公挺感動，人家為了歸順我國，老婆孩子都搭進去了。

「老師，咱們該不該出兵啊？」秦康公問，他有些顧慮。

士會其實也有些猶豫，因為秦在黃河以西，魏地在黃河以東，就算拿下來，今後也守不住。就在他猶豫的時候，魏壽餘輕輕地踩了踩士會的腳。

士會多聰明啊？不誇張說，那一輩人，士會是最聰明的。

「啊，我看，應該出兵，否則，今後誰還投奔我們呢？」士會支持出兵，至於為什麼要支持，他沒時間去想，他只是知道這一定有道理。

秦國大軍出動，來到了黃河西岸。對面，魏地的人們已經在等候。不過，不是花環和標語，而是戰車和長戟。

「怎麼回事？」秦康公問，他有些懷疑是不是被魏壽餘給忽悠了。

「啊，這麼回事，我的族人不知道我已經到了秦國，所以，看見秦軍來，他們自然要防備。主公，你看能不能派一個職位夠高的而且又能用晉國話跟魏地人交流的那麼一個人跟我先過去，跟他們解釋清楚，然後大軍再過河？」魏壽餘解釋，合情合理。

「噢，原來如此。既然這樣，麻煩老師跟魏壽餘去一趟吧，你是最合適的人選了。」秦康公覺得魏壽餘說得有道理，決定派士會過去。

「主公啊，不是我不敢過去，這晉國人沒什麼信用的，又很凶殘，萬一我過去被他們給殺了或者扣留了，也就算了，可是我老婆孩子都在秦國，人生地不熟的，又沒個親戚朋友，我要回不來了，他們怎麼活下去呢？」士會婉拒，他說的都是大實話。

當全世界流行說謊言的時候，大實話才是最有效的謊言。換言之，忽悠人的最高境界是什麼？就是說大實話。

「老師，你放心去。如果晉國人不講信用，把你殺害了或者扣留了，我向河神保證，一定把你的老婆孩子送回晉國去。」秦康公承諾，實在人啊。

士會這才百般不情願地跟著魏壽餘出來，坐船前往對岸。

上船之前，大夫繞朝贈送了士會一條馬鞭。

「一路走好啊，別以為秦國人都是傻帽，沒人能看出你們的陰謀來。我沒有揭穿你們，是因為主公不會相信我的話而已。士大夫，人是要講點境界的，希望你回去之後不要禍害秦國。」繞朝直截了當地說，他早就看出來了。

「多謝多謝，士會牢記了。」士會謝過了繞朝，登船過河而去。

士會為什麼願意回晉國？一來是真的想念家鄉了，二來是看出來趙盾是個愛才的人，只要自己不對他構成威脅，安全應該是有保障的。

秦國人又一次被晉國人忽悠了，已經記不起這是第多少次被忽悠了。

回到東岸的士會立即被接去了絳，晉國人留下上下兩軍的兵力在黃河邊上等待秦軍渡河。

「唉，又被忽悠了。」秦康公歎了一口氣，他很惱火，但是緊接著他想起士會的那句話，什麼話？人如果不起貪念，誰也忽悠不了他。

於是，秦康公開始反省，為什麼秦國一而再再而三地被忽悠？因為秦國人總是被晉國人利誘，總是貪小便宜吃大虧。

「老師，我不怪您，怪，就怪我自己，我再也不貪小便宜了。」秦康公是一個善於反思的人，這一點很像他的父親。

所以，秦康公實現了自己的承諾，很快派人把士會的家眷送回了晉國。可是，士會的三兒子堅決要求留在秦國，於是留了下來，改姓劉。後來，陝西劉姓多半是士會的後代。

為什麼士會的三兒子要留在秦國？這是士會臨走前的交代，這樣，即便自己全家都被趙盾殺了，總還能留下一個香火。

士會歸來，最大的威脅解除了。

趙盾非常高興，不久後臾駢去世，於是將士會直接遞補為上軍佐，算是重用。

忽悠魯國

通常，內部權力鬥爭激烈的國家，對外部的威脅就會表現得很軟弱。

趙盾的對外政策是：忍。

我們來看看趙盾怎麼個忍法。

晉靈西元年，北狄侵略了魯國的北部，而魯國現在是晉國最死硬的跟班。於是，魯國前來告急。

「打北狄。」多數人支持討伐北狄。

「慢著，我們還是先禮後兵吧。」對內強硬無比的趙盾要先禮後兵了。怎麼個先禮後兵？

趙盾派出使者前往北狄，卻不去找北狄的執政官豐舒，找狐射姑去了，請狐射姑代為轉達對北狄的譴責。

發個譴責還要找熟人轉達，搞笑了點，只因為趙盾不想得罪北狄。

所謂的譴責，無非就是「希望雙方保持克制，以和平方式解決爭端」，最多再強硬一點，就是「由此所引起的一切後果由你們負責」。

閑著也是閑著，狐射姑還真給轉達了，豐舒一聽就樂了，這明擺著就是自欺欺人啊。豐舒還覺得挺奇怪，說：「老狐啊，這趙盾沒什麼膽量啊，怎麼把你給弄出來了？他爹我熟啊，跟他爹比，他怎麼樣？」

狐射姑回答：「趙衰，冬日之日也；趙盾，夏日之日也。」（《左傳》）啥意思？趙衰就像冬天的太陽，讓別人感到溫暖；趙盾就像夏天的日頭，讓大家感到恐怖。

狐射姑的形容，可以說是入木三分。

北狄入侵魯國，目的就是搶點東西回去，根本沒有要占著不走的意思。所以，沒多久就撤軍了。不管怎樣，趙盾的「譴責」也就糊弄過去了。

晉靈公二年冬天，楚國人攻打鄭國，鄭國急忙向晉國求救。這下趙盾跟當年楚國一樣，搞了一套「我們始終堅持以和平方式處理國際爭端……」竟然不肯出兵，鄭國哪裡是楚國的對手？最後只好投降。

等到趙盾殺了箕鄭父等人之後，這才假模假樣組織了晉、宋、衛、許四國聯軍去救鄭國，自然是晚了三秋，抵達鄭國的時候，楚國人早就回家去了。於是，四國聯軍一哄而散，各自回家了。

隨後的幾年，趙盾繼續在國際事務中充當縮頭烏龜。鄭國、陳國、蔡國和宋國先後投靠了楚國，而另一邊，秦國積極聯絡楚國和魯國，要夾擊晉國。

可以說，晉國的威望已經到了一個歷史最低點。

國內政治鬥爭的英雄，到了國際上就是一頭狗熊，這是規律嗎？

權力鬥爭金科玉律第九條：對內要強橫，對外要忍讓。
副一條：權力鬥爭的主要敵人是內部的，而不是外部的。

忽悠邾國

晉靈公八年，從邾國逃過來一個人，此人是公子捷菑。捷菑是邾文公的二兒子，他哥哥叫做公子貜且。邾文公是歷史上以愛民著稱的國君，國家不大，治理得還不錯。

五月份的時候，邾文公一命嗚呼了，大概死前忘了立遺囑，兩個兒子開始爭奪繼承權，結果是邾國軍民擁立了老大貜且。捷菑一看，跑吧。於是，跑到了晉國，通過一個門路找到了趙盾，哭訴自己的悲涼遭遇，請求偉大的晉國幫助他奪取君位。

「好啊。」趙盾很高興，他認為這是一個樹立國際威望的良機，於是召集六卿會議，要出兵為捷菑討個公道。提議一出，自然是舉手通過，一致叫好。

趙盾的執行力沒得說，六月份就在宋國新城召集聯合國大會，魯、宋、陳、衛、鄭、許、曹都是國君參加，晉國就是趙盾出席，擺明瞭晉國就是老大。照例，先是再次結盟，各國尊晉國為老大。之後，趙盾提出了要為捷菑出頭，同樣是一致舉手通過，誰敢得罪晉國啊？就算敢得罪晉國，也不敢得罪趙盾啊。

七月，八國聯軍八百乘戰車出發討伐邾國。一個小小邾國，出一百乘戰車都嫌多，趙盾愣弄了八百乘去，擺明瞭要擺擺譜，過一過號令天下軍隊的癮。

聯合國大軍就這樣浩浩蕩蕩向邾國進發，來到邾國邊境的時候，邾國的使者也到了。趙盾高興啊，兵威所到，對方不戰而降了，太過癮了。

可是，事情並非趙盾所想的那麼簡單。

「趙元帥，您和聯合國這麼關心我們這個小國家，我們感到非常榮幸，也很安慰。但是，我國軍民已經有了自己的選擇，而且是個正確的選擇。貜且是哥哥，捷菑是弟弟，當然應該是立哥哥，這一點晉國也是這樣的吧？而且，捷菑是自己跑到晉國去的，他哥哥並沒有逼他，只要他回去，一切待遇不變，還是親兄弟。如果您答應我們的請求，我們萬分感激。如果一定要滅了我國，沒辦法，我們也只能拿起武器捍衛我們的國家，即使所有人都戰死也在所不惜。」使者先拍了馬屁，然後講了一通很有道理的道理，最後還表達了寧死不屈的意思。

趙盾一聽，人家說得有道理啊，打人家不對啊。再想想，就算真的打，自己的軍事才能說不定真打不下來，過兩天大軍沒糧草了，那時候再走，多沒面子？

「唉，你說得有道理。兄弟們哪，咱們撤吧，人家說得有理啊。」趙盾變主意了。

其實沒人願意打仗，一聽說撤，誰不願意？

八國聯軍就這麼撤了，趙盾把可憐的捷菑扔給了邾國自己去處理。是死是活，後來誰也不知道。

晉靈公九年六月，趙盾派郤缺攻打蔡國，因為蔡國沒有參加新城盟會，也沒有參加八國聯軍。當時有人建議說小小蔡國，派個下軍去就搞定了，趙盾不同意：「小屁國家，更要用大軍嚇唬他們。」

郤缺率領上下兩軍就來到了蔡國，蔡國一看，沒得罪誰啊，也沒跟楚國眉來眼去啊，怎麼老大發怒了？一問，是因為沒參加盟會和八國聯軍。蔡國人連忙解釋，說是國君蔡莊公身患絕症，已經臥床一年，所以才沒有去，敬請諒解，等等。

「諒解？好嘛，我要諒解你們，回晉國之後就有人不諒解我了。」郤缺也沒給面子，直接率軍殺進去了。

沒辦法，投降吧。蔡國人抬著蔡莊公就出來投降了。郤缺一看，蔡國人真沒說謊，老蔡已經瘦成排骨了，病得不淺。

就這樣，郤缺接受了蔡國人的投降，與蔡國訂立盟約，凱旋而歸了。

這不是沒忽悠嗎？

因為蔡國是軟柿子，而且不識做而已。

該忽悠的，自然會忽悠的。

又忽悠魯國

到了八月份，齊國人攻打魯國，魯國是晉國最死硬的跟班，始終認為巴結上這個老大就可以安享世界和平了。如今齊國人來打，魯國人自然要向晉國求援。

趙盾一聽，什麼？打齊國？心裡沒底啊。

這一次，趙盾的執行力就出了問題，一直磨蹭到十一月份，才在扈地召開聯合國緊急會議，這一次，趙盾把晉靈公給忽悠去了，魯國和陳國沒有參加，蔡莊公則豁出老命去了一趟。大會再次重申晉國的領導地位，之後商討出兵討伐齊國事情。

商量的過程中，齊國人來了，找誰來了？找晉靈公。找晉靈公幹什麼？賄賂。

晉靈公長這麼大，不知道賄賂是怎麼回事啊，於是問趙盾：「元帥啊，你看齊國人送來這麼多金銀財寶，要我們不要管魯國的事情，你看怎麼辦？」

趙盾笑了：「這齊國人，醒目。」

第二天開會的時候，趙盾宣佈不打齊國了，大家回家做愛做的事情去吧。

就這樣，聯合國大會結束了。蔡莊公哼哧哼哧回去，沒到家呢，給顛死在路上了。

趙盾給魯國寫了一封信，基本意思是：「晉國始終堅持以和平方式解決國際爭端，希望魯國和齊國坐下來，以互惠互利和平共處的原則進行商討。我們堅信，世界上沒有任何事情是不能以和平方式解決的。同時我們已經向齊國發出外交照會，希望他們立即停止軍事行動，退回到軍事行動之前的位置，否則，晉國保留採取進一步行動的權利，而由此引發的一切後果由齊國承擔。」

得，見死不救。

「唉，這是個什麼老大啊，就是個流氓啊。年年進貢，關鍵時刻不管我們了，玩外交辭令了。」魯文公看見趙盾的來函，眼淚「唰」就下來了。

這年頭，靠別人是靠不住的，只能靠自己了。

沒辦法，魯文公派人去向齊國求和，齊懿公知道晉國不會來救魯國了，一開始還不肯。後來魯國送上大量的賄賂，齊懿公算了算，魯國的賄賂減去自己給晉國送去的賄賂，基本上還能多出一半來，這趟賺得不少。就這樣，轉年五月，齊國答應了魯國的求和，大賺一筆。在談判期間，齊國軍隊還順便去了一趟曹國，搶了不少東西回來，齊國人知道，既然晉國不管魯國，自然也不會管曹國的。

忽悠自己

晉靈公十年的時候，宋國人殺了他們的國君宋昭公。

「老荀，走一趟，討伐宋國。」小弟國家發生動亂，老大是應該出面擺平的。趙盾沒辦法，派荀林父走一趟。此外，還召集了衛國、陳國和鄭國的軍隊，組成四國聯軍。

晉靈公十一年一月，四國聯軍來到了宋國，提出要求：第一，嚴懲弒君兇手；第二，由聯合國確定繼承人。

基本上，宋國人根本就沒有尿他們這一壺。宋國人早就已經扶立宋文公，至於弒君兇手，找不到。

四國聯軍在宋國待了一個星期的樣子，沒人理他們，覺得很無聊。沒辦法，荀林父在快馬請示之後，和另外三國遠征軍將領一起，宣佈聯合國任命宋文公為宋國國君，然後灰溜溜各自回家了。

晉靈公十一年六月，齊懿公心情不好，決定再次進攻魯國，發洩一下鬱悶。這一次，魯國乾脆就沒有去晉國求援，因為他們知道這個老大是靠不住的。魯國直接送了金銀財寶給齊國，請求和平談判，結果他們獲得了和平。

聽說齊國進攻魯國的時候，趙盾心裡挺緊張，萬一魯國再來求援呢？趙盾準備好了跟上次一模一樣的一封信，準備繼續忽悠魯國。

原本，魯國不來麻煩你了，你是不是該心情輕鬆了呢？如果這麼想，那就錯了。

在得知魯國直接跟齊國求和之後，趙盾的心情非常鬱悶，用個形容詞：空落落的。趙盾就覺得很沒面子，好像自己這個老大當得很沒有威信，很讓人瞧不起的樣子。

「不行，我一定要打齊國，要讓兄弟們看看，別把土地爺不當神仙。」趙盾下定了決心，準備討伐齊國。

要說趙盾的執行力，那是真的沒得說，七月份就把聯合國軍召集到了扈地，就是一個議題：打齊國。

大家一聽，什麼？打齊國？地裡的麥子不收了？秋收季節去打齊國這麼一個大國，打完齊國，地裡的麥子都被老鼠收掉了，太搞笑了吧？

大家不願意打，可巧齊國人又來了。這次，齊國人耍了個小花招，不僅賄賂晉國，連聯合國各國也都有禮到。

本來就不願意打，還有禮物收，大家一商量，去你奶奶的，你上次收了賄賂跑了，把我們撂旱地裡了。這次啊，我們都跑，看你怎麼辦？

一個晚上過去，聯合國軍都跑了。

趙盾早起一看，既然大家都走了，咱也算了吧，反正咱也是半認真半忽悠的。

到現在，其實大家都看清楚了，晉國根本靠不住。別的國家還好點，鄭國可受不了了，畢竟自己夾在兩個超級大國中間，如今晉國靠不住，等楚國來打我，我豈不是死得很難看？與其等死，不如乾脆主動叛變算了。

結果就是，鄭國主動投靠了楚國。

第九十五章

鳥終於飛了

俗話說，一個人，忽悠一次容易，忽悠一輩子不容易。

晉靈公十三年（前608年）秋天，趙盾終於遇上了一件沒有辦法繼續忽悠的事情——楚國人入侵陳國和宋國，兩國緊急求援。

該來的終究還是來了，躲避、退讓、推託，其結果只能有一個，那就是眾叛親離，威信掃地，從此失去盟主寶座。

這一次，硬著頭皮也要上了。

「召集聯合國軍，圍鄭救宋。」趙盾發出號令。

那麼，在晉國人忙於內部政治鬥爭的這段時期，楚國人在幹什麼？陳國不是歸順了楚國了嗎？楚國為什麼還要打陳國呢？

楚國人在行動

楚國人沒有閑著，楚國人當然不會閑著。

東西南北，北方不好玩，還有三個方向可以玩啊。

楚穆王先滅了江國（今河南正陽縣）。江國後代因此姓江，就是江姓的由來。之後，楚穆王又滅了六國（今安徽省六安市）和蓼國（今河南省固始縣）。很奇怪六國的後代可能沒有姓六，為什麼呢？

楚穆王八年，也就是晉國趙盾殺其鄭父等人的那一年，趁著晉國內部政治鬥爭白熱化，楚國伐鄭，鄭國人被迫歸順。之後，楚穆王派公子朱討伐陳國，結果公子朱竟然戰敗，被陳國人活捉。楚穆王原本準備親征，還好陳國看清了國際形勢，主動把公子朱給送回來了，並且請求歸順楚國，楚穆王答應了他們。

楚穆王九年，楚穆王決定搞一次小型南聯盟會議，再次享受一下號令中原諸侯的美好感覺。於是，楚穆王召集陳共公和鄭穆公在楚國的息會面，然後率領三國軍隊進入蔡國的厥貉（今河南項城），會同蔡國軍隊，準備進攻宋國。

宋國人也不傻，早早就發現了楚國人的意圖，大夫華御事就對宋昭公說了：「楚國人肯定要來打我們了，現在晉國人靠不住。我看，也別等他們打了，主動請求友好吧。」

宋昭公正有同樣的想法，於是就派華御事前往，表示歸順，同時邀請楚穆王前來宋國的孟諸狩獵。

楚穆王挺高興，看來自己的人格魅力就已經感動了宋國人。於是，高高興興的楚穆王率領著楚軍精銳就來了孟諸，親切會見宋昭公，然後確定第二天打獵。

這麼多國君在這裡，打獵就要有個講究了。楚穆王高興啊，說咱們乾脆就當軍事演習算了。於是，楚穆王從中路進發，宋昭公在右路圓陣，鄭穆公在左路圓陣，圓陣的意思就是把動物都向中間趕，趕過來給楚穆王打。陳共公連圓陣的資格也沒有，只能在後隊，負責收拾被射中的獵物。既然當成了軍事演習，楚穆王又任命了複遂為左司馬，申無畏為右司馬，兩人都是楚國大夫，負責執行軍法。

第二天一大早，各路人馬取齊，正要出發，出事故了。

原來，申無畏在檢查裝備的時候發現，宋昭公沒有帶取火的工具，而這是昨晚上楚穆王一再強調要帶的。

怎麼辦？其實這樣的聯誼活動，雖說是形式上弄得跟打仗一樣，歸結起來也就是聯誼而已，睜隻眼閉隻眼也就算了，可是申無畏這人死心眼，直接讓人把宋昭公的一個僕人給抓下來，一頓鞭打，打得皮開肉綻，然後遊行一圈，算是處罰了宋昭公。

宋昭公的臉色一陣青一陣白，恨得牙癢癢，暗中發誓：「狗仗人勢的東西，要是有一天落到老子手中，讓你死得難看。」

又是一隻鳥

楚穆王在登基十二年之後鞠躬盡瘁了，兒子熊侶繼位，就是楚莊王。

楚莊王繼位的第二年，也就是楚莊王元年（前613年），楚國發生了叛亂。簡要介紹一下叛亂經過。

兩個叛亂分子叫公子燮和鬥克（子儀）。公子燮還是莊王的叔叔，早就想當令尹，可就是當不上，所以很氣憤。鬥克呢，當年跟秦國人打仗被活捉了，後來秦國想跟楚國建立外交關係，共同對付晉國，所以把鬥克給放回來了，算是和平特使。兩國建立邦交之後，鬥克認為這都是自己的功勞，可是自己不受重用，所以也很氣憤。

這哥倆很羡慕趙盾，所以決定在莊王繼位時間不長、太師潘崇率軍出征的時候發動叛亂，派幾個強盜殺了令尹子孔，然後哥兩個想當什麼當什麼。

可是這兩人的政治智慧是沒辦法跟趙盾比的，叛亂是叛亂了，可是楚國強盜好像不如晉國強盜那麼好使，子孔沒殺成，那邊潘崇率領軍隊又殺回來了。沒辦法，挾持著莊王逃命吧，結果逃到半路上被人給殺了。

所以說，不是人人都能當趙盾的。

楚莊王登基轉眼三年，三年來，除了被挾持著出了一次郢都之外，其餘時間就都在宮裡混了。《史記》記載：「莊王繼位三年，不出號令，日夜為樂，令國中曰：『有敢諫者死無赦。』」

三年來，楚莊王整天淫樂，不分晝夜，太史公說他從來不發號令，其實錯了，他發了一條號令，這條號令是：誰敢來進諫，殺。

《說苑》上的記載更帶勁，楚莊王的號令是：「寡人惡為人臣而遽諫其君者，今寡人有國家，立社稷，有諫則死無赦。」什麼意思？大致意思是：身體是老子的，國家是老子的，社稷也是老子的，老子愛怎麼禍禍就怎麼禍禍，誰也別來放屁，否則老子就殺。

大家一聽，覺得楚莊王說得對，這個國家是你的，身體也是你的，你自己都不在乎，我們吃多了去管你？所以，三年來，楚國人民該幹什麼幹什麼，你楚莊王在後宮折騰你的女人們去吧。

到楚莊王三年，楚國大旱，眼看著糧食長不出來，可是國家最高領導人根本就不管，只管在後宮「日理萬姬」。再這樣下去，國家可就真危險了。

關鍵時刻，一個人挺身而出，一個聽起來似乎不大可能挺身而出的人。

嬖（音必）人伍參，所謂嬖人，就是寵臣的意思，聽上去似乎很不好聽。其實，嬖人並不等於太監，也不等於出身低賤，嬖人主要就是陪著君主吃喝玩樂，講講段子，搞搞模仿秀，等等，說白了，就是逗君主開心的那麼一類人。當初齊國的易牙、晉國的優施都是嬖人。

如今很多人的主要工作就是陪領導開心，這種人實際上就是嬖人。

通常的嬖人都沒有什麼正義感，只管把馬屁拍好，把君主弄爽就行了。可是，伍參那不是一般的嬖人，他是一個看上去很低級趣味，實際上很高尚的嬖人。

伍參，伍姓始祖，是不是楚國公族已經無從考證，請姓伍的讀者認真閱讀後面的部分。

白天，楚莊王行樂不分白天黑夜。《史記》記載：「莊王左抱鄭姬，右抱越女，坐於鐘鼓之間。」想像一下，左邊抱著一個河南大妞，右邊摟著一個杭州美眉，前後左右還有三五十個來自世界各地的美女，而自己坐在鐘鼓之間，楚莊王的形象整個就是天下第一淫民。

這時候，伍參來了。

「你來了，正好，說個黃段子給大家樂樂。」看見伍參，楚莊王挺高興。

「大王，今天我給大王說個黃謎好不好？」伍參說。

「好。」

「說是山上有個洞，洞裡有個鳥，三年過去了，這鳥既不飛也不叫，這是個什麼鳥？」

寵姬們聽了，一個個嘻嘻地淫笑，這真是個夠黃的謎語。

「三年不飛，飛將沖天；三年不鳴，鳴將驚人。參退矣，吾知之矣。」楚莊王是個聰明人，他知道這個黃色謎語其實並不黃，伍參說的這個鳥不是別人，就是說的他楚莊王自己。

「一鳴驚人」和「一飛沖天」這兩個成語，就是被楚莊王這個天下第一淫民一次性發明出來的。

伍參退下了，因為楚莊王已經承諾自己要一鳴驚人了。

可是，事情的進展出乎伍參的意料，幾個月過去，楚國災情越來越重，糧食危機已經發生，西面的蠻人紛紛乘機來攻打楚國，而楚莊王呢？淫樂得比從前變本加厲了。

「唉，什麼一飛沖天？什麼一鳴驚人？大王真是個鳥，這個鳥人。」伍參暗地裡罵，卻不敢再去出謎語了。

還有人挺身而出嗎？

鳥終於起飛了

蘇從，楚國大夫。

順便說說蘇姓由來，蘇姓出於顓頊，與楚國同源。最早周武王封蘇姓先祖在蘇國，地點在今天的陝西省。後來蘇國被狄人所滅，其後裔就姓蘇，遷移各國。最早的蘇姓見於晉獻公時的史蘇，蘇從是第二個。因此，蘇從幾乎可以被認為是蘇姓始祖。

國家危急，蘇從急了。備好了遺囑，他來到了王宮。

「老蘇，來幹什麼？喝一杯？」楚莊王正在微醉，左邊摟著越南妹，右邊抱著高麗妞，越玩越國際化了。

「我來進諫。」蘇從直截了當。

「沒看我正樂著呢嗎？」楚莊王有點不高興了。

「我來進諫。」蘇從還是這句話。

「你不知道我的號令嗎？」楚莊王徹底不高興了。

「國家都要滅亡了，我死算得了什麼？」大義凜然。

楚莊王推開兩個美女，騰地站了起來，左手抓住蘇從，右手抽出一把刀來。

「啊。」尖叫聲在整個王宮裡回蕩，美女們睜大了恐懼的眼睛。

楚莊王手起刀落，一刀兩刀三刀。

「咣當，劈啪，嘭。」響聲再次回蕩。

發生了什麼？用《說苑》的說法是「左執蘇從手，右抽陰刀，刎鐘鼓之懸」。

楚莊王把掛著樂器的繩子都給砍了，什麼樂器？編鐘。

還好，楚莊王砍的是樂器，不是美女。

「上朝。」楚莊王下令。

三年了，除了登基儀式之外，楚莊王就沒有上過朝。

百官被緊急通知上朝，一通忙亂，幾年沒見最高領導了，連穿什麼衣服去都快忘了。沒辦法，一通忙亂，上午通知，兩個時辰之後人才湊得個七七八八。

「開始吧，你先說，你負責什麼的？你負責的事情是個什麼情況？」楚莊王開始點名，考核政績。

三年時間啊，最高領導玩蒸發，大家基本上也算把自己蒸發掉了，如今上來就考核工作，可以想像，大多數高級公務員是兩眼一抹黑，要麼一問三不知，要麼胡編亂造，能說個所以然的是寥寥無幾。

一直到天黑，大夫們坐也坐累了，楚莊王精神頭一點也不減。

「日夜鏖戰，三年不死，大王的身體是真好啊。」下面，大夫們都在暗中讚歎。

楚莊王的身體當然好。

從那天開始，半個月內，天天上朝聽彙報。

之後，莊王動刀了，這一次，真的動刀了。

一問三不知的，留職察看，戴罪立功。莊王自己說得好：「我也一問三不知啊，這不能怪他們。」

胡編亂造的，砍頭。莊王說了：「誠信啊，沒有能力沒關係，沒有努力也沒關係，你騙人就有問題了。我泡了三年妞，我也沒說我在執政為民啊。」

但凡能對自己的工作了然於胸的，提拔重用。

《史記》載：「於是罷淫樂，聽政，所誅者數百人，所進者數百人。」

蘇從受到重用，伍參則更加親近。

鳥，終於起飛了。

而對於後宮的美女們來說，鳥飛了，好日子過去了。

鳥越飛越高

危機已經來到，糧食危機，外帶外族入侵。

外族主要是庸國人和麇（音群）國人，分佈在今天的湖北省枝江縣和石首縣一帶。他們見楚國鬧旱災，趁機前來進攻，一直打到了阜山，也就是今天的湖北省房縣。

緊急會議。

「蠻人入侵，聲勢浩大，建議遷都。」有人提出這樣的建議。

「大家怎麼看？」莊王問。

「不可！我們能遷到哪裡，蠻人也就能打到哪裡。與其逃走，不如討伐他們。他們是烏合之眾，不耐久戰。」司馬蔿賈站出來反對。

「堂堂楚國，華夏大國，豈能被蠻子逼得遷都？」楚莊王發言了。這是楚國人第一次以華夏大國自稱，事實上，楚國確實已經是一個華夏國家了，從前他們自稱蠻子，現在，這個稱號送給了別人。「潘尪（音汪，跛足或胸背彎曲）領軍攻打庸人，庸人戰敗，麇人自然潰逃。蔿賈，你派人分頭去秦國和巴國，請他們出兵增援。」

分派已定，各自行動。

大王很鎮定，所以大家安心了。

潘尪是潘崇的兒子，生下來是個瘸子，因此就叫潘尪。好在那時候是用戰車打仗，瘸一點無所謂。

潘尪領軍西進，來到廬（今湖北省南漳縣）的時候，糧食沒了。沒辦法，鬧饑荒呢。於是，潘尪下令，所到之處打開官倉，軍民同吃，算是解決軍糧的同時還賑濟百姓。

從廬向西，一路上都是這樣，所以沿途百姓都激動地說：「楚王就是我們的大救星啊。」殊不知，害得他們沒糧食吃的也是楚王。

楚軍到達今天的湖北均縣，紮下大營。潘尪派廬戢梨率領部分兵力攻打庸軍，結果大敗而歸，手下軍官子揚窗被俘，三天之後逃回。

「潘將軍，蠻子人數眾多，而且很野蠻。我們要打敗他們，恐怕不僅要全軍出動，還要請大王出動東宮部隊。」子揚窗彙報，基本上算做了三天臥底。

「跟蠻子打仗，不能犯蠻，要動腦。這樣，還是你們哥兩個再去挑戰，許敗不許勝，去吧。」潘尪下令，不愧是潘崇的兒子，就是有腦子。

這一邊誘敵，那一邊，潘尪派快馬趕回都城，請求增兵。

廬戢犁和子揚窗七戰七敗，也別說故意被打敗，不是故意也打不過。

庸人瞧不起楚國人，太不經打了。所以，庸人甚至沒有全軍追殺，只派了幾個部落的兄弟，其餘的喝酒慶祝去了。他們不知道，追殺楚軍的兄弟是回不來了，因為楚莊王連夜率軍從郢出發，已經抵達前線，楚軍精銳佈好了包圍圈，等待打殲滅戰。

這真的是一場殲滅戰，蠻子軍全軍覆沒。

此戰標誌著楚軍戰略戰術水準已經有了飛速提高，在這個層面上已經足以與晉國人抗衡。

殲滅了追擊的蠻子軍之後，楚國大軍馬不停蹄，閃電襲擊庸國軍隊，庸軍潰敗。此時，前來增援的巴國軍隊和秦國軍隊抵達，三國聯軍掃蕩庸國，各路蠻子紛紛投降。

庸國被楚莊王從地圖上抹去了，後人說到庸國時就說：好好日子不過，自己找死，簡直是庸人自擾。

「庸人自擾」這個成語，可能就出自這裡。

庸國被滅之後，麇人主動求和。

至此，西線無戰事。

楚莊王六年（前 608 年），也就是晉靈公十三年，經過兩年的休養生息，楚莊王決定要重新向北，與晉國爭奪霸權。

高層會議。

與會人員是：楚莊王、令尹鬥越椒（伯棼）、司馬蔿賈、大夫潘尪、屈蕩、蘇從。其中，鬥越椒是子文的侄子，蔿賈是呂臣的兒子。

「各位，自從城濮之戰後，晉國人在中原爭奪中就佔據上風。如今，晉國第一代領導人都沒了，第二代領導人不足為懼。我想，我們可以重新開始北上爭霸了。」楚莊王開了頭，然後看看大家。

「大王，我早就憋著要出城濮之戰的那口惡氣呢，什麼時候攻打晉國？」鬥越椒第一個響應，城濮之戰他參加了，雖然自己在中軍沒有與晉軍交戰，但是看著左右兩軍的兄弟們被殘殺，現在想起來還滿肚子火。

「司馬，你看呢？」楚莊王問蔿賈。

「我看，還是謹慎一些，不如先找個小國試探一下。」蔿賈說，他和他父親一樣謹慎。

「哪個小國比較合適？」

「陳國。陳國前段時間國君去世，嫌我們派去弔喪的官員在禮節上不夠，因此一氣之下又投靠了晉國，就打他們。」

「好主意，屈蕩，你走一趟。率領西廣部隊攻擊陳國的同時，可以佯攻宋國。注意，能不能攻下來不重要，我們要的是看晉國的反應。」楚莊王佈置了任務。

「大王，讓我去吧。」鬥越椒主動請戰。

「不必，殺雞焉用牛刀。」楚莊王拒絕了。

就這樣，楚國將軍屈蕩率軍討伐陳國，騷擾宋國。陳宋兩國哪裡敢對抗楚國，急忙派人前往晉國求援。

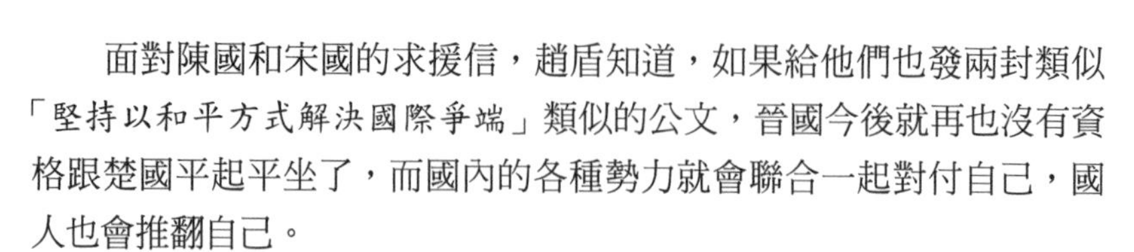

面對陳國和宋國的求援信，趙盾知道，如果給他們也發兩封類似「堅持以和平方式解決國際爭端」類似的公文，晉國今後就再也沒有資格跟楚國平起平坐了，而國內的各種勢力就會聯合一起對付自己，國人也會推翻自己。

所以，出兵是唯一的選擇。

「楚國人攻擊我們的盟國陳國和宋國，我們一定要出兵了，可是，具體採用什麼策略，各位說一說看法。」六卿會議，趙盾首先表明出兵的決心。

這個時候，願意說話的人不多。荀林父知道趙盾不喜歡自己，士會知道趙盾不信任自己，欒盾和胥克知道趙盾不親近自己，這個時候，說話的就只剩下郤缺一個人。

「楚軍強大，我看最好不要正面衝突。這樣，他們攻打陳宋，我們就攻打鄭國。他們來救鄭國，不就等於解了陳宋之圍嗎？」郤缺給了一個傳統套路。

「就這樣，號令三軍，討伐鄭國。」趙盾下令，他喜歡這個主意。

倒楣的解揚

那一邊，趙盾磨磨蹭蹭，準備出兵。這一邊，楚國已經得到了楚國駐晉國地下辦事處的線報，說是晉國將盡起三軍，由趙盾親自領軍，攻打鄭國，解救陳國和宋國。

「又是這個套路，太沒創意了。大王，讓我率領大軍，與晉國人決一死戰。」鬥越椒再次請戰。

「令尹，這次我們不過是試探他們的虛實，不勞你了。蒍司馬，你走一趟，率領東廣部隊到鄭國阻擋晉國人，隨後屈蕩會從陳國前來會合你。記住，不要輕易交戰。」楚莊王佈置任務，條理清晰。

「大王，趙盾根本不會打仗，我看不如一戰擊敗晉國人。」鬥越椒還要爭取。

「還是小心一些好，趙盾雖然不會打仗，晉國人會打仗的還有很多啊。」

鬥越椒不便再爭，不過在心裡，他覺得莊王有些膽怯。

莊王真的膽怯嗎？

這一邊，蔿賈率領楚軍東廣部隊火速北上鄭國，準備迎擊晉國人。那一邊，趙盾率領著晉國、衛國、宋國、曹國和陳國聯軍南下。這樣，晉楚兩軍在鄭國的北林（今河南新鄭境內）相遇。

兩軍對壘，卻根本就沒有人想打仗。北方，趙盾率領晉國三軍以及聯軍，在兵力上佔據絕對優勢，可是，他無意作戰。儘管擊敗楚國人可以鞏固他的地位，但是萬一被擊敗了呢？他不願意冒這個險。

蔿賈更不願意出戰，自己的兵力遠遠少於對方，再加上有莊王的嚴令，自然不會輕易開戰。與此同時，屈蕩正率領西廣部隊從陳國趕來，以備萬一開戰。

儘管秋高氣爽是個殺人的好季節，可是氣氛意外的祥和。唉，浪費了好天氣。

趙盾有些著急，畢竟這樣熬下去不是個辦法。蔿賈也很著急，這樣熬下去也很危險。

這個時候，發生了一件很可笑的事情。而歷史常常因為可笑的事情而改變，這一次就是這樣。

解揚，晉國大夫。

順便說說解姓的來歷。

唐叔虞的兒子姬良被封在解這個地方，今天的山西解良就是源於他的名字，他的後代就姓解。

按照規矩，晉軍每天都要安排人做哨探，接近敵營探看情況。這一天就輪到解揚，於是他駕著戰車，離了大營，去探看楚軍的情況。那時候，哨探這樣的事情是很安全的，雙方都會派出哨探，有時候雙方遇上，還會打個招呼，互相問候一下，然後各自看完各自回家。

所以，解揚輕輕鬆鬆哼著小調就去了。眼看情況看得差不多，跟往常也沒有什麼變化，正要掉轉車頭回去，意外發生了。

一條野狗不知從哪裡鑽了出來，「嗖」的一聲從解揚的車前躥了過去。緊接著，又躥過去一條。解揚吃了一驚，他吃驚也就算了，糟糕的是，戰馬受驚了。

四匹馬，有受驚的有沒受驚的，但是受驚的開始狂奔，沒受驚的也就跟著受驚了。受驚的馬瘋了一般向前跑，御者嚇傻了，拽韁繩抽鞭子都不管用，車上的解揚嚇得臉色發白，死死抱住馬車，一動不敢動。等到馬跑累了，停下來的時候，車已經進了楚軍大營。

就這樣，解揚成了楚軍俘虜。

蔿賈挺高興，一仗沒打，就抓了一個晉軍大夫。

那邊趙盾窩火極了，平白無故被對方抓了一個人，這不是冤死了？趙盾很發愁，人被捉了，是救還是不救？就這麼回去，怎麼交代？

正在發愁的時候，救星來了。

兩個壞消息從不同的方向傳來。

第一個壞消息，楚國大夫屈蕩已經率領攻打陳國的楚軍前來增援蔿賈，很快就會達到。

第二個壞消息，晉國駐秦國地下辦事處傳來的，說是秦國正在謀劃乘虛偷襲晉國。

趙盾笑了，為什麼聽到壞消息反而高興？

如果想跟楚軍對決，這當然是兩個壞消息。可是，如果想撤軍，這還是壞消息嗎？

「看見沒有，我們的策略已經成功，楚國人解除了對陳國的包圍和對宋國的威脅。這證明，我們的決策是正確的。與此同時，秦國人亡我之心不死，蠢蠢欲動，正準備趁機偷襲我國。因此我決定，立即回師，準備迎擊秦國人。」趙盾宣佈撤軍，理由充分，而且很有面子。

就這樣，趙盾撤了。

既然晉國人走了，蔿賈也沒有理由留下去，於是帶著解揚，南下回國了。

昂貴的羊肉

第一次試探，成功。

楚莊王決定，再作第二次試探。怎麼試探？

「蔿司馬，還是你走一趟，讓鄭國出兵討伐宋國，我要看看晉國人怎麼反應。」楚莊王下令，這一次楚國不出兵，鄭國出兵，看你晉國怎麼辦。

下面，讓我們來看看歷史上最搞笑的一場戰爭。

鄭國接到了楚國的命令，打不打？當然要打。對於鄭國來說，打宋國歷來是一種娛樂。

鄭國派出公子歸生，率領四百乘戰車討伐宋國。

宋國得知鄭國前來討伐，十分氣憤，宋文公當時就火了：「奶奶的，楚國人欺負我們也就算了，你屁大的鄭國也敢自己來？就不怕回不去？」

「就是，楚國人也沒能把我們怎麼樣，鄭國人來了，怕他們個球。」右師華元也很氣憤，現在他是宋國執政。

於是，宋國人決定主動出擊，讓鄭國人有來無回。

可是，宋國人忘了，他們守城有一套，正面作戰，他們的戰績淒慘得很。

宋國軍隊由右師華元和司寇樂呂統領，五百乘戰車浩浩蕩蕩挺進到宋國的大棘（今河南省睢縣南），恰好遇上鄭國軍隊，於是下寨紮營，準備決戰。

說到樂呂，順便說一說樂姓的由來。宋戴公的兒子名叫公子衎，字樂父，他的孫子夷父須就以先祖字中的「樂」為姓，稱為樂氏。樂呂，就是樂姓正宗傳人。

戰前，華元決定做一個戰前動員，他召集了全軍，在精神和物質兩方面進行激勵。他首先回顧了宋國歷年來與鄭國之間的深仇大恨，之後，每人發了一塊羊肉。

吃到羊肉，大家都很高興。不管打仗是不是能打贏，至少羊肉是很真實地吃到了嘴裡。吃到羊肉的固然高興，沒吃到的呢？有沒吃到的嗎？還真有，有一個人沒分到。華元本應該第一個分給他，可是他忘了。

一塊羊肉很重要嗎？

宋鄭兩軍對壘，士氣上，宋軍還要高一些，畢竟吃了羊肉。再加上宋軍幾年來幾乎年年打仗，比鄭軍的實戰能力強一些。即便算上鄭軍的心理優勢，雙方也應該是勢均力敵的。

然而，一個意外發生了。

宋軍主帥華元下令：「擂鼓！」

宋軍開始擂鼓，鼓聲之中，只見元帥的戰車開始衝鋒了。大家有點發愣，元帥難道學先軫了？學戰術就行了，怎麼連自殺也學？

「哎哎哎，怎麼回事？快停下來！」華元急了，大喊起來。

華元的御者名叫羊斟，他頭也沒回，只是在嘴裡輕聲罵道：「奶奶的，分羊肉的時候你做主。現在，老子做主。」

原來，唯一沒有分到羊肉的就是羊斟。他很生氣，覺得很沒有面子。

華元的戰車一直就衝進了鄭軍大陣，公子歸生當時就笑了，去年解揚自投羅網的事就讓他笑了一個晚上，如今華元竟然也自投羅網來了，真是笑掉大牙。

華元就這麼栽了，仗還沒開始打，主帥就給活捉了。

所以，御者是很重要的。

只要有一塊羊肉，也是該給御者的。

這也就可以解釋，為什麼這個時代領導的司機都很吃香。

主帥眼睜睜被活捉了，宋軍立馬亂了營。對面的鄭軍自然不會客氣，一通戰鼓，全軍衝鋒。宋軍哪裡還敢迎敵，要掉轉車頭是來不及了，於是紛紛跳下戰車，扔掉兵器，沒命一般奔逃而去。

有人奮起抵抗嗎？真有。樂呂是一個，不過很快被殺掉了。

狂狡是另一個，他是個勇士，並不懼怕鄭國人，他跟一個鄭國士兵交手，結果鄭國士兵被他打到了一個土井裡。

「兄弟，怕了吧？」狂狡很得意地在井口問。

「不怕，我要能上去，接著打。」

「那你上來吧。」

「井這麼高，我上不去。」

「來，我拉你上來。」狂狡把自己的大戟放到井裡拉鄭國士兵。

「別來這套了，你說是拉我，實際上想殺我。」

「你不信我？這樣，換一頭吧。」狂狡把大戟換了一個頭，自己握住戟尖，把柄放了下去。

就這樣，狂狡把鄭國士兵給拉了上來。

「怎麼樣？再打？」狂狡笑著問。

「不許動，動一動，刺死你。」鄭國士兵手持大戟喝道。

狂狡傻眼了，他萬萬沒有想到對方竟然會趁機奪走自己的戟，並且戟尖就正對著自己的胸口。

宋國勇士就這麼被活捉了。

宋國人太可愛了。

這一仗，宋國損失慘重。五百乘戰車出征，只逃回去二十幾乘，除了損壞的，還有四百六十多乘被鄭軍繳獲，不過好在宋軍跑得快，陣亡一百多人，被俘兩百五十人，其餘都平安到家。

華元被活捉了，不知道怎麼回事，羊斟反而跑回家了。

華元被捉了，宋文公沒辦法，派人去鄭國探討贖人事宜，結果達成協定：一百乘戰車和四百匹馬換一個華元。

怎麼一個華元值這麼多錢？因為華家在宋國的勢力太大了。

不過，華元還是為宋國省下來了五十乘戰車和兩百匹戰馬，因為送到一半的時候，華元自己逃回來了。

從鄭國逃回來之後，華元一路回到了都城，叫開城門，一進門，正碰上羊斟。

「喂，那天是不是馬驚了？」華元問。他是真不知道。

「跟馬沒關係，跟羊有關係。」

「跟羊有什麼關係？」

「你為什麼不給我分羊肉？為什麼別人都有，只有我沒有？為什麼？傷自尊了。」羊斟還在氣憤呢。說完，他跑了，再也沒有回來。

直到現在，華元才知道原來一切都是因為一塊羊肉。

羊肉啊，大概這是世界歷史上代價最昂貴的一塊羊肉了。

趙穿的妙計

楚莊王哈哈大笑，鄭國和宋國之間的這場戰爭實在是太搞笑了。說實話，楚莊王都有些喜歡起華元來了。

「蘇大夫，過去這段時間，晉國人有什麼動態？」莊王問蘇從。

「大王，說起來，晉國人也夠搞笑，他們做了一件跟宋國人可以一比的蠢事。」蘇從說，說著笑起來了。

「說來聽聽。」

原來，趙盾撤軍回到晉國，覺得很沒有面子，而傳說秦國要來入侵的事情並沒有發生，這讓晉國三軍都懷疑這是趙盾當初散佈的假新聞。

怎麼辦？就算是假的，也要弄成真的。

六卿擴大會議召開了，擴大進來的基本上都是趙盾的親信。

「秦國人總是跟我們作對，弄得我們不能專心對付楚國人，各位，怎麼辦？」趙盾提出會議議題。

大家都沒有什麼話說，士會心裡想：「這怪誰？怪你自己太缺德了。」

「士會，你在秦國待過，你說說有什麼辦法？」趙盾點將了。

「這個，我覺得，秦國是個大國，要對抗楚國，就要與秦國修好。」既然點到自己頭上，士會也只好發言。

「可是，秦國人對我們恨之入骨，怎麼肯跟我們修好呢？」趙盾覺得這很難，那樣的深仇大恨，秦國人怎麼會善罷甘休？

士會不說話了，他也覺得不可能。

這個時候，「擴大」進來的趙穿發言了。

「這有什麼難的？崇國是秦國的保護國，咱們攻打崇國，秦國一定會去救援，那時候咱們賣他們個面子，提出來跟他們恢復睦鄰友好關係，那不就行了？」這是趙穿的主意。

「好主意，就派你攻打崇國了。」趙盾高興啊，他認為這個主意真的很高明。

第二天，趙穿率領晉軍討伐崇國。可是沒有想到的是，秦國人竟然根本不來救援。趙穿一怒之下開始攻城，可是這兄弟確實不是這塊材料，攻了半天攻不下來，只好灰溜溜回來了。

這下，想跟秦國人修好的目的沒有達到，反而進一步得罪了秦國人。

「哈哈哈哈。」楚莊王聽了，笑得眼淚都要出來了。

趙盾的算盤

轉年到了晉靈公十四年（前607年），秦國人出兵攻打晉國的焦（今河南省陝縣境內），以報復晉國人入侵崇。趙盾這次真的火了，立馬出兵迎戰秦國人。而秦國人在晉軍來到之前已經撤軍，於是趙盾靈機一動，大軍東進，討伐鄭國，要為宋國討個說法。

鄭國聽說晉國要來討伐，立馬派人前往楚國求救。

楚國救不救？當然要救。

「要當霸主，當然就要保護自己的盟友。」楚莊王態度鮮明，那麼，派誰去救？派的人不同，策略是不一樣的。派蔿賈，基本上是不準備真打；派屈蕩，那是不準備大打；派鬥越椒，那是要真打實幹。

鬥越椒懶得發言，前幾次請戰都被拒絕了，這一次估計也沒戲。

「老鬥，這次你去。」大家越以為不會發生的，偏偏就發生了。

為什麼派鬥越椒去？楚莊王真的認為鬥越椒有把握戰勝了晉國人了嗎？當然不是，楚莊王對鬥越椒沒有把握，但是，他對趙盾有把握。

鬥越椒率領楚軍出發了，他憋著勁要跟趙盾決一死戰。

可是，趙盾沒有給他機會。

晉軍剛剛進入鄭國境內，線報就來了：「報元帥，鬥越椒率領楚軍來救鄭國，已經出發了。」

趙盾心裡咯噔一下，楚國來救鄭國他是想到了的，可是他沒有想到會是鬥越椒。原本趙盾也不過是來做做樣子，但如今鬥越椒來了，那可就不是做樣子那麼簡單了。

「這個，鬥越椒呢，鬥越椒家族在楚國太張揚了，我們就讓他張揚下去吧，他會死得很慘的，啊，我們撤。」趙盾找了這麼一個理由給自己下臺，之後，晉軍在半路上就撤了。

鬥越椒也在進入鄭國境內的時候得到了晉軍撤退的消息。

「奶奶的，趙盾，你是個孬種，廢物，不要臉的。」鬥越椒氣得暴跳如雷，沒辦法，只得氣哼哼地回國了。

楚莊王笑了，一切都在他的意料之中，一切也都在他的掌控之中。

「趙盾為什麼總是避戰？」伍參問楚莊王。

「因為對他來說，鬥爭比戰爭更重要。」楚莊王說，他理解趙盾的做法，因為楚國也有鬥爭。

幾十年前我們曾經有一句標語：有人的地方，就有階級鬥爭。

我們說，有人的地方，就有鬥爭。

楚莊王看得很準，說得也很準。

趙盾真的很怕楚國人嗎？未必。他怕什麼？他怕身後有人。

根據最新的線報，晉靈公最近似乎在拉攏胥克，利用胥家對趙盾的不滿來培植自己的勢力。

趙盾收兵回國，他知道，現在首先要解決的是鬥爭問題。

趙盾找來了士會，他有事情要告訴他。

「老士啊，主公是越來越不像話了，他整天淫樂，不理朝政，最近還在宮牆裡面用彈弓向外面打行人，以此取樂。更過分的是，就因為宮裡的廚師燉熊掌沒燉爛，竟然被他殺了，太過分了，我想跟你一同去勸諫他。」趙盾把晉靈公的罪行說了一遍，要拉著士會同去。

「是啊，太過分了。不過，我看我們不要一起去。如果我們一起去，而他並不肯悔改的話，那就沒人敢再去了。不如我先去，如果不奏效，你再去，你看怎麼樣？」士會聰明絕頂，給人當槍使的事情絕對不會做的，何況已經上過趙盾一次當了。他明白，如果兩人一塊去，就等於向全世界宣佈自己跟趙盾是一夥的。所以，他巧妙地拒絕了，他知道，捲入權力鬥爭是非常危險的。

見士會沒有上套，趙盾也只好假意贊同。

士會做人和生存的原則是：不加入任何幫派。

權力鬥爭金科玉律第十條：如果要獨善己身，一定要隨時小心，不要稀裡糊塗被人拉上賊船。

第九十七章
權力鬥爭的最高境界

晉靈公六歲登基，轉眼間也已經是個成年人了。十四年來，晉靈公只是一個擺設而已，內政外政，都是趙盾一手遮天。青春期一過，晉靈公有想法了，理想遠不遠大不知道，但是肯定還是有一點的。可是，他發現所有的一切都已經掌握在趙盾的手中，自己不過是個木偶。甚至，自己連一個固定的師傅也沒有。

想想看，誰沒有師傅？從齊桓公到晉襄公，師傅的作用都是很大的。可是，晉靈公的師傅是誰？

不僅沒有師傅，自己連個親戚朋友都沒有，叔叔們都在國外，兄弟們也都被趙盾趕到了國外，姥姥家秦國跟晉國又是不共戴天的仇人。說起來，國內唯一算得上親戚的是自己的姐姐，可是姐夫偏偏是趙穿。

親戚稀缺，但是「強盜」很多。晉靈公知道，趙盾的手下有很多「強盜」，這些「強盜」是隨時都可以殺人的。

晉靈公足夠聰明，他知道自己必須要忍。於是，他選擇了楚莊王同樣的方式：沉溺淫樂，不問朝政。但是，晉國在國際事務中的節節失利還是讓他忍不住了，暗地裡，他按捺不住地抱怨趙盾。他太嫩了，他顯然沒有想到，他所說的每一句話，都會不走樣地傳到趙盾的耳朵裡去。

逼宮開始了

士會獨自來見晉靈公了，通報之後走了進去。

晉靈公看見他，卻假裝沒看見。士會明白是怎麼回事，很恭敬地行禮，一遍，兩遍，三遍。三遍之後，晉靈公終於看見他了。

「啊，士大夫，你來了。不好意思，剛才沒看見。」晉靈公說。他之所以這樣做，是要看看士會的態度，以此判斷他是不是跟趙盾一夥，當他看到士會很恭敬的時候，他放心了，「你什麼也不要說了，我知道你來幹什麼，我改，我一定改。」

晉靈公確實很聰明，他知道士會要說什麼。

「人誰無過？過而能改，善莫大焉。」(《左傳》) 士會還是說話了，一串名言出來，這幾句話大家應該很熟了，那就是士會說的。

士會說了一大堆話，中心意思也就是這些。其實，士會知道這些話不用自己說，可是，他不能不說。說了，算是完成任務；不說，則可能成為趙盾手中的把柄。

說完，士會走了，他直接找到趙盾彙報了情況，算是交了差。

趙盾笑了，士會的小算盤在他的眼裡，晉靈公的小算盤也在他的眼裡。

「跟我鬥，你們還嫩點。」送走了士會，趙盾自言自語。

晉靈公真的改了嗎？《左傳》的說法是：「猶不改。」

怎樣個猶不改？《左傳》沒說。

從那之後，趙盾三天一小諫，五天一大諫。有時候自己去諫，有時候拉上人一同去諫。

沒多久，全晉國人民都知道了：趙盾忠心耿耿，而晉靈公死不悔改。

晉靈公很恐慌，他真的很恐慌，趙盾明顯是在造勢，明顯是要讓全世界都認為自己是個昏君。哪天趙盾不高興了，找幾個強盜來「為民除害」，自己就會像老鼠一樣死得灰頭土臉，連哭喪的人都沒有。

怎麼辦？

晉靈公找來了大夫屠岸賈，屠岸賈是屠岸夷的兒子。整個晉國，晉靈公也就只有屠岸賈算是個朋友。

「忍，主公，還要忍。」屠岸賈也沒有什麼好辦法。

「忍到什麼時候？刀都架到脖子上了。」

「那也要忍，主公，現在滿朝上下都是趙盾的人，忍一忍，說不定還能過去。要是沉不住氣，恐怕更危險。」

「不行，我不能忍了，我要先下手。」

「主公，不可。」

「不，我決心已下。」晉靈公無法再忍了，他要拼死一搏了。

「強盜」自殺了

晉靈公有什麼辦法對付趙盾？以其人之道還治其人之身。

「鉏麑（音己），今晚上你扮成強盜潛入趙盾家中，把他殺了，我讓你做大夫。如果你死了，就讓你兒子做大夫。如果你不能殺死趙盾而逃了，不好意思，我殺你全家。」晉靈公找來大內高手鉏麑，要暗殺趙盾。

算起來，這也是跟趙盾學的，也算是被趙盾逼的。除了這個辦法，還真是沒有別的辦法。

鉏麑領命去了，他確實是一個高手。

可是，晉靈公怎麼也想不到的是，鉏麑根本上就是趙盾的人，他是趙盾的臥底。

鉏麑很矛盾。

算起來，他算是趙盾的人，是趙盾幫他找到了這份工作，同時他還承擔通風報信的任務。可是，晉靈公對自己也確實不錯，一直在拉攏自己。而且，晉靈公是國君，從道義上說，自己應該更忠誠于晉靈公。

殺趙盾並不容易，即便自己要殺，也未必殺得了他，何況自己本來就是趙盾的人。可是，如果不殺趙盾，自己又違背了君命，而且自己的家人要遭連累。

怎麼辦？

鉏麑用了整個晚上來考慮這個問題，天快亮了，鉏麑一拍大腿：「奶奶的，沒辦法，總要顧一頭，我殺。」

就這樣，鉏麑來到了趙盾家。

鉏麑對趙盾家還是很熟悉的，他跳牆進去，拐彎抹角來到趙盾的臥房。天微微有些亮，趙盾已經起床了，他穿上朝服，坐在書房裡在最後打個盹，準備上朝。

「真是人民的好公僕啊。」鉏麑竟然不由自主地這樣想，這麼早就準備上朝了，可見他是多麼的敬業，多麼的為國操勞啊。這個時候，鉏麑猶豫了，這麼好的人民公僕，要是就被自己殺了，豈不是遺臭萬年？

可是，不殺趙盾，就違背了君命，自己全家就要死。

怎麼辦？鉏麑心潮澎湃，久久不能平靜。那一刻，他想了很多，從爺爺想到了兒子。沒等他想得太明白，他看見趙盾站了起來，揮揮手，兩個衛士過來。鉏麑知道，趙盾準備出發了。

鉏麑從趙盾家裡跳了出來，現在的形勢，殺趙盾已經沒有可能了。殺不了趙盾，自己就要死。自己跑了，全家就要死。

「唉，活著這麼累，死了算了。」趙家院子前有一棵大槐樹，鉏麑助跑、加速，然後以每秒十二米的速度撞了上去。

頭破血流，槐樹劇烈地晃動，相撞的地方留下一個深深的印子。

當天，大內衛士鉏麑撞死在趙盾家門口的消息四處流傳：無道昏君派鉏麑暗殺趙盾，鉏麑被趙盾的高尚情操感動，自殺而亡。

最後的決鬥

偷雞不成蝕把米。

晉靈公絕對沒有想到會是這樣的結果，他也絕對不會相信鉏麑會是自殺，他寧願相信鉏麑是被趙盾手下所殺，然後佈置了這樣一個現場。

「客場作戰不行，主場行不？」晉靈公決定，這一次不玩派人去暗殺的遊戲，這一次把趙盾請來，就在這裡動手，不信殺不了趙盾。

「主公，這不成了孤注一擲了？萬一殺不了趙盾，連退路都沒有了。」屠岸賈反對。

「嘿嘿，你以為，現在我還有退路？」晉靈公說。

屠岸賈想想，似乎真是這樣。

晉靈公派人來請客了，說是要請趙盾吃飯，消除彼此之間的誤會。

「大哥，不能去，這是個陷阱。」趙穿阻止，實際上，他是負責朝廷安全的，大內高手們都在他的直接領導下。

「嘿嘿，趙穿，你知道大哥在北翟的時候幹什麼嗎？打狼。再狡猾的狼，也逃不過獵人的眼睛。我去，我一定要去。」趙盾要去，而且他對自己的安全很有信心。

「既然要去，不如我們趁機殺了這個昏君。」趙穿比較狠，他有這個實力，而且，他比較沒有頭腦。

「胡說，那我不是弒君了嗎？名聲啊，名聲很重要啊。」趙盾瞪了趙穿一眼，接著說：「除非我流亡海外了，否則，決不許你軾君。」

趙穿氣哼哼地，沒有說話。

「混賬，聽明白沒有？」趙盾有些生氣了，這個趙穿真是個蠢貨。

「我，我聽明白了。」趙穿懵懵懂懂地回答，顯然他還沒有聽明白。

「重複一遍。」

「除非，除非你流亡海外了，否則，不許弒君。」趙穿說，有些似懂非懂。

「哼，把我逼急了，我就流亡海外。」

說完，趙盾出門了。

趙穿眼前一亮，他終於明白了。

宴無好宴，殺氣彌漫。

「元帥，辛苦了，乾一杯。」靈公敬了趙盾一杯，趙盾毫不畏懼，乾了。

「再來一杯。」靈公再敬，趙盾又乾了。

「再來一杯。」靈公還敬，趙盾還是乾了。

靈公把杯子又端了起來，他在考慮是該繼續灌趙盾，還是摔杯為號，大內高手殺出直接宰了趙盾。他覺得事情似乎有些蹊蹺，因為趙盾爽快得令人吃驚。

就在靈公猶豫的時候，趙盾的車右，也就是貼身保鏢提彌明上來了。

「大人，君主敬臣下酒，超過三杯就算非禮了，咱們走吧。」提彌明說完，攙起趙盾就走。

在國君面前，趙盾的一個保鏢就敢如此輕慢。

靈公有些發呆，他沒有想到趙盾竟然敢這樣說走就走。酒杯握在手中，靈公竟然忘了摔下去。

眼看趙盾走到了門口，靈公沒有摔杯，埋伏的大內高手們自然不會出來。

靈公養了一條獒，一條兇狠的大狗。關鍵時刻，這條大狗躥了出來，靈公一看，急忙招呼大狗，指了指了趙盾，那條狗躥了上去。

要說，有的時候，狗比人善解人意。

趙盾一看，笑了，估計靈公能找到的忠臣也就只有狗了。

「舍人用犬，雖猛何為？」(《左傳》) 趙盾笑話靈公。

提彌明提刀鬥狗，狗當然不是高手的對手，三下兩下，狗就被殺了。直到這個時候，靈公才想起摔杯子來，杯子一摔，竄出十多個大內高手來。

趙盾臉色一變，知道這下麻煩了，晉靈公不僅有狗，而且有人。怎麼辦？跑吧。

趙盾在前面跑，提彌明在後面抵擋大內高手。一個人當然打不過一群人，也是三下兩下，提彌明就跟隨狗而去了。

趙盾能跑過大內高手嗎？當然跑不過。

剛剛跑出內宮，大內高手們就追上來了。

當先一個大內高手上來，一把搭住了趙盾的肩膀，趙盾心一涼：「完了，這回死定了。」

「元帥，你快跑，我是您的臥底。」高手在趙盾的耳邊低聲說了一句，然後一把推開趙盾，手持長戈，轉過身來，竟然開始與其他大內高手廝殺起來。

趙盾大喜過望，原來這是自己的臥底。仔細一看，想起來了，原來，這個高手名叫靈輒，是個光棍士，當年窮得一屁潦倒，多虧趙盾救濟他，後來讓趙穿把他介紹到了大內做武士，成了趙盾的臥底。

趙盾撒腿就跑，後面，靈輒一個人對抗一群人。

車已經停在路邊，趙盾上了車，司機一揮鞭子，馬車跑起來，趙盾算是脫離危險地帶。那麼，靈輒呢？

「兄弟們，多多保重，再見了。」靈輒很從容地走了，因為這一幫大內高手中，還有兩三個趙盾的臥底，其餘的都是見風使舵的，早已經看出了苗頭，所以，誰也不會賣命去殺靈輒。為什麼他們殺了提彌明呢？剛才是在內宮裡面，在靈公面前還是要爭爭表現的，如今在外面，靈公也看不見，那當然就要在趙盾面前做做人情了。

「無道昏君要暗殺趙盾元帥了，無道昏君要暗殺趙盾元帥了。」趙盾的御者一邊趕車一邊狂呼亂叫，幾條主要街道都遛了一圈，整個都城很快就知道靈公要暗殺趙盾的事情了。

趙盾回到家裡，趙穿很快也到了。

「大哥，沒事吧？全城都知道那個昏君要殺你了，殺了他吧？」趙穿建議，現在輿論在他們這邊。

「我要流亡海外了，你自己看著辦吧。」趙盾回答。

就這樣，趙盾上車，一直向西奔去，一路上讓御者散佈自己要出國流亡的消息。另一邊，趙穿準備人馬，要進宮去殺靈公。

鬥爭就要進入大結局。

趙盾的計畫可以說完美無缺，一切都在他的掌控之中。

可是，百密一疏。

當趙盾一路向西來到晉國邊境的時候，他發現自己實際上是不可能出國的，因為出了晉國就是秦國。沒錯，別人都可以去政治避難什麼的，可是趙盾借個膽子也不敢去。只要他敢踏進秦國的領土，秦國人非剁了他不可，說什麼好聽的都沒用。

就這樣，趙盾停留在了晉國的西部邊境之內。

不要以為這是個小到可以被忽略的錯誤，這個錯誤並不小。

董狐直筆

趙穿估摸著時辰，在確信趙盾已經出了晉國之後，開始行動了。

趙穿帶著家族的人馬殺到桃園，因為靈公正在那裡休息。大內衛隊本來就是趙穿的部下，更不要說還有很多趙家的臥底。因此，趙穿殺靈公遠比靈公殺趙盾要簡單直接得多，不需要一百字就可以說完。《左傳》記載只有八個字：「趙穿攻靈公於桃園。」

一個「攻」字用得十分傳神，明目張膽而且實力懸殊。

這原本就是一場實力懸殊的鬥爭。

趙穿殺死了晉靈公，晉國人民拍手稱快。不僅晉國人民拍手稱快，連後來的史書都認為晉靈公是罪有應得。

權力鬥爭金科玉律第十一條：權力鬥爭中，利用輿論造勢是很重要的。

副一條：權力鬥爭的最高境界是不僅消滅對手，還要讓人們覺得自己是正義的。

殺了小舅子，趙穿派人去請趙盾回來。於是，趙盾回來了。

靈公死了，難道就沒有人出來抱打不平？誰敢？而且，多數人都認為晉靈公死有餘辜。

趙盾在朝廷召集卿大夫大會，討論善後事宜。

人剛到齊，還沒人發言呢，來了一個人，誰？太史董狐。董狐來幹什麼？

董狐手中拿著一片竹簡，來到眾人面前，高聲念道：「趙盾弒其君。」意思是：趙盾殺害了晉靈公。

趙盾笑了，他早就料到了這一點，他已經做了預備，所以他很鎮定地說：「老董，搞錯了吧？我可不在場啊，我有不在場的證據。」

「你是中軍元帥，國君被殺了，你能說你沒有責任？」董狐反問。

「不好意思了，我當時不在國內，我流亡去了。出了國，我就不是中軍主帥了。」

「流亡？你根本沒有出晉國，怎麼能說是流亡？還有，殺人兇手你懲治了嗎？沒有吧。作為中軍元帥，沒有保護自己的國君；國君被殺，又不懲治兇手，說你殺害了國君，冤枉你嗎？」董狐質問，義正詞嚴。

趙盾無話可說，他還能說什麼？除非他殺掉趙穿。可是，他是絕對不會殺掉趙穿的。那麼，殺掉董狐？他不敢，因為他還很在乎名聲。

所以，趙盾很尷尬，然後自嘲道：「嗚呼，『我之懷矣，自詒伊戚』，其我之謂矣。」（《左傳》），啥意思？上帝啊，《詩經》說：「因為我眷戀祖國，反而給自己帶來災禍。」這話大概就是說我吧。

趙盾說完，大家都笑了。

誰也不是傻傻鳥。

春秋有很多不畏強權的史官，董狐排名第一。

從當初立晉靈公到現在殺晉靈公，趙盾應用了同樣的手法：先造勢，後動手，造成自己是順應民意、順勢而為的形象。這種手法在後世被屢屢應用，這是後話。

不管怎樣，一片竹簡要不了趙盾的命。於是，會議照常進行。

會議很快有了結果，實際上不用討論大家也沒有更多的選擇，最適合繼承君位的就是一個人：在周王室擔任大夫的晉文公的小兒子公子黑臀。沒辦法，他的兩個哥哥和一個侄子都被趙盾給殺了，只能他來了。

公子黑臀，因為生下來屁股都是青的，因此叫做黑臀。春秋時期黑臀這個名字很流行，但是沒有人叫白臀，倒有些奇怪。

決議作出，趙盾派遣趙穿前去周王室的偉大首都迎接公子黑臀回來。按理說，迎接國君，應該是派卿前往，為什麼派趙穿？因為趙穿是自己人，如果看公子黑臀還行，接回來繼位；如果看上去不行，就在路上佈置幾個強盜，嘿嘿。

公子黑臀當然不是傻瓜，所以他把自己扮成傻瓜。就這樣，他安全回到了祖國。

現在，公子黑臀是晉成公。

赤裸裸以權謀私

晉國的鬥爭以趙盾完勝而告終結。

但是，趙盾還有更深遠的打算。他在想：「不錯，我混得不錯，權傾朝野。可是，我死之後，我的後代們呢？他們不是要一代代衰弱下去？不行，我要想個辦法。」

趙盾很快想出了辦法，他知道，晉成公是不敢拒絕他的辦法的。

「主公，你看，從獻公開始，晉國就廢除了公族。可是，這導致我們晉國的凝聚力不足，我看，恢復公族吧。」趙盾來找晉成公商量。

晉成公一聽，非常高興，從晉靈公的遭遇他就看出來了，沒有公族，就沒有力量，就會被大臣欺負，所以，一定要有自己的公族，一致對外，才能保證公室的權威。如今趙盾提出這樣的建議，看來他並不像傳說中那樣喜歡專權啊，是個一心為國的好同志啊。

「元帥啊，你的建議太好了，那就恢復公族。」晉成公慨然允諾，真心的慨然允諾。

「多謝主公啊。不過，我覺得呢，要讓大家都有積極性，而且，大家也確實很辛苦，所以，我建議，就以六卿為公族，享受公族待遇怎樣？主公，您不會不同意吧？」趙盾笑著問。

晉成公愣住了，六卿做公族，這可是從來沒有過的事情啊。要知道，公族的待遇與卿大夫的待遇是不同的，公族的嫡長子是具有領地繼承權的。也就是說，如果六卿做了公族，那麼，領地就可以永久性擁有，而且，嫡長子將無條件成為公族大夫，嫡子擔任余子大夫，庶子則擔任公行大夫。六卿做公族，從制度上讓他們至少子孫兩代全家上下吃喝不愁。

「主公，有問題？」趙盾追問。

「啊，沒，沒問題。」晉成公敢說有問題嗎？

就這樣，晉國的六卿做了公族。

自己做了公族，趙盾還不滿足。過兩天，他又來找晉成公了。

「主公啊，你說我弟弟趙括啊，他娘是主公的姐姐，他就是主公的親外甥。當初要不是他娘主動讓賢，我娘也不能是第一夫人，我也根本就不可能從狄回來，現在還是個狄呢。你說說，這麼偉大的無私的娘的兒子，不讓他做公族合適嗎？」趙盾說了一通，總之一個要求：讓趙括也當公族。

「那，那行吧。」晉成公還能說什麼？

就這樣，趙括也成了公族。為了掩人耳目，趙盾做個姿態，把自己這支公族的公族大夫讓給了趙括，也就是說，趙括現在是趙家的族長了。而趙盾本人做了余子大夫。可是問題是，趙盾本人是卿，實際上還是享受公族大夫待遇。

所以弄來弄去，趙盾把自己家弄了兩個公族，一支是趙括，一支是自己。

要說趙盾，對自己兄弟還真是非常關照。不僅趙括成了公族，另外兩個兄弟趙同和趙嬰齊也都做了大夫。

此前，趙盾還為自己的兒子趙朔娶了成公的姐姐莊姬。

家族勢力極大壯大，再加上與國君的裙帶關係，趙盾現在算是放心了。

第九十八章 問鼎

晉國，趙盾一統江湖。楚國呢？

楚國的鬥爭也已經漸入佳境，攤牌的日子越來越近了。

楚國也有權力鬥爭？

有人的地方，就有鬥爭。

楚莊王的計謀

楚國有趙盾嗎？有。

楚國的趙盾就是鬥越椒。

楚國有晉靈公嗎？沒有，楚國有楚莊王。

如果以為楚莊王三年淫樂僅僅是因為腎上腺太過發達，那就太天真了。那麼，三年淫樂的背後是什麼？我們來看看背景材料。

楚莊王的爺爺的爺爺的爺爺，也就是他的八輩祖宗的兒子叫做若敖，若敖薨了之後，傳位給霄敖，於是一直傳下來，就到了莊王。若敖還有一個兒子，至於叫什麼，已經不可考證。不過這個兒子大致是封在了鬥這個地方，於是子孫就姓了鬥，這個家族就稱為若敖氏也就是若敖家族。

若敖家族人才輩出，世世代代掌管楚國的大權，特別是兵權。前面說到的鬥伯比、子文鬥谷於菟、子玉成得臣、鬥勃和現在的令尹鬥越椒就都是這個家族的。

莊王剛登基的時候遭遇公子燮和鬥克叛亂，當時鬥克就曾經對他說：「你牛什麼？我們若敖家族動一根手指頭就能捏死你。」

對那句話，楚莊王印象深刻。他知道，自從成得臣開始，若敖家族對於王室已經是不滿加不服了，表面上兩家還能維持，但是撕破臉皮將是遲早的事情。不幸的是，現在王室的力量確實遠遠不如若敖家族。

而且，鬥越椒這個人是個有野心的人。

鬥越椒有什麼樣的野心呢？他的野心非常著名，我們來看看他的故事。

鬥越椒的父親是子文的弟弟子良。

當初，鬥越椒出生的時候，子文就勸子良說：「兄弟，這孩子摔死算了，有野心啊，今後會連累整個家族的。」原話在《左傳》中是這樣的：「必殺之。是子也，熊虎之狀，而豺狼之聲，弗殺，必滅若敖氏矣。諺曰：『狼子野心，是乃狼也，其可畜乎？』」

啥意思？一定要殺了他。這小子長得粗壯得像熊虎，發出的哭聲跟狼嗥一樣。不殺，我們整個家族都要完蛋。俗話說了「狼子野心」，這小子就是一匹狼，不能養啊。

「狼子野心」這個成語，就來自這裡。

子良一聽不高興了，當時就翻了臉：「哥哥，不是你的孩子，你當然不心疼了。長得壯說明身體好，聲音不好聽，那是嗓子有痰。要摔死他，除非先摔死我。」

就這樣，為了鬥越椒，子文和子良哥兩個鬧翻了。

臨死的時候，子文召集了全家人來說遺囑：「大家聽好了，如果有一天鬥越椒當了令尹，你們就逃命去吧，不要等著受連累。」

鬥越椒長大之後，對子文一家恨之入骨。子文死後，子文的兒子鬥般做了令尹，鬥越椒想盡辦法在穆王面前說他壞話，最終把鬥般害死，他當上了令尹。

對於這段歷史，楚莊王是知道的。

在綜合考慮之後，楚莊王決定，表面上荒淫無度，迷惑鬥越椒，暗地裡洞察形勢，制定對付鬥越椒和整個若敖家族的策略。

登基三年之後，莊王終於開始動手，他拉攏潘家、屈家等家族，培植自己的勢力，削弱鬥越椒在軍隊中的影響力。等到鬥越椒明白過來的時候，他已經錯過了剷除莊王的最佳時機。

楚莊王問鼎

楚莊王時刻在關注著北面的事態發展，趙盾的一舉一動都有楚國地下辦事處工作人員及時彙報給楚莊王。

「趙盾，厲害。」楚莊王情不自禁發出感慨，之後他想起自己的國家，「還好，鬥越椒不是趙盾。還好，老子也不是晉靈公。」

楚莊王八年（前606年），也就是晉靈公被殺的第二年，莊王決定進行一次綜合行動——親自率軍討伐陸渾戎。為什麼是綜合行動？因為這一次行動可以達到幾個目的。

首先，陸渾戎在今天河南嵩縣和伊川境內，與楚國並不接壤，但是長期以來騷擾周王室的地盤。楚國如果掃除陸渾戎，就等於替中原華族出頭，也就等於宣示中原老大是楚國，而不是晉國。其次，此次出兵將經過周王室的地盤，到時候可以耀武揚威。

當然，最重要的一點，是莊王借此機會牢牢掌握軍權。其實，前幾次出兵之所以不用鬥越椒，就是要趁機培植自己的勢力。

楚軍浩浩蕩蕩北上了，楚莊王特地派人先去周王室借路，說是幫助你去討伐陸渾戎。周王室敢不借路？路當然要借，周王還挺高興，畢竟人家楚國給了面子。

楚軍經過洛水之濱，離雒邑不遠的地方，楚莊王下令：「紮寨，閱兵。」

於是，楚國大軍就在周王室的地盤上閱兵了，擺明瞭讓你們看看我們的實力。

楚軍演習，周朝老百姓都來看熱鬧，周定王一看，怎麼辦？派個人去慰問一下吧，順便也算監視他們。於是，雒邑城裡一面秘密準備守城，防備楚國人突然襲擊，一面派人前往演習地點慰問楚王。派誰？王孫滿。王孫滿是誰？就是當初斷言秦軍偷襲鄭國不會成功的那個小孩。

小孩厲害啊。

問題是，長大了怎麼樣？

王孫滿前去慰問楚王了，楚莊王很高興，他早就聽說過王孫滿，兩人相見，可以說是相談甚歡。王孫滿首先代表周王對楚莊王和楚國人民誠摯問候，表示希望楚國作為一個大國，能夠在國際事務中發揮更大的作用，為世界和平作出貢獻，為中華華族作出表率。

楚莊王聽了，笑了，看來周王室終於接受楚國也是華族大家庭一員的現實了。

「哈哈，終於找到組織了。」楚莊王不是這樣說的，大致意思是這樣的，就是說我們不是蠻夷了，大家原本還是一家人。隨後，楚莊王請王孫滿轉達自己對周王的敬意，同時表示，楚國人民願意為整個華族的安全服務，並且希望今後能夠加強雙邊聯繫，共同發展，等等。

「兄弟，有件事情我想問問。」客氣完了之後，莊王話題一轉。

「請問。」

「我聽說當年大禹鑄九鼎，代表天下九州，現在都在雒邑城中呢。其中荊州鼎好像就是代表楚國那一片的，請問鼎有多大，重量多少？」楚莊王竟然問鼎的大小，要知道，九鼎是天下的象徵，問鼎就代表了野心。

王孫滿吃了一驚，不過他隨後鎮定下來，義正詞嚴地回答了楚莊王的問題，怎樣回答的？且看《左傳》的記載：

楚子問鼎之大小輕重焉。對曰：「在德不在鼎。昔夏之方有德也，遠方圖物，貢金九牧，鑄鼎象物，百物而為之備，使民知神奸。故民入川澤山林，不逢不若。魑魅魍魎，莫能逢之。用能協於上下，以承天休。桀有昏德，鼎遷于商，載祀六百。商紂暴虐，鼎遷于周。德之休明，雖小，重也。其奸回昏亂，雖大，輕也。天祚明德，有所止。成王定鼎於郟鄏，卜世三十，卜年七百，天所命也。周德雖衰，天命未改。鼎之輕重，未可問也。」

啥意思？簡單來說，王孫滿一點沒客氣，這樣回答：老兄啊，鼎什麼樣不重要。有德，鼎再輕也重；無德，鼎再重也輕。我們當初算過命的，周朝該有三十個王，時間七百年。現在都還沒到呢，您就算有想法也沒用，省省吧，鼎的輕重，不是您該問的。

楚莊王想了想，再看看王孫滿，然後說：「兄弟，今晚我做東，嚐嚐楚國的美食。」

莊王不想問鼎了，想跟王孫滿交朋友。

「問鼎」這個詞，就來自這裡，意思是想要當老大。

「魑魅魍魎」這個成語，也來自這裡。原意是傳說中的山怪水神，後泛指妖魔鬼怪。後人有對聯：魑魅魍魎四小鬼，琵琶琴瑟八大王。

九鼎和九州

到這裡，順便說說九鼎和九州的來歷。

《說文解字》：「鼎，三足兩耳，和五味之寶器也。」翻譯成白話是，鼎是三條腿的做菜的器皿。實際上，鼎有三條腿的，有四條腿的。

最早的鼎是用黏土燒製而成的陶鼎，後來有了銅鼎。傳說大禹曾收九牧之金鑄九鼎于荊山之下，以象徵九州，並在上面鐫刻魑魅魍魎的圖形，讓人們警惕，防止被其傷害。自從有了禹鑄九鼎的傳說，鼎就從一般的炊器而發展為傳國重器。曆商至周，都把定都或建立王朝稱為「定鼎」。商朝滅亡夏朝，九鼎遷于商都朝歌；周朝滅亡商朝，九鼎又遷于周都鎬京；周朝遷都，鼎也就搬到了雒邑。

那麼，九州是哪九州？因為就是盈數，最一開始，九州可能只是泛指天下，並沒有明確指向。後來，《禹貢》中明確九州為冀州、兗州、青州、徐州、揚州、荊州、豫州、梁州、雍州。

《周禮・夏官・職方氏》記載：「東南曰揚州，正南曰荊州，河南曰豫州，正東曰青州，河東曰兗州，正西曰雍州，東北曰幽州，河內曰冀州，正北曰並州。」

《呂氏春秋・有始覽・有始》記載：「何謂九州？河、漢之間為豫州，周也。兩河之間為冀州，晉也。河、濟之間為兗州，衛也。東方為青州，齊也。泗上為徐州，魯也。東南為揚州，越也。南方為荊州，楚也。西方為雍州，秦也。北方為幽州，燕也。」

如今中國各省市的簡稱，主要就是來自九州的名稱和春秋的國家了。譬如，河北簡稱冀，又稱燕趙；河南簡稱豫，山東簡稱魯，又叫齊魯；山西簡稱晉，陝西簡稱秦，湖北曾簡稱荊，又簡稱楚。

遺憾的是，九鼎如今已經無跡可尋。關於九鼎的下落，眾說紛紜。一種說法是，秦滅周之後，將九鼎搬去咸陽，結果路上掉了一個到河裡，秦始皇死後，其餘的八鼎被陪葬。另一種說法是，九鼎在東周時被融化掉，做成了銅錢，花掉了。還有一種說法是，在周顯王四十二年（前 327 年），九鼎沉沒在彭城（今江蘇徐州）泗水之下，後來秦始皇南巡之時，派了幾千人在泗水中進行打撈，但無功而返。

楚國大軍討伐陸渾戎實在是殺雞用牛刀了，楚軍大軍一到，三下五除二打得陸渾戎滿地找牙。

楚國帶著戰利品和俘虜回國了，路過雒邑的時候，分了一些給周王室，說是感謝借路。於是，周定王很高興，又派王孫滿去表示感謝。

王孫滿帶著周王的禮物去感謝楚莊王，楚莊王看見王孫滿又來了，也很高興，留下王孫滿喝酒，到晚上才放他回去。

「楚王怎麼樣？他還有沒有問鼎的野心？」周定王問，他關心的是這個。想想看，自己的人馬連陸渾戎都打不過，人家楚軍一去就打得對方稀裡嘩啦，那實力相差太遠了。

「我看沒有。」王孫滿說，他是個聰明人，去這一趟不是光吃飯喝酒了，他察言觀色，已經洞悉了一切：「楚王請我吃飯，吃飯的過程中，竟然有三個來自楚國的使者進來報告，可見得他的心思在楚國國內。我聽說，此次討伐陸渾戎，楚王與將領們同吃同住，親密無間，深得軍心。依我看，討伐陸渾戎不過是個幌子，楚王要借機控制軍隊，抗衡若敖家族才是真正的目的。」

王孫滿的分析十分有道理，周定王點點頭，總算放了心。

楚莊王回到楚國，現在掌控了軍隊，底氣更足。於是內政事務多半交給蔿賈，外部事務親自做主，倒把令尹鬥越椒給晾起來了。

直到這個時候，鬥越椒才想起來楚莊王荒淫三年原來暗藏著韜光養晦的目的。「早知道如此，那時候就廢了他了。」鬥越椒很鬱悶很後悔，可是後悔是沒意義的。

沒辦法，現在輪到鬥越椒裝孫子了。

俗話說，問天下英雄，誰不裝孫子？

問題是，主動裝孫子和被動裝孫子，其境界是遠遠不同的，其結果自然也不可同日而語。

趁著楚國君臣鉤心鬥角，還有撕破面皮的這段時間，來看看鄭國發生的一件很無聊的事情。事情雖然無聊，但是後果還是很嚴重，因為出人命了。

吃肉門

就在楚國攻打陸渾戎之後不久，鄭穆公鞠躬盡瘁了，於是兒子鄭靈公繼位。

轉眼過了年，一個楚國人不知道從哪裡捉了一隻大鱉，送來給鄭靈公。為什麼不送去給楚王呢？因為楚王見得多了，送給楚王給不出好價錢來。

鄭靈公很高興，打賞了楚國人，命令廚師把大鱉洗乾淨了，燉來吃掉。要說鄭靈公這個人，是個好人，這麼大的鱉，那是大補啊，他不捨得一個人吃，於是派人去通知卿大夫們都來，大家分著吃。為了給大家一個驚喜，鄭靈公吩咐「別告訴他們來幹什麼」。

多好的君主啊。

公子宋和公子歸生結伴前來，兩人還猜呢：「叫我們去幹什麼？晉國人打來了？」

快進宮的時候，公子宋的右手食指自己跳起來了，公子宋高興了。「子家，快看我的手，我的手每次一跳，就是有好吃的了。這次啊，肯定是請我們來吃飯。」公子宋對公子歸生說，子家是公子歸生的字。

兩人進了宮，一看，果然連盤子都準備好了，一隻大鱉擺在一個大盤子裡，廚師正在那兒切肉呢。

公子宋和公子歸生都笑了，而且笑得很得意。鄭靈公覺得奇怪，就問他們為什麼笑，子家就把剛才的事情說了一遍。

鄭靈公也笑了，不過他有個主意，好玩的主意。

等到人到齊了，鄭靈公命令分肉，每個人都有，唯獨公子宋沒有。其實呢，鄭靈公給他留了一塊，只是要逗他玩。

所有人都笑了，因為公子宋把剛才的事情告訴了大家，現在大家一看，所有人都有吃，唯獨你沒有，當然要笑他。

公子宋受不了了，這太沒面子了。

「主公，為什麼大家都有，我沒有？」公子宋大聲喝問，從小到大，沒這麼沒面子過。

「我不知道啊，你的指頭那麼靈，問你的指頭啊，哈哈哈哈。」鄭靈公大笑起來，看著公子宋漲得茄子一般紫的臉，他覺得很有趣。

哄堂大笑，有的人把嘴裡的肉都笑了出來。

公子宋氣得渾身發抖，他騰地站了起來，快步來到煮鱉的鼎前，把右手食指伸了進去，蘸了一點湯，放到嘴裡嚐了嚐，然後邁開大步，揚長而去。

現在，大家都有點發愣了，公子宋竟然敢在國君面前這樣放肆，是大家沒有料到的。

鄭靈公過了好一陣才回過神來，當時一拍桌子：「好啊，公子宋目無寡人，反了他了，給我捉回來砍了。」

原本是一件與民同樂的好事，如今反而要出人命。大家連忙勸解，做和事佬，說是大好的日子，殺自家人不吉利等等。

「娘的，一點幽默細胞都沒有，不就拿他找個樂嗎？我還給他留了一塊大肉呢。」

就這樣，鄭靈公總算消了火，大家也都早早回去了。

這個事件，簡稱「吃肉門」。

鄭靈公這邊就算沒事了，可是公子宋那邊還沒完。

「主公很生氣，後果很嚴重啊。」公子歸生跟公子宋是好朋友，所以特地來看公子宋，順便把之後發生的事情告訴他。

「什麼？為了一塊肉，他就要殺我？」公子宋聽完，前面的火還沒消，後面的火又上來了。

「這不勸住了嗎？其實，主公還給你留了一塊肉，跟你開玩笑的。」

歸生連忙勸解。

「留了一塊肉？留著他自己吃的吧？明知道我這人不喜歡開這樣的玩笑，非要跟我開這樣的玩笑，這不是故意羞辱我嗎？好歹說，咱們也是他叔叔啊。」公子宋不聽勸解，他這人對面子看得很重，當時是怎麼想都想不開，最後一拍桌子，「娘的，他要殺我，老子先殺了他。子家，咱們聯手把他幹掉怎麼樣？」

公子歸生一聽，傻眼了，心說犯得著嗎，不就一塊王八肉嗎？

「我看，算了吧。你想想，就算家裡養一頭畜生，養時間長了，都不好意思殺啊，何況是國君呢？」公子歸生勸，勸人的水準確實不高，怎麼把國君跟畜生相比呢？《左傳》原文是這樣的：「畜老，猶憚殺之，而況君乎？」

不勸也還好些，公子歸生這一勸，公子宋更上勁了：「你說得對啊，老畜生還捨不得殺呢，他怎麼把千年的老王八給煮吃了？他下得了手，我為什麼下不了手？」

所以，如果不會勸人，千萬不要去勸，否則只能火上澆油。

公子歸生一看勸不了，趕緊告辭要走。

「我問你，跟不跟我幹？」公子宋問公子歸生。

「我，我不敢。」公子歸生拒絕，不過他一向有些怕公子宋，也不敢大聲說不幹。原來，公子宋是嫡生，公子歸生是庶生，哥倆的地位有差距，實力也不一樣。

「好，算你有種，你等著瞧。」公子宋發出威脅。

第九十九章
楚莊王動手了

公子宋的威脅很快見效了。

說起來，公子宋跟鄭靈公的關係遠比公子歸生跟鄭靈公的關係要近。「吃肉門事件」之後，鄭靈公基本上就忘了這件事情，公子宋主動去承認了錯誤，兩人於是重歸於好。

「主公啊，你要當心子家這個人。」公子宋說。

「怎麼？他不是挺老實嗎？」鄭靈公問，他對公子歸生的印象一直不錯。

「老實？裝的，你知道那天他從這裡走之後，到我那裡說什麼了嗎？」

「說什麼了？」

「唉，你自己問他吧，我要揭發出來，就不夠兄弟意氣了，請主公體諒。」

公子宋賣了個關子，走了。

冤死了

鄭靈公左思右想，還是想不通公子歸生會對公子宋說了什麼。可是越想不通，就越想知道。

「來人，把公子歸生給我叫來。」鄭靈公下令。他一定要知道公子歸生到底對公子宋講了些什麼。

公子歸生急急忙忙來了，路上還想「是不是又要吃鱉了」之類，到了才發現，就自己一個人。想想看，自己在所有公子中地位基本最低，人緣也就一般，鄭靈公急急忙忙把自己叫來，肯定不是什麼好事。

果然，他猜對了。

「子家，據說，吃鱉的那天，你離開這裡，去了公子宋的家裡，是嗎？」鄭靈公問。

公子歸生開始頭大了，他不知道鄭靈公究竟問這個幹什麼。

「是，我、我去開導他。」

「怎麼開導的？」

公子歸生在那一刻有些發呆，什麼話能說，什麼話不能說，他心裡完全沒有譜。

支支吾吾，有一句沒一句的，公子歸生回憶那天晚上的對話。當然，他是絕對不敢說公子宋要殺鄭靈公的那些話的。

鄭靈公原本心裡就有點想不通，看公子歸生這個樣子，就覺得這小子心裡一定有鬼。

鄭靈公再三盤問，公子歸生翻來覆去也就那麼幾句話。

「算了算了，別說了，你走吧。」鄭靈公聽得有氣，又不好發作，乾脆讓公子歸生走了。

公子歸生現在想不通啊，越想不通還就越想，就更想不通。最後，他決定去找公子宋請教。

「主公今天找我去了，問我那天找你幹什麼，我猜想，主公是懷疑我們要造反了。」公子歸生把事情經過大概說了一遍。

「別介，不是懷疑我們造反，是懷疑你造反。」公子宋挺直率，把自己怎麼說公子歸生的壞話也說了一遍，最後說，「看見沒有，我不是嚇唬你吧？要不，你跟我聯手殺了主公；要不，我再去主公面前說你的壞話，讓主公殺了你。現在兩條道路你自己選擇，不是你死，就是他死。」

公子歸生目瞪口呆啊，就像路上被強盜搶了，去警察局報案，卻發現警察局就是個土匪窩。怎麼辦？公子歸生盤算了一下。

如果不答應公子宋，再被他說幾次壞話，自己基本上離被砍也就不遠了。能不能去鄭靈公那裡揭發公子宋呢？俗話說：疏不間親，到時候弄不好被公子宋倒打一耙，給自己扣個挑撥離間的大帽子，那是賊咬一口，入木三分，只怕死得更難看。

「不是我死，就是主公死，那合著是我跟主公有仇了，你反而成局外人了？」公子歸生算來算去，覺得自己夠冤的。

「別說廢話，趕快決定。」公子宋不耐煩了。

「唉。」公子歸生歎了一口氣，誰會選擇自己死呢？

到夏天的時候，公子宋和公子歸生找了個機會，真的把鄭靈公給殺了。於是，鄭國人立鄭靈公的弟弟公子堅為國君，就是鄭襄公。

當初好心好意請大家吃鱉，結果弄到自己被殺，鄭襄公基本上算是死得最冤的人之一了。兩個教訓，第一，有好吃的不要隨便請人來吃，難保會有吃多的吃少的，最後還得罪人；第二，別在眾人面前開別人的玩笑，被人記恨比欠人家錢更可怕。

權力鬥爭金科玉律第十二條：為了一時恩怨而報復別人，即便很成功，那也算不上權力鬥爭。

逼反鬥越椒

晉靈公被殺、鄭靈公被殺，兩個靈公的死讓楚莊王坐不住了，他有理由懷疑，如果自己再不採取果斷行動，自己就會成為楚靈公。

楚莊王開始調動軍隊，準備剷除鬥越椒。

鬥越椒也不是省油的燈，在政治鬥爭這個方面，他雖然不如趙盾那麼果斷，但是警惕性是有的，幾年來楚莊王處處提防自己、限制自己，這些他都看在眼裡。而現在他感到形勢已經很嚴峻，宮內的臥底也透露出一些不利的資訊來。

當鬥越椒確信楚莊王就要動手的時候，他決定逃跑。於是，鬥越椒在一個星月滿天的夜晚離開了首都，奔往自己的封邑，只留下一張病假條，讓手下第二天交到莊王的手中。

「跑了。」楚莊王倒並沒有吃驚，這在他的意料之中，而且在某種程度來說，這也是他所希望的。

楚莊王知道，殺鬥越椒未必很難，但是，要找一個適合的罪名並不容易。這一點很像當初狐偃殺郤芮、呂省，最好的辦法就是讓他們自己忍不住跳出來。

可是跑了並不能說明太多問題，這不是一個夠分量的罪名，甚至算不上罪名。

「蔿賈，鬥越椒身體不好，回家休養了。現在我任命你為令尹，麻煩你走一趟，去鬥越椒那裡替我慰問他，順便也看看他的身體怎麼樣了。」楚莊王直接任命蔿賈為令尹，還讓蔿賈去慰問鬥越椒，實際上就是要羞辱他，因為蔿賈一直以來都是鬥越椒的下級。

蔿賈一百個不願意去，他早就看出形勢來了。可是他不能不去，去有死的可能，不去則是必死無疑。

寫了遺囑，蔿賈上路了。

鬥越椒回到自己的地盤，心裡踏實了許多，他甚至相信，儘管自己家族的兵力比楚王的兵力要少，戰鬥力卻絕對不比楚王的兵力差。

幾天之後，蔿賈來了。

「你來幹什麼？」鬥越椒問，他始終瞧不起蔿賈。

「奉大王的命令來看望你，順便告訴你，大王讓你安心養病，我擔任令尹。」蔿賈說。

「你？哈哈哈哈。」鬥越椒笑了。

在鬥越椒看來，蔿賈就是楚莊王的宣戰使者。而且，蔿賈奪取了自己的職位，就是自己的敵人。

「來人，砍了。」鬥越椒根本沒有猶豫。

蔿賈就這樣被殺了。

難道楚莊王想不到鬥越椒會殺蔿賈？他當然想到了。那麼，難道楚莊王就是讓蔿賈去送死？不錯，楚莊王就是要讓蔿賈去送死。

原來，當年鬥越椒害死鬥般，蔿賈就是幫兇。所以，楚莊王心裡也瞧不起他，這次正好讓他死在鬥越椒的手中，也算是罪有應得。

秋天的造反

秋收的時候，鬥越椒造反了。

鬥家是楚國第一世家，以家族實力而言，鬥家不僅是楚國第一，甚至是世界第一。所以，鬥越椒有這個底氣跟楚莊王決一死戰。而且在鬥越椒的頭腦裡，鬥家是為楚國做出了巨大的貢獻的，如今完全是被逼造反。

鬥越椒殺害令尹，公然造反，消息傳到郢都，整個朝廷都炸了窩。

楚莊王急忙召開卿大夫會議，討論當前的形勢。雖然所有的人都譴責鬥越椒的公然背叛，但是，說起討伐鬥越椒，並沒有多少人回應。為什麼？一來，鬥家實力強大，真要交鋒起來，勝負難料；二來，鬥越椒造反確實有被逼的意思，儘管鬥家一向有些跋扈。

「這樣吧，再怎麼說，鬥家也是楚國的世家，為國家做出了巨大的貢獻，我們還是給他一個悔改的機會吧。」楚莊王看出來了，現在討伐鬥越椒不是最佳時機。

第二天，楚王特使前往鬥越椒的領地，傳達楚王的建議：既往不咎，請鬥越椒回來繼續擔任令尹。

特使被痛打一頓，趕了回來。

「看來，鬥越椒是擔心我秋後算賬，自己的安全沒有保障。」楚莊王沒有生氣，反而自我反省。

第二天，又一個特使前往鬥越椒的領地，這一次帶去了楚莊王的全新提議：請鬥越椒回來擔任令尹，同時，莊王派自己的一個叔爺、一個叔叔和一個兄弟去鬥越椒的地盤，充當人質。

特使又被打了一頓，趕了回來。

「這個鬥越椒太過分了。」這一回，沒等莊王說話，卿大夫們憤怒了。是啊，大王都這樣仁至義盡了，你鬥越椒還不肯妥協。如果說從前你還占點理的話，如今你就一點道理都沒有了。

「唉，算了算了。要不，我就流亡到晉國去，或者去吳國吧。我走之後，大家去請鬥越椒回來。」莊王不動聲色，提出自己的新建議。

「大王，這怎麼行？哪有國君避讓反臣的？」大臣們不同意，堅決不同意。

「那，怎麼辦？」

「討伐鬥越椒！討伐鬥越椒！」群情激奮。

莊王笑了，他知道，時機已經到了。

權力鬥爭金科玉律第十三條：對付強敵，要適時示弱，爭取同情票。

楚國大軍向鬥越椒的封地進軍，渡過漳水。

與此同時，鬥越椒的軍隊也開始出發。於是，兩軍在皋滸（今湖北省襄陽縣西）相遇了。相比較，楚王的部隊人數佔據優勢，而鬥家的族兵是楚國的銳卒，戰鬥力超強。

不過從士氣上看，楚軍明顯更高一些。

兩軍列陣，楚莊王遠遠地看著鬥越椒，只見鬥越椒在戰車上耀武揚威，十分威風。說實話，楚莊王心裡還真是有些打鼓。

「我們人多，利於混戰。」楚莊王想到這裡，挽好了袖子，抄起鼓槌來，就準備擂鼓衝鋒。

對面的鬥越椒遠遠看過來，發現楚軍的士氣出乎意料地高，心裡也有些打鼓。他猛然看見楚莊王，暗自打定主意：我只要一箭射死楚王，他們不就崩潰了？

是個好主意。鬥越椒打定主意之後，毫不遲疑，抽出一支箭來，力貫雙臂，遠遠瞄著楚莊王，「嗖」一箭射出。

鬥越椒是楚國著名的神射手，他射出的箭既遠又準。只見那支箭在空中劃出一條漂亮的直線，穿過莊王的車轅，又穿過鼓架，正射在了銅鉦上，「倉啷」一聲巨響，所有人都能聽到。

射程夠遠，力量夠大，可惜，偏了一點。

楚莊王吃了一驚，兩手一哆嗦，鼓槌差一點掉地上。

等到楚莊王抬頭去看的時候，又吃了一驚，因為又來了一支箭，力道比剛才的還要大。楚莊王要躲，來不及了。只見那支箭又穿過了車轅，「噗」一聲，射穿了車蓋。

射程更遠，力量更大。可惜，又偏了一點。

整個楚軍都發出驚叫聲，大家都很害怕，有人開始後退。

楚莊王一看，要有麻煩，怎麼辦？眉頭一皺，計上心頭。

「兄、兄弟們，不要怕，當年文王討伐息國的時候，繳獲了三支神箭，後來被鬥越椒偷走了兩支，就是這兩支。射完這兩支，他沒戲了。」現編現演啊，也虧了莊王急中生智。

楚軍不像剛才那樣慌亂了，可還是心懷畏懼。

總的來說，形勢還是不太好，因為鬥越椒的第三支箭隨時會射過來。

關鍵時刻，有人說話了，誰？潘黨，潘尪的兒子，楚國第一射手。

「大王，另外的一支神箭在我這裡，看我的。」潘黨十分聰明，知道這個時候莊王最需要的是什麼。

只見潘黨從箭囊裡抽出一支箭來，張弓搭箭，看準了鬥越椒，一箭出去。

鬥越椒幹什麼呢？熱身呢。剛才兩箭出去都沒射中，鬥越椒發現自己的狀態不是太好，命中率太差，於是放下弓，活動活動膀子，使勁眨眨眼，準備再射。

俗話說：機會總在一線之間。抓住了，機會屬於你；抓不住，機會就收拾你。

鬥越椒活動開了，抬頭看莊王是不是躲了起來。可是，等他抬頭的時候，他知道沒有必要去關心莊王了，因為一支箭已經貼近了自己的臉。鬥越椒只來得及驚叫，而他終於沒有驚叫出來，因為箭就從他張著的嘴射了進去。

射程更遠，力量更大，而且，準確度更高。

鼓聲，楚莊王親自擂響的戰鼓聲。

戰鬥才剛剛開始，但是已經結束。

「鼓而進之，遂滅若敖氏。」《左傳》記載。

寬厚的楚莊王

鬥家的命運應了子文的預言，整個家族在戰鬥中滅亡。

其實，鬥家的命運是註定的，並非由於鬥越椒而如此。因為鬥家的地位註定了他們必將是楚王剷除的對象，只是不幸地被鬥越椒遇上了。而這一點將會無數次地被證明，在春秋，在整個中國歷史。

鬥越椒的兒子鬥賁皇跑了，他很自然地選擇了晉國。在晉國，鬥賁皇受到歡迎，誰不歡迎來自敵方的叛徒呢？

鬥賁皇成為晉國的大夫，因為封邑在苗，改名為苗賁皇。到這裡，苗姓的讀者請起立，因為苗賁皇就是苗姓的始祖。

鬥越椒做夢也想不到，自己的後代成了晉國人。

鬥家，楚國最大的家族就這樣滅亡了；鬥姓，楚國第一大姓，不知道如今還有沒有姓鬥的。

那麼，鬥家在楚國消失了嗎？沒有。

子文的一個孫子叫做鬥克黃的，擔任箴尹一職，大致相當於後來的諫臣，現在的體改委主任。鬥越椒起義的時候，他正在齊國出訪。回國途中在宋國聽說了起義失敗的消息，手下人就說：「別回去了，逃命吧，就去齊國吧。」

「不行，任務沒完成就跑了，不厚道。回去吧，認命吧。」

就這樣，鬥克黃回到了楚國，向楚莊王彙報了出訪的情況之後，讓人把自己給綁起來，送到法院去了，那時候叫有司敗，算是自首。

「不能讓老實人吃虧啊，況且，子文對楚國的功勞那麼大，怎麼能讓他斷子絕孫？鬥克黃不能殺，官復原職。」楚莊王親自過問，不僅讓鬥克黃官復原職，還給他改了個名字叫鬥生。

「大王寬宏大量啊。」楚國的百姓們都在說。

其實，楚莊王還有一件寬宏大量的事情大家不知道呢。

討伐鬥越椒回來，楚莊王高興，於是擺了一個慶功宴，就在宮裡，大小將軍有一百多號。

那天下午，楚莊王拿出珍藏八年的好酒，與大家開懷暢飲。說來也是，除掉了鬥越椒這個眼中釘，楚莊王終於可以睡個安穩覺了。

酒一直喝到晚上，大家都喝了不少，吆三喝四的，也不管什麼體統不體統了。莊王喝得高興，一高興之下，把自己最寵愛的美人許姬叫來助興，也讓大家看看美人有多美。

看見美人，大家來勁了，本來就喝多了，現在黃段子就上來了，說得大家哈哈大笑。有大膽的，就偷偷地盯著美人看。

說來也巧，就在大家喝得二五二五的時候，突然來了一陣陰風，把所有的燈都給吹滅了，恰好那天晚上沒有月亮，宮裡黑得伸手不見五指。說時遲那時快，許姬就發覺有人扯她的袖子，隨後，一股酒氣撲面而來，熱騰騰的一張臉湊了上來。許姬知道，有人要趁黑吃自己的豆腐。

美人急中生智，一邊躲閃，一邊伸出手去推那人的臉，誰知沒有推到臉，推到了那人的頭盔，許姬順勢抓住頭盔上的纓，一把拔了下來。那人顯然吃了一驚，閃開了。

「大王，剛才有人要吃我豆腐，我把他頭盔上的纓拔下來了，等下點燈之後，一定要把這人抓住。」許姬低聲對莊王說。

就在這個時候，外面吵吵嚷嚷，內侍們拿著火種來了。

「各位，今天是朋友大會，沒大沒小，大家都把頭盔上的纓拔下來，不醉不休，哈哈哈哈。」黑暗裡，楚莊王高聲下令。

一片哄笑聲中，所有人都把頭盔上的纓拔了下來。等到重新點燈，所有人的頭盔上都沒有纓了。

那一天喝得很晚，大家都是扶著回去的。

「大王，你為什麼放過那個人？」許姬陪莊王上床之後，不解地問。

「我請大家來喝酒，我讓大家喝多了，結果人家喝多了失禮了，我卻要殺人家，是不是太不厚道？再說，喝多了酒又看見美女，誰不想吃豆腐？人之常情，何必太在意？」

楚莊王，大度啊。

第一〇〇章
清廉孫叔敖

滅了若敖家族，楚莊王除去心頭大患。

消滅了敵人，不等於自己就強大了。

有史以來，但凡內部鬥爭，一定是兩敗俱傷。

過去的若干年裡，楚莊王一門心思就是跟鬥越椒鬥了，什麼民間疾苦，什麼國民經濟，那些統統都不關心，也沒精力去關心。如今消滅了鬥越椒，這才想起來國家還要管理。

等到真要管理國家的時候，莊王發現，國家已經成了個爛攤子了。

莊王決定重用賢能。誰比較賢能呢？莊王早就看好一個人，這個人叫做虞邱，是沈地的地方官，因此又叫沈尹虞邱。虞邱這人把沈地治理得井井有條，很多人都舉薦他。

於是，虞邱連升三級，成了楚國的新任令尹。

虞邱不是楚國公族，以這樣的出身能夠成為令尹，這在過去是無法想像的。

虞邱讓賢

虞邱人品好，學識廣，還很敬業，莊王非常喜歡他。但是，一年時間過去了，楚國的起色並不大。

「國家大了，也許需要更長的時間。」莊王心想，他從來沒有懷疑過虞邱的能力。

這一天，莊王和虞邱探討治國方略，談得興起，一直到深夜才回到後宮。

「大王，怎麼才回來？」回來晚了，美人不高興了。哪個美人？許姬？早換人了，這個美人叫樊姬，正得寵呢。

「跟虞邱討論國家大事，說得高興了，回來晚點。」對於美人，莊王還是很呵護的。美人生氣，莊王不會生氣。

「虞邱行嗎？」

「怎麼不行？楚國還有比他賢能的？」莊王有些不高興了，就算妳長得漂亮，也不等於妳什麼都懂啊。

「我覺得他不行。」樊姬瞥了莊王一眼，笑嘻嘻地說：「大王啊，我覺得吧，賢不賢呢不能只看他有沒有學識或者長得漂不漂亮。就說我吧，我認為自己挺賢的，並不是說我自認為自己有多美，而是我不僅自己伺候大王，我還盡心盡力給大王介紹新的，數數看，我在外面給大王物色進來的，有兩個比我還美呢，還有幾個也不亞於我啊。你再看看虞邱，這令尹幹了一年多了，有沒有給大王您推薦過一個兩個賢人啊？如果沒有的話，那就是失敗。」

莊王笑了，樊姬這人，說到長相，在宮裡也就是一流半，連一流也算不上。可是會來事，常常托人在外面打聽誰家的女孩子長得漂亮，然後就來向莊王報告。一來二去，跟莊王混個臉熟，再加上能說會道善解人意，且又推薦了幾個不錯的讓莊王滿意，莊王竟然是越來越喜歡她，現在她成了後宮裡最受寵愛的美人了。

「這麼說，要是妳是男人，就該讓你當令尹了？」莊王笑道，隨後將樊姬抱了起來，扔到床上。

燈影搖曳，呻吟聲起，一夜無眠。

第二天，莊王見到虞邱的時候，順便就把昨晚上樊姬的話學了一遍。「女人懂得什麼，哈哈哈哈。」學完，莊王大笑起來。笑聲中，虞邱站了起來，躬身施禮。莊王一愣，原本大家都坐著，如今虞邱站起來施禮，那就是有很嚴肅的話要說了，難道他要辭職不幹了？

「大王，夫人說得對，我，我辭職行嗎？」

別說，還真不幹了。

楚莊王急了，心說：你怎麼這麼小心眼啊？不就是個女人說你兩句嗎？

「令尹啊，你看你，這有什麼好當真的？」莊王勸道。

「大王啊，我不是生氣，我是真的這麼想的。夫人沒說之前，我還猶豫；現在夫人都這麼說，我覺得我不能再猶豫了。我的能力我知道，管個小地方沒問題，可是，管理楚國這麼大個國家，心有餘而力不足啊。」虞邱說得很真誠，顯然是經過深思熟慮的，見楚莊王有些發愣，接著說，「能力不夠就不要占著高位，我的能力就不夠。占著茅坑不拉屎，那就是貪婪；有賢人而不推薦，那就是詐騙；知道了賢能而不讓位，那就是不廉潔。這三點都做不到，那就是不忠。如果我還不辭職，我就是不忠。我如果不忠，大王還挽留幹什麼？」

高風亮節，典型的高風亮節。

莊王聽了半天，心說「對啊」，於是問：「你要是走了，誰來接替？」

「大王，我就是發現了賢人，這才堅決辭職的。在期思（今河南固始縣）有一個人名叫孫叔敖，家裡很窮，但是人很有骨氣，又有學問，又不貪，這個人來當楚國令尹，那絕對是大王的福氣。」原來，虞邱是已經選好了繼承人。

「孫叔敖？能比你還強？」莊王有些不相信。

「這樣，我給你講個孫叔敖的故事，你就知道這個人了。」

孫叔敖斬蛇

孫叔敖小的時候，一次出去遊玩，在路上遇上了一條蛇。

「死了死了。」看見蛇，孫叔敖怕得要死。怕蛇？孫叔敖並不怕蛇，他只是怕這種蛇。這是一種什麼蛇？兩頭蛇。

根據當地的傳說，看見兩頭蛇的人，一定會很快死掉。

想到自己就快死了，孫叔敖哭了。哭了一陣，他突然想起什麼來了，拔出刀來，一刀把兩頭蛇砍成了兩段。之後，孫叔敖挖了一個坑，把蛇埋了起來。

回到家裡，孫叔敖愁眉不展。老娘看見了，覺得奇怪，仔細看，好像還哭過。老娘心裡合計：「這孩子向來老實，從來不惹事的，這是怎麼了？跟人打架了還是跟初戀女友分手了？」

「孩子，怎麼哭了？」老娘問。

孫叔敖忍不住又哭了，一邊哭，一邊把自己看見兩頭蛇的事情告訴了老娘。

「蛇在哪裡呢？」老娘聽了，也很緊張。

「我怕這條蛇再被別人看見，所以我殺了它，埋起來了。」孫叔敖說。自己都要死了，還要為別人著想。

「孩子，你真是個善良的人啊。你知道麼，這叫積陰德，上天是不會讓積陰德的人死去的，別怕，你死不了。」老娘放心了，她堅信，天佑好人。

這段故事，是中國歷史上最著名的故事之一，幾千年來人們都用來教育兒童。

莊王被虞邱的故事吸引了，他立即喜歡上了孫叔敖。

當天，楚王的特使出發了。

三天之後，孫叔敖來到。莊王看見孫叔敖，只見小夥子眉清目秀，眉宇間一股傲氣夾雜著正氣，莊王大喜。一交談，發現這確實是一個又正直又有才的人，莊王放心了。

第二天，楚莊王宣佈任命孫叔敖為令尹，虞邱光榮退休，尊為「國老」，賞賜采邑三百戶。

孫叔敖，子文之後楚國的又一位名相出世了。

孫叔敖怎樣治理國家我們隨後再說，先把後面的一件事情說完。

孫叔敖做令尹之後不久，虞邱的一個家人犯了法，孫叔敖將此人捉去，一審理，死罪，當時就給砍了。虞邱知道之後，跑到莊王那裡去了。莊王一看，這是來告狀來了，安慰一下吧。

「大王，恭喜啊。我說過孫叔敖治理國家公正無私吧，真是這樣啊，我也放心了。」虞邱高興地說。原來他不是來告狀的。

「國老，這也是你的功勞啊，我好感動好感動啊。」莊王說，虞邱的話真的讓他感動。

後世有人說孫叔敖是蔿賈的兒子，此說不大可靠。

按《史記．循吏列傳》記載：「孫叔敖者，楚之處士也。」處士，古時稱有才德而隱居不仕的人，即所謂隱士。試想，蔿家是楚國大族，蔿賈又是司馬，兒子怎麼可能是處士？

《荀子・非相》記載：「楚之孫叔敖，期思之鄙人。」什麼是鄙人？郊區農民。就算蔿賈已經死了，兒子也不會這麼快就成了郊區農民吧？

何況，所有正史中，沒有任何證據證明孫叔敖是蔿賈的兒子。

不過，孫叔敖應當是蔿賈的族人，他的另外一個名字叫做蔿艾獵。所以，孫叔敖是楚國公族，也是孫姓的祖先之一。孫姓的讀者不妨在此致敬，不論孫叔敖是不是你的祖先，他也是整個孫姓的驕傲。

老頭的忠告

孫叔敖當了楚國令尹，一時也是志得意滿，未免有些得意忘形了。

而看見孫叔敖一步登天，大姑小姨、左鄰右舍、小學同學、路上打過招呼的、一塊放過牛的，等等，凡是八竿子之內沾上點兒邊的，一個個都來祝賀。一時間，賓客盈門，三教九流都有。

基本上，大家都是一個調子：拍馬屁。

轉眼過了一個多月，基本上拍馬屁的已經輪了一遍，孫叔敖也快不知道自己姓什麼了。

這一天，來了一個老頭。老頭穿著一身粗布衣服，戴著一頂白帽子。粗布衣服說明他很窮，白帽子說明他是來哭喪的。

「大爺，您這是什麼意思？」孫叔敖壓著火問，還好他的修養還不錯，「你看，別人都是來祝賀的，你怎麼來弔唁呢？走錯門了吧？」

「孫子，拍馬屁的太多了，如果你今天不聽我的話，用不了多久，大家都會來給你弔唁的。」老頭也不客氣，你叫我大爺，我就叫你孫子。

孫叔敖心裡咯噔一下，他是個聰明人，他知道這老頭肯定有兩刷子。

「大爺，您坐。」孫叔敖連忙請老頭坐下，倒上水送過去。

老頭挺高興。

「孩子，我聽說，顯貴了就到處炫耀，大家就會離開他；當官了就獨攬大權，君王就會討厭他；工資待遇高還不滿足，滅頂之災就會來到。想想看，鬥越椒是怎麼死的？」老頭直來直去，可以說是直指要害。

孫叔敖一愣，老頭說得對啊。多虧了這個老頭提醒，否則，自己雲裡霧裡的，不知道什麼時候死呢。想到這裡，禁不住冒出一頭冷汗來。

「大爺，您的指教太及時了。那個什麼，再給我一點教誨吧。」

老頭一看，這小子挺機靈，一點就通。

「好吧，那就告訴你。地位高，更要低調謙恭；權力大，更要小心謹慎；工資待遇好，更不能貪污受賄。有這三點，你就能把國家治理好，自己也能得到善終，子孫後代也不會受窮。」老頭針對前面三點，給出了答案。

孫叔敖激動啊，初次當官，而且是這麼大的官，自己真有些忐忑不安，有了老頭這三條，自己的心裡就有底了。

「大爺，那什麼，我，我太崇拜您了，我、我就是您的粉絲啊。那什麼，我把您的話當成格言掛起來。那，那什麼，我感謝您祖宗八輩。」孫叔敖激動壞了，金玉良言啊，不是每個人都有這樣的金玉良言的。

從那以後，孫叔敖把老頭的三條忠告刻好了掛在自己的家裡了。一生一世，孫叔敖就是這麼要求自己的。

哪三條？請牢記。

位益高而意益下，官益大而心益小，祿厚而慎不敢取。

清廉孫叔敖

孫叔敖治理楚國的成就實際上超過了子文，得到的歷史評價也在子文之上。《史記 ‧ 循吏列傳》第一位就是孫叔敖，太史公給的評價極高。

孫叔敖的治國理念就是「執政為民，富民強國」，也就是讓老百姓先富起來，增加老百姓的財產性收入；執政策略是「施教導民」(《史記》)，也就是採取引導和示範的方法和推行新政，而不是強制性的方法；具體的做法很多，但是，最著名的應該是孫叔敖興修水利。

在水利建設上，孫叔敖是一個里程碑式的人物。「決期思之水，而灌雲雩之野」，即孫叔敖在期思興建水利工程，灌溉農作物，這項水利工程，就是我國古代歷史上著名的「期思陂」，這大概是我國最早的渠系工程之一。

「或曰孫叔敖激沮水作雲夢大澤之池也。」古代沮、漳水入江通雲夢澤，此項工程當在沮、漳水下游，建成後給以郢都為中心的農業水利灌溉帶來極大方便。另，「孫叔敖為楚相，截汝墳之水，作塘以溉田，民獲其利」。這樣，楚國南部的沮、漳水流域，北部的汝水流域，都興建了水利工程，形成了南、北灌溉網路。

安徽壽縣境內的芍陂，也是孫叔敖所創建。這是我國歷史上著名的大型灌溉工程，唐代改名為安豐塘，至今仍發揮著灌溉效益。

孫叔敖指揮興建的水利工程自然不止這些，這不過是其中典型的幾個。

可以說，孫叔敖注重興修水利、發展農業的方針與實踐，不僅為楚莊王爭霸中原奠定了物質基礎，而且為我國水利建設樹立了光輝的榜樣，有著深遠的影響。

除了注重農業，興修水利，孫叔敖對於工程建設也極有造詣。

據《左傳》記載，為了加強北境建設，孫叔敖又築沂城（今河南正陽境內)。他派人籌度工程，上報司徒。計量工程、時間、人員、材料、乾糧，結果三十天完成建城，保質保量提前實現了預定計劃。這項工程不僅建立了北進的基地，加強了與晉爭戰的實力，也說明孫叔敖重科學技術，多才多藝。

《史記》記載，楚莊王有一次不知道哪根筋動了，大概是玩了一次微服私訪之類的東東，到市場上買了點東西，結果他發現一個問題：錢太輕了，拿著不舒服。老大下令：錢太輕，換重的。於是，舊版楚國錢幣換成了新版的。

商人們就覺得奇怪啊，舊版用得好好的，怎麼換新版了？神經病犯了？要不就是有什麼陰謀，準備私有資產國有化了？大家害怕，於是乾脆不做生意了。

市場蕭條了，金融危機眼看就要爆發。

這個時候，孫叔敖看到了危機。經過調查，發現一切都是新版楚國錢幣引發的問題。於是，孫叔敖緊急命令停止使用新版錢幣，恢復舊幣。命令下達，孫叔敖才向楚莊王作了報告。莊王聽了，也贊同孫叔敖的做法。三天之後，市場恢復人氣，一場一觸即發的金融危機終於被化解於無形。

另據《史記》記載，楚國的車底盤低，儘管坐起來穩當，但是馬不好用力，因此車的速度提不上去，不僅容易塞車，而一旦打仗，士兵們的駕駛技術就出問題。針對這個問題，楚莊王命令提高車的底盤。可是，命令下了好幾次，沒有任何效果，老百姓根本不買賬。是啊，車好好的，你要提高底盤，改裝車不要錢的？

孫叔敖又提建議了：「大王，如果您一定想把車改高，那就讓都城裡各個社區把大門的門檻加高，這樣，底盤低的車就必須空車才能過去，車上的人就要頻繁下車了。為了不頻繁下車，他們自然就會把車的底座造高了。都城人提高了底座，全國都會仿效的。」楚莊王於是採納了孫叔敖的意見，果然，過了半年，老百姓都自動把車子底盤造高了。

「此不教而民從其化，近者視而效之，遠者四面望而法之。」這就是司馬遷對孫叔敖治國方法的評價。在某種程度上，孫叔敖在治理國家方面與管仲很相似，他們都很務實，也都很有辦法。

在楚國歷史上，孫叔敖治理國家這段時間應該是最富足的時期了。

模仿秀的祖師爺

儘管在治理國家方面很像管仲，在另一個方面，孫叔敖和管仲截然不同，那就是：管仲富，孫叔敖窮。

孫叔敖是很窮的，只娶得起一個老婆，生得起一個孩子，而且老婆孩子整年都沒什麼新衣服穿，自己也沒有好馬，他的車要麼是最差的馬，要麼乾脆就是牛車。貪污的機會很多，受賄的機會也很多，甚至請賞的或者自己獎賞自己的機會也很多，可是，孫叔敖時刻牢記老頭的三條教誨，安於清貧。

到臨死，孫叔敖窮得買不起好棺材。

鞠躬盡瘁之前，孫叔敖把兒子叫到身邊，交代後事：「兒啊，我就要死了，沒留下什麼財產給你們母子，你呢，也沒有什麼才能，你一定會受窮。受窮也不要找門路當官，你不是那塊料。況且，你也沒什麼門路可找。實在窮得受不了了，你就去找優孟，他會幫你的。」

優孟是誰？就是一個姓孟的演員。優孟跟孫叔敖關係不錯，孫叔敖的兒子認識他。

孫叔敖沒幾天就鞠躬盡瘁了，老婆孩子基本上用光了家裡的積蓄，總算把他老人家給埋了。從那之後，老婆孩子就靠著砍柴度日。幾年之後，孫叔敖的老婆也一病不起，去找孫叔敖了。

孫叔敖的兒子現在走投無路了，怎麼辦？想起老爹的臨終遺言，於是去找優孟了。

「啊，你怎麼混成個叫花子了？」優孟看見孫叔敖的兒子，大吃一驚，要不是仔細看，根本認不出來了。

「我、我爹臨終前說了，要是窮得活不下去了，就來找您。」

「那，好吧。」優孟略微沉吟了一下，答應了，然後給了孫叔敖的兒子一點錢，讓他回去等消息。

孫叔敖的兒子謝過了，回到家裡，一邊等消息，一邊繼續賣柴為生。

優孟用了一年時間做準備，準備什麼？

一年之後，楚莊王正在宮裡喝酒呢，突然有一個人從容走了進來。抄起一個酒杯，向楚莊王敬酒。莊王大吃一驚，心說這大內侍衛們怎麼回事，怎麼隨隨便便把人放進來了？正要發火，一看眼前這個人，莊王嚇了一大跳，當時就明白了。怎麼回事？他看見一個活生生的孫叔敖了，神態、衣著、動作都跟孫叔敖一模一樣。

「啊，老孫，你復活了？」莊王驚詫地問。

「我，不是老孫，大王認錯人了。」來人否認。

不否認還好，這一否認，莊王更加驚訝了。為什麼？因為這個人不僅神態像孫叔敖，就連說話的口音和聲調都一模一樣。

「你，你就是孫叔敖。」

「我真不是，我頂多也就是一山寨版的。你想想，孫叔敖死了這麼多年了，骨頭都爛了，就算詐屍也詐不出來了，我真不是。」來人繼續否認。

楚莊王想想，這人說得有道理啊。可是有道理歸有道理，這人跟孫叔敖真是沒有什麼兩樣。楚莊王把內宮裡認識孫叔敖的人都叫來看，結果人人都說這就是孫叔敖。

「這樣，甭管你是不是孫叔敖，你來當令尹吧。」莊王也不管那些了。管他山寨不山寨的，山寨的未必就不如原版的。

「這個，我得回家跟老婆商量商量，我做不了主。」山寨孫叔敖還是個怕老婆的，這跟正版孫叔敖也一樣。

「那行，給你三天時間，不見不散啊。」莊王跟他約好了時間。

三天之後，山寨孫叔敖來了。

「怎樣？老婆批准了嗎？」楚莊王急切地問。

「老婆不批准啊。」山寨孫叔敖回答。

「為什麼？」

「為什麼？老婆說了，當楚國的令尹很沒勁，孫叔敖為國家作了多大的貢獻？又廉潔奉公，不貪污腐敗。結果呢？他死了之後，兒子連立錐之地都沒有，如今靠賣柴為生，跟叫花子沒什麼區別。正版孫叔敖都這個下場，我山寨版的不是更慘？如果大王一定要讓我當令尹，那我就自殺。」山寨孫叔敖眼睛都不眨，說了這麼一番話。

「無立錐之地」這個成語，就出自這裡。

楚莊王多麼聰明的人啊，立即明白了，山寨孫叔敖是來為正版孫叔敖抱不平的。

「多謝你提醒啊，我改，我改還不行嗎？」楚莊王這點好，知錯就改而且絕不拖泥帶水，他立即派人找來孫叔敖的兒子，在孫叔敖下葬的地方封了他四百戶。

從此，孫叔敖的兒子成了小地主，過上了小康生活。

而山寨孫叔敖，就是優孟。

如果說模仿秀的祖師爺是優孟，有人反對嗎？

在這裡，讓我們深情地補一句：孫叔敖，你如此清廉，我們永遠懷念你。

第一〇一章

你是神經病

楚莊王十三年（前601年），楚國討伐舒國和蓼國（都在今安徽省境內），一舉滅了他們，再次擴張土地。

楚國的內部問題解決了，晉國呢？

同年，晉國發生了大事，頭等大事。什麼頭等大事？趙盾死了。

再強的人，再精通權力鬥爭的人，也不可能鬥得過時間。

這一次，晉國的大夫們都學了個乖，趙盾病重期間，個個都在首都蹲著。就算地震來了，就算禽流感來了，也堅決不走。

趙盾的死，毫無疑問預示著晉國的權力結構要發生變化。那麼，會發生怎樣的變化呢？

順利交班

按照晉國原有的六卿排位，趙盾之後是荀林父，荀林父之後是郤缺，那麼，趙盾一死，應該是荀林父遞補中軍帥。

可是，趙盾會讓荀林父接自己的位置嗎？絕對不會。

臨死之前，趙盾在床上召集六卿開會，指定了郤缺接任中軍帥。有人反對嗎？就算有人反對，也沒有人敢說。

等到別人都走之後，趙盾留下了郤缺，他還有話要說。

「缺，你知道為什麼選擇了你而沒有選擇荀林父嗎？」趙盾問。

「啊，請指教。」郤缺其實都知道，他裝不知道。

「荀林父這個人頭腦太死了，不行。」趙盾語重心長地說，他看看郤缺，接著說，「不過，他這人還算老實，不用提防他。有一個人必須除掉，那就是胥克，我看這人一直對我們懷恨在心，一定要除掉他。」

郤缺點點頭，說了聲「是」。

「還有，我兒子趙朔就託付給你了，替我照看好他。」趙盾又說，這是他最放心不下的事情。

「元帥，您放心，我知道該怎麼做。」郤缺說。他知道，而且完全知道趙盾想要他做什麼。

趙盾點點頭，從郤缺的眼光裡，他知道自己可以閉眼了。

趙盾走了。

但是，晉國的權力鬥爭並沒有走。

權力鬥爭金科玉律第十四條：一定要把權力接力棒傳給自己信得過的人。

晉國權力結構的重新佈局並沒有遇到什麼阻力，郤缺唯一的競爭者荀林父選擇接受組織安排，他原本就不是一個權力欲很強的人，對權力鬥爭也不感興趣。

現在的六卿排名是：郤缺、荀林父、士會、欒盾、胥克和先穀。先穀是先軫的什麼人？按《史記》的說法，他是先軫的兒子。應當是先軫的小兒子，先軫的孫子先克死的時候沒有兒子，因此，先家的族長就由他叔叔先穀來遞補了。

趙家被擠出了六卿，或者說，還需要重新排隊。

但是，由趙盾一手提拔起來的郤缺是不會讓趙朔等太久的。從另一個角度說，郤趙兩家互為支援，儘快把趙朔扶持進六卿也是郤缺自己的利益所在。

俗話說：一個蘿蔔一個坑，拔掉蘿蔔才有坑。

拔掉哪個蘿蔔？

趙盾臨終前已經囑咐過了：拔掉胥克這個蘿蔔。

郤缺早就盤算過：荀林父資歷老而且人很老實，難以找到他的過錯，並且留著他也沒有威脅；士會是搶回來的人，名聲太好，也不能亂動；欒盾雖然關係比較遠，但是欒家家族實力龐大，不好招惹；先穀算是遞補先克的，是盟友，更不能動。算來算去，也就是胥克這邊最合適。

按著趙盾的套路，搞掉胥克有兩種方式，一種是製造一項罪名，殺掉他或者趕走他；另一種則是老辦法——找個強盜幹掉他。

可是，郤缺不能這麼幹，他有心理障礙。為什麼？

因為郤缺能有今天，能從一個野人重新成為貴族，一切都要感謝當年胥臣的推薦。沒有胥臣，他現在什麼也不是。

他能夠殺掉胥臣的孫子嗎？而且是昧著良心。

郤缺很發愁，怎麼辦？

你是神經病

就在這個時候，發生了一段很古怪的事情。

晉國和白狄聯合起來攻打秦國，規模不大，也就是邊境戰爭。

秦國人派了間諜來刺探情報，結果被晉國軍民給捉住了。秦國間諜被吊死在城牆上，屍體被扔在東門外示眾。

怪事在六天之後發生了，被吊死的秦國間諜竟然醒過來了。秦國間諜從地上爬了起來，拍了拍身上的土，又摸了摸脖子，揚長而去。

「拜託，拜託讓條路，我要回國了。」秦國間諜大搖大擺走了，圍觀的群眾看得目瞪口呆，誰敢阻攔？

《左傳》：「晉人獲秦諜，殺諸絳市，六日而蘇。」

算起來，這是晉成公六年的事情，也就是西元前601年，秦國間諜復活比耶穌復活整整早了六百年。

郤缺聽說了，急忙趕往現場。

現場人山人海，復活的秦國間諜不見了，只看見兩個看守屍體的士兵在那裡手舞足蹈，狂呼亂叫。

「怎麼回事？」郤缺問。

「看見死人活了，這兩個嚇成蠱疾了。」有人報告。什麼是蠱疾？按古人的說法，蠱是一種人工培育的毒蟲，很多毒蟲在一個器皿裡互相吞食，最後剩下那個不死的，就叫蠱。蠱可以用來毒害人，放到人的身體裡，人就會神志不清，胡說八道，手舞足蹈，等等。說起來，有點生物戰或者巫術的意思了。

說來說去，蠱疾基本上就是神經病，又叫精神錯亂，俗話說就是瘋了。

看到兩個神經病發作的士兵，郤缺眼前一亮。

六卿擴大會議，基本上相當於內閣擴大會議。除了六卿，擴大進來的主要就是趙家的人，趙朔、趙括、趙嬰齊、趙同、趙穿，還有韓厥。這裡面，趙家的人就不用說了，韓厥是趙家死黨，先縠和趙家關係密切，欒盾跟趙家關係也不錯，士會是個老好人，誰也不得罪，荀林父也是個隨大流的人。

「各位，今天，我們討論一下胥克的問題。」郤缺開門見山，很嚴肅地說。

「我的問題？我什麼問題？」胥克感到奇怪。其實，大多數人都覺得奇怪。

「你得了神經病，要回家休養了。」郤缺依然很嚴肅。

「神經病？開玩笑吧。」

「開什麼玩笑？大家都知道你得神經病了。」

「我得神經病了？我怎麼不知道？」

「得了神經病的，自己都不知道。」

「我得神經病了嗎？」胥克問大家。

士會閉上眼睛，荀林父則低下頭，欒盾假裝沒聽見，而其餘的人都很嚴肅地點點頭，然後用看神經病的眼神看著胥克。

胥克有點慌了，任何人遇到這樣的場景都會慌的。

「我，我沒得神經病，我沒得神經病。」胥克辯白著。

「你就是神經病。」趙穿站了起來，指著胥克的鼻子說。

「我，我不是神經病。」

「你就是神經病，來人，把神經病送回家去，免去下軍帥職務。」郤缺下令。

衛士們上來，不由分說，把胥克架了起來，就往外拖。

「我不是神經病，我不是神經病。」胥克大聲喊起來，可是，沒有人理他。

胥克被拖了出去，塞進了車裡，然後被強行送回家了。

「我不是神經病，我不是神經病。」淒厲的喊聲遠遠地傳來，遠遠地消失了。

會議室裡，一片寂靜。每個人都知道發生了什麼，士會的臉色鐵青。

「繼續開會。我提議，先穀為下軍帥，趙朔遞補為下軍佐，各位有什麼意見？」郤缺繼續主持會議。

誰會有意見？誰敢有意見？

趙朔，以最快的速度到了卿的位置。

權力鬥爭金科玉律第十五條：權力詞典中，沒有報恩二字。

胥克被強行送回了家，經過一路上的嘶吼，他現在已經開始懷疑自己真的有神經病了。

「兒子，我沒有神經病啊，我真的沒有神經病啊。」胥克一把抓住兒子胥童的手，一個勁地說。

「爹，你當然沒有神經病，誰說你有神經病？」胥童急忙安慰父親，等父親情緒穩定一點之後，才問他發生了什麼事情。

胥克斷斷續續地把事情說了一遍，突如其來的「神經病」和失去卿位對他打擊太大，他有些神神道道了。

胥童雖然歲數不大，卻比自己的父親更沉著。

「爹，事情明擺著的，這是郤缺和趙家勾結，用這個藉口把你踢出來，好給趙朔騰位置。這個死郤缺，不是我老爺爺，他現在連狗都不如。如今不報答我們家，反而這樣陷害我們，老天有眼的話，一定讓他得到報應。」胥童看得清楚，他恨透了郤缺。

由於受到的刺激太大，胥克從那之後就真有些神經病了。

沒過幾年，胥克在鬱悶中死去。

「孩子，你爺爺被趙盾趕走，客死國外；你爹又被郤缺害死，你，你要為你爺爺和你爹報仇啊。」臨死之前，胥克這樣叮囑胥童。

「爹，這個深仇大恨，我一定要報。」胥童在父親面前發了誓。

仇恨，已經深深地植入胥童的腦海中。

夏姬

晉國和楚國在這些年間的直接衝突非常少，幾乎沒有。但是，兩個國家也沒有閑著，他們喜歡做同樣的一件事情。什麼事情？

夾在大國之間是痛苦的，而對這種痛苦體會最深的無過於鄭國和陳國了。基本上，過一段時間楚國就會來討伐他們，然後他們與楚國簽署友好條約；隨後晉國就會來討伐他們，於是再跟晉國簽署友好條約；然後楚國人再來……

這兩個國家就像兩個孤立無援的弱女子，沒有尊嚴，沒有主權。

不過，即便是同樣的被不停輪姦，鄭國和陳國的感受是不同的。

鄭國非常痛苦，因為他們也不算是個太小的國家，早年也曾經風光過，總是這樣兩面討好又兩面討不到好讓他們覺得很沒有面子。而陳國不太一樣，國家太小，就沒什麼面子問題。所以，陳國軍民基本上習慣了不停被強姦的生活，甚至，他們還挺享受這樣的日子。

當強姦不能抗拒的時候，不妨試圖去享受這個過程。這，就是陳國軍民的現狀了。

自暴自棄，這是陳國這個國家和這個國家的人民的共同寫照。荒淫無度，則是這個國家的生活方式。想想也是，既然不可能有尊嚴地生存下去，既然隨時可能被滅掉，那就存在一天樂活一天吧。既然每一天都可能是世界末日，那就乾脆把每一天都當成世界末日來過。

淫亂，絕對的淫亂。

於是，一段故事發生了。

這段故事的主人公，最先就是從這兩個被不斷輪姦的國家來的。

當年，鄭穆公有一個女兒，叫什麼名字沒有記載，暫時就叫小卉吧。這個小卉長得天仙一般，不僅漂亮，而且天生對男人有一種吸引力。古時就叫騷，現在叫做性感。鄭穆公很愛這個女兒，把她看成掌上明珠，直到有一天，鄭穆公決定立即把她嫁出去。

為了什麼，鄭穆公決定把自己的寶貝女兒嫁出去呢？因為自己的寶貝兒子死了。

鄭穆公的大兒子名叫公子蠻，年方十六歲，是個帥哥，鄭穆公也很喜歡他。突然有一天，公子蠻死了。怎麼死的？死在了哪裡？

公子蠻死在了小卉的床上，赤身裸體。

這樣的死法，只能是兩個原因。第一種，脫陽而死，也就是周星馳常說的「精盡人亡」；第二種，突發性心臟病，因為高潮太高，心臟承受不了。

不管哪一種死法，都是風流死法。

誰是那個女的？

小卉。

這不是亂倫嗎？這不是亂倫是什麼？

鄭穆公當時就懵了，冷靜下來之後，要想怎樣料理後事了。

首先，家醜不能外揚。也就是說，既不能讓外面知道公子蠻是怎麼死的，也不能用家法處置小卉。

之後，要儘快把女兒嫁出去，否則，公子蠻的命運隨時可能落在他們兄弟幾個的頭上。更重要的是，這個女兒不僅可能帶來家庭的災難，甚至會給國家帶來災難。

鄭穆公知道，自己女兒的國色天香如果傳揚出去，很快楚國人就會來求親，晉國人也會來求親，到時候怎麼辦？女兒只有一個，可是惹不起的鄰居有兩個，那時候國家不就要遭殃？

所以，鄭穆公決定在女兒的壞名聲和好名聲都沒有傳揚出去之前，把她嫁掉，算是一了百了。

嫁給誰？鄭穆公不敢把女兒嫁給晉國人，怕楚國人不高興；也不敢嫁給楚國人，怕晉國人不高興。正在這個時候，陳國的公子夏為兒子公孫御叔來求親，鄭穆公一看，合適，就嫁給他吧。

就這樣，大美女小卉就嫁給了小國大夫公孫御叔了。由於公孫御叔用父親的名字作姓，因此就姓夏，名叫夏御叔，而小卉就改名叫做夏姬了。

那一年，夏姬十五歲。

淫亂四人組

夏御叔把夏姬迎娶回家之後，一看這老婆漂亮得無與倫比，騷得聞所未聞，夏御叔高興得合不攏嘴。「我何德何能，娶了這麼個仙女一樣的老婆，我，我賺大了。」夏御叔高興，逢人就說。

夏御叔真的賺了嗎？從某個角度說，是賺了。

娶回夏姬不到九個月，夏姬生了個兒子，肥頭大耳，十分壯實。這個兒子是不是賺的，誰也不知道。

夏御叔是陳國著名的花花公子，他還有三個好兄弟，一個是公子平國，一個是孔寧，又叫公孫寧，另一個是儀行父。這兄弟四個原本也都是堂兄弟，混在一起吃喝嫖賭，人稱「四大公子」。

自從娶回了夏姬，夏御叔基本上每天有時間就待在屋子裡，再也不出去鬼混了。為什麼？夏御叔說了：「跟老婆在一起，比鬼混還刺激。」

那哥三個當然不信，誰不知道家花不如野花香的道理啊？三個還打賭呢：這小子也就是新鮮幾天，過幾天還要出來跟咱們混。

可是，這一次哥三個錯了。

夏御叔竟然一連三個月不參加組織活動了，哥三個知道，這次，夏御叔是真的賺了。

「奶奶的，不理他了，咱們哥幾個自己玩。」哥三個都這麼說，但是，暗地裡都在想去看看夏御叔到底娶了個什麼妖精老婆。

公子平國還沒來得及行動，國家就出大事了。什麼事？爹死了。他爹就是陳共公，爹死了之後，就輪到他當國君，也就是陳靈公。靈公當了國君，老爹給他留下的後宮裡美女成群，消化也要消化一段時間，所以這裡一忙，就忘了夏御叔老婆了。

孔寧和儀行父偶爾也去後宮湊湊熱鬧，靈公還挺夠意思，直接說了：「兄弟，除了那個那個和那個，其餘的，是我的也是你們的。」

哥三個就這樣在宮裡混，一轉眼十多年過去。終於有一天，哥幾個想起夏御叔來了。

「哎，很久不見老夏了，還活著嗎？」陳靈公問。自己不上朝，所以大臣們也不上朝，如果不是在後宮遇上，還真是難見面。

「我們明天去看看他，要是還活著，一塊來樂活樂活。」孔寧和儀行父商量。

「好啊好啊，咱們是四人組嘛。」陳靈公同意，獨樂樂不如與人樂樂，三人樂樂不如四人樂樂。

夏家是一戶大家，在城內有房，在城外有莊園。那年頭，有錢的人肯定不住在城裡，而是住在城外莊園裡。夏御叔所住的地方，叫做株林。

孔寧和儀行父來到了夏御叔的莊園，一通報，知道老夏還活著。不過一見面，還是把兩人嚇了一跳。

夏御叔瘦得不成樣子了，那時候還不興抽大麻，否則一定是抽大麻抽的。用皮包骨頭形容他比較合適，瘦得眼珠子都快出來了。

「老夏，你怎麼瘦得像個鬼了？」孔寧問。他幾乎認不出夏御叔了。

「瘦嗎？我覺得我挺精神啊。」別看瘦，夏御叔還覺得挺好。

兄弟幾個寒暄了，話歸正題。

「兄弟，我們三人在宮裡可爽了，老大挺想你，讓你也去宮裡，咱哥四個一塊爽啊。」儀行父向夏御叔發出邀請。

「不去，我老婆就夠了。」

「哎，家花不如野花香啊，那宮裡成群結隊的隨你挑，你不想？」

「不想。」

孔寧和儀行父大眼瞪小眼，愣了半天，孔寧才說：「兄弟，別騙我們了，你是陽痿了吧？」

「陽痿？嘿嘿，陽痿不陽痿，你嫂子知道。」

「嫂子？對了，嫂子這麼厲害，讓我們也看看吧？」

「好啊，孩子，把你娘叫出來，見見我的兩個好兄弟。」夏御叔讓自己的兒子夏征舒去叫老婆。那一年，夏征舒已經十二歲了。

孔寧和儀行父的口水流了出來。什麼叫驚為天人？什麼叫驚豔？什麼叫大腦一片空白？

夏姬款款而來，看見孔寧和儀行父，淡淡一笑。就是這淡淡一笑，那哥倆已經是魂飛天外了。只見夏姬天生一副媚相，一雙媚眼根本不用拋，媚氣直接往外冒。哥倆當時就幾乎把持不住，軟了半截，心說這些年來也算是閱人無數，可是如今見了夏姬，這前半輩子算是白活了。

「老公。」夏姬叫一聲，嬌滴滴嗲兮兮，無限嬌美，動人心弦。

現在，孔寧和儀行父終於明白為什麼老夏不再跟他們混了。

夏姬究竟有多美多騷多性感？沒人知道。後人只知道，但凡見過她的男人，都願意心甘情願死在她的石榴裙下。

在這裡，要引用一段《東周列國志》的描述了：「那夏姬生得蛾眉鳳眼，杏臉桃腮，有驪姬、息嬀之容貌，兼妲己、文姜之妖淫，見者無不驚魂喪魄，顛之倒之。更有一樁奇事，十五歲時，夢見一偉丈夫，星冠羽服，自稱上界天仙，與之交合，教以吸精導氣之法。與人交接，曲盡其歡，就中采陽補陰，卻老還少，名為『素女采戰之術』。」

這段話什麼意思呢？大致翻譯一下。

說這個夏姬絕頂的風騷，比古代所有風騷的女人加起來還要風騷。男人要是見了她，立馬傾倒暈菜。說她十五歲的時候曾經做了一個夢，夢見一個身材魁偉的大帥哥，自稱是神仙。神仙哥哥和美女不由分說上了床，並教給她「吸精導氣之法」。這個辦法能夠采陽補陰，就像女妖怪一樣，把男人的陽氣采過去，補女人的身體，有滋顏美容之奇效，返老還童之神通。整個這一套方法，叫做「素女采戰之術」。

所謂「吸精導氣之法」和「素女采戰之術」究竟是古老的科學還是純屬迷信呢？這無從查證。但是有一點毋庸置疑，那就是夏姬確實能夠童顏常駐，青春不老。這一點，有史為證。

如果說男人是夏姬的養顏藥，夏御叔就很不幸地成了藥渣。

第一〇二章

躲貓貓事件

孔寧和儀行父一夜未眠，第二天早上去找陳靈公彙報工作。

「真有你們說的那麼騷？」陳靈公聽完彙報，竟然不敢相信。

「老大啊，我們哥倆還會騙你？看見我們的眼睛沒有，自從見到她之後，一個晚上沒睡著，閉上眼睛就是她。」孔寧說。他的眼睛都熬紅了。

「那，讓老夏獻出來啊。咱們兄弟四個，有福同享啊，是不？你們看，我這麼多老婆，不都給你們用了？」陳靈公儘管有些半信半疑，還是想看看這個夏姬到底怎麼樣。

「我們都跟他說過了，他不幹啊。」原來，哥倆昨天就已經提了這個合理化建議，可是夏御叔死活不肯。

「獨吞？不夠意思。」陳靈公不滿，別的事情可以忍受，這樣的事情不能忍受。「那我們就來硬的，命令他把老婆獻出來。」

「老大，不要這樣，國君搶大臣的老婆，這會在國際上成為笑話的。不如這樣，我們哥倆再去幾趟，想想辦法，看能不能說服他。」儀行父說。他是為了國家著想？才不是，他是擔心如果陳靈公真的把夏姬給搶來了，難保他不會獨吞，到時候不是把自己給饞死了？

陳靈公沒有想到儀行父的鬼點子，點頭同意了。

躲貓貓

從那之後，孔寧和儀行父有事沒事就去夏家轉悠。

夏御叔也挺喜歡這兩個來，因為大家在一起無非就是吃飯喝酒講黃段子，每次這哥倆把最新流行的黃段子講了，夏御叔都會轉達給夏姬，都能把夏姬逗得前仰後合。

時間久了，夏御叔也不把哥倆當外人，常常讓老婆出來一起喝酒講黃段子。混熟了之後，那哥倆的手腳就不老實了，眼睛也總是在夏姬的身上轉。

說起來，當初的四人組中，孔寧和儀行父都是陳國著名的美男子，在外面泡妞那是一泡一個準；陳靈公雖是長相最糟糕的，但是人家那時候是太子，多少人巴結啊；夏御叔比陳靈公強，但是比孔寧和儀行父差了很多，如今瘦得皮包骨頭，從形象上說，比孔寧和儀行父的差距更大了。

夏姬是個風流女人，打從看見孔寧和儀行父，心裡就有要勾搭的意思，如今機會來了，自然也不會放過。

具體過程在此省略十二萬字。總之，三來二去，夏姬和孔寧勾搭上了；二來三去，夏姬又和儀行父勾搭上了。

夏御叔逐漸看出一點苗頭來，但是沒有證據，也不好給孔寧和儀行父下逐客令。

這一天，孔寧和儀行父早早又來了。

照例，夏御叔熱情款待，而那哥倆也不是空手而來，都帶著野味。

哥三個一邊吃野味喝酒，一邊交流泡妞心得以及講黃段子，也算其樂融融了。講到高興的地方，孔寧突然提了一個建議。

「老夏，我們跟老大最近常玩一個遊戲，十分有趣，想不想聽聽？」孔寧引出話題來。

「說說。」

「是這樣的，陳國的美女呢，我們基本上都給弄到宮裡去了，宮裡的美女呢，這麼多年我們也都玩膩了。怎麼辦？玩女人玩膩了，人生不是太沒有意義了？生活不是太沒有刺激了？後來老儀出了個主意，什麼主意呢？玩女人玩膩了，讓女人玩豈不是挺好？我們的辦法是，我們在宮裡玩躲貓貓，我們三個人躲起來，然後讓一個最醜的宮女來找我們，誰要是被她找到，就必須與她交歡，另外兩個人則在一旁觀戰。怎樣，這樣的遊戲怎樣？」孔寧說得眉飛色舞，不過倒不是撒謊，他們確實玩過這個遊戲。

「哈哈哈哈，好主意。」夏御叔想像陳靈公跟一個大胖豬似的宮女在那裡哼哧，而孔寧和儀行父在一旁鼓掌的場景，就覺得十分有趣，

「不過，這萬一中了彩下了種在這醜女人身上，那不是要生個奇醜無比的孩子來？」

「老夏，怪不得人人都說你精明細心，真是考慮得周到。不過，我們只管自己快活，以後怎樣，何必去管呢？老夏你大概還不知道，老大就是這麼生出來的，當年他爹就是玩這個遊戲，結果把宮裡最醜的宮女弄大了肚子，才生了老大。你想想，如果不是這樣，老大怎麼長得歪瓜裂棗一樣？」

「哈哈哈哈。」夏御叔聽得拍掌大笑，心說這兩個小子竟然拿老大尋開心，也算是膽子不小。

主意顯然是個好主意，夏御叔當場表示同意。於是，夏御叔找來家裡最醜的一個女僕人，名叫夜蘭花的，把遊戲規則說了一遍。

夜蘭花一聽，高興得幾乎叫出來。算起來，自己也三十好幾了，還從來沒有嚐過男人的味道，如今機會來了，不僅能嚐到男人的味道，而且是好男人的味道，這三個男人，一個是自己的主人，另外兩個則是陳國著名的美男子。

「天哪，玩完這個遊戲，把我殺了都心甘啊。」夜蘭花心想。

「除了主人的臥房，其他的地方都可以去找，我們三個人躲在一個地方之後，就不許動了，誰要是動，那就輸了，就交給你任意姦淫。」夏御叔交代完畢，讓夜蘭花在屋裡數一百下，然後出去找人。

夏御叔找了一處地窖藏了起來，心中笑話那兩個兄弟，心說在我家裡玩躲貓貓，你們還能躲得過我？想像著那兩個兄弟被夜蘭花強姦的痛苦表情，不禁暗自笑了出來。

「奶奶的，說不定十個月之後，夜蘭花生下個一男半女的，給他們送過去，哈哈哈哈。」夏御叔越想越高興，忍不住笑出聲來。

夏御叔躲著，按照他的計算，園子本來不大，夜蘭花熟門熟路，應該很快就找到孔寧或者儀行父，可是左等右等，就是聽不到上面有喊人的動靜，不清楚是那哥倆躲得太好還是夜蘭花太蠢太傻。

眼看半個時辰過去，夏御叔在地窖裡悶得夠嗆，尋思一下，決定出來看看。

小心翼翼出了地窖，剛一露頭，就聽見一聲喊：「哈哈，抓住了抓住了。」

是夜蘭花的聲音，夏御叔抬頭看，夜蘭花就站在自己的面前。

「倒楣，怎麼抓住我了？再忍忍就好了。」夏御叔一路的後悔，沒辦法，爬了上來。

「嘻嘻嘻嘻。」夜蘭花傻乎乎地又笑又跳。

「你怎麼知道我在這裡？」夏御叔問，有些好奇，也有些不高興。

「我也不知道啊，我把所有地方都找遍了，只剩下這裡了，我就來了。嘻嘻。」

「都找遍了？馬廄去了？」

「別說馬廄，豬圈都看過了。嘻嘻。」

「嗯，他們躲去哪裡了？不會是跑到院子外面去了吧？那可玩賴了。」

「不會啦，我都問過了，沒人看見他們出院子啊。嘻嘻。」

「那他們會躲在哪裡？」夏御叔倒真有些困惑起來。

「嘿嘿，除非他們躲在主人房裡，否則，我一定早就找到他們了。嘻嘻。」

「主人房？」夏御叔一愣，他突然有一種不祥的預感，他命令夜蘭花：「在這裡等著，我去找他們來。」

「主人，我等你啊，嘻嘻。」夜蘭花說得淫聲蕩語，還用色眯眯的眼睛看著夏御叔。

夏御叔吐了一口口水，匆忙走開了。

事情永遠沒有最糟，只有更糟。

夏御叔匆匆回到自己房裡，於是他看到了從前經常看到的一幕：三個人在那裡裸體大戰，孔寧和儀行父雙戰夏姬。

從前四人組的時候，這樣的遊戲夏御叔也時常玩的。

夏御叔終於知道，自己上當了。當自己在地窖裡悶得半死的時候，這三個正在這裡歡天喜地，欲仙欲死。

「孔寧、儀行父，你們太過分了，太不夠朋友了。」夏御叔氣得渾身發抖，大罵起來。

「老夏，別吵了，等我們這裡完了，再去看你和夜蘭花交歡。」孔寧正在興頭上，根本不理會夏御叔的憤怒。

「啊呸，你們給我滾，再也不要來了。」夏御叔更加氣憤。

那三個人終於停了下來，急忙各自穿衣服。

等三人穿好了衣服，夏御叔責備夏姬：「老婆，你怎麼能這樣呢？」

「老公啊，他們說都是你安排的啊，關我什麼事？」夏姬不高興了。

「不說這些了，你們兩個走吧。」夏御叔下了逐客令。

孔寧和儀行父對視一眼，儀行父說話了：「老夏，你真是不夠意思，不就玩玩你的老婆嗎？又不少了什麼。你這身子骨，放著老婆不也是浪費嗎？實話告訴你，你老婆說了，我們兄弟兩個比你厲害得多。別以為我們占了你什麼便宜，我們是在幫你。如今你倒好啊，狗咬姜太公，不識好心人。你的表現，我們回去會彙報給老大的。」

儀行父一番話，一來揭夏御叔的短，二來也是威脅他。

夏御叔一下子就軟了，他的身子早已經被淘空了，根本無法滿足夏姬的需求，這令他感到很慚愧；而如果這哥倆真的去陳靈公面前說自己的壞話，自己的好日子估計也就不多了。所以，夏御叔軟了。

「兩位好兄弟，以後不能這樣玩了。好了，咱們出去吧。」夏御叔的聲音小了很多，他認了。

你軟了，他們就會更硬。

「不行，我們躲貓貓還沒完呢，你被夜蘭花捉住了，叫她過來，我們要在這裡看你怎麼被她強姦的。」孔寧不依不饒起來，其實，他也不知道夏御叔被夜蘭花捉住了，只是故意唬一唬。

「那，那不能算，你們都玩賴，躲到這裡來了。」夏御叔當然不肯，從一開始他就是因為斷定自己不會被捉住才玩這個遊戲的。

「那我們不管，反正你被捉住了。」

三個人爭吵起來，誰也不肯讓步。

爭了一陣，孔寧突然又想起一個辦法來。

「老夏，你不跟夜蘭花交歡也行，那就要讓我們哥倆再跟你老婆爽一回，你還要在旁邊看著，遞毛巾擦汗。」孔寧的主意真的很缺德。

「不行。」夏御叔態度堅決。

三個人再次爭吵起來，爭吵的聲音也越來越大。

最後，夏御叔實在忍不住了。

「你們都給我滾！」夏御叔翻了臉，他豁出去了，伸手去抓孔寧，要把他推出去。

夏御叔本來就不如孔寧那麼壯，再加上掏空了身子，怎麼是孔寧的對手？孔寧也很生氣，他用力一把推開了夏御叔。夏御叔一個踉蹌，倒退了好幾步，正好來到儀行父的身旁，儀行父順勢一腳踢來，把夏御叔幾乎踢飛，夏御叔站不穩腳步，向前摔去，正好一頭撞在了門框上。

鮮血迸流，夏御叔的頭被撞開了一個長長的口子，命喪當場。

夏御叔死了，孔寧和儀行父先是驚恐，然後是高興。為什麼驚恐？因為這是在人家的地盤，殺人怕是要償命。為什麼又高興了？因為他們發現夏姬並不傷心，甚至有些高興。所以他們知道，自己不會有危險，反而今後更方便了。

問題是，人死了，一定要有說法的。

「躲貓貓不慎撞死。」這是三人商量出來的解釋，反正夏征舒還小，這個家裡，夏姬說什麼就是什麼。

就這樣，夏御叔死了，死於「躲貓貓」。

最傷心的人是誰？夜蘭花。

據說，後來夜蘭花在夏御叔的墓旁的大樹上一頭撞死。不知道這算不算淒美的愛情故事，不知道夏御叔在地下會更懷念誰。

君臣同樂

夏御叔一死，大家都方便了很多。孔寧和儀行父常常藉口訪孤問獨前來關懷一下老夏的家屬，當然是床上關懷。有的時候同來，也有的時候分頭來。

自然，不需要多說，陳靈公終於在孔寧和儀行父的陪同下，來到了株林，國家領導人親自關懷起大臣家屬的生活了，當然，主要是性生活。

在孔寧和儀行父的全力引薦下，陳靈公和夏姬終於來到了一張床上。

且看《東周列國志》的描寫：「靈公更不攀話，擁夏姬入帷，解衣共寢。肌膚柔膩，著體欲融，歡會之時，宛如處女。靈公怪而問之。夏姬對曰：『妾有內視之法，雖產子之後，不過三日，充實如故。』靈公歎曰：『寡人雖遇天上神仙，亦只如此矣！』論起靈公淫具，本不及孔、儀二大夫，況帶有暗疾，沒討好處。因他是一國之君，婦人家未免帶三分勢利，不敢嗔嫌，枕席上虛意奉承，靈公遂以為不世之奇遇矣。」

什麼意思？說夏姬有一種保養方法叫做「內視之法」，使用了這個方法，能讓自己的身體永遠像處女一樣。

加上前面的「吸精導氣之法」和「素女采戰之術」，與「內視之法」合稱「夏姬養顏保養術」，後來不幸失傳。

從那之後，陳靈公、孔寧和儀行父有事沒事就往夏姬家裡跑。後來，整個陳國都知道了這回事。於是，陳國人民編了一首流行歌曲來唱，這首流行歌曲後來被收到《詩經 ‧ 陳風》中。

株林

胡為乎株林？

從夏南！

匪適株林，

從夏南！

駕我乘馬，

說於株野。

乘我乘駒，

朝食於株！

什麼意思呢？大致講解一下。

陳靈公哥幾個去株林幹什麼？找夏南。所謂乘馬，指陳靈公的車；所謂乘駒，指孔寧和儀行父的車。夏南是誰？夏姬的兒子夏征舒字子南，又叫夏南。大家不好意思直接說幾個人是去找夏姬，就說成找夏南了。說三個人駕著車到株林去腐敗，常常迫不及待，一大早就趕到株林吃早飯。

自從搭上了夏姬，陳靈公對自己的後宮就沒有什麼興趣了。平常，動不動就往株林跑，常常玩得筋疲力盡之後才回宮。當然，陳靈公閑著的時候，夏姬不閑著，那兩個兄弟會陪她玩。

夏姬的厲害在於，陳靈公哥三個在她身上竟然沒有審美疲勞。一連四年，樂此不疲。四年時間裡，陳靈公把株林當成了自己的家，把夏姬當成了自己的老婆，把夏姬的兒子當成了自己的兒子。至於國家的事情，陳靈公根本沒有興趣。

這樣說來，這個國家豈不是根本沒人管，爛到了極點？

陳國爛到什麼程度，《國語》裡有講，這一段叫做「單子知陳必亡」，也被《古文觀止》收錄。原文可參看《國語》或者《古文觀止》，此處直接用白話解說。

說是那一年周定王派單襄公去宋國聘問，之後借道陳國，去楚國訪問。單襄公在宋國受到熱情接待，以為到了陳國也能受到熱情接待，誰知道到了陳國才發現，這個國家已經腐爛到底了。

按照《周禮》的規矩，同等國家的賓客到達，管邊防的關尹將這個消息報告國君，國君派出特使持著符節前往迎接，邊防軍為賓客引路，卿出郊外慰勞，管城門的門尹要打掃城門，太祝主持祭祀，外交部禮賓司安排賓館，管外交的司徒調集徒役，管交通的司空視察道路，管安保的司寇糾察奸盜，虞人送進木材，甸人堆積柴薪，火師監督火燭，水師監督洗滌，管飲食的膳宰送上熟食，管倉庫的廩人獻上穀物，司馬陳上草料，工師檢查車輛，百官各自將供應賓客的物品送來。要是大國的賓客到達，就按照等次加一等，更加恭敬。至於天子的使臣到達，就均由各部門主管官員主持接待事宜，上卿加以監督。

單襄公是天子的使臣啊，來了就應該吃香的喝辣的。一路上還想呢，弄點什麼陳國特產回去孝敬周王，再弄點什麼回去討好老婆。

單襄公途經陳國的時候，已經是立冬前後，只見道路長滿野草，幾乎不能通行；邊防哨所根本沒人，連屎都已經風乾了，可見很久很久沒有人了；建設部官員也沒有人視察道路。湖泊不修堤岸，河上不架橋樑，田裡亂七八糟堆積著割下來的穀物，農事竟然還沒有結束；開墾過的田地裡，莊稼像茅草一樣稀疏。道路兩旁沒有排列成行的樹木，而周朝的規矩叫做「列樹以表道」，就是在道路兩旁種上樹以表示這是道路。由此可見，最晚在周朝，我國就已經有了道路兩旁種樹的規定了。

穿行過荒郊野外，來到了陳國的首都，找到了陳國外交部。外交部裡基本沒人，有人也在泡妞。按照常規，外交部應該送上活的牲畜作禮品，「不好意思，活的牲畜都被吃掉了，實在要能跑的，我們這裡只有老鼠。」外交部僅有的一個正在泡妞的官員說。

「那，安排一下住的地方啊。」單襄公一看，禮品就免了吧，趕緊找住的地方啊。

「不好意思，國賓館長年失修，除了老鼠，什麼也沒有了。」

沒有國賓館怎麼辦呢？只好自己找民營客棧解決問題了。好在，單襄公的銀子沒少帶。可是，有錢不是萬能的，沒有銀子固然痛苦，有銀子花不出去則更加鬱悶。單襄公找來找去，竟然找不到客棧。

找不到客棧也難不倒單襄公，單襄公決定找個農家樂解決吃住問題。

「大爺，我家大人不在家，不能讓你進來。」農民家裡，只有小孩在家，死活不讓進去。

「你家大人呢？」

「去株林給夏家蓋高尚住宅去了。」小孩回答。

去了幾家，都是同樣的答案。看來，夏家的高尚住宅很高尚，全國人民都動員了。

單襄公這個窩火啊，自己好歹算個中央高級幹部，到了這裡竟然要吃沒吃要喝沒喝要住沒住。

「奶奶個熊，我找你們領導去。」單囊公直接找到陳靈公的宮裡去了。

單襄公來到後宮，有人通報進去，不一會兒，出來兩個宮女。

「陳侯不在，去株林了。」一個宮女說。

單襄公有點傻眼，怎麼來個宮女來對付自己？這也太沒有規矩了。

「你們這裡沒有男人了？」單襄公的意思是，應該男人來接待自己才對。

「嘻嘻，男人都出去泡野妞了，正缺男人呢。大哥，您哪裡來的？要不，進來跟我們樂呵樂呵？」一個宮女淫笑著發出邀請。原來，陳靈公整天不在後宮，後宮的女人們都在想辦法打點野食。

單襄公當時一個激靈，心說不是來到了盤絲洞吧？一開始還有點心動，可是隨後聽見宮裡嘰嘰喳喳，似乎有很多女人要過來，這下單襄公害怕了，這要是進去，怕不折騰死是出不來的。

單襄公扭頭就跑，跳上車，讓御者快走。身後，還聽見宮女喊：「大哥，大哥，跑什麼啊？」

就這樣，單襄公不敢停留，連夜趕路，離開了陳國。

回到雒邑之後，單襄公向周王彙報工作，說到陳國，斷定這個國家一定要滅亡了。

第一〇三章

美女的誘惑

轉眼又過了兩年，陳靈公哥三個明顯衰老了許多，可是，夏姬的容顏一點也沒有變，而床上的功夫卻更加厲害了。

再這麼下去，陳靈公哥三個也要成藥渣了。可是，他們願意，他們心甘情願。

陳靈公不僅為夏家修建了陳國最豪華的高尚住宅，而且愛屋及烏，對夏姬的兒子夏征舒也很好，一步步提拔，到現在夏征舒才十八歲就已經是陳國的卿，主管軍隊了。

想想看，就算夏姬十六歲生夏征舒，如今也已經三十四歲。別的女人到這個年紀，也就是徐娘半老，風韻猶存而已，可是夏姬還在風華正茂。

美女的禮物

那一天，陳靈公從株林回來，不知道哪根筋動，竟然上朝了。陳靈公一個月也不一定上一次朝，所以，每次上朝，基本上沒人來。

這天上朝，只有孔寧和儀行父來了，因為只有這哥倆知道陳靈公的行程安排。

既然沒有外人，哥三個自然而然說起黃段子來了。說著說著黃段子，自然而然就說到夏姬身上了。

「你們猜猜，咱們三人當中，夏姬究竟最愛誰？」陳靈公拋出這麼個問題來。

「還用說，最愛我。」儀行父很有自信。

「吹罷，憑什麼說最愛你？」孔寧不服氣。

「對啊，我還說最愛我呢，你說最愛你，你有什麼證據啊？」陳靈公也不服氣。

儀行父笑了，他沒說什麼，三下五除二脫了衣服，貼身看見一個肚兜。

「看見沒有，夏姬贈送我一個肚兜，說只給我一個人，你們有嗎？」儀行父說得十分得意。

陳靈公還沒有說話，只見孔寧也開始脫衣服，三下兩下之後，只剩下一條內褲，花裡胡哨。

「你那算什麼？看見我這內褲沒有？這是夏姬送給我的。」孔寧更加得意，他這禮物更珍貴些。

儀行父傻眼了。

陳靈公也開始脫衣服，只剩下一身睡衣。

「哪，這是夏姬送給我的，不瞞兩位，這件睡衣，夏姬用了許多年，如今上面都是夏姬的體香，聞起來那個醉人啊，啊！」陳靈公把自己都給說陶醉了。

哥三個就在朝廷上攀比起夏姬贈送的禮物來了，都說自己的好。

哥三個說得正歡的時候，有人來了。

來人名叫泄冶，是陳國的大夫，也不知道哪根筋動，想起來今天上朝，還真就撞上了。

「嗯，運氣不錯，運氣不錯。」泄冶心裡還挺高興。

可是，進到朝堂，泄冶傻眼了。只見眼前三個男人穿著女人的衣服在那裡嘻嘻哈哈，定睛一看，一個是國君，另外兩個是卿。泄冶忍不住了，他是有正義感的人。

「你們這是在幹什麼？流氓啊？我們難道是流氓國家嗎？太不要臉了。公卿公開淫亂，老百姓紛紛效仿，這個國家不是要完蛋了？」泄冶不知哪裡來的勇氣，竟然大罵起來。

孔寧和儀行父看見了，趕緊穿上衣服，溜了出去。儘管職位上他們更高，可是太沒面子了。

陳靈公也穿好衣服，想要發怒，可是找不到發怒的理由，沒辦法，陳靈公認錯了：「我改，我改還不行嗎？」

陳靈公一認錯，泄冶也不好再發火了，於是講了一通色字頭上一把刀之類的道理，走了。

泄冶一走，那哥倆回來了。

「老大，認錯了？以後不去了？」孔寧問。

「你們還去不去？」陳靈公反問。

「我們去，老大放心，以前你幹的活，我們會幫你完成的。」儀行父說。

「嘿嘿，我還是自己去完成吧。」陳靈公怎麼捨得夏姬呢？

三人哈哈大笑。

「老大，這個泄冶很討厭，據說他到處說我們的壞話，還把我們的事編成歌，我看，這人要不得，咔嚓，怎樣？」孔寧提個建議，要殺了泄冶。

「這事別問我，你們想怎樣就怎樣，我只管女人不管男人。」陳靈公基本同意。

兩天之後，孔寧派人假扮強盜，把泄冶給暗殺了。

一場春夢

這一天，陳靈公哥三個忍不住又來到株林。這一次，哥三個搞了個連床大會，三英戰夏姬。

折騰夠了，哥三個摟著夏姬，一邊吃喝，一邊講黃段子起來。

「夏姬，你說實話，征舒高大魁梧，一點也不像夏御叔，他究竟是誰的孩子？」孔寧壞壞地問。

「嗯，孔大夫，你真壞。」夏姬嗲嗲地說。

「我覺得，征舒像行父。」陳靈公說。

「像我？我覺得像老大。」儀行父說。

「哈哈哈哈。」大家都笑了。

「嗯，你們男人真壞。我要是給征舒生個弟弟出來，你們可要認賬啊。」夏姬說。說來也奇怪了，跟這三人混了這麼多年了，竟然沒有生個孩子下來，可見古人的避孕措施還是做得不錯的。

「我一定認，你們也要認啊，一個孩子三個爹，多好啊，哈哈哈哈。」陳靈公大笑，其餘人也跟著笑。

俗話說，隔牆有耳。

夏征舒的父親到底是誰？誰也不知道，他娘或許也不知道。夏征舒小的時候，就看見娘整天跟不同的男人混。有點懂事之後，看見別的男人來，夏征舒就會躲得遠遠的。再大一些之後，做了官，在城裡有了官邸，基本上他就很少回來，眼不見為淨了。

這一天，夏征舒恰好有事回來。到家之後，要先去給母親請安，於是來到母親的屋外。誰知到了門口，就聽見裡面幾個男人在說話。

原本，夏征舒轉頭就要走，可是這時候聽到裡面說自己的名字，於是停下來偷聽，結果就把剛才的一段對話都聽到耳朵裡了。

十八歲啊，正是血氣方剛容易衝動的時候。夏征舒當時怒火中燒，壓抑了許多年的屈辱和憤怒就要爆發出來。

「媽的，老子宰了你們。」夏征舒在瞬間下了決心，一轉身，回自己的臥房去，跨上短刀，提著弓箭，就要來殺人。

一個人能殺三個人？沒問題，那三個都已經快成藥渣了。

屋裡，四個人全然沒有想到危險就在眼前，還在那裡開著淫蕩玩笑。

「嗯，我去撒個尿。」陳靈公說。說完，光著屁股就起來了，推門出去，就要在牆下撒尿。

尿還沒出來，就看見那邊夏征舒氣勢洶洶，滿臉殺氣大步走來。看見陳靈公，夏征舒拔出刀來。

陳靈公不是傻瓜，看這氣勢，就知道大事不妙。大事不妙怎麼辦？跑啊。

陳靈公怪叫一聲，光著屁股，撒腿就跑。夏征舒一看，大喊一聲「哪裡走」，抬腿就追。別說，逃命的人往往跑得快，別看陳靈公快成藥渣了，也別看他光著屁股，生死關頭，跑得賊快，夏征舒竟然追不上他。

可是，人跑得再快，也沒有箭飛得快。陳靈公一路狂奔，逃到了馬廄。身後，夏征舒懶得追了，張弓搭箭，瞄準陳靈公的白屁股，一箭出去，略高了一些，正中陳靈公後心。

「啊！」一聲慘叫，陳靈公就這樣死了，也算是死得其所。

殺了陳靈公，夏征舒提著刀，回頭再來殺孔寧和儀行父。那哥倆當然不會傻到等你來殺，早就跑了。不僅跑了，而且跑得很遠，一直跑到了楚國，因為他們知道，兵權在夏征舒的手裡，既然他殺了陳靈公，就一定不會放過自己的，所以，乾脆跑遠一點。

夏征舒一不做二不休，索性自命為陳侯，做了陳國的國君。

而陳靈公的太子公子午出逃，跑到晉國避難去了。

晉國出兵流產

公子午逃到了晉國，請求晉國出兵，討伐夏征舒。

「公子，這事你要等一等，為什麼要等一等呢？我告訴你。去年，聯合國在扈地召開大會，結果大家都去了，就你爹沒去，只顧跟夏姬鬼混。那次，我本來率軍討伐陳國的，恰好我國晉成公薨了，這才放過了你爹。所以，你爹死有餘辜，沒什麼值得我們為他報仇的，這是其一。其二，我們現在正跟北狄建立友好關係，精力都在這邊，顧不上別的。所以，你要等等，北邊的事情安頓了，自然會幫你奪回君位的。」郤缺把事情說得很清楚，你的事情要管，但不是現在管。

沒辦法，公子午住下來了，等。

基本上，郤缺也並不是忽悠他。第二年上半年，晉國就忙著跟北面的狄國們溝通。最後，除了赤狄，所有的狄國都願意順從晉國。就這樣，赤狄之外的狄都成了晉國的保護國，這為此後晉國吞併北狄打下了基礎。

因此，郤缺在晉國向北擴張的進程中是有很大貢獻的。

另一邊，孔寧和儀行父逃到了楚國。哥倆一通忽悠，把陳靈公幾個跟夏姬淫亂的事情都略過去了，只說夏征舒怎麼狼子野心，殘忍殺害國君，等等。

「大王啊，夏征舒就是陳國的鬥越椒啊，請大王出兵滅了他。」哭哭啼啼，孔寧和儀行父請求楚莊王出兵。

「嗯，你們先歇著，我這裡正要攻打鄭國和宋國呢，打完他們，再商量你們的事情。」楚莊王也沒有當時決定出兵。

沒辦法，孔寧和儀行父也住下來了，等。

基本上，楚莊王也沒有忽悠他們，確實在第二年攻打鄭國和宋國了。鄭國當即投降，簽署了友好條約，宋國怎麼也不投降，楚國奪了幾座城回來算是交代。

到了秋天，有一個國家準備出兵了。哪個國家？晉國。

郤缺搞定了北方，決定出兵陳國，把公子午送回去。公子午高興啊，這下輪到自己當國君了。

可是，人算不如天算。出兵前三天，郤缺死了。於是，出兵泡湯。

郤缺死了，誰來出任中軍帥？

當時的排位是：郤缺、荀林父、士會、先縠、趙朔和欒書。因為欒盾已經死了，兒子欒書接任。那麼，按照這樣的排序，應該是荀林父接任中軍帥。

可是，郤缺的臨終安排是先縠接任中軍帥，又是一個超拔，荀林父又沒戲。這樣的安排，保證了郤趙先的三家聯盟輪流執掌晉國政權。

想法挺好，可是郤缺不是趙盾，晉成公的兒子晉景公比他爹又要強硬得多。所以，事情已經很難按照郤缺的設想去進行了。

「這不是欺負老實人嗎？你以為這個國家是誰的？」晉景公拍桌子了，反正郤缺已經死了，也不用怕他。

晉景公沒管那麼多，當即任命荀林父為中軍帥。不過隨後還是給了郤缺的面子，當然也是顧慮到三家的勢力，因此，先縠跳一級為中軍佐，士會原地不動，依然是上軍帥，郤缺的兒子郤克直接擔任上軍佐，面子給足。趙朔任下軍帥，欒書為下軍佐，都是原地不動。

這樣，晉國權力重新佈局。

美女的處置

同樣是秋天，楚莊王也準備出兵了。

楚國大軍在秋收之後集結，浩浩蕩蕩，向陳國進發。

夏征舒在幹什麼呢？自從佔領了後宮，也跟陳靈公一樣了，整天忙著淫亂去了。沒辦法，在這樣的國家長大，也不會別的。

楚國大軍長驅直入，佔領陳國，楚莊王向陳國人民發出號令：「無驚，吾誅征舒而已。」（《史記》）意思就是：別害怕，我們楚軍只是要討伐夏征舒而已。

陳國人民怕也好不怕也好，反正人人都知道楚軍來了誰也抵擋不住。夏征舒還在宮裡淫樂呢，楚國大軍到了都不知道，哪還跑得了？

夏征舒被五馬分屍，可憐啊。

現在，需要處置兩件事情。

第一件，夏姬怎麼處置？全世界都知道，陳國有今天，就是因為國君跟夏姬亂搞造成的。按照規矩，作為禍國殃民的紅顏禍水，毫無疑問要咔嚓掉。

第二件，陳國怎麼辦？按照當時的規矩，楚國的出兵是為了討伐弒君的夏征舒。那麼，在逆賊被殺之後，應該扶立新的國君。

可是，楚莊王不準備按照慣例進行。

第一件事開始了。

莊王在陳國的朝廷上開庭了，夏姬被押了上來。

鴉雀無聲，因為夏姬的美貌震驚了所有人。

「哎呀媽呀，我要是陳靈公，我也願意為她死啊。」有人這麼想。

「啊，她有三十六了？十八歲吧？」有人這麼想。

夏姬面帶微笑，毫無畏懼，因為她知道，只要是男人，只要是真的男人，沒有人可以抗拒她的魅力。

「嗯，嗯，這個。」楚莊王有點傻眼，咽了咽口水，迅速地轉動著頭腦。原本，他的講話提綱大概是「淫婦誤國，推出砍頭」，可是，現在他的腦子一片混亂，不過，最後他還是厚著臉皮說了他想說的話：

「夏姬，老公死了，兒子也死了，一個多麼可憐的女人，啊，這個，我看，就送回去到我後宮當個妃子吧。」

楚莊王這話說出來，好像夏姬的兒子是被強盜殺死的，而自己是個很有同情心的人。

楚莊王想要這個女人，大家都只好咽口水了，誰敢反對？可是，有人反對。誰？申公屈巫，又叫巫臣。巫臣此人十分聰明，而且見多識廣，頗受楚王的重用。

「大王，這樣不太好啊。您想啊，您親自率領大軍討伐陳國，是為了伸張正義，討伐罪人啊。如今您要是收納了夏姬，那說明您的動機不純，知道的說您是憐香惜玉什麼的，不知道的還不要說您是貪戀美色？那您跟陳靈公還有什麼區別？那您不是成了一個淫亂的國君了？再說了，夏姬是個破鞋啊，多少人穿過？大王，身份哪，您不能撿別人的衣服穿吧？」巫臣一張嘴說出話來毫不客氣，本來楚莊王就有些不好意思，如今被他一說，還怎麼堅持呢？

「那，那就算了吧？」楚莊王萬分不捨，可是又不得不捨。儘管不得不捨，可還是不捨。

捨不捨？就在莊王還有些猶豫的時候，有人發言了。

「大王，這個女人給大王作妃子確實不合適，我看，不如給我做夫人吧。」說話的是子反，又叫公子側，是莊王的弟弟。

楚莊王一看，儘管有些猶豫，還是點點頭，給自己的老弟做老婆，好歹也算肥水不流外人田。

子反高興啊，正要謝恩，巫臣又說話了。

「不行啊，這個女人不能要。你想想，多少人死在她的裙子下面？最早的公子蠻，之後夏御叔，再之後陳靈公，她還連累夏征舒被殺，孔寧、儀行父光著屁股逃到楚國，公子午逃到晉國，還連累陳國滅亡。這樣的女人純粹是天下第一掃帚星啊，誰娶了她誰倒楣，誰全家死光光。啊，這樣的女人你也敢娶？」巫臣這段話說出來，比剛才那一段還要狠。

子反倒吸一口涼氣，美人固然重要，自己這條命也很重要啊。為了愛情而犧牲性命？考慮了一下，子反很庸俗地說：「算了，我退出。」

巫臣鬆了一口氣，可是，他沒有想到的是，他這口氣鬆得太長了一點，以至於還有不要命的搶先說話了。

「大王，這個臭女人給我吧，我老婆剛剛死了，讓他給我當老婆吧。」這話說得很粗，因為說話的就是一個粗人。這個人是連尹襄老，就是連這個地方的尹，名叫襄老。

巫臣沒等楚莊王發話，先說上了。

「老襄啊，你不怕死？你不怕名聲不好？」巫臣問他。

「該死鳥朝天，怕什麼？什麼名聲？我才不要名聲呢。」襄老是什麼都不在乎。

巫臣沒話說了，萬事不可怕，就怕不在乎。

「好吧，夏姬賞給你做老婆了。」楚莊王咬咬牙，把夏姬賞給了連尹襄老。

襄老抱著夏姬走了，巫臣在後面看得牙癢癢。

費了那麼多心思和口舌，巫臣其實就是想自己把夏姬給娶回家的。好不容易說得莊王和子反知難而退了，卻冒出這麼個缺心眼的來搶了。

還是那句話，太聰明的人，往往栽在缺心眼的人手上。

不過，巫臣是一個對愛情執著的人，他不會就這樣罷手的。

第二件事開始了。

「大家看看，陳國現在這個樣子純粹就是無政府狀態，官不像官民不像民，他們需要管啊。我看，既然這樣，乾脆也就不要恢復陳國了，就做我們的一個縣吧，就叫陳縣。啊，大家有沒有意見？」楚莊王決定吞併陳國，其實這是早就預謀好的。

在女人的問題上，大家難免有點想法，在國家的問題上，誰去想啊？

沒有反對的聲音，於是，楚莊王宣佈陳國併入楚國。

「大王英明！」大夫們高聲祝賀。

會議開完，解散。

人剛走完，又有人來了，誰？楚莊王派去出使齊國的申叔時。

申叔時彙報了出使齊國的事情，又問了問討伐陳國的事情，之後沒多說話，拍屁股走人。

「哎，老申，我們吞併了陳國，別的人都紛紛祝賀，你一句話不說就走了，什麼意思？」楚莊王叫住申叔時，他有些不高興了。

「可以辯解一下吧？」

「說吧。」

「大王討伐陳國，是因為夏征舒有罪。如今殺了夏征舒，那是大王伸張正義啊。我聽說啊，如果一個人牽著牛踐踏了你的田地，而你因此搶了他的牛，那就是你的不對了。他踐踏你的田地固然不對，你搶走他的牛也太過分了。如今為了陳國殺了夏征舒，卻把陳國給滅了，怎麼能說得過去呢？」原來，申叔時反對吞併陳國。

楚莊王想了一陣，想明白了。要想占個小便宜，那就吞併了陳國；可是，要想稱霸，就不能這麼做，就要給全世界諸侯做個樣子。

「好，我聽你的。」楚莊王決定了。

楚莊王命令孔寧和儀行父擔任陳國的卿，負責把公子午從晉國請回來。儘管晉國覺得在楚國討伐陳國這件事情上很沒有面子，對於公子午回去擔任陳國國君還是很樂意接受的，畢竟公子午是在晉國避難的。

就這樣，公子午在晉國避難，卻被楚國人接回了陳國繼位，就是陳成公。

不過，楚莊王也並沒有空手而歸，他從陳國每鄉抽一個人，集中到現在的漢陽地區，稱之為夏，意思是這裡是夏朝人的後代。後來此處為江夏、夏口，就是源於此。

第一〇四章

楚莊王的陷阱

討伐陳國，對於楚莊王來說，最重要的目的實際上是要進一步試探晉國的反應。對於晉國的權力鬥爭，楚莊王一清二楚，他知道，現在是到了跟晉國人算總賬的時候了。

第二年，也就是楚莊王十七年（前 597 年），楚莊王下令討伐鄭國，因為鄭國又跟晉國混在了一起。

楚國全軍出動。這一次，楚莊王的目的絕不僅僅是鄭國，或者說，根本就不是鄭國。

比耐心

楚軍在一月開始進攻鄭國，鄭國則立即向晉國求援。

戰爭開始了嗎？不，戰爭並沒有開始。什麼開始了？比耐心開始了。

楚軍一路秋毫無犯，直接包圍了滎陽。但是，楚國人並不攻城。

「大王，為什麼不攻城？」伍參私下裡問。

伍參是誰？

嬖人伍參，就是那個給楚莊王講鳥謎語的人。這麼多年以來，他儘管級別不高，但是地位不低，楚莊王一直很信任他，去哪裡都帶著他。

「因為我們要等晉國人來。」莊王輕輕地說。

伍參是個聰明人，他沒有再問，他知道，很長時間以來，莊王都在研究城濮大戰的戰例。毫無疑問，莊王要用晉國人的方法來對付晉國人。

「鄭國人，千萬別投降啊。」楚莊王自言自語。

圍城打援，這是楚莊王的發明。

絳，中軍元帥府。

荀林父雖然最終成為中軍帥，但是他明白，自己在晉國政壇上還是勢單力孤。如今鄭國來求援，情理上說是應該立即出兵的。但是出兵容易，打起來就很難說勝負了。如果戰敗呢？連趙盾和郤缺都不去碰楚國人，憑什麼自己要當這個冤大頭？

但是，如果拒絕出兵呢？拒絕出兵又會給政敵留下口實。

想來想去，荀林父想到一個辦法。

「回去告訴你們國君，請他無論如何頂住，我們很快就來。」荀林父打發了鄭國特使，然後開始拖延時間。

在心裡，荀林父希望鄭國趕緊投降。

好奇怪的一場戰爭。

鄭國人顯然沒有能夠捉摸透兩個大國的想法，他們還傻乎乎地等晉國人來支援呢。

眼看都城被包圍了十七天了，晉國人的影子都沒有看到，鄭國人有點急了。

「我看，投降吧。」鄭襄公的哥哥，上卿子良建議。按照子良的理論，「晉楚無信，我安得有信」（《左傳》）。意思就是：晉國和楚國都沒什麼信用可言，我們講什麼信用？誰來我們就投降誰好了。

鄭襄公有點猶豫，他不大甘心，誰來誰強姦的日子令他厭煩了，他很期望當一回烈女。最後他想起一個辦法來。什麼辦法？占卜。占卜的結果是投降不吉利。

「那就戰鬥到底吧。」鄭襄公決定了，於是命令每條街巷都準備一輛戰車以示決戰到底，然後到祖廟中號哭，以示要以死來捍衛祖先的榮譽。於是，整個鄭國都城哭聲一片，連守城的將士們也都號哭起來。

楚軍一看，怎麼鄭國人全都哭起來了？是國君死了？還是要出來跟我們拚命？

「全軍後撤三十里下寨。」楚莊王下令，無論是哪種情況，都應該撤軍。

按照規矩，對方的國君死了，就應該停止進攻，這才符合戰爭的道德。所以，如果鄭襄公死了，楚軍應該後撤。而如果鄭國人出來拼命，也就意味著要一戰定勝負，那麼晉國人就不會來了。所以，如果對方是要拼命，楚軍也應該避免。

楚軍後撤了，這下輪到鄭國人困惑了。

怎麼我們哭了一頓，楚國人就後撤了？鄭國人分析了半天也沒分析出個所以然來，最後只能認為是祖先顯靈，嚇退了楚國人。

「立即修補城牆，抵抗楚國人。」鄭襄公陡然間有了信心，準備堅持到底。

可是，鄭襄公不知道，楚國人正希望他堅持下去。

等鄭國人修好了城牆，楚國人再次包圍鄭國都城。

楚國不攻，鄭國不降，晉國不救。

絕妙的國家，絕妙的戰爭。

這場戰爭的第一個關鍵字就叫做耐心。

鄭國的使者和晉國、楚國兩國的間諜走馬燈一樣穿梭在鄭國和晉國之間，鄭國使者每次在晉國得到的答覆都是一樣的：堅持就是勝利，頂住，我們很快就出兵去救你們。

然而，盼星星盼月亮，就是盼不來晉國的救兵。

而晉國和楚國的間諜在探聽不同的消息，晉國間諜探聽的是鄭國投降沒有，楚國間諜則探聽晉國出兵沒有。後來兩國間諜走的次數多了，在路上遇上的次數也就多了，最後成了熟人，進一步成了朋友。

「喂，你們出兵沒有？」

「沒有，鄭國人投降沒有？」

「沒有呢。」

楚國和晉國的間諜在鄭國邊境上遇上，索性互相打探消息，然後折返回去，大家都省事了。

這叫什麼戰爭？

又見肉袒

人的耐心是有限度的，每個人都一樣。

轉眼三個月過去了，從春天走到了夏天。

滎陽城外，臭氣熏天，楚軍的糞便已經漫山遍野了；滎陽城裡，也是臭氣熏天，鄭國人民的糞便堆積了大街小巷。

楚軍的給養已經發生了困難，糧食已經不多了；而鄭國軍民更慘一些，糧食和用水都發生了危機。

三個月啊，人都要瘋掉了。

終於有一天，人的耐心到了極限。

「他奶奶的，晉國人真能忍啊，老子服了還不行嗎？傳令，明日攻城。」楚莊王忍不住了，決定不等了，立即攻城，征服鄭國之後回國。

城裡，同一天，發生了同樣的事情。

「他娘的，晉國人看來是不會來了，老子投降還不行嗎？」鄭襄公決定投降。

其實，在同一天，晉國也發生了同樣的事情。

「他大爺的，楚國人真能扛啊，鄭國人真能扛啊，老子出兵還不行嗎？」荀林父宣佈出兵了，再不出兵，晉景公不幹了，郤先趙三家就要借機扳倒他了。

從耐心的角度說，晉國、楚國和鄭國打了個平手。

第二天，楚軍準備攻城。正要擂鼓進攻，滎陽大門打開了，城頭上擺出兩個大字：投降。

好了，不用打了。

楚莊王率領楚軍進城了，他甚至根本就沒有懷疑對方詐降，他已經有些麻木了。

楚莊王從皇門進入滎陽，一條大道直通鄭國朝廷。只見大道上一個人裸露上身，一身肥嫩的白肉在陽光下十分刺眼，此人不是別人，正是鄭襄公。鄭襄公半裸，手牽一隻羊，緩緩走來。

還記得許僖公的肉袒嗎？鄭襄公給學來了。

楚莊王一看，當時就笑了：肉袒？聽說過，沒見過，今天見到了。

來到近前，鄭襄公跪在楚莊王的面前，開始說話了：「大王，我知道錯了。我沒有按照老天爺的意思事奉大王，讓大王您生氣了。如今大王攻打我國，都是我們的罪過啊。即便大王把我帶到南海之濱種地，把鄭國的土地分給諸侯，把我的老婆給您的部下做小老婆，我也毫無怨言。但是，如果大王能夠看在歷代祖先的面子上，能夠顧念兩國的友好歷史，給我們一個改正錯誤的機會，讓我們不至於滅亡，我保證今後忠心不貳，就像楚國的縣一樣事奉大王，對大王的恩惠永世不忘。這是我的心願，但是不敢對此有所指望，請大王定奪。」

鄭襄公的聲音有些低沉，話有些卑微，但是並不卑鄙，不卑不亢說不上了，但是表情還是很自然，這顯示他實際上還是很有骨氣、很有主見的人。

楚莊王有些喜歡上他了，他覺得鄭襄公是一個好君主，而且他挺到今天才投降，確實夠配合的了。

「大王，不要聽他的，別放過他們。」身邊的人勸楚莊王。

「不，鄭國國君謙恭有禮，必然能夠得到百姓的信任，這樣的國君，我們為什麼不能放過他呢？」出乎人們的意料，楚莊王放過了鄭國。

鄭襄公有些愕然，他想不到楚莊王這樣輕易地就放過了自己。

「傳令，大軍後撤三十里紮營，不得騷擾鄭國軍民。」楚莊王下令撤軍，然後對鄭襄公說：「賢侯請起，這事情不怪你，我在楚軍大營等鄭國使者過來結盟。」

楚莊王走了，鄭襄公眼含熱淚，他感動啊。

「名不虛傳啊，楚王比晉國人夠意思多了。」鄭襄公的淚水忍不住還是掉了下來。

於是，楚國與鄭國結盟，楚國派潘尪進城遞交盟書，而鄭國派鄭襄公的哥哥子良前往楚國做人質。

由於楚軍僅僅是包圍了滎陽，而對其他地方秋毫無犯，因此鄭國的春耕損失不大。

儘管鄭國歸順了，但楚莊王並不是太高興，因為他認為自己比耐心比輸了。

「文化底蘊哪，還是晉國比較厚啊，他們的耐心怎麼就那麼好呢？」楚莊王感慨。

出兵三個多月，如果就這麼回去了，豈不是很沒有面子？莊王有點鬱悶，怎麼辦呢？孫叔敖給出了個主意：「大王，咱們不妨再向北走走，到黃河邊上，飲飲馬，蓋個廟什麼的，也算向對面的晉國人示個威，那不是也很有面子？」

楚莊王想想，到這時候了，也只有這樣了。

於是，楚軍休整三天之後，班師向北。

還沒動身呢，派往晉國的間諜回來報告了：「大王，晉國軍隊出動了。」

楚莊王吃了一驚，算算日子，笑了：「他奶奶的，晉國人的耐心也不比老子強啊。」

「再探再報。」楚莊王下令，一面按照既定計劃向北。

等楚軍來到郔這個地方的時候，探馬回報：「晉軍已經渡過黃河，進入鄭國境內。」

「啊，這麼快？」楚莊王大吃一驚，他想不到晉國人竟然這樣神速，難道他們已經下定了與楚軍決戰的決心？

到這個時候，莊王有些猶豫了。

我們來看看晉國人，他們真的做好準備了嗎？

窩囊的荀林父

如果早知道鄭國已經投降了楚國，荀林父是無論如何也不會出兵的。

三軍出動，三軍帥佐分別是：中軍荀林父和先縠，上軍士會和郤克，下軍趙朔和欒書。三軍大夫分別是：中軍趙括和趙嬰齊，上軍鞏朔和韓穿，下軍荀首和趙同。行軍司馬依然是韓厥。

晉國大軍由荀林父統領，一路南下，來到黃河邊，對面就是鄭國。就在這個時候，對面劃過來一條小船，晉國的間諜回來報告了。

「報告主帥，楚軍已經攻破滎陽，楚鄭兩國簽署了和平協定，楚國派潘尪與鄭國結盟，鄭國派子良去楚國做人質了。」間諜把最近的情報彙報給了荀林父。

荀林父急忙召集三軍高級將領，通報了情況，然後說：「本來我們是來救鄭國的，現在戰爭已經結束了，咱們再去，就成了攻打鄭國了，還去幹啥？再說，咱們原來是來跟楚國打的，如果楚國走了，咱們再去，不是很沒面子？」

荀林父的意思，回家去吧。

士會第一個表示擁護，因為他知道以目前的狀況，根本沒有可能與楚軍對抗。

「各位，楚國很強大，楚王很英明，楚軍很勇猛。他們討伐鄭國，是因為鄭國背叛他們，如今鄭國順從了，他們就寬恕鄭國，這是很有大國風範的。我聽說楚國在楚莊王的英明領導下，在以孫叔敖為首的大臣們的全力治理下，如今已經國強民富、文明發達了，不再是從前那個不知禮節的蠻子國家了。所以，對這樣的國家，能不和他們開戰就不開戰吧。」士會說的道理儘管有些大，卻是事實。

對於荀林父，不服氣的人很多，但是對於士會，所有人都很尊重。所以，士會附和之後，大家都沒有說話。基本上，就算達成了撤軍的共識。

荀林父正要宣佈撤軍，有人說話了，荀林父最擔心的那個人說話了。

「不行，晉國之所以能稱霸天下，就是因為我們能打，誰也打不過我們。如果眼看鄭國被征服卻不去救援他們，敵人就在對岸卻不去擊敗他們，這是男人嗎？我們作為統帥的，如果這樣畏敵如虎，還不如一頭撞死算了。要走，你們走，我不走。」先縠大著嗓門說話，他一向就瞧不起荀林父，見他要撤軍，更是不把他放在眼裡。

「這個。」荀林父確實有些弱了，這要是換了當年先軫做元帥，直接把先縠推出去了。就算是後來趙盾和郤缺做元帥，也決不會允許有人這樣放肆。可是，荀林父竟然無可奈何。

「再議吧，先駐紮下來。」這就是荀林父的決策。

大家哄然而散，士會暗自歎了一口氣。

當天下午，出大事了。

中軍佐先縠竟然率領自己那部分兵力渡河了，等到荀林父知道的時候，已經渡了大半過去。荀林父急忙去阻止，誰聽他的？

太沒面子，太沒面子了。

違抗軍令，擅自行動，是什麼罪？死罪。

可是，荀林父根本沒有這種魄力，他甚至連殺一個普通軍官以阻止渡河的膽量都沒有。

眼看著先縠的部隊渡過了黃河，荀林父垂頭喪氣，其他人都在看熱鬧。這一回，連士會都沒有說話。

但是，還是有一個人站出來幫助荀林父，那就是下軍大夫荀首。整個晉軍，跟荀林父最鐵的就是荀首了。為什麼？不為什麼，因為荀首是荀林父的親弟弟。

「主帥，先縠違抗軍令，擅自行動，他這樣必然被楚國人擊敗，就算他僥倖逃回來，也是死罪。讓他去，我們按計劃撤軍吧。」荀首站出來為荀林父鳴不平。

荀林父沒有說話，他沒有做出這個決定的膽略。

司馬韓厥走了過來，儘管他與先郤趙三家也是同黨，不過他要厚道得多，看熱鬧歸看熱鬧，他還在想辦法。

「主帥，先縠的隊伍要是被擊敗了，您難道沒有責任？軍隊不聽號令，您難道沒有責任？事情到了這個地步，我看不如三軍渡河算了，就算戰敗，也是大家來分擔責任啊。與其您一個人承擔責任，不如六卿一塊分擔，不是更好？」韓厥的建議就是大家跟著先縠渡河。

韓厥，這個鐵面無私的司馬這個時候也不說先縠違抗軍令了。

與權力鬥爭相比，軍令算個屁。

回想起來，當初韓厥處斬趙盾的御者，那不過就是一場秀。

「那，那，大家渡河吧。」荀林父無可奈何地下令。

這個主帥，真的很窩囊。

就這樣，晉國三軍渡河了。

楚國人也在爭吵

就在晉國人為打還是不打而爭吵的時候，楚國人其實也分成了戰與不戰的兩派。

楚軍現在的人員佈置是，莊王親自領軍，令尹孫叔敖為軍師。中軍由虞邱為主帥，左軍由子重也就是公子嬰齊為主帥，右軍由子反也就是公子側為主帥。

提醒一下，從前，楚國三軍都是鬥家的人在統領，而現在，都是王室的人在統領。由此可知，楚莊王為什麼要殺鬥越椒。

楚莊王原本的目標就是要與晉國人決戰，可是，事到臨頭，他又很猶豫。這一點，就像當初晉文公在與楚國交戰之前的心理一樣。

「大王，鄭國已經降順，我們的目的已經達到，撤吧。」孫叔敖建議。

「那，那就撤吧。」看上去，楚莊王有些猶豫。

「大王，不能撤啊。晉國人來了，咱們就撤，那不是示弱嗎？」巫臣反對。

「那，那不撤？」楚莊王看上去好像拿不定主意。

在場的分成了兩派，孫叔敖和虞邱主張撤軍，子重、子反等將軍反對撤軍。基本上還是那個路子，文官主和，武將主戰。問題是，誰也不能說服誰。

莊王看在眼裡，心裡有數。可是，他不願意這麼快就表態。

「參，你看呢？到底是撤，還是不撤呢？」楚莊王猛然間看見身邊的伍參，於是問他。

見楚莊王問自己，伍參忍住了沒有笑出來，心說你真是揣著明白裝糊塗。伍參比所有人都瞭解莊王，他知道莊王想要自己說什麼。

「大王，我看，不能撤。晉國新任主帥是荀林父，這個人很懦，而先郤趙三家勢力強大，根本不尿他這一壺，其中先穀更是不把他放在眼裡，晉軍指揮不靈，軍令混亂。這樣的軍隊，怕他們幹什麼？何況，大王您是一國之主，對方不過是個中軍元帥，我們怎麼能躲避他們呢？」伍參的話說得很有道理，大家都覺得奇怪，怎麼這麼個嬖人這麼有才呢？

其實沒有什麼好奇怪的，一來伍參是個人才，二來，關於晉國的情報，楚莊王知道的他基本上也知道，所以倒比將軍們看得更清楚。

別人沒話可說了，孫叔敖臉上有點掛不住了，自己一個堂堂令尹竟然不如一個小小嬖人的話令人信服，沒面子啊。嬖人是什麼？不就是個專業拍馬屁的嗎？

「伍參，這是國家大事，你懂得什麼？要是萬一不能戰勝晉國，恐怕你的肉都不夠大家吃的。」基本上，孫叔敖是在威脅伍參，潛臺詞就是：如果打輸了，把你扒皮剔骨給大家做肉末茄子。

「嘿嘿，要是我們打敗了，只怕我已經被晉國人砍了，我的肉也輪不到你吃了；可是，如果勝了呢？是不是說明你缺少謀略？」伍參竟然不接受威脅。

大家都有些吃驚，伍參竟然這樣跟孫叔敖說話，是不是過分了點？

「向北進軍。」楚莊王下令。

聰明一點的人都已經看出奧妙來了。

第一〇五章
大戰前戲

每個人有每個人的心眼，每個國家也有每個國家的想法。

晉國人是主帥不想打，可是有人想打；想打的也未必就是真的想打，他們真正想的是要跟主帥過不去。楚國人是有人想打有人不想打，楚莊王想不想打沒人知道，基本上是表面上不想打，實際上卻在向北進發。

那麼，鄭國人呢？

苦大仇深的鄭國人認為機會來了。什麼機會？報復的機會。就像一個弱女子總是被老張和老李強姦，現在弱女子終於等到老張和老李火拼的機會了。「該死的，讓你們打，讓你們兩敗俱傷。」基本上，這就是鄭國人現在的想法。

兩頭忽悠

基於以上想法，鄭襄公分別派了公子偃和皇戌去楚軍和晉軍。去幹什麼？煽風點火，或者叫忽悠。

公子偃來到了楚軍大營，求見楚莊王。

「大王啊，求求您一定要打敗晉國啊，否則你們一走，晉國人又要包圍我們了。你們圍了三個月，要是再讓晉國人圍三個月，我們恐怕就變乾屍了。」公子偃忽悠楚莊王，順便拍了一頓馬屁。

楚莊王笑了，他知道鄭國人的算盤。

「你放心吧，我們不會拋棄鄭國的。」楚莊王表態。

公子偃也笑了，他高高興興回去彙報了。

就在公子偃去楚軍大營的同時，皇戌也到了晉軍大營。

晉軍中軍帳裡亂糟糟一團，什麼人都可以進進出出。

「荀元帥，鄭國投降楚國實在是迫不得已啊，我們在內心還是向著晉國的。我們盼星星盼月亮總算是把你們給盼來了，你們可不要輕易放走楚國鬼子啊。」皇戌先套了一把近乎，順便把鄭國投降的責任推掉。

「那，據你所知，楚國那邊的情況怎麼樣？」荀林父問他。

「這麼說吧，戰勝了我們，楚國人很驕傲，得意忘形了；出兵三個多月，楚國士兵都想回家了，所以呢，士氣很低落。這樣的軍隊，那簡直就是豆腐渣軍隊啊，只要晉國軍隊進攻，他們不潰敗的話，我把自己的這個皇字倒過來寫。等到楚軍一潰敗，我們鄭國軍隊從後截擊，哈哈，看他們往哪裡跑？」皇戌繼續忽悠。

荀林父點點頭，儘管不想打仗，他還是覺得皇戌的話有些道理。

先縠興奮起來，似乎楚國人已經束手就擒。

「是到了一舉擊敗楚國人，拯救鄭國兄弟的時候了，幹掉楚國人。」先縠握著拳頭說，恨不能立即就出發。

欒書瞪了他一眼，心說這個蠢貨，鄭國人顯然是來忽悠我們的，連這都看不出來，打什麼仗？

「事情怕是沒有你想的那麼簡單，自從楚王任用孫叔敖以來，楚國已經發生翻天覆地的變化了。在楚國戰勝庸國之後，楚王就經常告誡自己國家還很貧窮，戰爭隨時會降臨。他們還用祖先的事蹟來進行愛國主義教育，隨時提高警惕。所以，說他們驕傲是沒有道理的。狐偃曾經說過：師出有名則理直氣壯，無名則理屈氣衰。我們比楚國人更有理由出兵嗎？我聽說楚王很勤勉，他把自己的衛隊分成東西兩廣，每天全天防備，以防意外，他們怎麼會懈怠呢？鄭國人來說這些，無非就是希望挑起戰爭，他們好投靠勝者。」欒書算是看得很清楚了，儘管他也不願意得罪先郤趙三家聯盟，此時此刻，還是忍不住要說句明白話。

先縠有些意外，他沒有想到欒書竟然敢跟自己做對。他正要呵斥欒書，趙括先說話了。

「老欒，你這不是長他人志氣，滅自己威風嗎？國家養我們幹什麼？不就是為國征戰嗎？強敵在前，怎麼能夠後退呢？我們支持先縠，就算為國犧牲，我們也在所不辭。」

「說大話誰不會說？但是凡事要先從國家利益的角度出發吧？」荀

首反駁趙括。

「哎，荀二，你是男人嗎？你怎麼畏敵如虎呢？」趙同說話也不客氣，他們說話都是指名道姓，明顯盛氣淩人。

「不過我覺得，欒書說得也有道理。」趙朔說話了，趙朔的性格不大像他父親，倒更像趙衰，他不像其他趙家人那麼囂張，說話要客觀得多。

晉國的將軍們一通爭吵，不了了之。

皇戌搖搖頭，告辭回去了。

「俗話說，不怕殺錯人，就怕站錯隊。兩位，趕緊分析下，這晉楚兩國到底會不會打，如果打，誰勝誰敗。事關國家存亡啊，要是分析得不準，站錯了隊，到時候再玩肉袒可就不靈了。」鄭襄公對公子偃和皇戌說，忽悠完了，現在又面臨站隊的問題。

公子偃和皇戌對視一眼，公子偃說：「那我先說吧，楚國人肯定是要打的。理由很簡單，令尹孫叔敖說不打，嬖人伍參說打，楚王就聽了嬖人伍參的話，明擺著嬖人伍參是在替楚王說話的。」

鄭襄公點點頭，表示同意。

「晉國人有想打的，有不想打的，主帥說話都不算數，進也不是，退也不是。不打，算他們好彩；如果打，一觸即潰。」皇戌說。對於晉國的權力鬥爭，他聽說過，但是看到之後才發現比自己想像的還要厲害。

「這麼說，我們要堅定地站在楚國一邊了？」鄭襄公問。

「不是堅定，是無比堅定。」公子偃說。皇戌點頭支持。

「那好，你去楚軍大營，請求出兵與楚軍協同作戰。」鄭襄公做出了決定。

是鄭國人太勢利了嗎？不是，是晉國人讓鄭國人太失望。

自古以來，對於一個大國來說，如果小國紛紛背叛自己，那就應當反思自己是不是權力鬥爭太過分了。

莊王繼續作秀

晉楚兩軍在滎陽以北形成對峙，晉軍駐紮在敖、鄗兩山之間（今滎陽北）。三軍各自紮營，荀林父也沒有辦法。是進是退，沒有定論。

楚軍在南面紮營，三軍相連，號令統一。

公子偃前來，找到楚莊王，主動要求協同楚軍作戰，並且將皇戌在晉軍中的所見所聞一一作了彙報。當然，公子偃不傻，他當然不說皇戌是去忽悠晉國人進攻楚國人，而說成是皇戌去勸晉國人撤軍。

「不必了，你們被圍三個月，很多事情等著要做呢，我怎麼忍心再勞煩你們？」楚莊王婉拒了，把公子偃感動得幾乎流出淚來。

公子偃回去把情況一彙報，鄭襄公也感動得差點落淚了。

「人家這麼誠心對待我們，我們還忽悠人家，不應該啊。」鄭襄公感慨。

送走了公子偃，楚莊王心裡更有底了。可是，他也知道，晉軍不是吃素的，要做到萬無一失，還需要更多的準備。

「召開前敵會議。」楚莊王召集三軍將領，繼續按照自己的思路進行佈置。

一眾將領到齊，楚莊王並沒有告訴他們鄭國請求協同作戰的事情。

「各位，如今楚晉兩軍劍拔弩張，大戰就在眼前。不過，昨晚我夢見了成得臣，他告訴我說晉軍十分勇猛，勸我不要跟晉國人作對，因為我們永遠也不能戰勝晉國人。我想，乾脆我們趁著他們還沒有發起進攻，今晚上撤退回去，不知道大家怎麼看？」莊王上來這麼一段，大家都給聽愣了。

「大王，三軍將士憋足了勁要和晉國人大戰一場，怎麼能逃？」子反第一個反對，不等別人說話，先吼了起來。

「哎，我也知道你們不服氣。想想當年成得臣，那也是百戰百勝的名將，可是遇上晉國人，不也被打得滿地找牙？如今，先軫、魏犨等人雖然不在了，可是他們的後人還在啊。我看，還是撤軍吧。」莊王還是堅持撤軍。

「大王，我們願與晉國人血戰到底。」大夫熊負羈挺身出來，反對撤退。

「令尹，你看呢？」莊王故意問孫叔敖。

「我覺得，撤軍為上。」孫叔敖回答。

孫叔敖話音剛落，只見三軍將領呼啦啦站起來十多個人。

「大王，我們請求與晉國人決一死戰，報仇雪恥！」大家群情激奮起來，對於先軫、魏犨，大家是認同的，可是對他們的後人，大家不屑一顧。

「這個……」楚莊王猶豫起來，似乎拿不定主意。

伍參在一旁看得想笑，他知道該自己主動出場了，這一次不能再讓莊王點自己的名字了。

「大王，我想說兩句。」伍參提出請求。

楚莊王也差點笑出來，他用讚賞的眼神看看伍參，心說這小子太醒目了，做個嬖人太可惜了，回去要提拔他了。

「你說。」

「大王，依我看，大家鬥志昂揚，就這麼撤了，真是太對不起大家。我看，不如咱們先派人去到晉國那邊提出一個和平建議。他們要是答應了，咱們也不吃虧。他們要是不答應，那時候正義的一方是我們，咱們再跟他們決戰，到時候就拜託各位將軍了。」伍參的主意算是個折中。

「那好，蔡鳩居，你去一趟晉國人那裡，請求和平解決。」莊王決定了，將軍們還在憤憤不平。

第一次和平談判

晉軍大營。

幾天來，三軍將領們備戰的時間不多，主要的事情是在爭論該打還是該和，爭論到現在都沒有結論。

這一天爭論還在繼續，正爭得面紅耳赤，楚國特使蔡鳩居到了。

「哎，先聽聽楚國人怎麼說。」晉國人暫時不爭了，大家都想看看楚國人想幹什麼，是下戰書？還是求和？

我們來聽聽蔡鳩居怎麼說。

「寡君少遭閔凶，不能文。聞二先君之出入此行也，將鄭是訓定，豈敢求罪于晉？二三子無淹久。」蔡鳩居的話顯然是楚莊王教給他的，軟中帶硬，不卑不亢。什麼意思呢？大意如此：我們大王從小遭遇憂患，不太善於辭令。從前我們的先王成王和穆王來往途經這裡，都是為了教訓和安定鄭國而已，我們大王這次來也是這個意思，怎麼敢得罪晉國呢？各位，請回去吧。

從軟的角度說，楚國人是主動來表示善意的；從硬的角度說，楚國人是要晉國人回去，也就是說，晉國人沒有任何收穫。

荀林父一時不知道怎樣回答。就這麼回去吧，太沒面子；拒絕吧，那就等於宣戰，又不是自己的本意。

「當年周王曾經對我們先君晉文公說過，讓我們和鄭國一同輔佐王室，如今鄭國背抗王命，不跟晉國親近，我們國君命令我們前來質問鄭國，怎麼敢勞駕你呢？謹此拜謝楚王的命令。」士會說話了，既客氣，也沒有示弱。

說來說去，楚國和晉國都沒有錯，錯的就是鄭國。

弱小就要挨打，而且還要背黑鍋。試想一下，如果這個場合鄭國人也在，就該鄭國人轉圈賠禮道歉了。「我們有罪，我們有罪，都怪我們自己做得不好，才害得你們來教訓我們，我們是壞人，我們是壞人。」

基本上，士會的意思跟楚國人的意思一樣：我們是來教訓鄭國人的，不想跟楚國人作對。至於撤不撤軍，沒說。

荀林父對這個回答很滿意，從外交的角度說，楚國和晉國的話都是廢話，但是，至少表達了雙方的善意，這為進一步的接觸打下了基礎。

蔡鳩居沒有說更多的話，他沒有得到授權，事實上他也不知道該說什麼。所以，他告辭之後出來了。

剛才先穀之所以沒有說話，是因為他沒想好該說什麼，並不等於他贊同士會的話，實際上他非常不同意士會的話。看見楚國使者走了，他把趙括拉到了一邊。

「兄弟，士會簡直就是軟蛋，喪權辱國。你追上楚國使者，表達我們的嚴正立場。」趙括急忙追出去了。

蔡鳩居還沒有上車，後面趙括追了上來。

「嘿，楚國來的，等等。」趙括大步追上來，說話一點也不客氣。

蔡鳩居轉過身來，看看是什麼人這麼粗魯。

「你誰啊？什麼事？」蔡鳩居問，說話也不客氣。

「我趙括，告訴你，剛才士會的話不恰當，我代表晉國三軍來警告你們，我們晉國軍隊來，就是要把你們趕出鄭國去，聽見了沒？告訴你們國君，識相的趕緊自己走。」趙括把自己提升為晉軍的發言人了，不管三七二十一，直接最後通牒了。

蔡鳩居一聽，你是個什麼鳥啊？你就代表晉國三軍了。本來想直接頂回去的，想想來的時候莊王叮囑過不要多說話，忍住了，轉頭上車，回楚軍大營了。

第二次和平談判

楚軍大營。

蔡鳩居把出使的情況一五一十作了彙報，一個字也沒有漏，甚至連晉國人的語氣和表情都儘量模仿回來了。

「該死的晉國人，給臉不要臉，跟他們打。」大家聽完之後，都義憤填膺。

「大家不要急，趙括是個什麼東西？他怎麼能代表晉軍？我看，士會的話才是他們的官方答覆。」出人意料的是，莊王並不生氣。

「可是，士會的話都是廢話啊，倒是撤還是不撤，他沒表態啊。」子重說話了，他對士會的答覆也不滿意。

「不能這麼說，我們平白無故讓人家撤軍，人家怎麼有面子呢？這樣吧，蔡鳩居，還是你去一趟，跟他們商量商量，看看他們需要什麼條件才肯撤軍，啊，別跟他們爭吵啊。」楚莊王又派蔡鳩居去了。大家一看，大王這簡直是仁至義盡啊。

「我們大王對他們的臣子都這樣謙虛，都這麼客氣，如果他們再提什麼無理要求，我們就不答應。」將領們議論紛紛，他們已經很憤怒了。

蔡鳩居又來到了晉軍大營。

「各位，我們大王說了，你們撤軍有什麼要求，可以提出來。」蔡鳩居開門見山，連外交語言都省了。

「嗯。」荀林父首先吃了一驚，他驚訝于楚莊王的通情達理，這樣的國君平生還第一次見到，打仗還要給對方留臺階的。在那一瞬間，他甚至有些感動。

「士會，楚王這樣仁義，士會，你說說吧。」荀林父又把皮球踢給了士會。這麼多人當中，從人品和能力的角度來說，他也只能信得過士會了。

「我看，不如讓鄭國國君派使者過來，我們再和鄭國結盟，也讓鄭國派一個公子到晉國為人質，這樣我們就很有面子了，就可以撤軍了。」士會的提議很現實，也很可行。

現在，士會把球踢還給了楚國人。

蔡鳩居沒有說話，不過他心中還是很佩服士會。

可是，總有蠢貨以為把球握在手裡會更爽一些。

「不行，這是楚國人不把我們放在眼裡，憑什麼他們給咱們劃出道來？他們先撤軍，然後再談。」先縠非常強硬，這一次他要當即表達意見了，他不想再像一個小偷一樣派人去追楚國使者。

「我覺得可以了，人家楚國是國君啊，主動來和我們和談，我們還有什麼可說的？」荀首表態支持士會。

「不行，就這樣回去了，楚國人會瞧不起我們的。」郤克支持先縠。

晉軍將領們開始爭吵起來，荀林父幾次大聲制止，沒人理他。

眼看爭吵了半個時辰了，依然沒有結果。如果不是有人來緊急報告楚軍動態，這場爭吵不知道要到什麼時候才能結束了。

楚軍什麼動態？楚軍來挑戰了。

不是在和談嗎？怎麼楚軍又來挑戰？楚莊王出爾反爾了？

第一次交鋒

蔡鳩居前腳去了晉軍大營，楚軍將領們就開始議論紛紛，大家一致認為，這一趟蔡鳩居過去，晉國人一定會提出跟鄭國結盟以及鄭國派公子去晉國做人質的條件，而這個條件是楚莊王無法拒絕的。到時候，兩國軍隊各自撤退，晉國人今後一定會笑話楚國人。

「奶奶的，就這麼回去了，晉國人一定瞧不起我們。不行，就算不打，也要讓晉國人見識見識我們的手段。」樂伯是楚軍中的勇士，對晉國軍隊一向就不服氣，本來憋著勁要跟晉國人見個高低，如今看見和平在望，失望得不得了。

「乾脆，咱們哥幾個去晉軍挑戰吧。」許伯提出建議。

「太好了，咱們去吧，殺進敵營，砍翻晉國人，再割幾隻耳朵回來給大家看看。」攝叔回應。

這哥三個是一乘戰車的組合，許伯是御者，攝叔是車右，樂伯是射。三個人裝備好了，殺出楚軍大營，直奔晉軍大營挑戰去了。

三個二百五。

三個人的勇氣還算不錯，一直衝到了晉軍中軍營前，然後張牙舞爪那麼鬧了一陣，算是示威。樂伯還脫了褲子，把屁股亮給晉國人看。

晉國人憤怒了，打這麼多年仗，從來沒有受過這樣的侮辱。

三軍的主要將領都在開會，先縠手下的鮑癸（音鬼）不管那些，帶著自己的手下，打開營門，殺了出去。

「你們，從左邊上；你們，跟我從右邊追擊。」鮑癸佈置了分進合擊的戰術打法，於是，左邊三乘車，右邊三乘車，晉國人殺了過來。

樂伯三人原本憑藉著一時之勇來示威，如今真的面對人數占絕對優勢的晉國人，那還不跑？

楚國三人組合在前面狂奔，晉國人緊追不捨。

「看我左邊射人。」樂伯的箭術一向不錯，一箭射去，射在一個晉軍的肩膀上，左邊的晉軍立即降低了速度。

「看我右邊射馬。」樂伯一箭向右邊射去，正中一匹馬，連帶著整輛戰車摔倒，右邊的晉軍也小心翼翼起來。

樂伯十分得意，一箭接著一箭，晉軍小心應對，但是依然緊追不捨。

射到最後，樂伯一摸箭囊，哎呀媽呀，有點傻眼了，因為只剩下一支箭了。樂伯摸了摸自己的耳朵，今天弄不好自己的耳朵就要歸晉國人了。

正在危急時刻，樂伯看到了救星。

第一〇六章

鬧劇還是戰爭

一頭麋鹿從不知道什麼地方躥了出來，戰爭來了，還要到處亂逛，很危險的。

樂伯看到麋鹿，瞬間就想到了脫身的辦法，只見他對準麋鹿就是一箭，這一箭射得夠準，直接把麋鹿射翻在地。

「快停車，攝叔，你去把麋鹿獻給晉國人。」樂伯下令，於是許伯趕緊把馬拉住，攝叔跳了下去，一把將麋鹿提起來，扛在肩上，向追來的晉國人走去。

鮑癸一看，這楚國人怎麼跑著跑著扛過來一頭麋鹿？什麼意思？當時也拉住了馬。

攝叔把麋鹿放在鮑癸的車前，然後說：「晉國的兄弟，我們剛才是去問候你們的。如今還不到時令，應當奉獻的禽獸還沒有出現，暫且獻上這頭麋鹿，作為您隨從的佳餚吧。」

鮑癸略微猶豫了一下，然後說：「多謝你們的饋贈了，那我們就不遠送了，一路走好啊。」

楚國人登車，絕塵而去。

「看看人家楚國人哪，射箭射得準，還懂得外交，還這麼有禮貌，真不愧是大國啊。」鮑癸望著楚國人的背影，由衷地說。

春秋時期的人打仗，有的時候真的很天真。剛才還在你死我活，現在又成了串親戚了。

晉國人的應對

樂伯跑了，可是蔡鳩居有麻煩了。

「你是來忽悠我們的吧？你這邊來和談，怎麼還派人來挑戰？」晉國的將領們都有些憤怒，趙括大聲質問起來。

「這個，這個，我也不知道啊。不過，我猜測他們是偷偷跑出來挑戰的，不是大王派來的。」蔡鳩居連忙解釋，在人家的地盤上，只能小心翼翼。

「不行，你們楚國人不講信用，你的話我們就不能信了。」趙同說。

蔡鳩居沒話說，現在是跳進黃河也洗不清，說什麼也沒用了。

「我說吧，跟楚國人有什麼可談的？照我說，宰了楚國使者，直接跟楚國人決一死戰吧。」先穀趁機就要殺人。

蔡鳩居瞪了先穀一眼，心說自己怎麼這麼倒楣，當個使者還要被殺？也不知道是哪個缺心眼的來挑戰，竟不管自己的死活。想是這麼想，還不能表現出害怕來，還要作出一副大義凜然、視死如歸的架勢。

還好，有人救他。

「兩國交兵，不斬來使，讓他走吧。」士會說話了，他實在忍不住要說話了。

先穀不依不饒，一定要殺了蔡鳩居。眼看又要爭吵起來，荀林父終於決定果斷一回。

「使者，你先回去，把我們的條件轉達楚王，若是楚王同意，我們再商量具體的撤軍方式。」荀林父把蔡鳩居打發走了，他怕再鬧下去，先穀等人就要動手了。

蔡鳩居走了，可是晉軍的爭吵並沒有結束。

「主帥，楚國人來挑戰，分明是不把我們放在眼裡，我堅決要求去楚軍大營挑戰。」說話的名叫魏錡，是魏犨的二兒子。

「算了，別惹事了。」荀林父拒絕了魏錡的請求。魏錡哼哼唧唧，很不滿意。荀林父不去理他，問大家：「各位，如今我們應該怎麼辦？」

先穀、趙括等人斜著眼，對這個問題不屑一顧。

「我看，不如我們也派特使過去，探一探楚王究竟什麼意思，也摸一摸楚軍的虛實。」趙朔提了個建議。大家都不好反對。

「好主意，誰去走一趟？」荀林父認為這個主意不錯，至少算是個主意。

沒人答應，主戰派不願意去，主和派也不願意去。

「誰願意去走一趟？」荀林父再問。

還是沒有人回答。

荀林父一看，似乎只好派下去了，沒想好派誰呢，終於有人搭詞了。

「我去，讓我去吧。」又是魏錡。

荀林父是很不想讓他去的，他知道這是個二百五。可是，除了他，沒有別的人願意去，如果再不讓他去，既得罪人，自己也沒有面子。

「好，你去吧。記住，言語要溫和有理，把我們的條件說清楚，即使對方挑釁，也不要回擊，記住了嗎？」荀林父囑咐。

「知道了。」

魏錡搖頭晃腦地走了，似乎很得意。

如此使者

魏錡確實很得意，他終於找到了機會。

按照趙盾制定的規矩，六卿為公族。但是，趙盾本人把自己的幾個兄弟都弄成了公族，大家看著就有些怨氣。

魏犨家族原本與趙家地位相當，如今卻差了許多，魏家的人很不服氣，魏錡就是其中最不服氣的一個，常常說：「你趙家阿貓阿狗都成了公族，憑什麼啊？」

趙盾死了之後，魏錡就開始蠢蠢欲動，不久前申請擔任公族大夫，混進公族隊伍，結果呢，因為各項條件不符合，被拒絕了。

就為了這個，魏錡心懷不滿，這次出征，下定了決心要把晉國軍隊攪和失敗。如今得了這麼個差事，心裡當然高興。

「想平平安安回家？沒門，就算楚國人真不想打，老子也要攛掇他們打過來。」魏錡心中暗想，就這麼去了楚軍大營。

魏錡走了，荀林父正要宣佈散會，又有人發言了。

「主帥，楚國人派了一個使者，然後又派了一個人來挑戰。咱們現在有使者了，還要有人去挑戰啊，派我去吧。」又是一個請求挑戰的。

荀林父心想，怎麼剛才都不發言，現在都發言了？抬頭去看那個挑戰的人，禁不住心中歎了一口氣，借用《水滸傳》上的話，那就是：只叫得苦。

此人名叫趙旃（音沾），跟他爹一樣難纏。他爹是誰？趙穿。

趙旃人稱趙大膽，誰都不敢惹他，因為他有公室和趙家雙重背景。

「我看，還是算了吧，等魏錡回來再說吧。」見是趙旃，荀林父說話也客氣一些。

「不行，難道我比魏錡差？他能去楚營出使，我就不能去挑戰？既然不讓挑戰，我也要去出使。」趙旃不挑戰了，要出使了。

「那，那好吧。」荀林父吞吞吐吐，竟然同意了。

肉啊，荀林父真肉。

趙旃搖搖晃晃出去了，似乎很過癮。

趙旃確實很過癮，他終於找到機會了。

趙旃的老媽是晉襄公的女兒，也就是說，趙旃是公室的親戚。同時，他還是趙家的人。有了這兩座靠山，趙旃的政治資本算是雄厚。同他父親趙穿一樣，趙旃很自負，一直認為自己是個很牛的人物。

趙穿一輩子沒能幹上卿，趙旃就很替自己的父親不平，他認為自己天生就應該是個卿。郤缺鞠躬盡瘁的時候，他就強烈要求當卿，誰知道被荀林父給了郤克。趙旃很憤怒，他發誓要報復荀林父。

現在，機會來了。

「該死的老荀，讓你牛，這次一定要讓你打敗仗，回去被砍頭。」趙旃恨恨地說，他有自己的打算。

荀林父很肉，但是，他不傻。他知道，如果沒有老天爺來拯救的話，這一次一定要栽。

荀林父不傻，但是，他很肉。儘管他知道在劫難逃，他卻沒有辦法改變。

他現在能做的是什麼？

等待命運的到來。

還有呢？

準備逃命。

「嬰齊，你率領你的部下去安排渡船。」荀林父暗中派了趙嬰齊去黃河岸邊安排渡船，準備戰敗之後渡河。

趙嬰齊雖然也是趙家的人，但是跟兩個哥哥趙同、趙括關係一直不好，反而跟荀林父親近一些，因此這個任務就安排給了他。

不僅荀林父知道晉軍必敗，士會和郤克也都看出來了。

「鞏朔、韓穿，你們倆在敖山山口佈置七道埋伏，一旦形勢不利，掩護主力撤退。」士會做了周密安排，以防萬一。

郤克跟先縠一向關係不錯，他主動去提醒先縠。

「老先，派趙旃和魏錡這兩個心懷不滿的傢伙去當使者，一定會激怒楚國人的，到時候楚國人可能就會一怒之下來襲擊我們，要做好防範啊。」

「怕什麼？不怕。」先縠斷然拒絕。

戰神先軫怎麼有這麼個衰神兒子？

第三次和平談判

魏錡牛哄哄地來到了楚軍大營。聽說晉國特使來了，楚莊王親自接見。

「大王，我代表我軍主帥向你們表明嚴正立場，立即無條件從鄭國撤軍，否則，我們就不客氣了。」魏錡上來就是威脅，連眼皮子也不抬。

楚莊王愣了一下，沒見過晉國使者，以為一個個都應該是經綸滿腹、彬彬有禮的，誰知道這個美好印象一下子就完蛋了。

「你誰啊？」楚莊王問。

「我？魏錡。」魏錡依然很牛的樣子。

楚國的將軍們見魏錡一點禮數也不講，都非常惱火，恨不能拔劍宰了魏錡。想當年城濮之戰的時候，兩國使者是多麼優雅和有禮貌？再想想當年傳說中的晉文公一行在楚國的時候是多麼的有理有禮有節？楚國人心中對晉國人的那麼一種崇拜立即煙消雲散了。

按照規矩，魏錡應當以對本國君主的禮節拜見楚莊王，要自稱

「外臣」，還要說自己「斗膽前來」，等等。

「你？能代表你們主帥？」楚莊王接著問。他沒有聽說過魏錡這個人，這人在晉軍中的地位並不高，所以莊王有些懷疑。

「不錯，我家主帥說了，你們的條件很無理，我們不答應。」魏錡接著說。他是鐵了心要激怒楚國人。

「你們不是已經答應了我們的提議，提出撤軍條件了嗎？」楚莊王壓著火，再問。

「嘿，我們後悔了，後悔了行不？」魏錡說話滿不在乎。

「嚓。」拔劍的聲音，誰？大將潘黨。

「小兔崽子，不知死活，你以為你在跟誰說話？老子宰了你。」潘黨實在忍不住了，要殺魏錡。

魏錡嚇了一跳，這才注意到周圍的人都對他怒目而視。

「大、大王，兩國交兵，不斬來、來使啊。」魏錡真有點害怕了。

所有人的目光都在楚莊王的臉上，只要楚莊王一揮手，大家就會上去把魏錡砍成肉醬。

楚莊王笑了。裝的？不是裝的，是真的笑了。他覺得魏錡這個兔崽子簡直就是自己在晉國的臥底。有這兔崽子的表現，自己的戰前動員都可以免掉了。

「魏錡，你走吧，代我向你們主帥致意。」莊王淡淡地說。

魏錡揀了一條命，這回老老實實謝過了楚莊王，在眾人的怒視中溜了出去。身後，聽見楚軍將領們問楚莊王：「大王怎麼放過了這個小子？」

出了楚營，魏錡得意地笑了。之後，哼著流氓小調，一路輕快地回晉軍大營。走出去不到一里路，就聽見身後有人高喊：「魏錡休走，留下命來。」

魏錡回頭一看，嚇得一個哆嗦，只見潘黨帶領一哨人馬追了過來。原來，潘黨私下裡來追殺魏錡了。

「哎呀媽呀，快，快跑。」魏錡命令御者快馬加鞭，趕緊逃命。

魏錡的戰車在前面沒命地跑，潘黨帶著四五乘戰車在後面拼命地追。魏錡不敢放箭，因為他知道，潘黨是神射手，要是對射的話，死的一定是自己。而潘黨之所以不肯放箭，是因為他一定要活捉魏錡，羞辱他之後再殺他。

眼看著越追越近，就在魏錡幾乎絕望的時候，他猛地看到了救星，一群救星。

前面，出現了六頭麋鹿，魏錡開弓一箭，射倒其中一頭。魏錡也來不及跟車右說話了，直接從車上跳了下去，一把拎起麋鹿，再回頭，潘黨的戰車已經到了眼前。

「將軍，作戰辛苦，吃不好喝不好的，我給您獻上一頭麋鹿，給您和您的部下改善生活。」魏錡壯著膽子，把麋鹿獻給了潘黨。

潘黨一愣，想了想，欒伯獻鹿，人家晉國人就放了他，如今魏錡也玩獻鹿，如果不放他，豈不是顯得楚國人沒有風度？

「嗯，多謝多謝，一路走好，不遠送了。」潘黨收了麋鹿，又說了幾句客氣話，倒好像這一路上不是追殺，而是送行。

魏錡高高興興回去了，他決定再射幾頭麋鹿備著。

流浪歌手

魏錡回到晉營，添油加醋將自己在楚營的表現說得天花亂墜，說是自己的義正詞嚴鎮住了楚國人。至於被潘黨追殺那一段，則說成自己的神箭嚇退了對方，為了表現晉國的風度，將麋鹿賞賜給了楚國人。

先縠表揚了魏錡。

趙旃聽說之後，很不服氣。他決定，自己要來點更絕的。

天色漸漸黑下來，趙旃帶著箏、席子和麻布，驅車前往楚軍大營。就在楚軍中軍大營外面，把席子一鋪，盔甲隨手一扔，然後一屁股坐下去，開始彈箏唱歌。如果不是在打仗，趙旃整個就是一流浪歌手了。

這一下，整個楚軍中軍被驚動，大家紛紛探看，只見一個晉國人在楚軍大營的大門口目中無人，彈箏唱歌。

「欺人太甚。」潘黨火大了，張弓搭箭，就要開射。

「慢著，讓他唱罷。」楚莊王制止了他。

消息傳開，楚國三軍都非常憤怒。上午來了個口出狂言的魏錡，現在又來這麼一個流浪歌手堵在中軍大營前唱歌，這不是欺上門來了嗎？

許多人要衝出去殺了晉國人，只是楚莊王派了親兵衛隊守住營門，才阻止了眾人。

在紛擾混亂之中，有一個人分外的冷靜，這個人就是巫臣。整個晚上他做了一件事：把魏錡射中麋鹿的那支箭悄悄地弄了回來。

巫臣打的是什麼算盤？

戰爭為了什麼？土地？金銀財寶？或者女人？

巫臣只是想為戰爭增添一點浪漫的色彩。

決戰前夜。

至少對於楚莊王來說，這是決戰前夜。

楚莊王的衛隊分為左右兩廣，每廣三十乘戰車。衛隊的任務一是保護楚莊王，充當衛戍部隊的角色，二是巡視中軍，充當憲兵的角色。通常，右廣負責早上到中午這段時間，左廣負責中午到天黑這段時間。

「屈蕩，明天早上早起，我要用左廣。」楚莊王對負責左廣的屈蕩下命令。屈蕩沒有多問為什麼，安排士兵早些休息，準備第二天早起。

楚莊王並沒有安排右廣換班，也就是說，右廣同樣也還要在明天早上值班。這意味著什麼？意味著左右兩廣明天早上將同時出動。

左右兩廣同時出動意味著什麼？

意味著下午不用值班了。

絕密會議，參加人員為：孫叔敖、虞邱、子重、子反和伍參。

絕密會議的內容不得而知，因為是絕密會議。

絕密會議結束的時候，已經月朗星稀。

楚軍大營外，趙旃還在孤獨地歌唱。

「我是一匹來自北方的狼，走在無垠的曠野中。」歌聲悠揚，直入天籟。

多麼寫意的夜晚啊。

趙旃被一陣鼓聲驚醒，揉揉眼睛，睜開眼，天已經濛濛亮了。

「我在哪裡？」趙旃發現自己在野地裡，有些吃驚，猛然想起來自己昨晚是在楚軍大營的前面唱歌，也不知道唱到哪裡，就睡著了。

順著鼓聲看過去，只見楚軍大營開了營門，幾十乘戰車殺了出來。

「哎呀媽呀，快跑吧。」趙旃一下子清醒了過來，箏也不要了，盔甲也來不及穿了，跳上戰車，催促御者趕緊逃命。

御者也是剛醒過來，發現情況不妙，揚鞭打馬就跑。

趙旃在前面逃命，後面，三十乘楚國戰車緊追不捨。

趙旃做夢也想不到的是，他享受了國際最高規格：楚莊王親自領兵來捉拿他。莊王在左廣的指揮車上，彭名駕車，屈蕩為車右，率領著左廣的三十乘戰車追殺趙旃。

想想看，楚莊王的禁衛部隊，車是最好的車，馬是最好的馬，戰士是最好的戰士。趙旃人困馬乏，怎麼能逃得了？

很快，楚軍左廣衛隊就迫近了趙旃，並且從側面追了上來。趙旃的車右被楚莊王一箭射倒，屈蕩的大戟隨後刺了過來。趙旃見勢不妙，跳下車來，好在身上沒有盔甲，逃跑倒是快了很多。趙旃順勢一個前滾翻起來，一個加速跑，跑進了旁邊的樹林。

屈蕩也跳下車來，追到樹林中。

兩個人邊跑邊鬥，趙旃的衣服被屈蕩的劍刺爛了。

眼看趙旃就要玩完，突然前面一陣塵頭，晉國人來了。

原來，荀林父見趙旃一夜不回，擔心這傢伙出了什麼事情，自己回去不好交代，於是派了三乘戰車前來接他，恰好遇上屈蕩追殺趙旃。

屈蕩見對方人多，不敢再追，急忙回來，會合左廣衛隊。

此時的楚軍大營已經集合完畢，孫叔敖站在指揮車上。

「兄弟們，大王親自去追晉國人了。如今，晉國人已經包圍了大王，現在我命令，全體出擊，直襲晉國大營。」孫叔敖發起了攻擊令。

楚國軍隊一聲歡呼，他們早就憋足了火氣和力氣要跟晉國人拼命了，如今大王被圍，正是立功的好機會。

如狼似虎，楚軍出擊。

第一〇七章
邲之戰

士氣高昂，殺氣騰騰，紅了眼的楚軍殺奔晉軍大營。

趙旃剛剛回營，還沒有來得及喘息，楚軍已經殺到，不管三七二十一，直接撞破晉軍大營的營門，殺了進來。

荀林父歎了一口氣，這一天終於到了。這仗還有辦法打嗎？逃吧。

荀林父站在高處，使勁地擂鼓，讓身邊衛士高呼：「快跑，先渡河者有賞。」

晉軍本來還想抵擋一番，如今主帥的命令下來了：逃得快的有賞。既然如此，誰還抵抗？

晉國中軍崩潰了。

作為中軍主帥，荀林父怎麼命令大家逃命？說起來，原因很簡單。荀林父所能號令的是他的部下，讓自己的部下逃命，其意圖是讓先縠的部屬在這裡被宰。

那麼，先縠的部屬奮起抵抗了嗎？誰抵抗誰傻瓜，別看先縠叫打仗叫得最凶，敵人來了，他是第一個逃命的，連號召大家逃命都顧不上了。

先跑跑，先縠就是先跑跑。

晉軍崩潰

黃河岸邊，趙嬰齊按照荀林父的部署安排了船隻。等看到潰敗的晉軍跑來的時候，趙嬰齊對自己的部屬下令：「快，我們先過河。」

得，趙嬰齊的隊伍跑了，剩下不多的船在岸邊，給剩下的大部隊的兄弟們去爭奪了。

中軍的兄弟們分成了荀林父和先縠兩派人馬，為了渡船爭奪起來。正在爭吵不休，下軍的兄弟們也來了。下軍其實並沒有受到攻擊，不過趙朔和欒書還是決定走為上計。

現在好了，三股力量在爭奪不多的渡船，晉國人也不認晉國人了。先上船的急著要走，後來的則抓住船幫不讓走，於是船上的兄弟們一通亂砍。《左傳》記載：「中軍下軍爭舟，舟中之指可掬也。」

船上的指頭多得可以用手捧起來。

中軍崩潰，下軍奔逃，上軍呢？

那幫兄弟根本不是來打仗的，他們是來階級鬥爭的。而士會不是，他是來打仗的。

當中軍崩潰的同時，楚軍的左軍來攻擊晉軍的上軍。

「主帥，我們要抗擊敵人嗎？」郤克的兒子郤錡問士會，上軍是做了嚴密準備的，完全可以一戰。

「不，楚軍士氣正盛，而且已經擊潰了我們的中軍，如果我們與他們交戰，最終就是他們的全部兵力來包圍我們，我們就會全軍覆沒。」士會冷靜地分析了形勢，決定撤退。

士會命令郤克率軍撤退，他自己則在最後壓陣。利用地形，士會命令後隊佈置埋伏，設置障礙，輪番後撤。

楚軍左軍完全沒有辦法發動有效攻擊，眼睜睜看著晉軍上軍全軍而撤。

晉國三軍，唯一沒有損失的就是上軍。

晉軍損失最慘重的是中軍，完全是被楚軍狼入羊群一般屠殺。

趙旃逃回晉軍大營的時候，意外地發現自己的戰車也回來了。原來，趙旃跳車之後，楚國人只顧抓他，倒把他的戰車放走了。於是，趙旃跳上自己的車，繼續逃命。

晉軍哭爹喊娘，一片狼藉。趙旃正在沒命奔逃，猛地看見一輛車幾乎跑不動了，定睛一看，還是親戚，誰啊？自己的叔父和哥哥，兩人在一輛車上，但是他們的馬不行了。

「叔父，哥哥，你們上我的車。」別說，趙旃雖然渾了點，還挺講義氣，挺講親情。

叔父和哥哥也沒客氣，下了自己的車，跳上趙旃的車，這才發現，趙旃沒地方了。

「兄弟，我們用了你的車，你怎麼辦？」哥哥問他。

「嗨，我還沒辦法？別管了，趕快逃命吧。」趙旃在馬屁股上拍了一巴掌，把車趕走了。

現在，趙旃成了步行，好在身上穿得不厚，跑得還算快。

跑了一程，眼看跑不動了，而後面塵土大起，楚國人追過來了。

就在這個時候，趙旃發現前面有一乘戰車也在逃命，定睛去看，發現是逢大夫和他的兩個兒子。

「老逢，逢大夫。」趙旃在後面喊。

其實，逢大夫早就看見了趙旃，可是他假裝沒看見。如今聽到趙旃在後面喊，逢大夫假裝沒聽見，還低聲對兩個兒子說：「誰也不許回頭。」

兩個兒子比較缺心眼，老爹說了不許回頭，他們偏偏要回頭，然後還告訴自己的老爹：「爹，是趙旃啊。」

「唉。」逢大夫歎了一口氣，如果兩個兒子不回頭，那還可以說是沒聽見趙旃的喊聲，如今兩個兒子回頭了，再說沒看見趙旃就說不過去了。如果趙旃沒有被楚國人殺死而回到了晉國，一定會怨恨逢大夫見死不救。到時候，不被趙旃整死就怪了。

逢大夫停下了車，氣哼哼地對兩個兒子說：「你們下車去，給趙旃讓位。明天早上我到這裡來給你們收屍。」

就這樣，趙旃搭上了逢大夫的車，順利逃命，而逢大夫的兩個兒子真的就在這裡被楚軍射死了。

所以，逃跑的時候，誰喊也不要回頭。

楚莊王遇險

是不是所有人都只顧逃命呢？當然不是。

荀罃是下軍大夫荀首的兒子，卻在中軍效力。他早就看出晉軍要敗，自己的部屬提早作了防備，因此在楚軍殺來的時候，荀罃的手下都已經穿盔戴甲，準備迎敵了。大軍潰散，荀罃並沒有逃。

楚莊王似乎有些興奮過頭，帶著左廣衛隊在晉軍營中左衝右突，奮勇當先。一片混亂之中，莊王的衛隊被沖散了，莊王身邊僅僅兩三乘戰車緊隨。荀罃遠遠看見，從裝束到戰車到氣質，他看出來了，那個領軍衝殺的人一定就是楚莊王。

「弟兄們，給我包圍那輛車，活捉楚王。」荀罃的判斷很準確，決策也很快很堅決。他知道，儘管晉軍潰敗，但是只要捉住楚王，就能反敗為勝。

荀罃十多乘戰車呼嘯而上，將楚莊王包圍在中間。

楚莊王正殺得帶勁，猛然發現自己被包圍了。大的局面自然是楚軍追殺晉軍，然而在局部卻是晉國人包圍了楚莊王。

晉國人的戰術素養確實很高，他們似乎總能在逆境中發現機會，總能創造性地應用「擒賊先擒王」的戰術方針。想一想，當初秦穆公就差一點被晉國人活捉。

屈蕩掄開大戟，要帶著莊王突圍，但是荀罃的手下都是晉國的精兵，也不好惹。因此，儘管屈蕩勇猛，竟然衝不出去。

莊王眼看形勢危急，不禁仰天長歎：「老天啊，怎麼能讓我落到晉國人的手中啊？」

就在莊王萬分危急的時候，一乘楚國戰車奮勇殺來，車上大將的勇猛見所未見，竟然一路殺到了莊王的車前。莊王一看，正是大夫熊負羈。莊王當時有些奇怪，這熊負羈在楚軍將軍中算不上出色，平時打仗也算不上勇猛，這回怎麼這麼玩命？吃藥了？

「大王，跟我來。」熊負羈高喊。喊這話有些缺心眼，因為這讓晉軍確信這確實就是楚王。

熊負羈在前，楚莊王在中，後面是另外兩乘戰車斷後。熊負羈又是一路衝殺，殺出包圍圈，回頭看，莊王沒出來。於是又殺進去，又殺出來。一連三次，還是沒有把莊王給救出來，而熊負羈身上已經多處受傷。

熊負羈現在發現了，靠這種辦法，一輩子也救不出莊王。而此時如果再去找援兵，已經是來不及了。怎麼辦？熊負羈用很短的時間思考了一個問題。什麼問題？晉國人為什麼拼了命也要捉住楚莊王？答案簡單：擒賊先擒王。

想明白了擒賊先擒王的道理，熊負羈眼前一亮。他再次殺了進去，不過這一次不是直奔楚莊王，而是直奔荀罃。荀罃正在那裡指揮活捉楚莊王，沒料到熊負羈從側面殺到，當時猝不及防，被熊負羈一戟刺中大腿，翻身落車。

晉軍一看主將折了，無心戀戰，紛紛奔逃而去。

荀罃本來是來捉楚莊王的，誰知自己成了俘虜。

「熊將軍，我問你，你今天為何如此勇猛？我對你也並沒有特別的好，你怎麼能為我出生入死呢？」楚莊王沒有道謝，先問這個問題，他太困惑了。

「大王，還記得那次慶功宴嗎？」

「哪一次？」

「滅了鬥越椒之後的那一次，中間熄了燈，有一個人乘醉牽了美人的袖子，美人拔了他頭盔上的纓，大王隨後命令每個人都把頭盔上的纓拔下來。」

「想起來了，難道？」

「大王，我就是牽美人袖子的人，請大王治罪。」

「哈哈哈哈，寬容必有善報啊。熊將軍，你救我一命，謝你還來不及呢。你渾身是傷，不要再戰了。回國之後，我單獨請你。」

楚莊王高興極了。

《說苑》這樣評論這件事情：「此有陰德者必有陽報也。」

所以，積點陰德是值得的。寬恕別人，實際上也就是造福自己。

戰鬥友誼

基本上，晉軍中軍死得很慘。

那麼，下軍呢？

下軍的情況要好一些。

下軍的大部分順利逃到了黃河岸邊，只有少數掉隊的被楚軍追到。不過，楚軍的右軍不像中軍那樣痛恨晉國人，因此下手還算客氣。

有三乘晉國戰車不幸掉坑裡了，偏偏這幾個哥們死心眼，捨不得戰車，非要把車弄出來。結果耽誤時間，被楚國人追上了。

一隊楚軍發現了三乘晉國戰車和九個晉國士兵，因為推車太專心，晉國人竟然沒有發覺楚軍已經包圍了自己。

楚國人很好奇，於是都下了車，在坑邊圍觀。

「見過愛財的，沒見過晉國人這麼愛財的。命都要沒了，還捨不得車。」楚國士兵在坑邊議論。

「車要是沒了，還要命幹什麼？哎，別只管說風涼話，給出出主意啊。」晉國士兵也不害怕。

「嗨，兄弟，你們這樣不行啊，車前面那根橫木卡住了，把那根木頭卸掉不就行了？」楚國士兵看出了問題，提了個建議。

晉國士兵一聽，還真是，於是三下五除二，把幾輛車的橫木給卸了。

車順利推了出來，楚國士兵還上去幫忙推了。

晉國士兵上了車，打馬上路，誰知道馬竟然在原地轉圈。轉了好幾圈，把晉國士兵給轉迷糊了。怎麼回事呢？晉國士兵怎麼也想不通。

其實呢，就是因為卸了橫木，車的平衡不對了。

結果還是楚國士兵看出了問題，於是又提建議：「把大旗和車軛去掉試試。」

晉國士兵按著楚國士兵的建議去掉了大旗和車軛，果然馬就跑起來了。

「楚國的兄弟們，還是你們經常逃跑，有經驗了，哈哈哈哈。」晉國士兵一邊逃命，還一邊拿楚國士兵尋開心。

「哈哈哈哈，小心點啊，別再掉坑裡了。」楚國士兵們也大笑起來，他們覺得晉國人很有意思。

這仗打得，像遊戲一樣了。

為了兒子的反擊

荀首已經逃到了黃河岸邊，甚至戰車都已經上了船，這個時候，有人來報告說荀罃被楚國人給捉了。

「我的兒啊，你被楚國人捉了，我回去怎麼跟你娘交代啊？不行，小魏，我要去救我兒子。」荀首毫不猶豫地下了船，把戰車也卸下來，掉轉車頭，帶著自己的部屬回去救兒子。

小魏是誰？魏錡，魏錡現在給荀首駕車呢。

就這樣，晉國下軍浩浩蕩蕩殺回去了，不為別的，就為了要救荀首的兒子。

回到戰場，楚軍已經收軍了，荀首捉了幾個掉隊的楚軍，知道兒子已經被送回楚軍大營。

「追。」荀首下令，現在成了晉軍追楚軍了。

荀首難道要殺到楚軍大營？他沒那麼傻，他的想法就是能捉住個楚軍高級將領，今後好把自己的兒子換回來。

所以，荀首每次射箭的時候，一看是利箭，就放回到魏錡的箭袋裡。

「哎，老荀，你倒是要救兒子啊，還是捨不得你的箭啊？」魏錡很納悶，心說老荀可真是吝嗇鬼，救兒子都捨不得用好箭。

「不是捨不得，我是要捉活的回去好換我兒子，太鋒利的箭，怕一箭射死了。」荀首解釋。

荀首的箭術不錯，射傷了幾個楚國將領，可是捉住之後發現檔次都不夠。

「老荀，前面那個行了，那是連尹襄老，這個夠級別了。」魏錡到楚營出使過，認識連尹襄老。

「好了，就是他了。」荀首張弓搭箭，瞄準了連尹襄老。

連尹襄老也不是吃素的，他也看到了荀首，他也拿起了弓箭，瞄準了荀首。

這個時候，誰也沒有注意到，還有一個人也端起了弓箭。

弓弦聲響，連尹襄老的箭擦著荀首的耳朵飛了過去。荀首並沒有在意，他只關心自己的箭，令他高興的是，他看見自己的箭穩穩地紮進了連尹襄老的肩膀。

連尹襄老從車上栽了下去，魏錡急忙驅車過去，荀首不等車停穩，跳了下去，他要活捉連尹襄老。

可是，荀首失望了，因為連尹襄老已經死了。連尹襄老的肩膀上，是荀首的那支箭，而在他的脖子上，還有一支箭，那支箭從左到右貫穿過去。就是這支箭，要了連尹襄老的命。

「他死了。」荀首說。

「怎麼會？分明射在肩膀上啊。」魏錡感到奇怪，他也從車上跳下去，可是，當他看到連尹襄老脖子上那支箭的時候，他大驚失色。

魏錡為什麼大驚失色？

因為，那支箭是他的。

是誰一箭射死了連尹襄老？

這個時候，荀首已經沒有心思去想這個了。

「把屍體帶回去。」荀首命令手下把連尹襄老的屍體裝上車，實在不行，屍體也算是個籌碼。

這個時候，一隊楚軍殺來，要搶回連尹襄老的屍體。荀首看見其中的一乘戰車十分華麗，車上的戰將看上去又非常年輕。直覺告訴荀首，這個人夠分量。

荀首重新上了戰車，這一次，他不再射人，他射馬。一箭過去，那員小將的馬就被射倒了，在小將還在發呆時候，荀首已經率領晉軍殺了過去。

這一次，紅了眼的是晉國人，楚國人抵擋不住，逃的逃，死的死，小將被荀首生擒活捉。

這員小將是誰？楚莊王的兒子公子谷臣。

「撤。」荀首下令，公子谷臣外加連尹襄老的屍體，本錢綽綽有餘了。

戰略家楚莊王

楚莊王下令收兵。

「大王，晉國人現在都在渡河，無心作戰，如果我們乘勝追擊，一定能把他們全部趕進水中。」子重建議。

「不必了，冤冤相報何時休？又何必趕盡殺絕呢？當年城濮之戰，晉文公也並沒有窮追不捨。」楚莊王堅持。

於是，楚軍收兵。

整個晚上，晉國軍隊都在渡河，直到早上，總算逃回了北岸。

楚軍清點人數，死傷極少，但是襄老戰死，公子谷臣被活捉。而清點屍體之後，晉軍被殺上千人，被俘上千人。楚軍完勝。

因為楚軍晚上駐紮在邲（今河南滎陽北部），這一戰歷史上稱為邲之戰。

城濮之戰，晉國大勝楚國。邲之戰，楚國完勝晉國。

現在，先來看看楚莊王的戰略戰術。

第一步，誘敵。

圍困鄭國，引誘晉國來援。晉軍遠道而來，必然疲憊，楚軍正好以逸待勞。這一招，正是城濮之戰中先軫用過的招數。

第二步，示弱。

這是楚莊王用了一輩子的計謀，對付鬥越椒就用了這個辦法。示弱的好處在於，一方面讓敵人驕傲並失去警惕，另一方面自己的隊伍會因此憤怒而求戰欲望強烈。此長彼消，戰鬥力的對比立即發生巨大變化。

楚莊王兩次派使臣去求和，是忽悠晉國人；兩次忍讓晉國使臣，是激怒楚國人。所有這些，都是基於這樣的戰術考慮。

第三步，襲擊。

最後的攻擊選擇了襲擊，時機恰到好處。

其實，以當事雙方的戰力和心態，即便是正面交鋒，楚國人依然占六成以上的勝算。但是，有了楚莊王的戰略戰術，楚國人不僅能夠戰勝晉國人，而且能夠完勝。

可以說，這一戰是中國歷史上的經典戰例，而其中最經典的部分又是心理戰。

如果我們說楚莊王是心理戰的祖師爺，應該沒有爭議。

如果說狐偃和先軫導演了晉楚之間的首次大戰，那麼，第二次大戰就完全是楚莊王的設計了。

第一〇八章
美女害死人

非爾所知也。夫文，止戈為武。武王克商。作《頌》曰：「載戢干戈，載櫜弓矢。我求懿德，肆于時夏，允王保之。」又作《武》，其卒章曰：「耆定爾功。」其三曰：「鋪時繹思，我徂求定。」其六曰：「綏萬邦，屢豐年。」夫武，禁暴、戢兵、保大、定功、安民、和眾、豐財者也。故使子孫無忘其章。今我使二國暴骨，暴矣；觀兵以威諸侯，兵不戢矣。暴而不戢，安能保大？猶有晉在，焉得定功？所違民欲猶多，民何安焉？無德而強爭諸侯，何以和眾？利人之幾，而安人之亂，以為己榮，何以豐財？武有七德，我無一焉，何以示子孫？其為先君宮，告成事而已。武非吾功也。古者明王伐不敬，取其鯨鯢而封之，以為大戮，於是乎有京觀，以懲淫慝。今罪無所，而民皆盡忠以死君命，又可以為京觀乎？

——《左傳》

晉軍用了整個晚上的時間渡河，楚莊王則在第二天中午來到了黃河岸邊。河邊一片狼藉，晉軍來不及帶走的輜重到處都是。莊王用很凝重的表情看著對岸，搖了搖頭。

「大王，咱們把晉國士兵的屍體埋起來，在上面做個京觀，讓子孫後代都記得我們大勝晉國人的武功，怎樣？」潘黨提出一個建議。什麼是京觀？就是紀念碑。

楚莊王把眼神收回來，看了潘黨一眼，搖搖頭，然後說了一段非常有哲理的話，就是上面的這段話，這段話本應該成為當今聯合國的座右銘的。

這段話什麼意思？翻譯一下：有些道理不是你能夠明白的。從字面上看，武就是止戈。從前周武王消滅商朝之後，曾作《周頌》說：「把干戈收藏起來，把弓箭也收藏起來。我將追求美德，並把這一願望體現在夏樂中，以求永久保有天下。」……所謂武功，就是要清除殘暴，消滅戰爭，保有天下，鞏固功業，安定百姓，調諧諸國，積聚財富，只有做到這些，才能使子孫後代不忘記祖先的顯赫功業。如今我使兩國士兵的屍骨暴露荒野，這是殘暴不仁；誇耀武力使諸侯畏懼，這也是沒有停止戰爭。既沒有消除殘暴，又沒有停止戰爭，怎麼能保有天下？再說晉國雖然戰敗，但仍然存在，我又怎麼能鞏固功業？我所做的違背老百姓意願的事情還有很多，百姓怎麼能夠安定？缺少德行而勉強和諸侯爭霸，怎麼能夠和諧各國？乘人之危為自己謀利，以別國的動亂來求得自己國家的安定，還要以此為榮，怎麼能增加財富？武功有上述其中七種德行，而我一種也不具備，又拿什麼向子孫展示？我們只在這裡修建一座廟，向祖先報告我們的這次勝利就行了。古代聖明的國君出兵攻打不聽王命的國家，殺死首惡，那才建造京觀以警戒罪惡。現在，晉國人並沒有什麼罪惡，他們的士兵也都是為國盡忠，我們又怎麼能用他們的屍體作京觀呢？

楚莊王的話表達了一個意思：戰爭是為了和平。最偉大的武功就是消滅戰爭，讓老百姓生活富足。

辯證吧？

「止戈為武」，這是成語嗎？似乎不是，這是哲語，而這句哲語來源於楚莊王。

楚莊王只在黃河邊上修建了一座臨時的祖廟，祭祀了祖先之後，就撤軍回國了。

楚莊王的憂慮

在回國的路上，楚軍路過申叔時的家，楚莊王就住在了申叔時家中。

大王來住，申叔時當然十分小心，用最好的房間、最好的僕人、最好的飯菜來招待，端菜上飯都是自己親自動手。

可是，楚莊王似乎並不高興，從早上到中午都在發呆發愁，連飯也不吃。

申叔時有點害怕了，不知道哪裡得罪了大王。到了中午，申叔時戰戰兢兢來送中午飯，發現楚莊王的早飯還沒吃。

「大王，我們戰勝了晉國人，應該高興才是啊。可是大王您好像情緒不高啊，是不是我招待不周，導致您食欲不佳？」申叔時小心翼翼地問。

「啊，這不關你的事，是我自己有些擔憂而已。」楚莊王笑笑說。申叔時是他很看重也很尊重的，所以他才會住在這裡。

「擔憂什麼？」

「我聽說，國君有才能，又有才能的人幫助他，就可以成就王業，譬如周武王；國君才能一般，但是有才能的人幫助他，就可以成就霸業，譬如齊桓公和晉文公；國君才能本來就差了，而且臣下的才能還不如國君，這個國家就有滅亡的危險。如今，我的才能就比較差了，可是還沒有發現比我更有才能的臣下，我很擔心國家的前途啊。而且，世界上總是有聖人，每個國家也都有賢人，而我卻不能發現他們任用他們，我覺得自己很失敗啊，我吃不下飯啊。」楚莊王這番話，說得申叔時目瞪口呆。見過謙虛的，沒見過這麼謙虛的；見過清醒的，沒見過這麼清醒的。

莊王這段話見於《說苑》，原文如下：「吾聞之，其君賢者也，而又有師者王；其君中君也，而又有師者霸；其君下君也，而群臣又莫若君者亡。今我，下君也，而群臣又莫若不穀恐亡，且世不絕聖，國不絕賢；天下有賢而我獨不得，若吾生者，何以食為？」

關於楚莊王的話，多說幾句。

其實在春秋，具有反思精神的國君非常多，似乎是個國君都會反思一下。這麼說吧，周文化是具有反思精神的。但是，能夠在戰勝勁敵之後還要反思的，只有兩個人，晉文公和楚莊王，而楚莊王的反思顯然更徹底，也更深刻。

不要以為莊王僅僅是在作秀或者過度謙虛，莊王的話應該發自肺腑。首先，莊王的能力確實在他的臣子之上，楚晉大戰，可以說是莊王一手策劃操縱的，而楚國將帥們要麼沒有必勝之心，要麼缺乏計謀。與當年晉文公的團隊相比，楚莊王確實有發出這樣感慨的理由。

至於亡國之論，並非危言聳聽。楚莊王在，可以控制大局，但是，他知道，一旦自己不在，沒有人能夠掌控這個國家。

那麼怎麼辦？

「怎麼辦？老申，你認為應該怎麼辦？」楚莊王把問題拋給了申叔時。

「大王其實已經說過了，止戈為武啊。戰爭必然帶來戰亂，帶來欲望和仇恨，如果大王能夠避免戰爭，國家就會安定，人民就會安心，野心家就不會產生。」

「老申，你所說的，正是我所想的。」楚莊王高興起來，他知道，能夠理解自己的，也許就只有申叔時了。

當然，說句公道話，楚莊王是很賢能的國君了。

又一次暗箭傷人

究竟是誰射死了襄老？

答案是：一個朋友。

這個朋友是誰？巫臣。

當初楚國滅了陳國，捉到了夏姬，去捉夏姬的就是巫臣。

巫臣顯然沒有想到三十六歲的夏姬竟然還是那麼妖冶動人，似乎歲月完全沒有在她的身上留下印記。巫臣命令士兵守門，自己則將夏姬抱上了床。

雲消雨散之後，巫臣的感受是：陳靈公死得值。

他下定了決心，一定要把夏姬娶回家，一生一世永不分離，與她一起慢慢變老。

夏姬同樣也愛上了巫臣，這個楚國人英俊瀟灑，懂得愛惜女人，還會講黃段子。夏姬強烈地感受到，與巫臣相比，自己所認識的男人們簡直就是一坨狗屎。

「等著我，我要娶你。」巫臣動情地說。

「我等你，海枯石爛，我也要等你來娶我。」夏姬也動了真感情。

於是，就有了後面巫臣極力阻止莊王和子反娶夏姬的故事。眼看就要成功了，誰知道連尹襄老橫刀奪愛，看著夏姬極不情願地被襄老帶走，巫臣心如刀割，暗自發誓：該死的襄老，讓你不得好死。

戰爭給了巫臣機會。

巫臣是一個很博學的人，他知道公孫子都的故事，他認為公孫子都不夠聰明，因為他純屬意氣用事，沒有考慮後果。

巫臣要聰明得多，他看出來楚莊王是決心要與晉國人決戰，所以他看到了機會。不過，他沒有傻到要用自己的箭的地步，所以他偷偷地在魏錡獻給潘黨的麋鹿身上拔下了魏錡的箭。

戰鬥非常混亂，巫臣根本就沒有心思追殺晉國人，他的追殺目標是襄老。可是，他一直沒有找到合適的下手機會，直到他幾乎絕望的時候，機會終於來了。

荀首帶著晉軍殺回來了，而襄老因為貪婪地搜集晉國人的財物而沒有及早撤回，於是成了荀首的獵物。

巫臣確實是個博學的人，看到荀首的軍旗，再聯想到荀罃被捉，他猜到了荀首是要活捉襄老。可是，巫臣想要襄老死。

在荀首出箭的時候，巫臣在側面也已經悄悄地射出了魏錡的箭，而這支箭與荀首的箭同時到達目的地。

「讓你跟我搶老婆？哼。」巫臣悄悄地走了。

所以，寧可跟人搶老媽，不要跟人搶老婆。

巫臣的妙計

襄老死了，但是，襄老的屍體始終沒有找到，掉井裡了？還是被野狗吃了？

襄老的兒子叫黑要，老爹生死未明，對他來說只能說是喜憂參半。為什麼說是喜憂參半？因為他早就對後娘垂涎三尺，爹死了固然傷心，但是後娘很輕易就可以到手了。

果然，耐不住床頭寂寞的夏姬上了黑要的床。

幸福了幾天之後，有客人來了。

「巫叔，您來了？」黑要對客人挺尊敬，這個客人就是巫臣。巫臣跟襄老的關係一向不錯，黑要叫他叔叔。

「孩子，我打聽到你爹的消息了。」巫臣說。其實不用打聽，他早就知道。

「啊，我爹他？」

「孩子，你可要堅強啊。答應我不要上吊，也不要抹脖子，我就告訴你。」巫臣搞得挺正式的樣子，好像很關懷黑要。

「我，我不會上吊。」黑要明顯鬆了一口氣，傻瓜才猜不到巫臣要說什麼，他現在可以確信後娘今後就是自己的了。

「你爹他，他，他為國捐軀了，嗚嗚嗚嗚。」巫臣說完，還假裝哽咽了幾下。

「嗚嗚嗚嗚，爹啊。」黑要哭了，不想哭也要假裝哭，還要擠出幾滴眼淚來。

巫臣假裝擦眼淚，在指縫裡觀察黑要，他看出來了，黑要根本不傷心。所以他知道，黑要把後娘給上了。

在來之前，巫臣是制定了兩套計畫的。A 計畫，如果黑要對夏姬沒有企圖，巫臣就以幫黑要把襄老的屍體弄回來為條件，娶了夏姬；B 計畫，如果黑要對夏姬有企圖，就要用 B 計畫了。

所以，以下為 B 計畫。

「孩子，你知道你爹的屍首在哪裡嗎？」

「我，我不知道，嗚嗚嗚嗚……」

「你想把你爹的屍首弄回來嗎？」

「當然想啊，嗚嗚嗚嗚……」

「那好，叫你娘出來，我有話跟她說。」

黑要儘管有些不情願，可是事關自己父親的屍首，不得不聽巫臣的。

黑要讓人叫來了夏姬。夏姬看見巫臣，兩眼頓時放出光芒來；巫臣看見夏姬，瞳孔立馬放大若干倍。

「夫人啊，節哀順變啊。襄老的屍體據說是被晉國的荀首給帶回晉國了，說要和公子谷臣一塊用來交換他兒子荀罃。前兩天鄭國的皇戌給我來信，說是他和荀首的關係很好，願意幫你把襄老的屍首給要回來，不過有個條件，要你自己回鄭國去接。你要是能去接，現在就告訴我，我好給皇戌回個話。」巫臣一邊說，一邊使眼色。

夏姬多麼聰明的人啊！

「嗚嗚嗚嗚，我的老公，你死得好慘哪。人死了，屍體還不得安生，別說是去鄭國，就是去晉國，就是上刀山下火海，我也要去把你的屍體給接回來啊，嗚嗚嗚嗚……」夏姬痛哭起來。別說，演得挺好。

「那行，黑要，你趕緊向大王提出請求，放你娘回鄭國接你父親的屍首。要快啊，慢了你爹就成蟲子了。」巫臣趁熱打鐵。也是，當時是夏天，慢了就只能接骨頭了。

黑要點著頭，還要滿口感謝，他萬萬沒有想到，眼前這叔叔，就是害死自己親爹的兇手，現在他要做的，就是把自己的後娘給騙走。

什麼叫被人賣了還要給人數錢？就是黑要這樣的。

楚莊王很快接到了黑要的申請，說是要讓夏姬回鄭國去接父親的屍首。

說心裡話，莊王還在想著夏姬呢，不過他很矛盾，因為所有跟夏姬有一腿的人都死得很慘，除了兩個老公和陳靈公之外，孔寧和儀行父也在不久前雙雙暴斃身亡。

換了是別人，愛去哪去哪，大筆一揮就批了。可是這是夏姬，莊王還真猶豫。正在猶豫，看見了巫臣，他決定向巫臣請教一下。

巫臣算準了黑要的申請很快會到，所以這幾天一直在朝廷晃蕩，好隨時探聽消息。如今被莊王問到這件事情，心中暗喜。

「嗯，這事我看行。據我所知，荀首是荀林父的弟弟，荀罃是他最喜歡的兒子。如果他把谷臣和襄老的屍體弄到晉國去了，當然是要換荀罃的。而皇戌和荀首關係好，他做中間人也應該是順理成章的。如果我們能夠讓夏姬去鄭國接回襄老的屍體，就等於告訴他們我們願意換人，到時候就可以用荀罃把谷臣給換回來了。」巫臣當然大力支持，還把谷臣給捎上，利用楚莊王急於把兒子換回來的心情，促使他立即放夏姬走。

「嗯，我看也行。」楚莊王同意了。

於是，夏姬回了鄭國。臨行前夏姬假惺惺地對天發誓：「要是得不到襄老的屍首，我就不回來了。」其實，她壓根兒就沒打算回來。

而巫臣立即通過皇戌偷偷向鄭襄公請求娶夏姬。鄭襄公當然願意，當即同意。

萬事俱備，只欠東風。

巫臣現在不敢把夏姬娶回來，打死他也不敢，那樣的話，就算莊王不殺他，子反和黑要也要殺了他。

怎麼辦？等待機會。

和平使者

楚莊王十七年（前 597 年），楚國擊敗晉國。兩年之後，也就是楚莊王十九年，楚莊王決定為世界和平作出新的貢獻。

現在，楚莊王是和平主義者。

「馮，你去趟晉國，轉達我對晉國國君的問候，同時表達我們希望和他們和平相處，建立友好關係，共同維護世界和平的願望。」楚莊王主動派出兒子公子馮前往晉國，表達善意。

「那，要向鄭國借路。」公子馮提出要求。按照國際慣例，經過一個國家的時候，應該向這個國家借路，以示尊重。怎麼借路法？基本上，也就是開個單位介紹信之類。

「不用了，鄭國是我們的盟友，直接去吧。」楚莊王覺得沒必要。

於是，公子馮走了。

「申舟，你去趟齊國，轉達我對齊國國君的問候，同時表達我們希望和他們和平相處，建立友好關係，共同維護世界和平的願望。」楚莊王派出大夫申舟前往齊國，表達善意。

在楚莊王看來，如果楚國、晉國和齊國三個大國之間能夠和平相處，世界和平就來臨了。

申舟是誰？就是申無畏。

「那，要向宋國借路。」申無畏請求，去齊國要經過宋國。

「不用了，我們又不攻打他們，借什麼路？公子馮去晉國，也沒有向鄭國借路啊。」楚莊王覺得沒必要。事實上，他準備在與齊國建立友好關係之後，也派使者去宋國聯絡感情。

「大王啊，鄭國是個開明的國家，宋國是個比較傻的國家，兩個國家不一樣啊。不向鄭國借路，沒問題。可是不向宋國借路，恐怕會被殺啊。」申無畏解釋。其實還有一點他沒有說，當初楚穆王和宋昭公在孟諸打獵，宋昭公忘了帶火種，申無畏鞭打了宋昭公的僕人，儘管宋昭公已經不在了，但是宋國人一定還記得這個仇恨的。

「儘管放心，沒事的。」楚莊王堅持。

「大王啊，這樣的話，我必死無疑啊。」申無畏幾乎是在哀求。

「他們要敢殺你，我就討伐他們。」楚莊王把話說到這個分上，申無畏不敢再說什麼了。

臨行之前，申無畏把後事吩咐好，一臉愁容地上路了。

第一〇九章
「希望」工程

公子馮一路順利，鄭國人也沒有為難他，他來到了絳。

晉國人對於公子馮的到來很詫異，不過他們還是很歡迎他，熱情接待之外，晉景公也委託他向莊王致意。

那麼，戰敗之後，晉國發生了什麼？問責了嗎？荀林父還在主持工作嗎？

老實人被逼急了

晉軍大敗，荀林父率領著三軍回到了絳。作為敗軍之帥，荀林父很自覺地上書請求晉景公處死自己。

古人很自覺，戰敗了請死，失敗了請辭。那麼，晉景公同意了嗎？

晉景公不是傻瓜，他仔細地權衡了利弊。

按照問責制，不管晉軍失敗的原因是什麼，主帥都是第一責任人，更何況這一次荀林父的表現如此糟糕，被處死一點也不冤枉。但是，晉景公現在考慮的不是問責制，而是權力鬥爭的形勢。

如果殺掉荀林父，等於為先郤趙三家聯盟除去了眼中釘，對於晉景公來說，則是失去了盟友。殺掉荀林父，似乎也就同樣要殺掉先縠，那麼就等於一次性殺掉了排位最靠前的兩個卿，不僅失去盟友荀林父，而且要得罪先郤趙三家聯盟，更糟糕的是，士會很可能拒絕遞補為中軍帥，那麼中軍帥的位置就要被郤克奪得。算起來，實在是沒有任何好處。

所以，晉景公並不願意答應荀林父的請求。問題是，需要找到一個說得過去的理由。

晉景公於是找來荀林父的朋友、士會的弟弟士渥濁。這個名字很難聽，但是就是這麼起的。

「該不該殺荀林父？」晉景公問。找來士渥濁詢問，自然就是不想殺荀林父。

「當然不能殺啊，荀林父雖然戰敗了，可是人家公而忘私，忠貞不渝，怎麼能殺他呢？當年文公戰勝了楚國人，還很擔心成得臣，後來成得臣被殺了，文公才高興啊。成得臣被殺，等於晉國又打了一次勝仗啊。殺了荀林父，等於我們又打了一次敗仗啊。」士渥濁極力反對。

「嗯，我知道了。先縠呢？該不該殺？」

「該殺，但是，不能殺。因為不殺荀林父，殺先縠就怕有人鬧事。」

「那怎麼辦？難道打個敗仗，沒人負責？」

「主公，何必擔心沒有機會呢？」

晉景公笑了，會意地笑了。

荀林父被特赦，每個人都被特赦。

荀林父很愧疚，其實每個人都很愧疚。

荀林父開始反思，他很害怕，他發現自己的軟弱實際上正在將自己推向滅亡。

「看來，趙盾是對的，心慈手軟當不了政治家。」荀林父反思的成果出來了。

第二年秋天，北方的赤狄來侵犯晉國。

這一次，荀林父汲取教訓，率領了半支中軍和整支上軍與赤狄作戰，沒有先縠那一幫人搗亂，晉軍的戰鬥力還是不錯的，結果在清這個地方擊敗赤狄人。

回到絳，荀林父召開六卿會議，請晉景公親臨。

內閣會議開始了。

荀林父首先報告了與赤狄交戰的情況，隨後說：「為什麼赤狄會無緣無故來侵犯我們？大家知道嗎？」

大眼瞪小眼，沒人說話。

「因為我們有內奸，是內奸勾結他們前來的。」荀林父繼續說，很嚴肅。

大眼瞪小眼，內奸是誰？

「這個內奸就在我們這裡。」荀林父掃視一遍。

大眼瞪小眼，誰都怕別人看自己。

「是誰？」晉景公嚴厲地問。其實，他知道是誰，因為他知道應該是誰。

「主公，我們捉到了俘虜，招供了內奸。來人，把俘虜帶上來。」荀林父下令。

不多時，赤狄俘虜被帶了上來。

「說，是誰招你們來的。」荀林父呵問。

「是，是，是一個叫先穀的，說是要裡應外合。」俘虜驚恐地說。

所有人的眼光都盯在先穀的身上。

「你，你血口噴人。」先穀慌了，他知道不是自己，但是正因為如此，反而更危險。

晉景公一拍桌子，站了起來，「先穀，你好大的狗膽，與楚國人作戰時破壞軍令的罪責還沒有追究你，如今又裡通外國。是可忍孰不可忍？來人，砍了。」

先穀還想爭辯，荀林父哪裡給他機會，示意刀斧手立即動手。

「我冤枉啊，該死的荀林父公報私仇啊。」淒厲的喊聲。

先穀就這麼死了。

晉景公索性一不做二不休，下令滅族。

於是，繼狐家淡出晉國政治舞臺之後，先家被斬草除根了。

權力鬥爭就是這樣，誰的刀快，誰就能占據主動。

沒有人想到荀林父還有這一招，於是，每個人都老實了。

老實人被逼急了，也是會下狠手的。

權力鬥爭金科玉律第十六條：欲讓你滅亡，先讓你倡狂。

小試牛刀，大見成效。

荀林父現在發現，其實只要心夠狠，滅掉權力鬥爭的對手也並沒有想像中那麼困難。不過，滅掉了先家，絕不是從此就可以高枕無憂。相反，可能更加危險。

按照當時的規矩，滅掉某一家時，每一家都要出兵，這是一種「站隊」的方式，也是「用刀投票」的方式。今後如果證明這是一樁冤案，大家都有份，大家都能免責。

滅先家的時候，各大家族都有出兵，唯有一家例外。誰家？趙家。

先郤趙三家聯盟中，郤克很聰明地跟先家劃清了界限，可是趙家沒有，甚至趙同、趙括公開為先穀鳴不平。

「趙家不除，永留後患。」荀林父每天都這麼想。可是，有什麼辦法可以除掉趙家呢？

趙家的實力遠在先家之上，動他們可沒有動先家那麼簡單。

怎麼辦？

讓荀林父萬萬沒有想到的是，機會很快自己送上門來了。

趙家發生了一件離奇的事情。

占著茅坑不拉屎

趙家，趙家到底發生了怎樣的事情？

趙家的事情有點複雜，還有點麻煩。

趙衰一共有四個兒子，他們是趙盾、趙同、趙括和趙嬰齊，其中，趙盾是叔隗的兒子，而另外三個都是君姬的兒子，君姬是晉文公的女兒。從血統來說，趙盾的三個弟弟都是晉文公的外孫，血統上更高貴更正宗。只不過，由於君姬的主動謙讓，叔隗作了夫人，趙盾成了嫡長子。也正是因為這樣，趙同和趙括始終對大哥不服氣，認為家族的繼承權應該是他們的而不是趙盾的，趙盾這個時候本應該在北面喝羊奶、吃羊肉，渾身羊臊氣味的。

趙盾本身也明白這一點，他對君姬是心懷感激的，對幾個弟弟也很關照，想方設法補償他們。因此，趙盾設法讓趙家成為公族，並且讓趙括擔任公族大夫。趙盾的假公濟私是一個方面，另一個方面，出於自感對幾個兄弟的虧欠，他對兄弟們的關照又是很真誠的。

然而，趙同、趙括始終是心懷不滿的。怨恨，外加上優越的家族和身世背景，趙同、趙括的心理有些扭曲，他們驕橫跋扈，目中無人，惹是生非。在趙盾鞠躬盡瘁之後，這兄弟兩個變本加厲，整個晉國，沒有人喜歡他們。甚至，在荀林父擊敗赤狄，派趙同去向周王室獻俘的時候，他也表現得非常輕浮不敬，以致周大夫劉康公斷言趙同十年之內必有血光之災。

趙盾死後，趙朔繼承了家族的領導權，他的個性有些像他的祖父趙衰，他從內心裡很討厭這兩個叔叔，就像這兩個叔叔討厭他一樣。而小叔叔趙嬰齊與趙朔年齡相仿，性格相投，他們是好朋友。這樣，趙家內部實際上分成了兩派：趙朔、趙嬰齊為低調派，趙同、趙括為高調派。

為了鞏固趙家的地位，趙盾為趙朔迎娶了晉成公的姐姐為夫人，也就是晉文公的小女兒。這樣，晉文公的大女兒是趙盾的後媽，而小女兒是趙盾的兒媳婦，這叫一個亂。趙同、趙括叫趙朔大侄子，卻要叫他老婆為小姨。姐妹嫁給了爺孫，要放在今天，那是頭等的八卦新聞。

因為老媽孕中受寒，趙朔先天不足，後天難補，身體一向不好，性格也比較偏弱，於是就出了兩個茅坑和拉屎的問題。第一，在卿的位置上占著茅坑不拉屎；第二，在老公的位置上也是占著茅坑不拉屎。

一一來說。

先說第一個茅坑。作為下軍主帥，趙朔性格偏軟，缺乏主見，基本上可以說完全沒有威望。而且他的身體很差，經常請假，人稱老病號。

再說第二個茅坑。趙朔娶了成公的姐姐趙莊姬，按照規矩，同時還有一個公族女子為媵，也就是說，趙朔一次娶了兩個老婆。可是，幾年過去，兩個老婆沒有一個生孩子的。怎麼回事？誰的問題？趙朔又娶了兩個小老婆，結果還是生不出來。到晉景公三年的時候，趙莊姬三十三歲了。就算十八歲嫁給趙朔，造人的時間也已經長達十四年。十四年造不出個人，很明顯，趙朔沒有生育能力。

占著茅坑不拉屎，別人肯定會有意見的。

於是，麻煩來了。

對於趙朔擔任下軍主帥，很多人不服，但是出於對趙家的忌憚，也沒外人敢說三道四。可是外人不敢說，不等於自家人不敢說。

趙同、趙括一向就對趙盾父子不滿，如今看著趙朔占著茅坑不拉屎，非常氣憤：「該死的趙朔，自己不行，讓位啊。」

按照順序，如果趙朔辭職或者被免職，卿的位置就該輪到中軍大夫趙同。

邲之戰回來之後，哥倆就幾次找趙朔，一開始是勸說，然後是利誘，最後是威脅。幹什麼？要趙朔主動讓賢，把卿的位置讓給趙同。

雖然身子不好，趙朔還沒有到腦子不好的地步。他知道兩個叔叔沒懷什麼好心，所以任你怎麼忽悠，就是不同意。

趙同、趙括急了，也不管什麼面子不面子了，直接找荀林父去了。

「元帥，我們來反映一個問題。」趙同、趙括來到了元帥府。

「啊，兩位有什麼事情？」荀林父不知道他們要搞什麼鬼，還有點緊張。

「元帥，我們大侄子趙朔身體一向不好，可是為了國家拖著身子帶病堅持工作。我們當叔叔的看著心疼啊，勸他退休算了，在家裡過清閒日子多好？可是他很倔，說是只要國家需要他，他決不退縮。你看，多好的幹部啊。對於這樣的好幹部，我們不應該愛惜他嗎？我們來找元帥，就是希望元帥勸說他退下來。實在不行，就勒令他退休，讓他好好養身體。」趙同的話說得很漂亮，好像是出於一番好意。

荀林父一聽，差點笑出來，這不是黃鼠狼給雞拜年嗎？不就是想取而代之嗎？

「好，太好了。正愁沒辦法對付你們呢，最好你們自己內部幹起來。」荀林父心中暗喜。他當然不會這麼說，他說：「這個，不太好吧？趙衰、趙盾都是對國家有重大貢獻的，怎麼能隨便就把趙朔撤了？再說了，趙朔的職務還是郤缺安排的，我如果隨便動他，不就等於否定前任嗎？不行。」

看見荀林父一口拒絕，趙同、趙括急了。

「元帥，趙朔就是個廢人啊，你知道他一天拉多少次屎嗎？十五次啊。這樣的人擔任下軍元帥，那不是國家的恥辱嗎？我要是他，不等別人說話，早就自己找地方涼快去了。元帥，你一定要撤了他。」趙同一急，把黃鼠狼的真實嘴臉給露出來了。

「那也不行。」

「不行？老荀，你要考慮後果啊。」趙括也急了，他說話更硬。

「這個，兩位，都不是外人，咱們打開天窗說亮話吧。我知道你們想當卿，可是，坑少蘿蔔多，大家都要排隊啊。趙同啊，我跟你說實話吧。按照慣例，每個家族只能有一個卿，雖然你現在排在第一候選人的位置，可是你要當卿，除非是趙朔不幸鞠躬盡瘁。」荀林父表面上是交代政策，實際上等於說：不整死趙朔，你這輩子就沒戲。

趙同、趙括一路罵罵咧咧，走了。他們儘管很失望，卻也看到了希望：整死趙朔。

從那之後，趙同、趙括請了巫師作法，每天詛咒趙朔早死。

也不知道是巫師的詛咒起了作用，還是趙朔本來就該這樣，趙朔的身體一天不如一天，恐怕熬不到過年了。

可是，讓趙同、趙括有些困惑的是，趙朔和趙莊姬似乎並不傷心，他們反而比從前看起來還要心情愉快。

「怎麼回事？」趙同、趙括決定暗中進行調查。

調查結果很快出來：趙朔和趙莊姬正在造人，並且把握很大。

趙朔不是沒有造人的能力嗎？他怎麼造人？

趙家造人工程

儘管身體不好，趙朔對一切都很清楚。他清楚什麼？

外部形勢，先家被滅，趙家已經是眾矢之的，非常危險。

內部形勢，兩個叔叔虎視眈眈，恨不得自己早死。而一旦自己死了，家族控制權就落在兩個叔叔手中，那時候他們會更加飛揚跋扈，趙家被滅就成了無法避免的事情了。

要保住家族，唯一的辦法就是阻止趙同、趙括接掌家族。而要做到這一點，唯一的辦法就是自己生一個兒子。

可是，自己沒有生育能力，怎麼辦？

趙朔想起了兩個字：借種。

「小叔叔，趙家很危險了。」趙朔請來趙嬰齊，商量眼前的形勢。

「是啊，各家都對他們兩人很不滿了。」趙嬰齊說。趙嬰齊是個很隨和的人，與各大家族之間都處得不錯，他很清楚各大家族的態度。

「我的身體越來越差，估計活過今年就不錯了。我死了，趙家一定落入他們的手中，我們這個家族一定會滅亡的。」

「唉。」趙嬰齊歎了一口氣，表示認同，「你要是有兒子就好了。」

「叔叔，我有個大膽的想法，你坐近一點，我告訴你。」趙朔輕聲說。但是他還要更輕聲，因為他知道這個家裡到處是趙同、趙括的耳目。

趙嬰齊坐近了一些，下意識地向四周望望。

「叔叔，我知道我是個廢人，這輩子也不會有兒子了。所以我想，叔叔幫我個忙，幫我生個兒子。這樣，我死之後，我的兒子，實際上是你的兒子，就能接著執掌這個家族，趙家就有可能保存下去。」

「什麼？」趙嬰齊大吃一驚，這個想法太瘋狂了。

「小聲點，聽上去亂倫是吧？但是為了整個趙家，也只能這樣了。」

「不行，真是亂倫了，傳出去還怎麼混？」

「叔叔，為了整個家族，做一點犧牲吧。如果家族被滅，我們就什麼也沒有了，還在乎什麼亂倫不亂倫？其實，早就已經亂倫了，你是我的叔叔，可是你又是我老婆的外甥，這還不亂嗎？」趙朔耐心地勸說著。

「可是，可是，就算我想通了，莊姬呢？她同意嗎？」

「我已經跟她商量好了，為了趙家，她已經準備做出犧牲了。」趙朔早已經做通了趙莊姬的思想工作。想想看，從大處想，趙莊姬是為了整個家族做出犧牲；從人性角度說，趙朔是個廢人，莊姬是個正常女人，性生活長期不和諧，她也需要一個正常男人的滋潤。

「那，那好吧。」趙嬰齊答應了。他知道，如果家族真的歸了自己的兩個哥哥，自己也沒有好果子吃。

「太好了，我們趙家有希望了。」

從血統上說，莊姬是趙嬰齊的小姨。

由於這個造人的工程寄託了趙家的希望，我們簡稱為「希望」工程。

在趙朔的安排下，趙嬰齊和莊姬開始了「希望」工程。

《左傳》記載：「晉趙嬰齊通于趙莊姬。」

這屬於偷情，還是通姦？或者是強姦？或者是性交易？都不是，這只是一個工程，一個造人的工程，一個秘密造人的工程。

造人工程進展順利，三方都感覺很滿意。

與趙朔相比，趙嬰齊強壯、健康、英俊，更重要的是，性能力要強得多。所以，趙莊姬在造人的過程中真的愛上了趙嬰齊。而趙嬰齊對自己的這個小姨、侄媳婦和情婦三位一體的女人也很來電，他也愛上了她。

至於趙朔，看著老婆的臉色一天天變得好看，他的內疚得到了釋放，他也很高興。

「老公，我那個有一個半月沒來了。」終於有一天，趙莊姬向趙朔報告喜訊。

「真的？太好了。不過，保險起見，再接再厲吧。」趙朔挺高興，但是還不是太放心。

當天晚上，趙莊姬和趙嬰齊再接再厲了。

他們沒有想到，有人就在等他們再接再厲呢。

趙莊姬和趙嬰齊被捉姦在床。

「趙嬰齊，你這個不知廉恥的東西，竟然搞自己的侄媳婦。」趙同大聲呵斥。

「不僅搞自己的侄媳婦，還搞自己的小姨。」趙括加一句。

兩把刀架在脖子上，趙嬰齊還能說什麼？能把「希望」工程的來龍去脈告訴他們嗎？不能。所以，趙嬰齊不說話，他寧願自己背黑鍋。

「你們不要難為他，是我不對。我的男人沒有生育能力，我想為你們趙家留後，所以我才勾搭小叔叔的。」莊姬主動承擔責任，她依然沒有出賣趙朔。

「哼！」趙同、趙括開始商量怎樣處理這對亂倫的男女。

殺了趙嬰齊呢，他們沒有這個權力，這個權力在趙朔那裡，可是趙朔會殺趙嬰齊嗎？不會，趙同、趙括已經猜出來這事情趙朔是知情的。

殺了莊姬呢？那更不行，莊姬是國君的姑姑，誰敢殺？

就這麼放過趙嬰齊嗎？趙同、趙括又不甘心。

「你這個不要臉的東西，家族的敗類，看在父親的面子上，我們饒你一條狗命，不過你不能在晉國待下去了，明天就給我們滾蛋，滾得越遠越好。」兩兄弟商量好了，命令趙嬰齊離開晉國。

「兩位哥哥，我不能走。這次是我的錯，你們寬恕我吧。我在晉國，欒家、郤家、荀家都會給我面子，如果我不在了，我們趙家就會面臨滅頂之災。」趙嬰齊不肯走，他懇求趙同、趙括。

「臭不要臉，你以為你是誰？好像我們趙家沒有你就活不下去了，滾吧！你要是明天不滾蛋，我們就把你的醜事告上朝廷，讓你吃不了兜著走。」趙括大罵，他做得出來。

第二天，趙嬰齊逃去了齊國。

第一一〇章 趙家滅門

希望本是無所謂有，無所謂無的。

「希望」工程本也是無所謂有，無所謂無的。

當「希望」工程不得不中止的時候，並不意味著希望也同時中止了。事實上，希望還在，因為趙莊姬的「那個」一直沒有再來。

得罪所有人

在趙同、趙括逼走趙嬰齊之後不久，晉國發生了一件事。

夏天的時候，晉景公召集內閣擴大會議，商討遷都的問題。沒辦法，國家發展太快，人口迅速膨脹，首都極度擁擠，不遷都不行了。

「我建議，遷到郇瑕氏（今山西運城解池）去，那裡土地肥沃，離鹽池又近，那裡好。」被擴大進來的趙同第一個發言。

趙同一說話，基本上大家就不說話了，因為只要你跟他意見不一致，他輕則跟你爭吵，重則呵斥你。所以，有人怕他，有人不願意跟他一般見識。

趙括和趙旃附和趙同的意見，其餘人沒意見。

晉景公是個聰明人，也看出來了，知道這會開下去也沒啥意思了。

「散會，日後再議。」晉景公宣佈散會，給了韓厥一個眼色。

大家都走了，只有韓厥悄悄地跟著晉景公進了後宮的院子。韓厥為什麼可以進後宮？他是太僕，宮中的事務歸他管。

「你是什麼看法？」晉景公問。他知道韓厥是個很周到的人，考慮問題很全面。

「郇瑕氏那地方不行，土地貧瘠不說，關鍵是缺少水。沒有水的地方就會藏汙納垢，無法清排。不如遷往新田，那裡土厚水深，有汾水和澮水，各種髒東西都能被水沖走。再說，鹽池是國家的寶藏，在那裡建城不就是浪費寶藏嗎？」韓厥是個明白人，深知沿水造城這個原則。

「好，你說的有道理。」晉景公很高興，決定採納韓厥的意見。

當年，晉國遷都到新田，稱為新絳，就是今天的山西侯馬。這是後話。

趙家兄弟為此對韓厥十分不滿，四處散佈韓厥的壞話。

趙同和趙括從生下來就備受寵愛。父親趙衰寵愛他們，因為他們是晉文公的外孫；哥哥趙盾護著他們，因為他們的母親對趙盾母子恩重如山；之後晉襄公關照他們，因為他們是襄公共患難的姐姐的兒子。

他們沒有受過任何苦，他們幾乎想要什麼就有什麼，他們從來不知道生活的艱難和奮鬥的不易。他們的眼中，什麼都是簡單得手到擒來。他們是死硬的主戰派，不是因為他們比別人勇敢或者比別人智慧，而是因為他們根本不懂得打仗。

他們驕橫跋扈，目空一切並且完全不懂得進退。他們不懂得尊重別人，因此四處樹敵。

他們痛恨自己的侄子，羞辱最可靠的朋友，頂撞自己的頂頭上司。

歷史上和現實中，從來不缺少這樣的人，他們托庇父輩的權勢，胡作非為，胡說八道，直到有一天眾叛親離，連自己怎麼死的都不知道。

趙同和趙括，我們來講完他們的故事。

趙朔的主意

趙莊姬的肚子一天大似一天，到了冬天，圓鼓鼓的肚子看上就要瓜熟蒂落。

趙同和趙括有些傻眼，更有些氣憤，他們知道這肚子裡的孩子是趙嬰齊的，可是名義上還是趙朔的。

怎麼辦？趙朔快死了，這一點基本上是確定的。可是，如果讓趙莊姬把孩子生下來，並且還是個男孩子的話，大家基本上就要絕望了。

所以，趙同和趙括開始探討怎樣把那個孩子給弄死。實在不行，把趙莊姬也給弄死。

趙朔已經臥床不起，他在與時間抗爭，掙扎著熬到自己的孩子出世的那一天。但是直覺告訴他，自己的兩個叔叔已經準備下手了。

在苦思一個晚上之後，趙朔做出了一個驚人的決定，或者說是賭博。

「老婆，我猜想叔叔們已經準備好要害死我們一家了，如今只有一個辦法，你一定要照我說的去做。」趙朔叫來了莊姬，把自己的計畫告訴她。

「什麼辦法？」

「你過來，我告訴你。」

莊姬把耳朵湊近了趙朔的嘴，趙朔艱難但是清晰地把自己的計畫說了出來。

「太絕情了吧？」

「他們不仁，不能怪我們不義。」

「我們還是一家人呢。」

「他們早就不把我們當成一家人了。」

「我，我不放心離開你。」

「我已經是半條命了，不要管我，管好我們的孩子。」

「我……」

「快走。」

晉景公四年冬天。

「我要舉報。」莊姬從趙家來到了朝廷上，作為景公的姑姑，她不用通報。

「舉報什麼？」晉景公問。

「趙同、趙括謀反。」

「謀反？真的？」

「當然是真的，他們勾結楚國和北狄，想要害死你和荀元帥。」

「啊？」晉景公有些將信將疑，對趙家兄弟，他也很討厭，恰好郤克、欒書和韓厥都在，晉景公問：「你們三人怎麼看？」

韓厥猶豫了一下，沒有說話。他也恨趙同和趙括，不過還是不忍心害他們。

郤克和欒書對視了一眼，他們知道，機會來了。他們更知道，景公希望聽到的是一個什麼回答。

「我們覺得，趙家兄弟很長時間以來就對主公不滿了，如果說他們謀反，我們一點也不意外。」什麼是落井下石？這就是落井下石。

「好啊，既然有姑姑做人證還有兩位元帥做旁證，一定就是了。」晉景公一拍桌子，站了起來，大喝一聲：「來人，招屠岸賈來。」

屠岸賈是誰？司寇，也就是最高法院院長，抓人殺人的活，該他幹。

不多時，屠岸賈來了。

「屠岸賈，趙同、趙括謀反，立即捉拿歸案，斬首示眾。」晉景公下令。

「別，別急。」屠岸賈沒有行動，先說話了。

「你要為他們說情？」

「我覺得，斬首示眾太便宜他們了。你問問滿朝文武，誰沒有受過他們的氣？一定要滅族。」原來，屠岸賈不是說情，他更狠。

「這，趙朔沒有罪啊。」晉景公覺得有點過分了，而且這不是慣例。

「沒罪？主公啊，當年靈公的時候，趙朔的父親趙盾就殺死了靈公。算算看，不僅靈公，主公的兩個伯父不也都死在趙盾手上？這樣的一家，難道不該滅門？早就該滅門了。」屠岸賈當年就是靈公的死黨，對趙家一直又怕又恨，如今報仇的機會來了，怎能輕易放過？

晉景公看看郤克和欒書，那兩個假裝沒看見，心裡正幸災樂禍。

「主公，不能這樣，趙盾是個忠臣啊。」韓厥急忙為趙朔開脫。

「主公，趙盾是個大奸臣。」屠岸賈說。

晉景公思考了片刻，最後一拍桌子：「滅族。」

趙家的滅頂之災到了。

屠岸賈派人前往各家召集軍隊，共同討伐趙家。自從滅先家以後，這成了一個規矩。

趁著屠岸賈調兵遣將的時候，韓厥趕到了趙家，他要救趙朔。至於趙同、趙括，韓厥才懶得管他們。

「不必了，就算我逃走，也熬不過這個冬天了。我死無所謂，莊姬就要生了，如果是兒子就叫趙武，如果是女兒就叫趙文。女兒就算了，如果是兒子，拜託你幫我保住趙家的一點血脈啊。」趙朔說完，掙扎著翻身下床，跪在韓厥的面前。

「好，我答應你。」韓厥沒有猶豫，他把趙朔扶上了床，匆匆離去了。

當天，屠岸賈率領各大家族的聯軍殺到趙家。所有卿大夫家，只有韓厥沒有出兵。

從趙衰的人人感激到趙同、趙括的人人痛恨，可以看出一個家族的淪落並不需要太長的時間。

「男女老幼，一個不留，殺。」屠岸賈下令。

屠殺開始了。

「你們要幹什麼？」

「誰說我謀反？」

「我要去見主公。」

「饒命啊！」

基本上，趙同、趙括在說完這四句話之後就一命嗚呼了。

趙家，風光一時的趙家被滅門了。

趙朔一定沒有想到自己的辦法會是這樣的結局，不過他相信，即便沒有這個辦法，趙家同樣是這樣的結局。

至此，晉國稱霸的三大功臣狐偃、先軫、趙衰的後人都在晉國政壇上消失了，最強勢的三大家族都不復存在了。

什麼是權力鬥爭？這就是權力鬥爭。

什麼是政治鬥爭？這就是政治鬥爭。

而這樣的權力鬥爭、政治鬥爭還將進行下去，不僅在晉國的歷史上，應該說是在隨後幾千年的中國歷史上。類似的事情，是不是我們都似曾相識？

辛棄疾詞曰：歎人間哀樂轉相尋，今猶昔。

權力鬥爭金科玉律第十七條：內部鬥爭是自我毀滅的捷徑。
副一條：要擊敗強大的權力鬥爭對手，首先要從他的內部開始。

斬草除根

除了趙嬰齊因禍得福免於一死之外，趙家人全部被殺，無一倖免。

趙莊姬因為是國君的姑姑而不受牽連，並且滅門發生的時候她已經躲到了宮裡。但是，她肚子裡的孩子是趙家人，嚴格來說也要處死。

趙莊姬在宮裡待產，屠岸賈每天派人探看，他堅信一點：斬草不除根，春風吹又生。

趙莊姬沒有想到的是，從前要提防趙同、趙括，現在趙同、趙括死了，屠岸賈比趙同、趙括更狠。

終於有一天，莊姬生了，是個男孩，莊姬悲喜交加，喜的是趙家有了接班人，悲的是弄不好立即就會被殺。

「趕快抱出去。」莊姬的貼身老宮女輕聲說。

孩子被抱走了，按照趙朔當初的說法，這個孩子就叫趙武。

屠岸賈來晚了一步，孩子不見了。

「孩子呢？」屠岸賈問。

「生下來就死了，扔河裡了。」老宮女說。

「哼，騙我？搜。」屠岸賈自然不會上當，衛士們搜了一遍，沒有孩子的蹤影。

「全城大搜查，但凡有新生兒子的，都要一一驗明。」屠岸賈下令。

全城大搜查，一連三天，沒有進展。

「明天開始，搜查附近的山區，一定要找出來。」屠岸賈料定無論是誰帶著一個初生小孩子，一定逃不遠。

除了搜索之外，屠岸賈貼出了佈告，若有報告線索者，最高賞白銀一千兩，隱瞞不報者，滅族。

事實證明，重賞之下，必有勇夫。

第二天一大早，事情突然有了決定性的進展。

「我知道趙朔的兒子在哪裡，不過，我要一千兩銀子。」一個人找到了屠岸賈，他要報案。

「你怎麼知道？銀子沒問題。」屠岸賈喜出望外。

原來，這個人叫程嬰，從前是趙盾的門客。聽說趙朔被殺，莊姬在宮裡待產，於是夥同另一個門客叫公孫杵臼的，兩個人從宮裡把孩子偷運出去，準備撫養成人。

「唉，想來想去，跟自己過意不去，何必呢？講什麼義氣啊？銀子才是硬道理啊，所以，我就來報案來了。」弄來弄去，程嬰是來告密的。

「那好，帶路，我們先去抓人。」

於是，程嬰帶路，屠岸賈帶著人，出了城，在一座山裡捉到了公孫杵臼和那個剛出生三天的嬰兒趙武。趙武的身上，還裹著宮裡的小被子。

「卑鄙小人，出賣主人和朋友的無恥之徒，程嬰，你真不要臉。」公孫杵臼大罵程嬰，看上去，他比程嬰有骨氣得多。

「嘿嘿，朋友不就是用來出賣的嗎？兄弟，人生苦短，何必呢？」程嬰厚著臉皮說。

「就算趙家有罪，這個剛出生的孩子有什麼罪呢？叔叔大爺，求求你們，殺了我，放過孩子吧。」公孫杵臼哀求。

看上去，是不是很感人？是不是很感動？

可以感動，可以激動，但是，不能衝動。屠岸賈當然明白這個道理。

「囉唆什麼？都給我砍了。」

刀光閃動，兩顆人頭落地，一個大人，一個孩子。

「走。」屠岸賈揮揮手，帶著手下回去了。

程嬰呆呆地站在那裡，一動不動。

他的面前，是一千兩銀子，屠岸賈是說話算數的。再說，反正銀子也是公家的。

程嬰發財了，出賣朋友歷來是發財的捷徑。

從那之後，程嬰消失了，他為什麼消失，以及消失去了哪裡，沒有人知道。人們只知道，一個叫程嬰的為了銀子出賣了朋友。

趙家的故事告一段落，接下來，繼續說楚國的故事。

要命的單位介紹信

公子馮順利從晉國回來了。

申無畏呢？

申無畏的運氣就沒有這麼好，他回不來了，永遠回不來了。

使節出使，是代表一個國家的，因此都會在車上設旄。申無畏離開楚國，就進入宋國，這時候隨從建議把旄收起來，這樣不引人注意，或許就能蒙混過去。

「不可以，楚國是什麼國家？怎麼能像小偷一樣偷偷摸摸過去？」申無畏拒絕了。

進入宋國之後不久，申無畏就被宋國軍隊發現了，一看是楚國使者，也不管是過境還是到宋國的，直接就給送中央去了。那時候，兩國是敵國，宋國是晉國最堅定的同盟國。

按理說，如果楚國使者是來宋國出使，宋文公就要親自接待。不過這一次是路過，就只需要右師華元處理了。

按照慣例和最基本的禮節，即便不是友好國家，使節借路也是沒有問題的，東道國還應該提供食宿方便。

華元很不喜歡申無畏，上次孟諸打獵他也在，當時申無畏鞭打宋昭公隨從的那一幕至今歷歷在目。儘管他很不喜歡申無畏，可還是得接待他，宋國可是個禮節上的模範國家。

「老申，又見面了，去哪裡？」華元說話還算客氣。

「啊，去齊國。」申無畏小心地說，儘量陪著笑臉。

「單位介紹信呢？」

「沒有。」

「沒有？」華元幾乎叫出來，臉色沉了下來，「忘了帶，還是沒有？」

「就是沒有。」申無畏也不好說是楚莊王不給開。

「你們太欺負人了。申無畏，還記得當年你羞辱我國國君的往事嗎？如今路過我國卻不借道，分明把我們當成了你們自己的一個縣，也就等於是當我們亡了國。如果我殺了你，頂多也是被你們討伐，也就是個亡國。既然無論怎樣都是亡國，姓申的，別怪我手下無情，都怪你欺人太甚了。來人，砍了。」華元當即翻臉，氣不打一處出，當時一咬牙一跺腳一瞪眼一聲喊，把申無畏給剁了。

所以，單位介紹信是很重要的。有的時候就因為缺一張單位介紹信，就會送命。

為什麼楚莊王執意不給申無畏開單位介紹信呢？兩種可能：第一種，他以為世界大同就要到來，因此國家之間可以任意通行；第二種，他就是要申無畏去送死，以此來為討伐宋國找到藉口。

如果是第一種，楚莊王就很天真；如果是第二種，他就很陰險毒辣。

我們來看看楚莊王得到申無畏死訊時的反應，然後來判斷莊王屬於哪一類人。

《左傳》這樣記載：「楚子聞之，投袂而起，屨及於窒皇，劍及於寢門之外，車及于蒲胥之市。」

翻譯過來是這樣的：楚莊王聽到申無畏被殺的消息之後，一揮袖子站了起來，一言不發向外走去，侍從追到院子裡才把鞋送上，追到宮門口才把佩劍送上，追到蒲胥街市上才讓他坐上車子。

想像一下那樣的場景，那叫做震驚、震怒或者「出離憤怒」。

莊王連鞋都沒有穿，直接從宮裡走到了大街上，他心中的鬱悶可想而知。宋國人殺掉的不僅是申無畏，更是他的偉大理想。他驅車直到郊外，才使自己平靜下來。

「樹欲靜而風不止，宋國，等著吧。」楚莊王決定討伐宋國。

顯然，楚莊王是第一種人，可是他得到了第二種人想要的結果。

通常，第一種人都會得到第二種人的結果，因為雖然他天真，這個世界卻很不天真。

九月，匆忙秋收之後，楚莊王親自率領大軍討伐宋國，申無畏的兒子申犀也隨軍前往，發誓要手刃殺父仇人。

宋軍哪裡敢和楚軍交鋒，直接退守首都睢陽。楚莊王也不客氣，直接包圍了睢陽。

打宋國可不是打鄭國，打鄭國那是做個樣子，這次是要滅了宋國。所以，楚軍開始攻城。

宋國人看出了楚國人的氣勢，他們能夠感覺到，如果城池被破，他們面臨的將是滅頂之災。正因為認識到了這一點，宋國人的防守異常堅固。

要知道，整個春秋，最善於防守的就是宋國人了。

一個是鐵了心要攻城，另一個是玩了命要守城。從九月到轉年的二月，五個月過去了，雙方損失慘重，楚國人卻依然拿不下睢陽。

楚國人有點急了，再熬下去，春耕就徹底泡湯了。可是，大家看不出來楚莊王有任何要撤軍的意思。

宋國人更急，被圍的時間太長了，忍不住有發瘋的衝動，已經有幾個弟兄從城頭上跳城自殺了。其中一個跳下去沒有摔死，因為他正好砸在一個楚軍的身上，砸死了楚軍之後，他不想死了，結果砍了楚軍士兵的頭回來，竟然算立了一功。

不管怎樣，宋國人向晉國求救了。

第一一一章

爾虞我詐

古人有言曰，雖鞭之長，不及馬腹，天方授楚，未可與爭，雖晉之強，能違天乎？諺曰，高下在心，川澤納汙，山藪藏疾，瑾瑜匿瑕，國君含垢，天之道也，君其待之。

——《左傳》

鞭長莫及

「救，還是不救？」在接到宋國特使的求救之後，晉景公緊急召集六卿擴大會議，討論救宋事宜。

「倒是救，還是不救？」荀林父反過來問。他沒主意，或者說，從心底裡，他不願意救。

「那究竟是救，還是不救？」所有人都在問。說實話，戰敗的陰影還在每個人的心中，誰也不願意在這個時候再去跟楚國人交手。

晉景公猶豫不決，從情理上說是絕對應該救的，因為宋國是最鐵杆的盟友，在盟約上也說到了一方有難對方支援，如今宋國有難，盟主不出手是說不過去的。可是，看眼前的狀況，真是沒有人願意去救。

終於，有人提出看法了，這個人叫伯宗。關於此人的身世，史書上只說是孫伯起的兒子。孫伯起又是誰的兒子？不知道。有說法認為他是宋國公族在晉國的後代，又有說法認為他就是晉國公族。不過綜合分析，他似乎應該是晉國公族。理由有兩點：第一，晉景公跟他非常親近；第二，就是因為上面《左傳》的那段話了。

那段話什麼意思？

伯宗那段話很有哲學意味，我們來學習一下：「古人說過，馬鞭雖然很長，但是打不到馬的肚子。現在上天正在眷顧楚國，不能與他們爭奪。我們晉國雖然也很強大，但是能夠違背天意嗎？俗話說：是屈是伸要心中有數。江河湖泊也要容納一些污濁之物，山林草莽也要隱藏一些蛇蠍毒蟲。作為國君忍受羞辱，那也是合乎天道的。所以啊，忍忍吧，等待時機吧。」

「鞭長莫及」這個成語，就來自這裡。成語的原意不是說鞭子不夠長，而是說長也有長的不足，不等於長了就哪裡都能打到。

「藏汙納垢」這個成語也是出自這裡。

彎來繞去，這段話的結論就是：不救。

「可是，見死不救，說出去不好聽啊。」晉景公還是有些猶豫。

「咱們派人去宋國，就說咱們很快會出兵去救他們，讓他們再堅持一段時間。只要他們能堅持，楚國人就會自己撤軍了。」郤克出了個主意，這也是最近這些年來晉國人的慣用手法。

這不是忽悠人家宋國人嗎？

忽悠宋國人

派去忽悠宋國人的是解揚。

解揚不是被楚國人抓走了嗎？

說起來，解揚夠倒楣。上一次因為馬受驚把自己送到楚軍大營，稀里糊塗當了俘虜。後來多虧楚莊王開恩，把他給放回了晉國。如今，這倒楣的差事又派到了他頭上。這差事不僅危險，而且今後要挨罵，因為你是去忽悠人家嘛。

「小解，我們考慮到你在楚國待過，瞭解楚國人的習慣，還會說楚國話，因此，這個光榮而艱巨的任務非你莫屬了，祝你馬到成功，平安歸來。」荀林父給解揚佈置任務，用的是不容商量的口吻。

沒辦法，解揚自認倒楣，回家交代了後事，上路了。

要說一個人倒楣，那叫做喝口涼水都塞牙。想想看，人家宋國的使者都能在楚軍的包圍圈裡出入自由，解揚進去一趟應該是沒什麼問題的。可是解揚正走在「背」字上，就註定了他完不成任務。

到了睢陽週邊，楚軍的包圍並不算太嚴密，解揚瞅個空子，要混到睢陽城下，誰知道恰好過來一隊楚軍。

「什麼人？」帶隊的軍官喝問。

「啊，走錯路了，走錯路了。」解揚急忙說。換了別人，這樣說也就行了，可是偏偏解揚不行。

「你的聲音怎麼這麼熟？哎，你不是解揚嗎？」帶隊軍官竟然認出解揚來了。

解揚定睛去看那人，套用《水滸傳》的說法，那叫做：只叫得苦。原來，解揚在楚國的時候，就是這個人負責看管他，兩人後來關係混得還不錯。

這下沒什麼好說了。

「你就是解揚？嘿嘿，說吧，你到這裡來幹什麼？」楚莊王親自審問。

「奉了我國國君的命令，來告訴宋國人，晉國軍隊已經出發，很快就到，讓他們堅持下去。」解揚實話實說了。不過，晉國實際上不會出兵的事情他沒有說。

「你覺得，晉國能打敗我們嗎？」楚莊王接著問。

「當然能。」

「那上次為什麼敗給了我們？」

「上次不是楚國擊敗了我們，是內訌使得我們自己擊敗了自己。如今我們在我國國君的英明領導下，三軍在荀林父的指揮下團結一心，所以，我們能夠擊敗楚國。」

幾句對話之後，楚莊王挺喜歡解揚，覺得這個人挺直爽而且挺硬氣。

「兄弟，投靠我吧，怎麼樣？讓你做上大夫，怎樣？」

「不感興趣。」

「當官沒興趣？發財有興趣吧？」楚莊王命令手下拿來許多金銀財寶，放在解揚的面前。

解揚沒有說話。

「怎麼樣？只要你到城邊上對宋國人喊，就說晉國不來救他們了，這些金銀財寶就都是你的。」楚莊王以為解揚動了心，於是開出了條件。

「不行。」

「如果你不答應我，我就殺了你，然後號令在軍前，讓宋國人看看晉國特使已經被我們殺了。」

「這……」

「幹不幹？」

解揚在那一刻進行了激烈的思想鬥爭。他知道，如果按照楚莊王的話去做，那就是背叛了祖國，可是卻是在說實話。能夠背叛祖國嗎？不能。可是，如果不答應楚莊王的條件，自己就會被殺，就完不成忽悠宋國人民的任務。要完成忽悠宋國人民的任務，只有一個辦法：忽悠楚莊王。

「好吧。」解揚答應了。

為了完成一個忽悠，而不得不先進行一次忽悠，這就是忽悠的最高境界嗎？

解揚登上了楚軍的樓車，然後一直推進到了城邊。

城頭上，宋軍準備好了弓弩，他們以為楚軍要攻城。

「宋國的兄弟們，別射我，我是晉國特使解揚。」解揚大聲喊起來。城頭上的宋國人都有些吃驚，怎麼晉國特使上了楚國的樓車？

「我被楚軍給抓住了，我特地來告訴大家，晉國軍隊已經出發了，你們要頂住，勝利一定是我們的，世界和平一定能夠實現。」解揚繼續喊。

宋國人高興了，興奮地歡呼起來。他們不知道，他們被忽悠了。

同時被忽悠的還有楚莊王，他一點也不興奮，他要殺人。

「你忽悠我，你不講信用，我要殺了你。」楚莊王對解揚說。

「我對你講信用，就必然對我的國君不講信用。我雖然死了，卻完成了我的任務，死得也值啊。可是大王你呢？你竟然賄賂我，太不高尚了吧？這是大國君主的風範嗎？來吧，砍了我吧。」解揚玩起了視死如歸，繼續忽悠。

楚莊王想了想，解揚雖然忽悠了自己，可是人家是為了國家利益，不是為了自己啊。這樣的忽悠難道不是高尚的忽悠嗎？如果不是自己試圖賄賂人家，人家又怎麼能夠忽悠自己？所以，說來說去，是自己錯了。

楚莊王這人就這個特點，喜歡反思，喜歡找自己的不足。

「算了，我敬你是一條好漢，你走吧，我放你了。」楚莊王放走了解揚，還贈送了禮物。

這就是解揚的故事了，忽悠了敵人，也忽悠了朋友，完成了任務，還能活著回去，還有禮品。

這樣的忽悠，有理有禮有節，還有盈餘。

忽悠，自古以來就是一門學問。

宋國人又來了精神，被忽悠之後的精神力量不可低估。而楚軍因為擔心晉軍到來，也加緊了圍城。

從二月到五月，轉眼又是三個月過去。這三個月，楚軍把睢陽圍得水泄不通。

宋國軍民盼星星盼月亮，就是盼不到晉國大哥的援軍。城中早就沒有了糧食，能吃的都吃完了，甚至有吃人的事情發生了。即便這樣，宋國人還是在死扛，他們要跟楚國人比耐心。

楚莊王決定撤軍了，像上一次圍困鄭國一樣，楚莊王認栽了。

「大王，信用啊！我爹為了完成對大王的信用，寧可被殺也要出使齊國。大王既然答應了為我爹報仇，怎麼能不講信用呢？」申犀聽說要撤軍，直接來找楚莊王論理了。

楚莊王無言以對，他是一個很看重信用的人，否則也不會被解揚感動而放了他。問題是，大軍已經在這裡待了足足八個月，再待下去，怕是大家都要瘋了。就在兩天前，兩個士兵因為睡覺打呼嚕的小事大鬧軍營，大打出手，最終一死一傷，受傷的士兵被處死之前甚至露出了解脫的笑容。

「老申，怎麼辦哪？」楚莊王愁死了，向申叔時問計。

「大王，其實這事情也簡單。現在看來，晉國人顯然忽悠了宋國人，他們根本不會救宋國人。宋國人之所以還不投降，就是賭我們熬不過他們。如果我們現在開始造房，把逃走的農民招回來耕地，以此顯示我們準備常駐下去，宋國人恐怕立即會投降了。」申叔時還真有主意，這個主意還真正點。

「老申，這麼好的主意，你怎麼不早說？」楚莊王大喜。

「不是我不想說，是我弄不懂大王的算盤啊。」申叔時說。他說的是實話，楚晉大戰就完全是楚莊王一個人在操控，誰知道這一次他是不是也故意不拿下宋國呢？

第二天，楚莊王命令士兵就地打地基修房，挖坑灌水養魚，同時出了告示，要這一帶逃走的農民回來種地，政策優惠。

這一招靈不靈？

可以說：立竿見影。

華元的妙計

「華老，怎麼辦啊？看來楚國人要跟我們耗到底了。」宋文公問華元。到現在，宮裡也沒糧食了，大家都在啃樹皮，連做愛的力氣都沒有了，看著這麼多女人就煩。

「我也想呢。」華元這個時候很後悔，心想當初要是忍一忍就好了，何至於如此？不過事到如今，後悔也來不及了。

「投降行嗎？肉袒怎麼樣？」宋文公問。他已經做好了裸奔的思想準備。

「圍了八個月了，這時候再投降行嗎？別楚王不高興，把您直接扔鍋裡了。」

「那，那，那怎麼辦？」宋文公傻眼了。

想了半天，華元想出來一個很奇怪的招數。

「主公，我跟楚國的子反挺熟，這樣，我半夜出去找他，求他跟楚王說個情，和平解決這個問題。」華元說。這就是他的主意。

「行嗎？」宋文公覺得這個主意很怪，華元跟子反也就是一個熟人而已，連朋友都算不上，兩國之間的戰爭，靠熟人關係就解決了？

「不行也得行了。」華元也沒有別的辦法了。

深夜，小半個月亮，星星點點。這是小偷最喜歡的夜晚，因為這樣的夜晚能看見路，但是看不清人。

城頭上悄悄放下一根繩子，一個人順著繩子溜了下來。誰？宋國第二號人物華元。

溜下城頭，華元邁過了護城河。為什麼是邁過？因為護城河早就被楚軍給填上了。還好，沒有人發現。

華元小心翼翼地前進，心想要是被楚軍捉住，可就糗大了，說不定明天早上就只剩下身子，人頭拿去城邊展覽了。

還好，一直到了楚營，都沒有人發現他。八個月了，楚國人早就沒有警惕性了，白天挖坑蓋房，累得打雷都吵不醒。

華元溜進了楚營，子反的帳篷在哪裡？正在發愁，出來一個撒尿的士兵，懵裡懵懂的。

「嘿，兄弟，子反將軍的帳篷在哪裡？」華元急了，索性跟這個士兵打探一下。

「那邊，亮著燈的那個。」士兵指給他看，指完之後，還問了一句：「怎麼你是宋國口音啊？」

華元沒理他，走開了。

士兵撒了泡尿，回去繼續睡覺，他做夢也想不到，剛才問路的竟然是宋國右師華元，否則抓住華元，那就升官發財了。

所以，該你發財的時候，半夜起床撒尿都是機會。不該你發財的時候，撒尿就能得到的機會都抓不住。

華元順著燈光，來到子反的帳篷，拉開條縫一看，裡面只有子反一個人躺在床上睡覺，五月份天正熱，子反脫得赤條條一絲不掛，嘴裡還打著均勻的呼嚕，衛兵都不知道去了哪裡。

華元掀開了帳篷的門簾，踮著腳來到了子反的床前。

「子反，子反。」華元小聲叫。

子反沒有任何反應，天氣熱，好不容易涼快點，剛睡著，正睡得熟呢。

「子反，子反。」華元拍一拍子反的肚子。

子反身子動了一下，接著睡。

華元倒有點犯難了，這不是進了洞房卻抱不動新娘嗎？想要大聲喊或者給子反兩記耳光，又怕聲音太大，被人發現。

「哎，這個主意好。」華元自言自語，他覺得抓腳板心摳癢癢很靈。

子反的腳很臭，沒法不臭，整個楚營到處都是大便，每天不踩上才是意外。華元顧不上那麼多，伸出小指頭，用指甲在子反的腳心輕輕地劃來劃去。

子反哼了兩聲，屁股動一動，接著睡。

華元急了，他覺得很沒有面子，連一個人都弄不醒，自己是不是太無能了？

想到這裡，華元「嚓」一聲拔出了刀，再弄不醒，就用刀砍了。

「啪啪。」華元用刀的側面在子反的肚子上拍了兩下。

大概是當兵出身，子反對刀的感覺明顯不一樣，騰地坐了起來。一睜眼，看見一個人就站在自己的床邊，手中拎著明晃晃的刀。

「啊。」子反本能地低聲驚叫了一聲，任何人在半夜醒來卻看見一個人拎著刀在自己的床前都會害怕的。何況，自己還是裸體，想抓個武器都抓不到。

「噓，子反，別怕，我是華元啊。」華元說，心說總算把你給弄醒了。

「華元？啊，對了，華元。你，你來幹什麼？吃了嗎？」子反也不知道說什麼了，總之他還是認出了華元。

「吃？吃什麼啊？還有什麼可吃的啊？都什麼時候了，你還能睡得這麼沉？還有心思打呼嚕？」華元一緊張，把來的時候準備好的話給忘了，先說幾句壯壯膽的話再說。

「啊，這個，不好意思啊。你，你，有何貴幹啊？」子反更加害怕。

「敝邑易子而食，析骸以爨。雖然，城下之盟，有以國斃，不能從也，去我三十里，唯命是聽。」（《左傳》）華元終於想起自己要說的話了。大意是：我們裡面什麼吃的都沒有了，只好交換孩子當飯吃，把吃剩下的骨頭當柴燒。不過即使這樣，我們也不願意簽訂城下之盟，寧可與國家同存亡。不過，如果貴軍能夠後撤三十里，什麼都好商量，什麼都聽你們的。

「易子而食」、「唯命是聽」（唯命是從）這兩個成語，就是華元發明的。都沒飯吃了還能發明兩個成語，不簡單吧？

子反這個時候已經非常清醒了，他簡單判斷了一下眼前的形勢。從大的方面來說，華元是代表宋國來投降的，不過是想有點面子的投降，所以，華元有求於自己；從小的方面說，自己是裸體，人家拿著刀，自己是很不利的。不管怎麼說，先保住自己的命再說。

「老華，有骨氣，我好敬佩你。能不能告訴我，城裡到底還有多少糧食？」子反問。

「實話相告，糧食早就沒有了，能吃的都吃掉了，也就是堅持明天一天了。」華元說。他說的是實話。

「你這人太實在了，告訴你吧，楚軍日子也不好過，挖坑種地那是忽悠你們，我們也只有兩天的糧食了。」子反被華元的誠實感動了，主動說了實話。

「子反，我就知道你是個實在人，夠義氣。怎麼樣，後撤三十里？」華元也挺感動。

「好，我答應你。不過，我答應你沒用，我帶你去找大王。」子反說。穿好了衣服，他帶著華元去找楚莊王了。

楚莊王的帳篷離得不遠，衛兵們看見子反來，說大王還在睡覺。

「趕快通報，緊急情況。」子反也不管那麼多，讓衛兵把楚莊王給弄起來了。

楚莊王起來之後，洗了一把臉，子反帶著華元就進去了。

楚莊王隱隱約約認得華元，等子反把事情的過程彙報一遍之後，知道這人確實就是華元了。

「你怎麼把咱們的軍事秘密告訴他了？」楚莊王質問子反。

「大王，人家宋國是個小國，都不欺騙咱們；咱們是個大國，難道還欺騙小國？您不是經常教導我們要誠信嗎？要有大國風範嗎？」子反當時就給頂回去了。

楚莊王一反思，子反說得對啊。

「嗯，有道理。」楚莊王自我批評了一下。

「人家這麼誠信，這麼有誠意，所以，我就先答應他們了。」子反趁熱打鐵。

「好啊，明天後撤三十里。」楚莊王下令。

華元仍然爬城牆回去，不過這次子反親自送他到城下。

第二天，楚軍後撤三十里。

華元再赴楚營，不過這一次不是翻牆，而是走城門。

楚莊王熱情接待了華元，雙方在經過親切交談之後，決定簽署友好條約，那時候叫盟約。盟約由子反和華元簽署，上面只有八個大字：我無爾詐，爾無我虞。意思就是：你不要騙我，我也不要騙你。

「爾虞我詐」，這個著名的成語就來自這裡。

宋國將申無畏的屍體從城外的亂葬崗中挖了出來，用上卿級別的棺材裝殮好，送到了楚軍大營，並向申犀做出賠償和表達歉意。

第二天，楚軍撤軍，華元作為人質前往楚國。

八個月的戰爭就這樣草草收場。

「我討厭戰爭。」楚莊王說。他很大度地放過了宋國之後，決定再也不要戰爭了。

第一一二章

霸主楚莊王

從宋國撤軍的時間是楚莊王二十年，直到楚莊王二十三年鞠躬盡瘁，楚莊王再也沒有發動過一場戰爭。

從齊桓公到晉文公到楚莊王，三代霸主中，齊桓公和晉文公都有一個愛好——開會。兩位霸主動不動就要開個聯合國大會，他們很享受那種高高在上被吹捧被歌頌的感覺。

可是，楚莊王不喜歡開會，在他的手上，聯合國大會一次也沒有開過。從理論上說，他甚至都不能算是霸主。但是實際上，他可能是最為強大的霸主。為什麼這樣說？

霸主楚莊王

我們從幾個方面來進行分析。

第一，以德服人。

論楚國的實力，沒有任何國家可以相比。但是，在與晉國的爭奪中，中原諸侯更願意接受晉國的領導，為什麼？因為晉國比楚國正統。

相比于自己的先輩，楚莊王更加善於反思。前輩們是以怨恨來面對這樣的現狀，以武力來強迫中原諸侯擁戴自己。楚莊王不是，他的辦法是表現得比晉國更寬容、更誠信、更守禮、更容易親近，從而讓中原諸侯從內心感覺到楚國更可靠，更值得信賴，從而自根本上讓中原諸侯改變楚國是南蠻的成見，心悅誠服地投靠到楚國的陣營。

恢復陳國，寬恕鄭國，寬恕宋國，這是三次典型事件。三個國家很明白，自己之所以能夠保存下來，完全是基於楚莊王的寬容。在那樣的情況下楚國都能寬容他們，足以證明楚國並不是一個以吞併別國為樂的惡國。

同時，三個國家也都對照著來看晉國，結論很容易得出：晉國很不夠意思，很靠不住。

即便對晉國，楚莊王也同樣表達善意，戰場上沒有趕盡殺絕，然後還主動派遣特使修好。事實上我們也可以看到，晉國的大夫們對楚莊王都非常尊敬。相信，在解揚第二次回到晉國之後，楚莊王在晉國人的心目中已經是一個偉大的形象了。

第二，廣交朋友。

楚國人在從前有一個問題，就是他們對於中原諸侯普遍抱有敵意和蔑視，因此他們沒有朋友。楚成王的時候曾經有意改變這一狀況，不過他未能實現。

而楚莊王把自己的地位擺得很低，他主動開始與中原諸侯交朋友，他的特使去了晉國、秦國、齊國，試圖平等的與這些國家交往。

很顯然，晉國人服了。

即便是對小國，楚莊王的態度也是「國無大小，平等交往」。

《說苑》中記載一則故事，說是在戰勝晉國之後，楚莊王在國內修了一個四丈高的高臺，請諸侯們前來。這事情換了齊桓公和晉文公，那就是一次聯合國大會了。

哪些國家去了呢？沒有記載。不過鄭、蔡、陳、許甚至宋、魯這樣的國家應該去了不少。楚莊王很客氣，請大家海吃海喝，天南海北外帶黃段子。吃喝得差不多了，就有人提議說要請求簽署盟約，請楚國出任盟主。

「我薄德之人也。」楚莊王謝絕了，他說自己配不上。

諸侯們一看，以為這個老大假謙虛，於是一起來敬酒，楚莊王一飲而盡：「高高的樓臺作證，我們在這裡暢談國際大事，今後我要是有什麼說得不對的地方，請各位批評我、指責我。」

「將將之台，窅窅其謀，我言而不當，諸侯伐之。」這，就是楚莊王的稱霸宣言了。

第三，善於反思。

楚莊王的反思精神令人驚訝，甚至可以說歎為觀止。

前面的例子不用再舉，還是引用《說苑》裡的一則故事：「楚莊王見天不見妖，而地不出孽，則禱於山川曰：『天其忘予歟？』此能求過於天，必不逆諫矣，安不忘危，故能終而成霸功焉。」

什麼意思呢？楚國風調雨順，沒有各種天災，於是楚莊王在向山川的神靈禱告時就說：「上天啊，你難道忘記我了嗎？」這就是能夠向上天尋求過失，這種人一定不會拒絕忠言諫勸，居安能夠思危，所以最終能夠建立霸主的功業。

而再看看後人，一旦有了天災，所做的就是掩蓋真相、推脫責任，然後號稱戰勝災難，論功行賞，卻完全不去反思天災中有多少人禍的因素。與楚莊王的境界相比，真的是天壤之別。

第四，慧眼獨具。

楚莊王的智慧是值得單獨拿出來說的。

從消滅鬥越椒到戰勝晉國以及最後的稱霸，楚莊王所表現出來的智慧遠在當時所有人之上，他比所有人都看得遠，看得深。

同樣在《說苑》中有一則故事，我們從中可以看出楚莊王超人的智慧。

楚莊王喜歡打獵，有人就來勸他：「國際形勢空前複雜，現在大王的精力應該集中在怎麼對付晉國啊，怎麼能耽於打獵呢？」

楚莊王告訴他說：「多謝你來提意見，不過我有自己的想法。我打獵不僅僅是為了娛樂啊，我的主要目的是發現人才。能夠用棒子打死老虎的，我知道他很勇敢；能夠徒手與犀牛搏鬥的，我知道他是個大力士；打完獵之後能夠與大家分享獵物的，我知道他是個仁義的人。」楚莊王就是依靠這樣的辦法，得到了三個賢士。所以，只要有了好的志向，就沒有不好的行為，說的就是這事。

一個人，有缺點並不可怕。只要是人，就會有缺點。

春秋之所以偉大，就是因為每個人都有缺點，越偉大的人缺點越明顯。所以，有缺點並不可怕，也不可恥。可怕的是沒有缺點，可恥的是不承認自己有缺點。

齊桓公、晉文公都是有缺點的人，齊桓公有三大缺點，晉文公小富即安，滿足于農婦山泉有點田，但是，他們有一個共同的優點：

大度。

真正的霸主，最需要的就是大度。

楚莊王，一個超級淫民，這不可怕，因為，他具備與齊桓公和晉文公同樣的品質：大度。

除了大度，楚莊王甚至還有一個偉大的品格：專注。

除了專注，楚莊王還非常聰明，不管有沒有爭議，筆者認為，他是春秋最聰明最有才的君主。之所以在歷史上的地位不如齊桓公和晉文公，最根本的原因是他沒有一個管仲這樣的天才和狐偃、趙衰這樣的天才團隊的輔佐。

淫樂三年不理國政，從另一個側面反映了楚莊王的過人之處。身體強壯，這不用說。他很專注，三年如一日；他很坦白，老子就是幹這個了；他很明智，三年時間亡不了國家。

從齊桓公到晉文公再到楚莊王，一個可以做朋友，一個可以做哥們，一個可以做朋友加哥們。真正的霸主，決不盛氣淩人。

楚莊王，春秋第三霸。

齊桓公、晉文公、楚莊王，春秋史上的三座豐碑。儘管有春秋五霸的說法，但是真正的霸主只有上述三位，他們同等偉大。

潞國的滅亡

楚國人在南面的胡蘿蔔加大棒政策已經成功地從晉國人手中奪走了霸主地位，晉國人很鬱悶。於是，晉國人不甘寂寞，要搞點什麼動靜。

晉國的北面有一個狄國叫潞國，因為爵位只有子爵，又叫潞子國，國君叫潞子嬰兒。潞子國的執政叫豐舒，前文說過狐射姑就是投靠他了。豐舒很強勢，人稱潞子國的趙盾。強勢到什麼地步？

來看看豐舒的戰績。

潞子嬰兒的夫人對豐舒的專橫很不滿，發了幾句牢騷，於是，豐舒逼迫潞子嬰兒把夫人給殺了。

借著打獵的機會，豐舒用箭射瞎了潞子嬰兒的一隻眼睛。

狠吧？

你狠，就有人來收拾你。

潞子嬰兒的夫人是誰？是晉景公的姐姐。

「各位，潞國的豐舒吃了狗膽了，竟然害死了我姐姐，我們是不是要討伐他？」晉景公召開六卿擴大會議，專門討論這個問題。

大家的反應都是不要打，各種理由都有，總之就是不想打。為什麼都不想打？荀林父是很擔心再出現與楚國人打仗那樣的事情，到時候如果戰敗，恐怕就沒有上一次那麼好運氣了。而其他人也都是多一事不如少一事，打了勝仗是荀林父的功勞，打了敗仗大家都沒好果子吃。所以，這一次大家竟然很一致。

晉景公很不高興，在南面已經很沒有面子了，如果不在北面把損失撈回來，怎麼說得過去？

「一定要打。」就在晉景公要發火的當口，伯宗說話了，現在他是晉景公最信任的人，這個時候，他必須要說話，「豐舒有五宗罪，不祭祀祖先，侵犯黎國，殺了主公的姐姐，弄瞎了潞子嬰兒的眼睛，此外，還酗酒。現在，我們已經失去了諸侯的擁護，如果再不做一點替天行道的事情，還有什麼臉混下去？」

大家還要說話，晉景公一拍桌子：「就這麼定了，討伐豐舒。老荀，準備出兵。」

荀林父一看，知道這次是怎麼也躲不過去了。既然這樣，也只好撕開面子了。

「主公，攻打豐舒沒問題。不過，鑒於上一次的教訓，這次不要三軍出動，我只率領中軍去就行了。」荀林父提出要求，中軍是自己和士會指揮，絕不會出現不守紀律的事情。

就這樣，荀林父率領中軍討伐豐舒。事實證明，沒有內訌的晉國軍隊還是很有戰鬥力的，三下五除二消滅了豐舒的部隊。豐舒逃到了衛國，結果被衛國五花大綁送到了晉國，晉景公也沒客氣，一刀砍了。

潞子嬰兒很感激，他以為晉國軍隊是大救星。

「感謝妹夫啊，總算盼到你們了。」潞子嬰兒握著荀林父的雙手，感激涕零。

「誰你妹夫啊？我們國君就這麼個姐姐，千挑萬選嫁給你，結果呢？你連老婆都保護不了，你還是個男人嗎？啊，你還有什麼資格擁有這個國家啊？去死吧你。」荀林父沒鼻子沒臉罵了他一頓，當場宣佈潞子國併入晉國，潞子嬰兒自謀出路。

潞子嬰兒傻眼了，以為盼到了大救星，誰知道卻是喪門星，直接把自己給整下崗了。

「我，我，我不活了。」潞子嬰兒絕望了，他受不了這個打擊，當場自殺。

大獲全勝的晉軍押解著大批俘虜回到晉國。當然，既然潞國已經屬於晉國，嚴格說就不存在回到晉國的問題，只能說是回到晉國首都。

走到一半，晉景公的特使已經到了，說是秦國人入侵，請荀林父直接派兵迎戰。

「秦國大將杜回力大無窮，無人能敵，如今秦兵已經到了晉國的輔氏（今陝西省大荔縣境內）。」特使介紹了情況。

荀林父皺了皺眉頭，他有些犯愁，因為當前的晉軍中還沒有能夠與杜回抗衡的勇士。

「主帥，讓我去會會他。」有人主動請戰。誰？大將魏顆。魏顆是誰？魏犨的大兒子。為什麼魏顆要去？因為杜回曾經放言：跟老子相比，魏犨算個屁。

既然有人願意去，荀林父當然高興。

「那行，你帶著你的人馬去吧。」荀林父同意了魏顆的請戰。

「哥，你行嗎？我跟你一塊去吧。」誰啊？魏錡，魏顆的弟弟，儘管上次與楚國作戰時犯了錯誤，但是那屬於缺心眼，不是站錯了隊，再加上作戰勇猛，所以荀林父這次把他給帶來了。

荀林父一看，你也願意去，去吧。

積陰德的故事

魏家兄弟兩個前來迎戰杜回。

「哥，杜回是秦國頭號大力士，據說一個人徒手打死四頭野豬，我看，到時候你也別跟他鬥，我一箭射死他算了。」魏錡建議，他是晉國的神射手。

「那怎麼行？」魏顆瞪了魏錡一眼，心說你缺心眼啊，「到時候大家都在混戰，你怎麼射他啊？說不定我都被他砍死了，你還沒找到人呢。」

「那，那怎麼辦？」

「咱們堂堂大國，怎麼能玩陰的？如果不得不玩，那就要萬無一失。這樣，我約他單挑，他一定同意。到時候你先埋伏好，找準機會，一箭射死他。」說來說去，魏顆更陰。

「好主意。」魏錡心說以為你多光明正大，誰知道你更陰。

第二天，魏錡整頓好了弓箭，早早去青草坡埋伏。按照計畫，魏顆會把杜回引過來單挑。

魏顆率領著晉軍列陣，對面是杜回率領的秦軍。

「擂鼓。」杜回下令，他已經忍不住要廝殺了。

秦軍一通戰鼓之後，晉軍沒有動靜。

秦軍兩通戰鼓之後，晉軍還是沒有動靜。

秦聚三通戰鼓之後，晉軍還是沒有動靜。

「嗯，晉國人的鼓壞了？」杜回有些想不通，他沒聽說過一鼓作氣的故事，所以能想到的就是晉國人的鼓壞了。

「來人，過去問問晉國的兄弟，我們有多餘的鼓，要借的話吱個聲。」杜回派人去晉軍那邊了，這人夠實在，換句話說，夠缺心眼。

杜回的手下基本上也都是缺心眼的。

過了一陣，傳話的兄弟回來了。

「主將，他們不缺鼓。」

「不缺鼓？那怎麼不擂？」

「對面的大將自稱魏顆，說是魏犨的兒子，說你屢次侮辱他的父親、說他父親是個屁，他要跟你單挑。」

「單挑？他敢跟我單挑？在哪裡單挑？」

「說是離這裡十里有一個青草坡，很適合單挑，問你敢不敢去？」

「這有什麼不敢？你過去告訴他，讓他帶路，我跟他去。」

「將軍，晉國人沒什麼誠信的，當心中埋伏啊。」

「怕什麼？有埋伏也不怕。」

青草坡。

魏顆的戰車在前，杜回的戰車在後。車停下，兩個御者把車趕去一邊，聊天去了。

魏顆手持大戟，杜回用一把開山大斧。兩人也不說話，掄傢伙就幹上了。

要說魏顆，也算是個勇士了，在兄弟幾個中，武藝算是最高，但是跟父親魏犨比起來，差距還是不小。如今跟杜回交手，只兩三個回合之後就知道自己不行，杜回的力量比自己的父親也不差。

轉眼之間，兩人鬥了二十多個回合，魏顆一身臭汗，只有遮擋之功，全無還手之力，好在腳底下還算靈活，否則早就掛了。

「你個魏錡，怎麼還不出來？忽悠我？我們晉國人是愛忽悠，可是忽悠誰也不能忽悠自己親哥哥啊。」魏顆急啊，盼著魏錡出來，可魏錡就是不出來。

眼看著就快抵擋不住，魏顆心裡這個後悔啊，早知如此，就不出這個主意了。

正在後悔，杜回一斧兜頭砍來，魏顆拼了老命用大戟擋了出去，就聽見嗡一聲，被震得耳膜蕩漾，頭昏眼花，向後倒退幾步，幾乎站立不住。杜回舉起大斧，追了過來。

魏顆眼冒金花，隱隱約約之中，就看見一個老頭把草打成結，去絆杜回的腳，杜回一個踉蹌幾乎摔倒。

「哎，是真的嗎？」魏顆以為是自己眼花，揉揉眼再看，還是看見一個老頭用草在絆杜回，而杜回又被絆了一個踉蹌，差一點撲倒在自己的面前。

魏顆也不管是真的還是假的了，大戟就刺了出去，正刺在杜回的肩膀上，杜回一聲慘叫，摔倒在地，手中的大斧也掉在了地上。

難道這是在做夢？魏顆使勁搖了搖腦袋，再去看眼前，又看不見老頭了。

正在這個時候，一個人氣喘吁吁跑了過來，誰？魏錡。

「你怎麼才來？」魏顆看見他，很氣憤地問。

「嗨，我早就埋伏好了。可是後來來了一個老頭，跟我聊天，沒聊兩句，我就睡著了。這不，剛才才醒過來，這不是活見鬼嗎？」

老頭？又是老頭？難道真的活見鬼了？

兄弟兩個帶著共同的困惑，把杜回給押了回去。那邊秦軍看見主將被捉，不用號召，立馬轉頭就跑，晉軍在後追趕，把秦軍殺得個七零八落。

魏顆大獲全勝，回到大營，先把杜回給砍了。

「兄弟，那個老頭是誰？看清楚沒有？」魏家兄弟雖然打了勝仗，可是白天見鬼，心裡發虛。

「是咱爹嗎？不像啊。」魏錡說。

「咱爹咱還不認識？」魏顆說。

「那是誰爹呢？」兩人探討到半夜，也沒弄明白是誰爹。

魏顆沉沉睡去，做了一個夢。

「你知道我是誰嗎？」老頭來了，就是那個老頭。

「你是誰？」

「你記得婉娘嗎？」

「婉娘？記得。」

「我是婉娘的爹，為了報答你，我結草去絆杜回。」

「啊，那你是人還是鬼？」

「你說呢？哈哈哈哈。」老頭大笑起來。

魏顆一個激靈，從夢中醒了過來。

現在，魏顆知道老頭為什麼要幫自己了。

原來，婉娘是魏犨的小妾，魏犨非常喜歡她。每次出去打仗，魏犨都會叮囑魏顆：「小子，老子要是被打死了，你一定要找個好人家，把婉娘嫁出去。」

到後來，魏犨臨死之前，變主意了，用最後一口氣對魏顆說：「你，你誰啊？你告訴我兒子，我死了，讓婉娘給我陪葬啊。」

到魏犨鞠躬盡瘁之後，魏顆找了個好人家，把婉娘給嫁出去了。有人就說：「你爹不是要她陪葬嗎？」

「陪什麼葬，沒看見我爹說那話的時候都犯糊塗了嗎？連我都不認識了，他那話能聽嗎？」魏顆說。

就因為積了這麼一個陰德，魏顆得到了報答。

別以為這是杜撰，這件事情見於《左傳 • 宣公十五年》。

因為戰功，魏顆被封在令狐（今山西臨猗縣境內），其後代中有以令狐為姓。令狐和令兩個姓的祖先都是魏顆，再往上，是畢公高，再往上，是周文王。所以，令狐本姓姬，周王族。

有人望文生義，以為令狐源於北方少數民族，大錯特錯。

到現在，但凡姓令狐的，籍貫一欄都填山西臨猗，因為姓令狐的人少。

第一一三章

士會的智慧

滅掉潞國讓晉國人民有些揚眉吐氣的味道，南邊的損失北邊補，自尊心得到補償。荀林父也因此成為民族英雄，晉景公一高興，賞給了他一千戶從潞國抓回來的狄人。

荀林父很興奮，帶了一輩子兵，也就這次打仗算是心情愉快。如今功勞有了，國君又信任，權力穩固了，再也不用擔心誰搗亂了。

也許是太高興的緣故，俗話說：好景不長。荀林父半年不到就卒了，安穩日子沒過上幾天。

按照順序，中軍帥應該輪到士會，荀林父在鞠躬盡瘁之前也建議士會接任。

「老士啊，您就當中軍帥吧。」晉景公一向尊重士會，要任命他接任中軍帥。

「主公，你看，我能力也不夠，身體也不好，老婆脾氣還大，我不適合啊。」士會連忙推託，狐家、先家、趙家的下場他都看到了。士會很害怕，他實在不願意成為權力的中心。

「老士，你不行？誰行？」

「誰都比我行啊。」士會急了。

「老士，別謙虛了，誰也沒你行。」晉景公非要他當。

「那，那我就先幹著，隨時讓賢啊。」士會知道推不掉，只好暫時接過來。

別以為他假謙虛，他是真的。

聰明的士會

士會上任，第一件事是什麼？討伐赤狄。為什麼討伐赤狄？

「爹，為什麼討伐赤狄？」士會的兒子叫士燮，他知道父親不是喜歡打仗的人，而且是個低調的人，那為什麼一上任就高調討伐赤狄？

「孩子，世界上你死我活的事情有兩種，一種是戰爭，另一種就是權力鬥爭。現在的晉國就是這樣，如果不發動對外的戰爭，那麼就必然讓國內的權力鬥爭激化。孩子啊，你知道多少人盯著我的位置嗎？我也不想打仗，可是不打不行啊。」士會說，雖然是小算盤，可說的都是實話。

晉國軍隊北伐，一口氣滅了赤狄的甲氏、留籲和鐸辰三個部落，又把晉國的版圖擴大了一大塊。

「老士，你還說你不行，你是行得很啊。我準備給你一塊封邑，你自己挑吧。」晉景公很高興，要重賞士會。

「這，把范給我吧。」士會想了想，自己挑了一塊地。

「范？」晉景公有點意外，因為有很多靠近新絳的好地可以挑，士會卻偏偏挑選了偏遠的范。范在哪裡？在今天的河南范縣，緊靠山東，也就是說是晉國最東面的邊疆地帶。

為什麼士會會選擇范？因為他知道這樣的地方沒人會跟他爭。

因為封在了范，士會也被稱為范武子，後代就姓范。姓范的讀者請注意，士會就是你們的得姓始祖。士姓原姓杜，因此與杜姓為同宗；更早的祖先為劉累，因此與劉姓又是同宗。而士會此前的封邑在隨，因此也叫隨會，有後代姓隨，從而士、隨、范為同宗。越南范姓也是士會的後代，順便一提。

按照近年的慣例，討伐狄人之後，晉國會派人前往王室獻俘，也就是把俘虜來的狄人獻給王室做奴隸。上一次擊敗赤狄之後，派去的是趙同，結果這哥們在雒邑大出洋相，狂妄得不可一世，影響很壞。這一次，晉景公乾脆派士會去，免得再出洋相。

士會的表現自然比趙同要強得多，他很謙恭也很和氣，不僅周王喜歡他，中央的各級領導也都喜歡他。周王一高興，親自贈送了上卿的官服給他，算是周王室親自任命他為晉國的卿。這可了不得，要知道，齊國的國、高兩家就是因為這個成了世襲的齊國上卿。

從偉大首都回去，晉景公對士會的表現非常滿意，舉行儀式再次任命他為中軍帥，並且兼任太傅。

士會也沒閑著，把在中央學到的禮儀在晉國大力推廣。

「爹，王室那套東西又麻煩又沒用，推廣它幹什麼？」士燮不理解，再次問士會。

「孩子，人不能閑著，閑著就要生事，這是找點事給大家幹，否則就又要進行權力鬥爭了。」士會悄悄地說。在士會的腦子裡，始終有權力鬥爭這根弦。他不想鬥爭，他害怕鬥爭，所以他要想盡辦法轉移大家的注意力。

士會，是一個好人；士會，是一個聰明人；士會，是一個聰明的好人。他討厭權力鬥爭，可是卻陷入了權力鬥爭的核心；他不願意傷害別人，也不希望被別人傷害，因此他只能竭力地保護自己。

轉眼之間，士會上任一年了。一年的時間裡，晉國平定了北方，而且掀起了學習周禮的高潮，國家重新出現繁榮景象。

這裡有一段古要講講。

自從趙盾執掌國政以來，晉國的治安就開始出現問題。到了荀林父擔任中軍帥之後，晉國恰好遇上三年自然災害，於是到了盜匪橫行的地步。荀林父束手無策。這個時候，有人推薦一個叫做郤雍的人，說是這哥們有特異功能，在人群裡一眼就能看出誰是強盜誰是小偷。荀林父很高興，就派郤雍負責抓捕強盜。當時大夫羊舌職就說了：「這樣玩法，郤雍活不了幾天。」果然，沒幾天時間，郤雍就被人給砍了。

所以，自古以來，靠特異功能吃飯的，通常都沒有好下場。

士會執政之後，採取了大量的惠民政策。老百姓有吃有喝，誰還去當強盜？

眼看國家緩過氣來了，晉景公又有想法了。

「老士啊，好多年沒召開過盟會了，諸侯都快把我們給忘了，搞個盟會怎麼樣？」晉景公建議。他想過過盟主的癮了。

「這個，也好。」士會表示贊同。因為他知道反對也沒有用，而且，搞搞這些盟會之類的東東，也可以轉移國內權力鬥爭的視線。

士會很快給大家分派了活，按照規矩，邀請各國國君的事情應該是派卿一級的官員前往的。由於晉國是盟主，派上大夫級別的也可以。不過，士會還是把卿們都給派出去了，藉口是現在學習周禮，要以身作則。實際上，士會的目的是把他們都弄出去，省得在家裡鬥來鬥去。

兩個大國魯國和齊國分派給了中軍佐郤克，在級別上來說是很合適的。

卿們高高興興出使去了，他們也很想去諸侯國炫耀炫耀，展示一下上國國家領導人的風範。

郤克受辱

晉景公八年（前 592 年），那是一個春天。春暖花開的時候，郤克帶著助手欒京廬來到了魯國首都曲阜。

在魯國，一切都好，魯宣公熱情接待，接受了邀請。

從魯國出來，郤克前往齊國。恰好魯國也派季孫行父前往齊國聘問，於是兩人同行，來到了臨淄。到國賓館住下，恰好又遇上了衛國的上卿孫林父和曹國的公子首，也都是來齊國聘問的。異國相逢，分外親熱，四人沒用多長時間就混成了好朋友。

第二天，四人前去拜會齊頃公。郤克要顯示大國風範，把自己排在了最後，於是，魯國的季孫行父第一，衛國的孫林父第二，曹國的公子首第三，郤克最後一個。

齊頃公接見完前面三個，然後傳令請郤克進殿。

看見郤克進來，齊頃公笑了。

郤克行禮完畢，說明來意，邀請齊頃公參加夏天舉行的盟會。

「嗯，沒問題，盟會當然要參加，哈哈哈哈。」齊頃公說完，大笑起來。

郤克有些摸不著頭腦，就算是表達友好或者平易近人，微笑也就可以了，怎麼哈哈大笑？難道齊國人都這樣？

「請主公親自出席。」郤克補充了一句。

「儘量儘量，哈哈哈哈。」齊頃公盯著郤克，說完又是大笑。

「請確認，我回去好回覆。」郤克堅持要求齊頃公當時就確定。實際上，郤克認為齊頃公必須親自去。

「不急不急，容我看看時間是否合適。這樣，明天中午請你們幾位貴使在宮裡吃飯，那時候回覆你吧，哈哈哈哈。」齊頃公說完還是笑，又加了一句，「寡人看見你們高興啊。」

既然話說到這裡，郤克不好再說什麼。

第二天臨近中午，四個人從睡夢中被叫醒，齊頃公派車來接他們了。四人急忙起床，匆匆洗漱一遍，換好了衣服，登車前往。郤克的車在最前面，緊接著的是公子首。郤克回頭去看公子首，差一點笑出來，因為公子首是個禿子，帽子戴不穩，而接他們的車是敞篷車，車跑起來有風，公子首的帽子根本就戴不住，所以，公子首把帽子給摘下來了。可巧的是，給公子首趕車的御者也是個禿子，在春天的陽光照射下，兩個禿子油光瓦亮，分外吸引眼球。

從國賓館到後宮，一路上，引來許多齊國人圍觀，指指點點。

來到後宮門口，郤克下了車，早已經有人等在門口。四個太監分別在前面帶路，領著四個人進去。剛往裡走，郤克就看出蹊蹺來了，因為給自己帶路的太監是個駝背。

「嗯。」郤克皺了皺眉頭，因為他自己就是個駝背。為什麼派個駝背來帶路？難道是因為駝背更理解駝背？看來，齊頃公還挺體貼。

正想著，來到一個臺階，駝背走路本來就身體前傾，走臺階的時候更是前傾得誇張。前面的駝背費力地走著，後面的駝背又跟了上來。兩個駝背走臺階，好像烏龜在爬山一樣。

「嘻嘻，嘻嘻。」郤克聽到女人的笑聲，順著笑聲過去，看見不遠處有一個布簾子，簾子後面正有人向這裡偷看。

「笑什麼？」郤克有些惱火，他懷疑是在笑話他自己。

緊接著，另外三對人依次過來，郤克就聽到布簾子後面的笑聲越來越大，最後已經是捧腹而笑了。

郤克忍不住回頭去看，不看也就罷了，一看之下，郤克也險些笑出來。

原來，季孫行父是個瘸子，帶路的太監也是瘸子；孫林父是個獨眼龍，帶路的太監也是獨眼龍；公子首是個禿頭，帶路的太監也是個禿頭。

「這哪裡是請我們吃飯啊，這不是拿別人的缺陷找樂嗎？這不是把快樂建立在別人的痛苦之上嗎？」郤克憤怒了，毫無疑問，自己和另外三個兄弟成了取笑的物件，而司機和帶路太監的安排絕對是刻意的。

郤克一把揪住了一個宮女，咬著牙問：「說，布簾子後面是什麼人？」

宮女嚇了一大跳，哆哆嗦嗦說：「是，是蕭夫人，太，太后。」

現在，郤克明白了。為什麼明白了？因為事情是明擺著的。最初齊頃公對自己大笑，就是因為他一連看到了四個殘疾人。而現在這一切，毫無疑問是齊頃公佈好的局，專門要給他老娘尋開心。

「哼！耍我們？耍我就是耍晉國人民，晉國人民絕不答應。」郤克的怒火騰地起來了，原本是來耀武揚威的，誰知道臨時被當成了小丑。

午宴很無聊，因為大家的心情都不在吃飯上。齊頃公嘻嘻哈哈，因為他覺得自己的創意很妙，而四位使節幾乎不說話，他們都在強壓怒火。

回到國賓館，兄弟四個不約而同收拾行囊準備回家，誰也不願意再待下去。

「侮辱老子，老子要打他們。」郤克發誓要討伐齊國。

「貴國帶頭，我們一定響應。」那兄弟三個紛紛響應。

「小欒，我先走了，你留在這裡再去找那該殺千刀的，如果他不答應親自出席盟會，你就不要回國了。」臨走，郤克把欒京廬留下來，給他佈置了一個艱巨的任務。

《史記》記載：「八年，使郤克于齊。齊頃公母從樓上觀而笑之。所以然者，郤克僂，而魯使蹇，衛使眇，故齊亦令人如之以導客。郤克怒，歸至河上，曰：『不報齊者，河伯視之！』」

一級壓一級

郤克氣哼哼地回到了晉國，一路上就想著怎樣討伐齊國，活捉齊頃公的老娘，把她也打成駝背，看她以後怎麼笑。

「主帥，我請求討伐齊國。」郤克找到了士會，添油加醋說了很多齊頃公的壞話，然後要求出兵。

「這個，出兵打仗可是大事，要請示主公才行。」士會推託。晉國駐齊國辦事處的線報前兩天就到了，所以士會早就知道郤克被戲弄的事情了。可是，因為一個人受辱就出兵是不合適的。

郤克知道士會是在推，他也知道要這個老油條出兵那絕對是與虎謀皮。沒辦法，郤克告辭出來，去找晉景公彙報。

「主公，我請求討伐齊國。」郤克又是添油加醋，煽風點火。

「算了，不要為了一點私怨動用國家軍隊吧？」晉景公沒客氣，直接給點出來了。

「那，那我出動我家族的兵力可以嗎？」郤克還不甘心。

「算了，你家族的兵力怎麼能打得過齊國？算了，等盟會的時候讓齊侯給你賠個禮也就算了。」晉景公依然拒絕。

郤克沒辦法了，現在他在等待夏天的到來，到時候在自己的地盤上，一定要讓齊頃公好看。

夏天，說到就到。

盟會在晉國的斷道召開，各國國君紛紛來到。

按照欒京廬的回報，齊頃公是會親自來的。

齊頃公真的會來嗎？

齊國在晉國也有自己的辦事處，齊國辦事處也有自己的消息管道，一切跡象表明，這次盟會將對齊頃公不利。於是，加急線報送到了齊國。

齊頃公決定不去了，他決定派出上卿高固，率領晏弱、蔡朝和南郭偃三個大夫前往。

「我不敢去了，去了說不定就回不來了。」齊頃公對他們說。

「你不敢去就派我們去？不是讓我們去送死？」高固心想，一百個不願意，沒辦法，也只能上路。

齊國使團一行四人戰戰兢兢出發了，出發之前，每人都寫了遺書。一路上，四個人都是愁眉不展，唉聲歎氣。

這一天來到了衛國的斂盂，再往前走就是晉國了。

「老晏，我是實在不敢走了，任務就交給你了，你好自為之吧，我先回去了。」高固打死也不肯走了，把任務壓給了晏弱。

晏弱傻眼了，他也想逃，可是又不敢逃。沒辦法，高固跑了，晏弱帶著蔡朝和南郭偃硬著頭皮，進了晉國境內。

來到了晉國的野王，晏弱也決定開溜。

「老蔡啊，我也要撤了，任務就交給你了。」晏弱也溜了。

現在，剩下蔡朝和南郭偃。

又走了一程，蔡朝怎麼想怎麼覺得自己冤枉，你高固和晏弱能推，我為什麼不能推？

「南郭啊，這個，不行，我也要閃了，兩個人都死不如只死一個，後面的任務交給你了。」得，蔡朝也要跑。

南郭偃欲哭無淚，現在他知道什麼叫做一級壓一級，小魚吃蝦米了。

「我要是死了，一定要追認我為烈士啊。」南郭偃哭著說，他實在沒有別人能指使了，總不能讓趕車的代表齊國去參加盟會吧。

四人使團，現在只剩下南郭偃了。

南郭偃硬著頭皮繼續走，走到溫的時候，郤克的人已經在那裡等他了。

「你是齊國使臣？」

「是。」

「捉了。」

這下好，不用去參加盟會了，直接在路上就被抓了。

晏弱和蔡朝跑掉了嗎？遺憾的是，他們也沒有跑掉。

《左傳》記載：「晉人執晏弱于野王，執蔡朝于原，執南郭偃于溫。」

這裡要說說晏弱，晏弱是齊國公族，因為封邑在晏而姓晏，他不是晏姓的得姓始祖，但他是當今多數晏姓人的祖先。

那麼，晏弱被晉國人殺了嗎？沒有。

晏弱等人被捉之後，他的朋友苗賁皇知道了。記得苗賁皇是誰嗎？鬥越椒的兒子啊，從楚國逃到了晉國之後，很受晉景公的賞識。

「主公，不能這樣啊。我們這些年來已經沒什麼信用，沒什麼威望了。如今人家的使者來了，咱們不好好招待，還把人家抓了，今後誰還敢來啊？晏弱是什麼人？那是著名的賢人啊，咱們把人家抓了，那咱們不成了惡人了嗎？」苗賁皇很夠義氣，去找晉景公說情。

其實，晉景公本來就不大同意郤克抓人，如今苗賁皇這麼一說，更覺得抓人沒道理了。

「那，那放了他們？可是，放了他們不就等於我們承認自己做錯了？」晉景公有些為難，怕面子下不來。

「簡單，讓看守的人故意鬆懈，放他們逃跑不就行了？」苗賁皇提了個合理化建議。

晉景公接受了苗賁皇的建議，沒有多久，晏弱等三人紛紛逃回了齊國，這是後話。

急流勇退

郤克很不爽，非常不爽，相當不爽。他的脾氣變得暴躁，平時三句話不到，就開始說齊頃公的壞話。

士會決定退休了，在做出這個決定之後，他把原因告訴了兒子士燮。

「兒啊，你聽我說，如果一個人阻止別人的怒火發出來，他就很危險了。郤克現在對齊國是一肚子怒火要發，如果不發在齊國身上，那就一定要發在晉國身上。可是他如果沒有權力討伐齊國，就沒辦法報復齊國。這個時候如果我不把位置讓給他，恐怕他的怒火就會轉移到我身上。所以，我要退休，把位置讓給他。」士會說。

什麼叫知道進退？知道進很容易，知道退很不容易，而士會是知道退的。

到後來三國時期的賈詡被認為是計謀最深、最聰明的人，而他的為官之道就是克隆士會。

權力鬥爭金科玉律第十八條：當你成為強勢人物或集團的障礙的時候，要懂得主動讓開。

副一條：主動讓路和被踢開絕對不是同樣的效果。

秋天，士會提出了辭職。

「主公，我老了，離老年癡呆也不遠了，經常拿起筷子忘了碗，沒脫褲子就撒尿，讓我退休吧。」士會說得很真誠。

「這個？你要是退了，覺得誰接任比較合適？」晉景公知道勸不住了，就問問接班人的問題。

「郤克啊，也該排到他了。」

於是，郤克接任中軍帥。

「老爺子，你怎麼不接著幹下去呢？」郤克很高興，也很感動，從前他經常在暗地裡罵士會占著茅坑不拉屎，如今士會主動把茅坑給他騰出來了，倒把他感動得夠戧。

現在，看看晉國的六卿是怎樣排名的。

中軍帥：郤克。上軍帥：荀庚。上軍佐：士燮。下軍帥：欒書。下軍佐：荀首。

中軍佐暫時空缺，荀庚是荀林父的兒子，士燮是士會的兒子，都屬於破格提拔。荀首是因為在與楚國的戰鬥中表現出色，破格提拔。其中，只有欒書一個人原地不動。

讓欒書惱火的是，按照資歷，自己現在應該是中軍佐了，而郤克讓荀庚和士燮爬到了自己前面。郤克之所以讓中軍佐空缺，公開的說法是沒有物色到合適人選，真實的想法是要遏制欒書。

我們看到，只要是父親做到了中軍帥，兒子就自然成為卿。這樣就出現了一個現象：卿已經成為事實上的世襲了。

第一一四章
晉齊之戰

俗話說：扶上馬，送一程。

士會儘管退休了，他還是很關心國家大事。他真的很關心國家大事嗎？不是的，他是關心兒子的表現，他要送一程的是兒子，而不是郤克。

士燮每次上朝或者參加六卿會議之後，都要回家向父親彙報，然後聽取父親的指點。

那一天士燮回家晚了，士會問他為什麼回來這麼晚。

「今天來了一個秦國人，老有學問了，一直跟大夫們在論辯，大夫們都辯不過他，只有我三次說得他答不上來。」士燮很得意地回答，感覺自己給父親爭臉了。

「什麼？」士會的臉色變了，話音剛落，就掄起了手中的拐杖，向士燮打來。

士燮弄不懂為什麼挨打，也不敢躲，生生地挨了幾拐杖，好在士會也沒有太用力。打完之後還不過癮，士會一把把士燮頭上的簪子給拔了下來，狠狠地折成兩段，摔在地上。

「我，我做錯了什麼，惹您老人家生這麼大氣？」士燮小心翼翼地問。儘管現在也算是國家領導人了，他在父親面前還是低聲下氣。

「你以為就你能？你最牛？大家不說話，是因為大家謙虛。你一個剛出道的小屁孩子，在朝廷上當眾給人下不來台，人家不恨死你了？我要是死了，估計你也活不了幾天了。」士會氣哼哼地說著，自己一輩子小心，兒子卻這麼不懂事。

士燮明白了。

士會經常說：木秀于林，風必摧之。

報仇機會來了

大權在握，現在只差藉口。

兩年之後，藉口終於找到了。

晉景公十一年（前589年）春天，齊國入侵魯國。衛國在魯國的請求下攻擊齊國，卻被齊國擊敗。於是，魯國的季孫行父和衛國的孫林父前來晉國求援。

巧合的是，曹國的公子首也來了。

於是，齊國受辱四人組再次聚首。

「哼，早就想打齊國了，還記得當年的事情嗎？」郤克有些氣憤，還有些興奮。

「打，我們都跟著晉國幹。」那三個異口同聲地說。

於是，郤克去找晉景公了，現在他是中軍帥，說話的分量已經大不一樣了。

「主公，齊國人入侵魯國，又擊敗了衛國，現在兩國使臣前來求救，為了保護盟國，我決定出兵討伐齊國。」有理有據，郤克說話底氣十足。

「好吧，給你七百乘戰車。」晉景公同意了。通常，中軍帥的決定是不便反對的。

「主公，說笑吧？七百乘只是當年先君文公城濮大戰的兵力，那時候有狐偃、先軫、欒枝、魏犨等那麼多賢能，才能取得勝利。我們現在的才能跟他們沒法比，簡直給他們提鞋都不夠資格。無論如何，八百乘。」郤克要求增加兵力。

「那好，八百乘。」晉景公同意了。

當年夏天六月，八百乘戰車的晉軍出發了，魯國軍隊和曹國軍隊也從各自的國家出發，他們將與衛國軍隊會合，一同進攻齊國。其中，能夠戰鬥的也就是晉國軍隊，其餘三國軍隊重在參與。

出征的時候，上軍帥荀庚請了病假，下軍佐荀首也請了病假。

沒辦法，六卿變三卿，倒也省事了。三軍司馬依然是韓厥，趙盾死後，他一直沒有升遷的機會。作為趙盾最信任的人，韓厥讓所有趙盾的繼任者心有忌憚，郤缺、荀林父和士會都在刻意壓制他。

韓厥是個聰明人，甚至不亞於士會。他知道，他唯一能做的就是忍耐。同時他也知道，升不上去未必就不是好事。作為一個缺乏根基的人，他特別明白「寧可殺錯人，不能站錯隊」這句話的含義。所以，他竭力對各方面都不得罪。他知道自己在荀林父和士會的手中都不會有機會，所以他小心謹慎地隱忍著，根本不抱任何幻想。

而現在，儘管郤克並沒有提拔他，他還是感覺到機會來了。

晉國大軍經過衛國，韓厥想起來自己第一次擔任司馬的時候，趙盾的御者被自己斬掉的往事。他突然想起，這是郤克首次領軍出征，他會不會也需要一個倒楣蛋？韓厥認為郤克需要。

想到這裡，他開始仔細觀察起來。

俗話說：世上無難事，只怕有心人。

很快，一個倒楣蛋被找到了。

韓厥殺人

一個軍官違反了軍令，這個人叫什麼以及違反了哪一項，史書上並沒有記載清楚。不過，這不重要，重要的是找到了這麼一個倒楣蛋。

抓住了這樣一個倒楣蛋，韓厥幾乎要笑出來，因為這個倒楣蛋和上一次的那個倒楣蛋簡直就是一個人，上次的是趙盾的御者，這次這個是郤克的親戚。

「砍了。」韓厥沒有絲毫猶豫，他的概念裡，這是郤克故意放出來的倒楣蛋。

可是，韓厥錯了，郤克根本就沒有想過這樣的辦法，這完全是一個偶然事件。

「什麼？要殺？」當郤克知道自己的親戚要被韓厥砍掉之後，他吃了一驚，隨後他決定親自去救自己的親戚。「快，趕快去救人。」

然而，郤克還是晚了半步，他趕到的時候，刀斧手的刀恰好落下去，火辣辣的人頭正好落下來。

下一步，會發生什麼？

「元帥，有何指示？」看見郤克過來，看見郤克吃驚和失望的眼神，韓厥知道，這次弄砸了。

在那一瞬間，郤克思緒萬千。他想到撤韓厥的職，可是沒有理由；他想過痛罵韓厥一頓，可是也沒有理由；他想過轉身就走，可是又覺得很傻。猛然，他想起當年韓厥殺趙盾御者的故事，他恍然大悟：這個賊老韓，他在幫我啊。

「司馬，我是特地來告訴你，不要因為這個人是我的親戚，就對他網開一面，殺得好。來人，號令三軍。」郤克下令，於是那個倒楣蛋的腦袋就上了竹竿。

「多謝主帥。」韓厥一身的冷汗，總算鎮定下來。

從韓厥那裡出來，御者問郤克：「元帥不是去救那人嗎？怎麼反而支持韓厥殺他？」

「嗨，殺都殺了，我就幫他分擔一點批評吧。」郤克回答。似乎那人死得很冤似的，似乎自己很高尚。

齊國君臣

齊國和晉國，可以說是親上加親的國家，如今要開戰了。

兩軍在齊國的靡笄（今濟南千佛山）相遇了，齊頃公親自率軍與晉國率領的四國聯軍作戰。在齊頃公看來，晉國軍隊自從上次敗給了楚軍，已經是一支腐敗的軍隊，根本不必怕他們。

雙方下完戰書之後，齊頃公決定要給晉國人一點顏色看看，同時也讓齊軍提升一下士氣。

記得高固嗎？就是那個出使晉國卻半路逃回的人。不要小看了高固，他是齊國著名的勇士。

「高固，你走一趟晉軍大營。」齊頃公給高固下命令。

高固這一次沒有怕死，登車而去。

晉國軍隊完全沒有想到對方竟然有人敢來踹營，結果被高固直接闖了進去。恰好遇上一乘晉國戰車，高固從地上撿了一塊大石頭，一石頭砸死了車上的戰士，然後跳上車，用大戟頂著御者的脖子，俘虜了一乘戰車回去，半路上還連根拔起了一棵桑樹，一併帶回了齊營。

於是，高固單乘闖晉營的英雄事蹟迅速傳遍了齊軍大營。高固得意地到處說：「欲勇者，賈余餘勇。」

這句話聽起來有些繞口，意思是：有想要勇氣的人嗎？我還有多餘的可以賣給他。

「余勇可賈」，這個成語就來自這裡，見於《左傳》。

第二天一大早，兩國軍隊開始佈陣，準備決戰。

因為戰場在鞍（今濟南市西），因此這一戰叫做鞍之戰。

齊頃公的御者是邴夏，車右是逢醜父。

列陣完畢，齊頃公高喊：「余姑剪滅此而朝食。」（《左傳》）

啥意思？姓余的姑姑？錯。意思是：我們還是滅了敵人再回來吃早飯吧。

「滅此朝食」，這個成語來自這裡。

喊了這個口號之後，齊頃公命令邴夏開始衝鋒。於是，齊頃公一車當先，衝向晉軍大陣，齊國軍隊緊隨著衝了出去。

衝出去之後齊頃公才發現，自己的戰馬連甲都沒有披上。可是這時候也沒辦法停下來披甲了，只好硬著頭皮繼續衝。

一國國君就這樣稀里糊塗打起了前鋒，齊頃公真是個很有趣、很性情的人。

晉國人的箭如雨點般射了過來，齊軍戰車被射倒許多。齊軍也同樣向晉軍射箭，晉軍大陣中也有許多人中箭倒下。奇怪的是，齊頃公毫髮無損。

晉軍大陣，郤克的御者是解張，車右是鄭丘緩。

當齊國人突然開始衝鋒之後，郤克下令擂鼓迎敵，他本人也開始擂鼓。

齊國人的箭射了過來，解張被箭射傷了右邊的胳膊，隨後，郤克的胳膊也被箭射傷。

「我受傷了。」郤克大聲喊，他非常緊張。

「不要怕，我一開始就傷了，我把箭折斷就接著駕車，右邊的車輪都被我的血染紅了，我看，你還是堅持一下吧。」解張大聲喊。

「是啊，只要有危險，我就下去推車，堅持啊。」車右鄭丘緩也說。

郤克沒有說話，不過他的鼓聲越來越慢，他有些堅持不住。

「主帥，我們軍隊就是隨著我們的鼓聲和旗子衝鋒的啊。只要沒有死，就要堅持啊。」解張吼了起來，他用左手挽著轠繩，轉過身來，用受傷的右胳膊從郤克的手中接過一個鼓槌，一邊趕車一邊擊鼓。

解張一隻手是無法控制住戰馬的，何況他還轉過了身子。戰馬奔跑起來，絲毫不受控制。於是，晉軍主帥的大旗衝在了晉軍的最前面，晉軍都看到主帥一身是血，胳膊上帶著箭還在擊鼓衝鋒。

「衝啊。」晉軍士氣大振，開始衝鋒。

兩軍相交，到底還是晉國軍隊要強一些，齊國軍隊抵擋不住，大敗虧輸。

韓厥始終在盯著齊頃公的戰車，齊軍潰敗，韓厥決心要捉住齊頃公，那樣的話，自己就沒有理由坐不到卿的位置了。

韓厥擔心追丟了齊頃公，於是自己去駕車，讓御者坐到自己的位置上。

齊頃公一路狂奔，卻發現一乘晉國戰車緊追不放。

「快射後邊車上的御者，那人看上去是個君子。」邴夏對齊頃公喊道。

「知道是君子還射他？不射。」齊頃公這人其實很可愛，他拒絕射韓厥，操起箭來射車左，其實那才是御者。

別說，齊頃公的箭術非常高明，一箭出去，直接把韓厥的司機給射下去了。看看還在追，於是再射一箭，把車右給射死在車上了。

現在，戰車上只剩下韓厥一個活人，還怎麼追？追上了有什麼用？

正在這個時候，有人高喊：「司馬，司馬，等等我。」

韓厥一看，是晉國大夫綦（音奇）毋張。綦毋張的御者和車右都戰死了，戰車也翻坑裡了，正好來跟韓厥搭夥。綦毋張，綦毋姓的始祖，儘管這個姓的人現在已經很難找到。

二合一，韓厥又有了信心。

「喂，前面的箭術很好，你躲在我身後，把車右扶正了，迷惑他們。」韓厥出了個招數，免得綦毋張再被射死。

就在這邊折騰屍體的時候，前面齊頃公和逢醜父趁機換了位置。為什麼換位置？因為齊頃公的箭射完了。

跑到華泉這個地方，出問題了。

齊頃公的馬被樹枝掛住了，馬車不得不停下來，逢醜父跳下來推車，結果根本推不動。原來，昨天晚上逢醜父被蛇咬了胳膊，好在蛇的毒性不太強，沒有要命，但是胳膊完全使不上勁。

韓厥的戰車趕了上來。

緊接著，要上演的是一齣春秋時期臣子俘獲國君的正規程式。

韓厥跳下戰車，綦毋張則依然留在車上，張弓搭箭保護韓厥。韓厥走到齊頃公的戰車前，躬身施禮，從懷裡掏出一個酒杯和一塊玉，這都是給國君的禮物。然後韓厥說：「蔽國國君派我們來為魯國和衛國求情，並且告訴我們不要進入齊國的國境。不幸的是我們恰好遇上了，我也不敢逃避，否則就是給兩國國君丟人了。雖然我沒什麼才能，我還是很願意代替您的御者，為您駕車。」

說得多麼客氣啊，多麼給人面子啊，什麼是為您駕車，就是請您跟我回晉軍大營的意思。

韓厥為什麼能從懷裡掏出酒杯和玉呢？很顯然，他是早就準備好了要活捉齊頃公的，多麼有心的人啊。

齊頃公有點傻眼，儘管自己這邊多一個人，但是御者武功不行，逢醜父用不上力，而對方是兩員大將，還有弓箭伺候著。要被活捉，那是不甘心的；要逃跑，估計也跑不掉，而且丟不起那個人。

怎麼辦？那一刻，齊頃公也是百感交集。

「逢醜父，給我打點水來喝。說你呢，還愣著幹什麼？」逢醜父說著，一腳把齊頃公給踢下車去了。

齊頃公愣了一下，立即回過神來，剛才自己跟逢醜父換了位置，現在逢醜父是讓自己趁機逃跑啊。齊頃公沒有猶豫，轉頭就走。

韓厥上當了，他以為打水去的是逢醜父，因此沒有去追他。

「好，我跟你們走。」稍等了一陣，逢醜父說，然後自己跳下車來，上了韓厥的車。

「哎，小心。」韓厥恭恭敬敬把逢醜父扶上車，高高興興駕著車回去了。

「元帥，別打了，我把齊侯給請來了。」回到晉國大營，韓厥高聲喊道。

郤克早已經回來，他要包紮傷口。戰場上總指揮的任務，暫時就交給了欒書。儘管士燮的職位在欒書之上，但是欒書更有戰鬥經驗。

傷口剛包紮好，就聽見外面韓厥說俘虜了齊頃公，郤克騰地站了起來。

「奶奶個驢，看你怎麼說？」郤克自言自語，不過他也掏出來一個酒杯和一塊玉。沒辦法，這是規矩，即便你很恨對方的國君，禮貌還是要有的。即便你要羞辱對方的國君，也只能用不帶髒字的話去罵他。

什麼叫春秋筆法？說白了就是罵人不帶髒字。

這邊剛準備好，逢醜父就進來了，隨後是韓厥和綦毋張。

「元帥，我們把齊侯請來了。」韓厥說。

「齊侯？在哪裡？」韓厥不認識齊頃公，郤克認識啊，他甚至還認識逢醜父。

「這不是嗎？」韓厥反問。

「這哪是齊侯啊，這是逢醜父啊，噗。」郤克失望極了，把酒杯和玉又揣回懷裡了。

「啊？！」韓厥和綦毋張目瞪口呆，費半天勁，弄回來一山寨版的。

逢醜父看著憤怒的郤克及垂頭喪氣的韓厥和綦毋張，得意地笑了：「老郤，這不怪他倆啊，是我跟我家主公換了位置，騙了他們兩個人。」

韓厥和綦毋張恍然大悟，原來去打水的那夥計才是齊頃公。

「奶奶個驢，騙我們？騙我們就是騙晉國人民，來人，拉出去砍了。」郤克惱羞成怒，就要殺人。

「哎，慢著。自古以來，還沒有代替國君受難的人，現在這裡有一個，這麼高尚的人，你們要殺掉他嗎？」逢醜父急忙說，大義凜然的樣子。

郤克一聽，有道理啊。

「嗯，殺這樣的人是不吉利的。這樣的人是模範啊，怎麼能殺呢？算了算了。司馬，你們也辛苦了，陪老逢去後面帳篷喝酒去吧。」郤克不僅放過了逢醜父，還酒肉招待，恰好逢醜父還沒吃早餐呢，滅掉敵人再吃早餐成了被敵人滅掉再吃早餐了。

春秋的祖先們啊，真的很純真。

再說齊頃公，逃跑之後正好碰上齊國的戰車經過，於是又上了車。

「不行，老逢替我被捉了，郤克一定會殺了他，我要去救他回來。」齊頃公倒是個很講義氣的人，也不管身邊的人勸他不要去，直接回頭殺向晉軍，跟隨他的齊軍沒辦法，雖然只有十多乘戰車，也只好跟著殺回去。

晉國人就覺得奇怪，齊國人都敗了，怎麼又殺回來一個小分隊呢？

「哎，夥計，怎麼回來了？」晉國士兵們問。

「逢醜父代替齊侯被捉了，齊侯要回來救他。」齊國士兵心眼實，直接招供了領頭的是齊頃公。換了別的朝代，晉國士兵就該一擁而上，活捉齊頃公去請賞了。

可是，別忘了這是春秋。

「夠義氣啊，兄弟們，讓開讓開讓開。」晉國士兵們頓時對齊頃公敬佩得不得了，紛紛讓路。

齊頃公在敵人陣中三進三出，毫髮無損，不過最終也沒有找到逢醜父。

齊頃公這樣的國君，真是可遇而不可求啊。

戰敗了，怎麼辦？除了求和，沒有別的辦法，自古以來都是這樣。

派往晉軍求和的是國佐。

「我們可以把滅掉的紀國的寶物給晉國，把侵佔魯國和衛國的土地還給他們，只要你們撤軍。」國佐給出了求和的條件。

「不行，你們要讓蕭太后到晉國做人質，還要把齊國的道路都改成東西向的，以便今後我們的戰車隨時通行。」郤克當即表示不同意，提出了兩條苛刻的條件。

「老郤啊，不要欺人太甚了。晉國和齊國是同等級的國家，你們多數國君的老娘都是齊國人，晉國國君跟齊國國君就是表兄弟，我們的太后就是你們的太后，你這樣的要求就等於讓你們的太后去做人質一樣，你這不是胡扯嗎？你這不是搬起石頭砸自己的腳嗎？我們已經表達了足夠的誠意，如果你們還不滿足，那麼，把戰場打掃乾淨，在城前給我們留一塊列陣的地方（《左傳》：請收合餘燼，背城借一），我們再決一死戰。」國佐的回答很硬，很有骨氣，如果你們提出無理要求，只好跟你們拼了。

「背城借一」，這個成語來自這裡。

郤克愣住了，他沒想到齊國人這麼硬。

「元帥，算了，和平萬歲吧。既然齊國人已經答應了給你們寶物和歸還我們的土地，也差不多了，困獸猶鬥啊，別把他們逼到絕路上啊。」衛國的孫林父和魯國的季孫行父都來講情，他們的算盤很清楚啊，如今要是得罪齊國人太重了，今後還保不定受到怎麼樣的報復呢。

「好吧。」郤克答應了。

戰爭結束了，郤克的一口悶氣終於出來了。

謙虛和假謙虛

晉國大軍凱旋，晉國首都人民夾道歡迎。

在這些歡迎的人中，一個老頭拄著拐杖，焦急地等待著。直到最後一乘戰車進城，老頭的表情才鬆弛下來。老頭揮了揮拐杖，戰車上的將軍急忙跳了下來，快步走過來。

「你不知道我在盼望你回來嗎？怎麼走在最後？」老頭說，似乎很不滿意。

「軍隊凱旋，國內的人肯定是夾道歡迎。如果走在前面，肯定特別引人注目，得到的歡呼也是最多的，那豈不是要搶主帥的風頭？考慮到這個，所以我不敢走在前面。」將軍說。

「兒啊，你如此懂得謙虛有禮，我們家可以免於災患了。」老頭說。

老頭是誰？士會。將軍是誰？士燮。

士家父子真的很有趣啊。

回國之後的第二天，晉景公接見三位卿。

「這次大勝，都是你的功勞啊。」晉景公首先表揚郤克。

「這完全是主公的教導和三軍的努力啊，我有什麼功勞呢？」郤克謙虛地說。

「這次大勝，你功勞最大啊。」晉景公表揚士燮。

「這完全是郤克主帥指揮得當，荀庚平時練兵有法的結果啊，我有什麼功勞？」士燮同樣謙虛。

「這次大勝，你功勞最大啊。」晉景公表揚欒書。

「這完全是中軍和上軍的力量，我有什麼功勞呢？」欒書也很謙虛。

看來，在權力鬥爭中，每個人都學精了。

權力鬥爭金科玉律第十九條：把功勞推給自己的上級。

副一條：不要和下級爭功。

第一一五章
有情人終成眷屬

戰勝了齊國，晉景公非常高興。通過這次戰爭，晉國在整個北方的形象大大改善，齊國臣服了，魯國和衛國親近了，重振霸業看來是大有希望了。

「楚國現在怎樣了？」晉景公自然想起楚國來了。

想什麼，就來什麼。

想著想著，楚國來人了。

誰來了？巫臣。巫臣為什麼來了？因為一個偉大的愛情故事終於有了圓滿的結局。

下面，我們來看看巫臣的愛情故事吧。

楚國愛情故事

夏姬回鄭國已經六年時間了，巫臣在這六年的時間裡一直在找機會，找萬無一失的辦法把夏姬娶回家。可是，一直沒有這樣的機會，也沒有這樣的辦法。

直到楚莊王鞠躬盡瘁，巫臣竟然還沒有能夠把夏姬娶到手，六年的大好光陰就這樣過去了。一個非常糟糕的小道消息傳來，說是子反準備向夏姬求婚了。莊王在的時候，他不敢；莊王不在了，他要行動了。

「時不我待啊，再不動手，就成了給子反做嫁衣了。」巫臣很急，他知道自己必須做決斷了。

機會在恰當的時間到來。

楚共王決定邀請齊國一同進攻魯國，於是派巫臣為特使前往齊國。

「國家誠可貴，自由價更高；若為愛情故，二者皆可拋。」巫臣下定了決心，他要做一件不能再回頭的事情。

巫臣帶著使團上路了，還帶著大量的財物。

「帶這麼多財寶去哪裡？」有人問。

「去齊國啊，去大國，聘禮當然要多得多。」巫臣說。事實上，他不僅帶了大量的財物，還帶著兒子。

出邊境的時候，遇上了申叔時和他兒子申叔跪。打過招呼之後，申叔跪悄悄地對自己的父親說：「你看巫臣，帶了這麼多東西走，還有一種約會前的喜悅，我看，他是不準備回來了。」

「不會吧。」申叔時說。因為他已經老了，他已經感受不到巫臣的那種喜悅，而申叔跪正年輕，正跟隔壁的女孩約會呢，所以他一眼就看出來了。

到了鄭國，巫臣找到皇戌，通過皇戌把夏姬從後宮裡接了出來。

「小夏。」

「臣臣。」

有緣千里來相會，不是情人不聚頭。

那一刻，春風遇上了雨露，乾柴點燃了烈火。那一刻，有情人終成眷屬，是姻緣總要際會。

兩個人緊緊地抱在了一起。

「我等了你六年了，你怎麼才來？」夏姬悠悠地說，淚花閃動。

「我，我不是來了嗎？你看你，六年不見，一點也不顯老，真是去年二十，今年十八啊。來，親一個。」

「該死的，嘴這麼甜。」

打情罵俏，算一算，年齡都不小了，還像年輕人一樣打情罵俏。這，大概就是愛情的力量。

「咱們回家吧。」

「家？我帶來了。」

「帶來了？」

「是的，我們不能再回楚國了，子反一直在打你的主意呢。」

「那，我們去哪裡？」

「晉國，只有晉國是安全的。」

「那你不是叛國？」

「為了你，為了愛情，叛國就叛國。」

就這樣，巫臣讓助手去了齊國，而自己帶著老婆、孩子和家產到了晉國。

「好感人的愛情故事啊。」晉景公也為之感動。

於是，晉景公任命巫臣為邢大夫，把邢地給他做了采邑。

後來，巫臣帶著夏姬投奔晉國的消息傳回了楚國，子反氣得暴跳如雷。

「大王，我們給晉國人送重禮過去，讓他們把巫臣送回來，至少，也要讓他們不用巫臣。哼，不能便宜了這個賣國賊。」子反恨巫臣恨得牙癢癢。

「算了，巫臣雖然這一次不地道，但是從前的功勞還不小。再說了，如果晉國認為他有用，我們送什麼去也沒用。」楚共王一口拒絕了，心裡說，「別裝得很愛國似的，無非就是搶女人搶輸了。」

巫臣和夏姬的愛情故事到這裡就有了一個完美的結局，不過還有一點後話要在這裡交代。

以楚莊王討伐陳國那一年為夏姬三十六歲，那麼，整整九年過去，夏姬已經四十五歲了。為了一個四十五歲的老女人，巫臣拋家捨業，不惜背叛祖國，這份愛情令人敬佩。而夏姬在這個時候依然容光煥發，美麗動人，可見保養得有多麼好。

到了晉國之後，夏姬竟然還為巫臣生了孩子，至少生了一個。巫臣和夏姬的女兒後來嫁給了叔向，而叔向是楊姓的祖先，後世楊姓多美女，是不是繼承了夏姬的基因？

而夏姬作為高齡產婦，看來養生駐顏之道確實非同小可。

愛情故事講完了，但是，巫臣的故事還沒有講完。

郤克的實事

戰勝了齊國，郤克志得意滿，他甚至認為自己可以比得上先軫了，他決定要做幾件實事。

下面，看看郤克做了哪幾件實事。

第一件實事，幫助荀首把兒子荀罃換回來。

算起來，荀罃在楚國已經度過了整整九個春秋。九年裡，由於找不到合適的中間人，始終沒有能夠把荀罃換回來。楚莊王的兒子公子谷臣也在荀首家裡住了九年，日久生情，跟荀首混得好像父子一般了。至於襄老的屍首，已經完全成了一堆骨頭。

巫臣來到晉國，說到自己的愛情故事，才又讓大家想起來這一樁九年沒有完成的交換。

「找皇戌啊，他能給做仲介。」巫臣提議。

於是，郤克派人去找鄭國的皇戌，皇戌果然願意幫忙，親自去找楚共王，楚共王當即同意。

齊晉大戰第二年的夏天，晉國和楚國各自放人，交易完成。

公子谷臣離開晉國的時候，與荀首揮淚告別。

「荀叔，有時間去楚國啊，我做東。」公子谷臣哽咽著說，九年啊，感情已經不淺了，荀首對他也不錯。

荀首一直把公子谷臣送到晉國邊界，說：「公子啊，一路小心，有時間回來看看。」

楚國這邊，也很感人。

楚共王親自設國宴為荀罃送行。

「讓你在楚國待了九年，你怨恨我嗎？」楚共王問。共王的性格有些像成王，喜歡問這樣的問題。

「兩國打仗，我因為無能而成了俘虜。大王沒有殺我，讓我回去接受處罰，這是對我的恩惠，我為什麼要怨恨呢？」荀罃回答。在楚國儘管不是太開心，但是日子過得也還不錯，頂多是軟禁。

「那你感激我嗎？」楚共王又問。他好像總是很關心對方對自己的感受。

「兩國交兵，都是為了自己的利益。現在兩國之間達成諒解，交換戰俘。兩國友好，跟我個人沒有關係，我為什麼要感謝大王呢？」荀罃覺得楚共王的問題有些可笑，也沒客氣。

「嗯，那你回去之後，要怎樣報答我呢？」楚共王就像是一個拙劣的小報記者，遇上一個很拽的明星，拼命提這種無厘頭的問題。

「我既不怨恨你，也不感激你。我們之間沒有恩怨，也沒有情仇，憑什麼要報答你？」荀罃的回答很嗆人，一點不給面子。

「不，就算是這樣，也要把你的想法告訴我。」小報記者楚共王鍥而不捨，一定要得到一個雷人的答覆，好回去發頭條。

荀罃一看，自己夠愣的，遇上更愣的了。看這架勢，今天不回答這問題，別說國宴吃不上，能不能回家都說不定了。沒辦法，想了半天，這才回答。

「托大王的洪福，讓我活著回家。就算回去之後被國君殺掉，我也算死而不朽了。如果國君不殺我，我父親在祖廟裡殺我，我也算死而不朽了。如果誰也不殺我，還讓我繼承家族世襲的官位，並且率領軍隊守衛邊疆。那時候如果遇上大王，我也會竭力作戰，即便戰死也不後悔。這，就是我對大王的報答了。」

荀罃這段話簡單說就是：放我回去，接著跟你幹。

硬氣，太硬氣。

楚共王大概要的就是這個答案了，所以他很高興。

《左傳》：「王曰：『晉未可與爭。』重為之禮而歸之。」

楚共王感慨，晉國，我們是不能與之抗衡的。於是，舉行了很隆重的儀式為荀罃送行。

春秋就是這樣，即便是交換俘虜，都這麼動人，都這麼讓人感慨。

第二件實事，擴張。

儘管赤狄的多數部落已經被晉國滅掉，最強的廧咎如依然在。郤克決定，消滅赤狄殘餘。

於是，郤克聯合衛國，向北討伐廧咎如，一舉滅掉了廧咎如，晉國疆土繼續擴大，赤狄則基本被消滅。

第三件實事，擴編。

國家在擴張，人口在增長，當官的越來越多。

郤克明顯地感受到，想當官的人太多，可是官位太少了。六個卿對於小國來說有點多，對於中等國家來說差不多，對於晉國這樣的超級大國來說就實在是有點少了。

不知道有多少人在盯著卿的位置，大把人整天在盼著現在的卿早點死，好給他們騰位置。怎麼辦？郤克決定給大家謀點福利。

在郤克的主導下，晉國由三軍擴充為六軍，新增加的三軍分別是：新中軍，新上軍，新下軍。韓厥、鞏朔、韓穿、趙旃等人都如願成了帥佐。

那麼，新三軍的帥佐算不算卿？郤克說了：「奶奶個驢，不算卿的話，我整這事幹什麼？」

現在，晉國擁有六軍，十二個卿。內閣成員擴大了一倍。

因人設事啊。

如今的一百多個縣長助理之類的事情，祖師爺就是郤克了。

前面說過，天子六師。晉國的軍隊編制與周王室平級了，對於尊周王以令天下的晉國來說，無疑是扇了自己一記重重的耳光。

郤克不管那些，大家高興就好，反正又不是花自己的錢。

其實，晉軍的兵力也只夠四個軍，好在反正也不用六個軍一起出動。

齊頃公的忽悠

剛擴完軍，齊頃公來做國事訪問了。

兩國君主在國賓館宴會廳見面，全體內閣成員作陪。正要舉行互贈禮品的儀式，郤克彎著腰低著頭就躥了上去，對齊頃公小聲說：「您此次來訪，是為了對上次您老娘嘲笑我的事情道歉吧？那我們主公可擔當不起啊。」

郤克的話，一半是嘲弄齊頃公，一半是告訴他別再提那事情了，那顯得自己太沒有風度了。

齊頃公看他一眼，沒說話，心說：「再說什麼，你也是個駝背啊。老子道了歉，你的背就能直過來？」

宴會上，兩國領導人就當前的國際形勢進行了深入的探討，回顧了兩國幾百年來的裙帶關係，並表示，這條裙帶要越結越實，兩國人民要世世代代友好下去。

說這些套話廢話的時候，齊頃公的眼睛總是去盯著一個人，他覺得這個人很面熟。最後，那個人被盯得不好意思了，主動站了起來。

「您還認得我嗎？」

「嗯，衣服不一樣了。」

「當初我之所以冒死追趕您，就是為了今天兩國君主相見言歡啊。」那人說著，舉杯相敬。

那人是誰？新中軍主帥韓厥。

「啊，我有一個請求，不知該說不該說？」酒過三巡，齊頃公很小心地問晉景公。

「啊，請說。」

「這個，以晉國的實力，當今天下恐怕也就是楚國可以匹敵。而晉君的德行，那絕對在楚王之上。說句心裡話，從前跟晉國作對，那真是瞎了眼。現在我們是王八吃秤砣，鐵了心跟著貴國混了。我想啊，王室衰落了，楚國都稱王了，晉國為什麼不能稱王？所以，我請求您稱王，您要是當了晉王，我們跟著您混也面上有光啊。」齊頃公說了一通，歸結為一句話：請晉景公稱王。

在場所有人都吃了一驚，說實話，還真沒有人想過這件事情。

「這個，這個，不太好吧？」想了半天，晉景公沒想明白，期期艾艾地說。

「有什麼不好？你要不好意思，我來牽頭，魯國、衛國、陳國等國家回應，誰敢放個屁？」齊頃公說話倒快，晉景公話音剛落，他的話就出來了。

「這個，大家怎麼看？」晉景公問大家。

郤缺沒有說話，他覺得這個提議有一定的可行性。

士燮和欒書也沒有說話，他們在捉摸晉景公的心思。

這個時候，有一個人說話了。誰？

「主公，兩個字，不可；四個字，萬萬不可。」說話的是韓厥，大是大非面前，他異常清醒，「如果我們稱王，那我們跟楚國還有什麼區別？我們跟王室是同宗，如果我們稱王，比楚國還要惡劣。我們如今之所以能夠號令諸侯，就因為我們尊王。如果我們自己稱王，誰還會擁護我們？」

晉景公恍然大悟，他點了點頭。

看見晉景公點頭同意，韓厥底氣更足，轉而對齊頃公說：「齊侯，我家主公德行不夠，我覺得您的德行不錯，不如您稱王，您看怎樣？」

「這……這……這怎麼敢？啊，喝酒喝酒。」齊頃公聽出韓厥話中的諷刺，連忙轉移話題。

到現在，其實每個人都明白了，齊頃公這個建議絕對是不懷好意。

「忽悠晉國人？你還嫩點。」晉國人都這麼想。

權力重新分佈

也許是老天爺認為郤克把該做的事情都做完了，也許是他舊傷復發，總之，在做完三件實事之後，郤克卒了。那一年是晉景公十四年（前 586 年）。

中軍帥該誰了？

在郤克鞠躬盡瘁的前後腳，荀首也卒了。

按照排序，現在的中軍帥就應該是荀庚。荀庚拒絕了，他說自己能力不夠。荀庚之後是士燮，士燮也拒絕了，他說自己經驗不足。

刨除對於權力中心的恐懼因素之外，荀庚確實能力不夠，士燮也真是經驗不足。所以，晉景公也沒勉強他們。

於是，能力和經驗都沒得說，而且人緣非常好的欒書當仁不讓，成了中軍帥。

被壓制了這麼多年原地不動，突然一天一步到位。

權力場上，什麼都有可能發生。

那麼，我們來看看晉國現在的權力分佈。

郤克和荀首鞠躬盡瘁之後，還有幾個歲數較大的卿要麼主動要求退休，要麼確實已經老年癡呆或者半身不遂，連內閣會議都沒辦法參加。這樣，真正還能工作在第一線的卿連一半都湊不到了。怎麼辦？

「反正當初也是為了湊人數，如今人數不夠，乾脆裁掉兩軍算了。」欒書提出建議，大家一窩蜂叫好，於是新三軍被裁併為一個軍，就叫新軍。

現在，十二卿變成了八卿，來看看是哪些人。

中軍帥佐是欒書和荀庚，上軍帥佐是士燮和郤錡，下軍帥佐是韓厥和荀罃，新軍帥佐是趙旃和郤至。

需要提示的是，由於早已經另成一族，趙旃並沒有受趙同、趙括的牽連，而且升官了。但是，他已經收斂多了。此外，荀家獨佔兩位，郤家獨佔兩位。荀家的兩位是堂兄弟，郤家的兩位也是堂兄弟，郤至是郤步揚的孫子，郤步揚是郤芮的侄子。

新一屆領導班子中，還有權力鬥爭嗎？當然有。

只要有權力的地方，就有權力鬥爭；只要權力帶來的好處足夠大，權力鬥爭就足夠殘酷。

那麼，權力帶來的好處有多大呢？足夠大。

從理論上說，周朝是全民所有制，也就是國有制社會。全民所有制的核心不是說每個人對財富都有份，而是財富名義上不能歸入任何一個個人手中。就如《詩經・小雅・北山》所寫：「普天之下，莫非王土；率土之濱，莫非王臣。」

周朝的全民所有制就是周天子代表全體人民對全國的土地擁有所有權，然後分封給諸侯和大夫以及國民，大家可以耕種，享受部分稅收，但是，土地始終還是天子的，理論上是隨時可以收回的。

到了這個年代，周天子實際上已經不能收回諸侯的土地了。於是，全民所有制變成了集體所有制，什麼集體？諸侯。換句話說，諸侯代表各國人民擁有土地所有權了。

諸侯手下的卿大夫們在土地所有權的問題上與一般的士兵沒有本質區別，有的只是數量上的區別，他們都是只有使用權，沒有所有權。

即便是六卿或者八卿，一旦你不再是卿或者你的後代不再是卿大夫，你的土地隨時會被收回，你的後代隨時會變成窮光蛋。

那怎麼辦？就只能拼命保持自己的卿的地位和權力，在保障自己的土地使用權的同時，保障兒孫們能夠順利進入權力場，繼續保有家族的土地。

說白了，權力之爭就是土地之爭，土地之爭就是利益之爭。

想想看，如果那時候土地私有，那麼，你的土地就不會因為權力的失去而失去，追求權力的動力就會小很多，權力鬥爭就會緩和很多。

所以，私有制國家的權力鬥爭相對不是那麼殘酷，那是有道理的。

第一一六章

趙氏孤兒

晉景公十七年（前583年），晉景公生了個病，頭疼腦熱之類。於是占了個卜，占卜的結果呢？說是有冤鬼作祟。

「太僕，您說說，這是怎麼回事？怎麼就招了鬼了呢？」晉景公一聽自己這病是鬼鬧的，當時就怕了，趕緊派人把韓厥給找來了。所有人中，他最賞識的就是韓厥。

「這個，一定是有鬼，一定是有鬼。我想想看，是個什麼冤鬼。」韓厥說完，閉上眼睛，儘量不讓自己笑出來。

世上本無鬼，心中才有鬼。確實有鬼，但是，這個鬼不在晉景公的身上，而在韓厥的心裡。裝神弄鬼，有的時候需要裝神弄鬼。身為太僕，韓厥平常在宮中行走，與占卜師相當投契。

韓厥說鬼

韓厥慢慢睜開了眼睛，眼神還有些迷離，似乎剛剛與冤鬼會談過。

「主公，世上冤鬼可不少。但是，冤有頭，債有主，能找到主公這裡來的，只怕不是尋常的冤鬼了。」韓厥故弄玄虛，盯著晉景公的眼睛說。

「這，這，是很厲害的冤鬼？」晉景公本來就發虛，被韓厥這麼一說，更加害怕。

「嗯，我估計是卿一級的吧。」韓厥開始引導。

「啊，鬼也分公卿什麼的？」

「那不是，這冤鬼活著的時候應該是卿一級的，冤死之後，也只能找主公您來投訴了。」繼續引導。

「那，那，那就是冤死在我手上的卿？」

「主公，咱們算算。您登基之後，也就是先家和趙家被滅了。先家不說了，先縠那是罪有應得，殺一百次也不算多。可是，人家趙家真是挺冤啊。從趙衰到趙盾，都是兢兢業業為國家效勞的。就算趙同、趙括跋扈一點，可是人家也沒謀反啊。再說了，就算趙同、趙括該死，人家趙朔是個老實人，憑什麼把人家也給滅了呢？」終於，正題被展開了。

「這，這麼說，是趙朔的冤魂？」

「我不敢肯定，不過，應該八九不離十。」

「那，那怎麼辦？立即平反昭雪？」

「至少吧。估計僅僅平反昭雪還不夠，趙朔肯定還要纏著你。」韓厥很肯定地說，似乎他跟趙朔還有聯繫。

「那，那，他要有兒子，我立即讓他兒子接他的班，原來的封地也都還給他。問題是，他兒子被屠岸賈給殺了呀。」

韓厥笑了。到現在為止，一切都按照他的設想在推進。韓厥向前探了探身子，低聲說：「主公，實不相瞞，當年屠岸賈殺的那個是假的，趙朔的兒子趙武還活著。」

「啊！」晉景公驚喜交加，吃驚的是趙武還活著，欣喜的是這下可以給趙朔這個冤鬼一個交代了。

「主公，怎樣？」韓厥低聲問。

「把趙武找來，我立即給趙家平反昭雪，返還封地，賜予爵位。」晉景公回答，他現在真的很高興，所以又加了一句：「說起來，趙武還是我表弟呢，可惜我姑姑死得早，否則看到今天，她一定很高興。」

「好，我去把趙武找來。不過，當初滅趙家是各家都出兵了，如今要給趙家平反，還不能急，只能如此這般⋯⋯」韓厥把自己精心設計的計畫說了一遍，晉景公頻頻點頭，大喜過望。

「好，就這麼辦。」

別說，心病除去，晉景公當時就覺得神清氣爽了許多。

趙武真的沒有死嗎？

如果趙武沒有死，當初被屠岸賈殺死的那個嬰兒是誰？

趙氏孤兒

回到晉景公四年。

韓厥從趙朔那裡回來，他在想一個問題：怎樣完成趙朔的重托，為趙家保住這個根。

作為太僕，韓厥有辦法到宮裡去把莊姬生下的孩子弄出來。當然，如果生出來的不是趙武而是趙文，那就什麼都免了，屠岸賈也不會追究了。問題是，弄出來之後怎麼辦？如果留在自己家中，那不要說屠岸賈不幹，就是其他的卿大夫也不會幹，不等請示晉景公，大家就會來攻打韓家，那時不僅保不住趙武，恐怕韓家也要被滅了。

想來想去，韓厥都想不到好辦法。直到趙家已經被滅，他這辦法還沒有想出來。

怎麼辦？眼看趙莊姬就要生了，還沒有辦法。

俗話說：踏破鐵鞋無覓處，得來全不費工夫。

就在韓厥一籌莫展的時候，來了兩個人。什麼人？兩個老相識。

韓厥是趙衰養大的，後來儘管自立門戶，還是常常回到趙家拜會趙盾，所以認識趙盾的門客。來的兩個人都是趙盾的門客，一個是程嬰，另一個是公孫杵臼。單看這兩個名字，就知道是破落公族，因為程姓也是唐叔虞的後代。

什麼是門客？就是私人保鏢或者私人顧問之類。

趙盾對他們不錯，趙朔對他們也不錯。所以儘管後來離開了趙家，兩人對趙家還是感恩戴德。

聽說趙家被滅，趙朔的老婆在宮中待產，而屠岸賈隨時要殺掉生下來的孩子。兩人一商量，決定要想辦法保住趙家的骨血。

於是，他們來找韓厥，他們知道這個時候如果有一個人肯幫趙家的話，這個人一定是韓厥。

「這樣，孩子我想辦法從宮裡帶出來，然後交給你們，後面的事情，就拜託你們了。」有了程嬰和公孫杵臼，韓厥有了辦法。

從那之後，韓厥整天在宮裡轉悠。

莊姬生下趙武之後，宮女第一時間把趙武交給了韓厥，韓厥隨即帶出宮去，交給了程嬰和公孫杵臼。

程嬰的家在山裡，於是兩人把趙武帶去了程嬰的家。

可是，風聲越來越緊，屠岸賈的搜索也越來越緊。程嬰和公孫杵臼知道，這樣躲是躲不住的，即便不被搜到，也會被人舉報，所以，必須另想辦法。

「我問你，死和養育孤兒，哪一個更難一些？」公孫杵臼問程嬰。

「死要容易得多啊。」

「那好，把容易的事情留給我，你來撫養孩子。」

「你這是什麼意思？」

「我們去找一個嬰兒來冒充趙武，然後你去告發我，屠岸賈必然把我和嬰兒殺掉，之後他就不會再追捕了。我死了，趙武就交給你撫養成人了。」

按照公孫杵臼的主意，兩人從附近偷了一個男嬰（男嬰的父母豈不是冤枉死了？），然後程嬰去告密，屠岸賈來殺掉公孫杵臼和假趙武，而程嬰在埋葬了公孫杵臼和假趙武之後，帶著趙武躲進了深山。

而這一切，瞞過了任何人，就連韓厥也不知道。

直到不久前，程嬰偷偷來找韓厥，告訴他趙武還活著，已經十四歲了。

「好，你把趙武帶來。」韓厥說。不過，他有些將信將疑，誰知道這個趙武是真是假？說不定是程嬰拿個山寨版的來冒充的呢。

程嬰第二天帶著趙武來到了韓厥家中，韓厥第一眼看見趙武，就知道這個趙武是如假包換的正版趙武。

「哇噻，小夥子帥呆了，跟你爹一個模子套出來的啊。」韓厥幾乎是驚叫出來。趙武雖然歲數還小，但是那股帥勁已經顯露無遺。當年，他爹就號稱晉國第一美男子。

趙武笑笑，沒有說話。旁邊的程嬰接了一句話。

「嘿嘿，韓元帥，我覺得他更像他叔祖趙嬰齊啊。」程嬰說了句大實話。

「啊，對，不過，也像他爹。」韓厥笑了，看了程嬰一眼，心說你知道個屁，他爹就是趙嬰齊。

不管怎樣，韓厥確定了這個趙武是真趙武，他決定要幫他。而一個有利的條件是，屠岸賈已經死了。

恰好晉景公生病，韓厥就串通了占卜師，說是冤鬼作祟，韓厥好趁機把趙家的事情給翻出來。

平反昭雪

晉景公緊急召開八卿會議，地點在後宮。

從時間和地點來看，這是最高級別的秘密會議。

八卿到齊。

「各位愛卿，我叫一個人出來給大家看看，看大家認不認識。」晉景公並沒有告訴大家會議的主題，直接搞了一個蒙太奇的東西出來。

燈光調暗，一個少年從暗處款款走來，站住，燈光逐漸變亮，面部特寫。

一個英俊少年就這樣站在了眾人的面前。有多麼英俊？英俊得沒法說。

所有人都瞠目結舌，不是因為這個孩子英俊，而是因為這個孩子太像一個人。

「難道？」所有人都在想，所有人都立即想明白了。

趙武，這就是傳說中的趙武。看來，趙家並沒有被滅絕。

韓厥站了起來，環視大家之後，他說話了：「各位，當年，趙家被冤枉滅門，趙朔冤魂不散，糾纏到主公身上，導致主公患病。所幸天佑好人，趙朔的兒子趙武僥倖存活。因此，主公決定為趙家平反昭雪。各位有什麼意見？」

沉默，長時間的沉默。

當初，滅趙家是大家的共同心願，也是大家聯手出兵的。如今要為趙家平反昭雪，那就等於是說當初大家都犯了罪。如果這個會議不是在這裡開，而是在中軍元帥府開，所有人都會投票反對為趙家平反。可是，現在是在宮裡，每個人的性命都在晉景公和韓厥的手中，沒有人會傻到要站起來反對的地步。

沉默到最後，所有人的眼光都盯在了欒書的臉上，畢竟他是中軍主帥。

「唉。」欒書歎了一口氣，然後語重心長地對大家說：「其實，我早就想給趙家平反昭雪了。當初我們大家都是被屠岸賈蒙蔽裹挾的，就連主公也被他蒙蔽了。如今主公撥亂反正，還歷史以真相，我雙手贊成啊。」

薑還是老的辣，欒書的一番話，首先把自己撇清，然後表示當初晉景公也有責任，最後表態擁護最高領導人的英明決策。

欒書的發言算是開拓了一條道路，大家就都沿著這條道路走下去了。於是，所有人都把責任推到了屠岸賈的身上。弄到最後，倒好像大家都是受害者，只有屠岸賈是個壞人。

順理成章，最後達成以下一致：

第一，趙家平反昭雪，恢復名譽；

第二，趙家的封邑還給趙家；

第三，待趙武成人之後，繼承趙朔的卿位；

第四，屠岸家族驅逐出境。

趙家就這樣復興了，趙武和程嬰住進了原來趙家的老宅，拿回了趙家的田地。

程嬰現在既是趙武的義父，也是他的管家。韓厥一面派人來趙家幫忙，一面四處打點，為趙武今後的出山打下人脈基礎。

後來到趙武二十歲成人之後，程嬰到各家卿大夫府上拜會一遍，感謝他們對趙家的關照。做完這些，程嬰對趙武說：「當初為了趙家，我和公孫杵臼分工合作。如今，你也長大了，不需要我了，我也該去見公孫杵臼了。」

趙武一聽，這什麼意思？這是要去死啊！

「義父啊，你不能這樣啊。給我時間報答您老人家吧，您怎麼忍心棄我而去呢？」趙武跪在地上，淚流滿面。

「不，我不能對不起公孫杵臼。」程嬰決心已定。

當日，程嬰自殺身亡。

趙武傷心欲絕，按照父親去世的規矩，為程嬰服喪三年。程嬰的靈位進了趙家祖祠，趙家世世代代把他作為祖先祭祀。《史記》記載：「趙武服齊衰三年，為之祭邑，春秋祠之，世世勿絕。」

這是後話。

以上關於趙家的故事後來被編成戲劇，就是著名的《趙氏孤兒》。

關於趙氏孤兒的記載，是一樁歷史懸案。

按《左傳》和《史記 · 晉世家》，趙家是在晉景公十七年被滅，隨即平反，趙武因躲在宮中而倖免於難。

而按《史記 · 趙世家》，趙家滅門在晉景公三年，平反在晉景公十七年，中間十四年是程嬰將趙武養大。

也就是說，趙氏孤兒的故事記載於《史記 · 趙世家》，而這段故事與《左傳》和《史記 · 晉世家》相矛盾。進一步說，趙氏孤兒這一段，司馬遷本身的記載就自相矛盾。

於是我們有兩個問題：第一，究竟哪一個記載是真實的？第二，以司馬遷的認真態度，應該是明知自己在這段歷史上的自相矛盾的，他為什麼要故意做這樣自相矛盾的記載？

很顯然，司馬遷關於趙氏孤兒的記載取材于趙國史料或者趙家後代的傳說，程嬰此人必然是存在的，而且必然有大恩于趙家。但是，《左傳》的歷史可信度是最高的，如果趙氏孤兒這段歷史成立，《左傳》上就有多處要重寫。

司馬遷當然明白《左傳》的權威性，那麼，他為什麼還要堅持記載趙氏孤兒的故事呢？答案只能有一個：司馬遷不忍心讓這樣可歌可泣的動人故事淹沒在歷史的長河中。

所有趙姓後人都應該感謝程嬰，感謝韓厥，也感謝司馬遷。

如果不把趙氏孤兒這樣的淒美故事講述給大家，那豈不是辜負了太史公的一番美意？

夾縫中的生存者

晉國國內的故事暫時告一段落，現在，回過頭來看看國際形勢的最新發展。

楚莊王在莊王二十年（前 594 年）從宋國撤軍之後，一直到莊王二十三年（前 591 年）薨為止，三年之間沒有動用武力，實踐了他「止戈為武」的和平理想。莊王的兒子熊審繼位為楚共王，於是，世界和平結束了。

從楚共王二年晉國討伐齊國，到楚共王八年晉國為趙家平反昭雪，七年時間裡，楚國和晉國在中原展開拉鋸戰。這種拉鋸戰的特點有兩個：第一，晉楚之間儘量避免直接衝突；第二，代理人戰爭。

超級大國之間的對抗，難道不都是這樣的嗎？

短短七年時間裡，楚國入侵中原國家四次，召開盟會一次；晉國入侵中原國家七次，召開盟會三次。其中，晉國出兵喜歡以聯合國的名義，率領扈從國家共同討伐，而楚國喜歡單獨行動。兩國軍隊之間都在避免直接對抗。晉國曾經有一次入侵到楚國境內，但是在抓獲戰俘申驪之後迅速撤軍。

在晉國和楚國的對抗中，需要重點說到另外的一個國家，這個國家就是鄭國。

鄭國，南面是楚國，北面是晉國。

鄭國常年處於戰爭狀態，不是晉國人來，就是楚國人來，以至於鄭國人民已經見怪不怪。這七年時間，晉國討伐一次，楚國討伐兩次。

其實，鄭國是一個善戰的國家，只是他們的敵人太強大了。想想看，兩個超級大國輪流來找你練，你能應付得了嗎？

魯成公三年，晉國率領聯合國軍隊討伐鄭國，因為鄭國是楚國的盟友。鄭國毫不示弱，用伏兵之計擊敗了聯合國軍，隨後把俘虜獻給楚王。大概是認為自己的功勞夠大，鄭國決定進攻許國。為什麼要進攻許國？因為許國仗著自己也是楚國的保護國，竟然不尿鄭國這壺。鄭國很惱火，決定教訓許國。

鄭國軍隊進攻許國，許國急忙向楚國求救，楚國左右為難，給發了個「我們希望以和平方式解決爭端」的呼籲，基本上跟放屁沒什麼區別。許國一看，楚國這個大哥靠不住了，玩外交辭令了，那就向晉國求救吧。晉國正想來呢，欒書親自領軍，一舉奪走了鄭國的范、祭兩地，弄得鄭國又緊張了，趕緊向楚國求救。楚國於是發兵，晉國主動撤退了。

楚老大既然來了，乾脆就主持個公道吧。於是把鄭國國君和許國國君找到一起來辯論，辯論半天，楚軍主將子反也弄不清楚誰對誰錯。「都別說了，你們去楚國，到大王面前辯論去。」子反最後這麼決定。

魯成公五年，鄭國國君和許國國君前往楚國進行大辯論，結果，許國國君口才了得，說得鄭國國君鄭悼公張口結舌。最後楚共王宣佈：「此次辯論大賽許國獲勝，鄭國國君立即回國，歸還所侵佔的許國土地，鄭國的皇戌和子國留下來做人質，庭審結束。」

鄭悼公鬱悶得要死，回國之後立即派公子偃去了晉國，宣佈退出南聯盟，加入聯合國。為此，晉國特地召開了一次聯合國大會，隆重歡迎鄭國回到聯合國大家庭。

魯成公六年，楚國人討伐鄭國，這一次，晉國人及時出兵相救，楚國人主動撤軍了。

魯成公七年，子重率領楚軍再次討伐鄭國，這一次，鄭國也沒客氣，利用楚軍的輕敵擊敗了楚國，活捉了鄖公鐘儀，然後，把鐘儀送到了晉國。

儘管在夾縫中艱難求生，有的時候不得不委曲求全，鄭國人還是能夠先後擊敗晉國人和楚國人，頗為令人敬佩。

在大國之間生存，既要足夠靈活，還要在適當的時候強硬。既不要雞蛋碰石頭，也要避免被認為是隨時準備被捏的軟柿子。

容易嗎？誰都不容易啊。

第一一七章

命中註定的事

無休無止的拉鋸戰和瘋狂的軍備競賽令晉國和楚國都感到吃力，停止敵對狀態實際上是雙方都渴望的事情。問題是，誰先開口？

面子，自古以來就有面子問題。

晉景公十八年（前 582 年）秋天，晉景公視察軍用倉庫，結果發現在倉庫裡關著一個人。從衣著打扮上看，這個人是南方人。

「這人是誰？」晉景公問守倉庫的官員。

「鄭國人獻來的楚國的俘虜鄖公鐘儀。」

聽說是楚國俘虜，而且是個官階很高的俘虜，晉景公來興趣了，下令召見鐘儀，於是有了下面的對話。

「你祖上做什麼的？」

「樂官。」

「那你懂得音樂嗎？」

「當然懂。」

「來一曲聽聽。」

鐘儀彈奏了一首楚國的樂曲。

「你們大王怎麼樣？」

「我不清楚啊。」

「別介，總知道一些吧？」

「我真不知道。我是地方官，怎麼知道中央領導的事呢？」

「哎，總聽說過什麼吧？」

又是一個小報記者緊追不捨挖猛料的架勢。

「那，那我就說說吧。我聽說啊，楚王在做太子的時候，每天早上請教令尹子重，晚上請教司馬子反。其他的，我就真不知道了。」

「嗯，不錯。」小報記者認為自己的頭條到手了。

伸出橄欖枝

晉景公把自己採訪鐘儀的過程告訴了士燮。

「看來我們從前妖魔化楚國人了，你看人家鐘儀，懂音樂，知禮儀，那素質一點也不比我們的大夫差啊。」晉景公先說了自己的感受，從前以為楚國人是南蠻子，野蠻殘暴不懂禮儀，如今一看，滿不是那麼回事啊。

「是啊，鐘儀真是個君子啊，還記得祖上的職業，彈奏家鄉的樂曲，說明他不忘本啊。對國君的讚揚出於內心，而且不忽悠不吹牛，說明他很誠實可靠啊。我看啊，軍備競賽是兩敗俱傷，乾脆，就把鐘儀放回去，讓他充當和平使者算了。」士燮知道晉景公的想法，趁機提出了和平建議。

「是啊，冤冤相報何時了啊，就這麼辦了。」

第二天，晉景公設宴招待鐘儀，然後送他上路回楚國，請他向楚共王轉達誠摯的問候，並表達希望兩國化干戈為玉帛的和平願望。

派一個俘虜擔任和平特使，既顯示了大國的氣度，又不承擔任何層面的風險，實在是一個絕妙的安排。

鐘儀回到了楚國，直接去朝見楚共王。

「啊，老鐘，你逃回來了？」看見鐘儀，楚共王吃了一驚。

「不是逃回來的，是他們放我回來的。」

「放你回來？說笑吧？」

「是真的。」鐘儀把事情的前前後後說了一遍，並且把晉景公的問候帶到了。

楚共王很高興，其實他也膩了常年你打過來我打過去的。

「人家這麼有風度，我們不能裝聾作啞啊。」

到了冬天，楚共王派出公子辰前往晉國，對晉國釋放鐘儀表示感謝，同時提出請求，希望雙方重修舊好，訂立盟約。

第二年春天，晉國正式派出大夫糴（音迪）筏前往楚國，對楚王派公子辰訪問晉國表示感謝，同時商討簽署盟約的具體事宜。

至此，晉楚兩國之間的和平談判結束了第一個回合。

回顧一下過程，首先是晉國以非正式方式伸出橄欖枝，隨後楚國以正式方式提出和平建議，再隨後晉國進行了官方回應。

由於最早是從鐘儀演奏音樂開始的，我們稱之為「音樂外交」。

如果我們還記得中美建交的過程，會發現咱們走的是同樣的路線，不過這次是「乒乓外交」。

命中註定的事

俗話說：前人栽樹，後人乘涼；前人作惡，後人遭殃。

為和平而奮鬥的鬥士們往往享受不到和平的成果。

晉景公就是這樣一個和平鬥士。

在和平曙光來臨的同時，在晉景公的身上，發生了一件又一件神奇的事情，至今無法解釋。

就在派出和平特使前往楚國的第二天晚上，晉景公做了一個噩夢，他夢見趙衰披頭散髮來找他算賬，要報滅門之仇。晉景公當時就被嚇醒，第二天急忙找來了著名的桑邑巫師來解夢。

「你先別說做了什麼夢，看我說得對不對。」巫師那可是名不虛傳的，將晉景公的夢從頭到尾說了一遍，聽得晉景公直發愣。

「哎呀媽呀，你太神了，一點也不差啊，你說說，這夢是什麼意思？」

「恕我直言啊，您哪，吃不到今年的麥子了。」巫師直言相告，意思就是活不到秋天了。

晉景公半信半疑，不過，從那之後就生了病，而且病情一天比一天嚴重。

晉國的醫生都弄不懂晉景公的病情，一打聽，說是秦國秦桓公的御用醫生醫緩醫術高明，常常起死回生。於是，晉景公派人去秦國，請求派醫緩來給看看病。秦桓公挺仗義，立馬派醫緩過來了。

在醫緩來到的前一天晚上，晉景公又做夢了。他夢見自己的病變成了兩個小孩子，小孩甲說：「醫緩很牛啊，我們恐怕要完蛋了。」小孩乙說：「不怕，我們躲在膏的下面、肓的上面，他就拿我們沒辦法。」

第二天醫緩到了，照例是望聞問切四大程式，之後進行診斷：「主公，怕是要準備後事了。你這病在膏的下面、肓的上面，用灸太猛，用藥太弱，用針又夠不到，確實沒治了。」

「病入膏肓」，這個成語就來自這裡。

「真是個名醫啊。」晉景公賞賜了醫緩，送他回去了。

說起來，晉景公也是個很神的人，他總是能夢到將要發生的事情。

到了五月份，晉景公的身體已經很差，難以管理國事，於是，讓太子州蒲提前接任國君，就是晉厲公。

六月六日這一天，晉國的第一批麥子下來了，第一時間送到了宮裡。

「哈哈哈哈，請那個巫師來，我請他吃今年的新麥。」晉景公的心情不錯，看來巫師的預言要落空了。

不多久，巫師來了，晉景公請他坐下，等著新麥做的饅頭送上來。巫師也有些發怵，雖然自己很神，但是人家晉景公也很神啊，萬一真的吃上了新麥，砸了自己的牌子事小，一發火把自己給砍了可就糗大了。

這個時候，一個小太監湊上來了。史書上沒有記載他的名字，姑且就叫他景宦吧。

「主公，我昨天晚上也做了個夢，能不能讓巫師給我也解解？」景宦說。晉景公平時對他們很溫和，所以他才敢提這個要求。

「問吧。」晉景公同意。

「我昨天晚上夢見背著主公上天了，是什麼意思？」景宦問。他懷疑是要飛黃騰達了。

「這個，」巫師思索了一下，回答說，「過一會兒就知道了。」

饅頭上來了，熱騰騰香噴噴的饅頭。

晉景公看著饅頭發笑，心說等我吃了第一口，看你阿巫怎麼說話？看看饅頭不那麼燙了，正準備拿饅頭吃，就覺得肚子發脹，突然想大便。

「你們等等，我去方便一下回來。」晉景公在兩個太監的伺候下，去了廁所，心說等我肚子騰空了，狠狠地吃一頓。

大概沒有人願意讓別人看著自己大便，晉景公讓兩個太監在門口等著，自己進去解決問題。

兩個太監在門口候著，一直候了半個時辰，心說就算拉肚子也該出來了，進去看看吧。兩人進去一看，哎呀媽呀，景公早已經薨了，也不知道是先薨了掉進糞坑裡的，還是先掉進糞坑裡再薨的，總之，景公就在糞坑裡漂著呢。

就這樣，晉景公終究還是沒有能夠吃到當年的麥子。

現在，晉景公薨在了糞坑裡，派誰去把他背出來呢？

從一個角度說，到糞坑背人這樣的髒活是沒有人願意幹的；從另一個角度說，背國君又是一個光榮而艱巨的任務，不是什麼人都有資格去做的。誰去呢？

「他。」所有人都推薦景宦，理由很簡單：他夢見自己背景公了。

倒楣的景宦把晉景公從糞坑裡背了出來，然後又為景公殉葬。

桑邑巫師說：命中註定的事情，是不能抗爭的。

如果晉景公不是非要吃著一口新麥，恐怕也不會死得這麼沒面子。

絕秦書

晉景公鞠躬盡瘁了，可是，和平事業沒有鞠躬盡瘁。

晉厲公繼任之後，繼續推動晉楚和解。

晉厲公繼任的第二年，在宋國的華元的撮合下，晉楚兩國決定在宋國舉行卿級會晤，晉國派出士燮，楚國派出公子罷和許偃，東道主宋國則是華元主持。

這次卿級對話進行得十分成功，雙方達成了原則性一致並發表了聯合公報，聯合公報這樣寫道：今後晉楚兩國不再以武力相爭，要團結協作，共度時艱，互相援助。如果有人侵犯楚國，晉國出兵援助，反之亦然。兩國之間使者往來，不需要簽證。有什麼意見分歧，求同存異。有背叛的國家，兩國共同討伐。誰要是不遵守誓言，神靈就滅了他，他的軍隊毀滅，國家滅亡。

這就是聯合公報，人們都在懷疑，這有可行性嗎？

不過，這是兩個超級大國的第一份聯合公報，具有歷史意義。

秋天的時候，晉國派出郤至前往楚國，向楚共王表達問候，並且監督聯合公報的執行情況。

楚共王非常高興，命令用最高禮節招待晉國使者。

於是，王宮張燈結綵，鼓樂齊鳴。

郤至來到的時候，就發現到處都是音樂，連地下室也在奏樂。郤至嚇得不敢進去了。

「老郤，進去啊，大王等著呢。」子重是當天的司儀，見郤至不敢進去，親自來請他。

「令尹啊，這可是全套音樂啊，全活兒啊。我來了就這樣，如果哪一天上天降福，讓我們兩國國君相見，那用什麼禮儀呢？」

「嗨，要是上天降福讓兩國國君相見，那一定是在戰場上了，還用音樂？哈哈哈哈，進去吧。」子重也不知道是缺心眼還是開玩笑，就算開玩笑，也確實不恰當。

「您剛才說的話可不是這個時候該說的啊，不過您是主人，我還是聽從您的命令吧。」郤至沒辦法，只好跟著子重進去了。

其實，這也不全怪楚國人，一來他們對周禮這一套不是太清楚，二來他們也確實是很高興，覺得越隆重越好。

到了冬天，楚國的公子罷到晉國，也是問候晉厲公以及監督聯合公報的執行情況。

晉厲公也非常高興，也設宴款待公子罷。

等到公子罷走了，晉厲公哈哈大笑：「哈哈哈哈，現在，我們可以打秦國人了。」

怎麼晉楚和平跟秦國人有關係？為什麼晉厲公要打秦國？

其實，晉國在和楚國開始和談之後，就決定同時修復和秦國的關係，讓世界真的實現和平。

秦晉兩國很快達成共識，決定兩國國君在晉國的令狐簽署和平協定。可是到了簽約的日期，秦桓公打死也不肯來，因為祖祖輩輩被晉國人忽悠，他怕。沒辦法，秦國派了史顆到令狐來跟晉厲公簽約，這邊晉國派了郤犨過去和秦桓公簽約。

「這樣結盟有什麼用？」士燮當時就笑了，他覺得很搞笑。「信任是結盟的基礎，連信任都沒有，這樣的盟約有用嗎？結盟就是為了表達信用，如今一開始就在結盟地點的問題上不守信用，結什麼盟？」

果然，秦國在雙方結盟之後就暗中找到楚國和白狄，要從南、北、西三面聯合進攻晉國。結果，狄人發動了進攻，卻被晉國擊敗了；楚國人比較絕，乾脆把秦國人的計畫告訴了晉國人。

就為了這個，晉厲公決定討伐秦國。

應該說，晉厲公選擇了一個非常好的時機。

晉國組織了聯合國軍隊，這次的聯合國軍隊是歷史上規模最大的一次。按照晉楚盟約，楚國也有責任參加聯合國軍隊，於是，中原諸侯紛紛派兵，楚國也象徵性派出軍事觀察團。可以說，除了四周的蠻夷之外，這是全世界聯合討伐秦國。

在出兵之前，晉國派魏錡給秦國送去一份斷絕外交關係的《絕秦書》。《絕秦書》堪稱世界外交史上最絕的一篇文章。什麼叫顛倒黑白？什麼叫強詞奪理？我們不妨來學習一下（原文省略，請參看《左傳．成公十三年》）。

絕秦書

從晉獻公和秦穆公開始，我們就是友好鄰邦，戮力同心，結為盟友，後來又有了裙帶關係。獻公鞠躬盡瘁之後，秦穆公不忘兩國的情誼，幫助我們的惠公繼位。但是，秦國很快背信棄義，發動了韓之戰。之後你們良心發現，有所悔改，又幫助我們的文公回來。這些，我們承認都是秦穆公的功勞。我們文公稱霸天下之後，讓天下諸侯都去朝拜秦國，這算是報答了秦國的恩德了吧？後來鄭國人侵犯貴國，是我們幫著你們打鄭國，可是，你們背著我們和鄭國人簽了和約，天下諸侯都很氣憤，要消滅你們，要不是我們文公極力勸解，你們根本就回不了秦國了，這一次我們又對你們有恩吧？文公去世之後，你們穆公非但不來弔唁，還侵犯我們的崤，斷絕和我們的外交關係，滅亡我們的友邦滑國，離間我們兄弟國家的關係，妄圖顛覆我國政權。後來，秦穆公又勾結楚國對付我們，幸虧楚成王被害，讓你們的陰謀破滅。秦穆公和晉襄公去世之後，秦康公和晉靈公繼位。康公是我們的外甥，可他也是亡我之心不死，頻繁騷擾我們的邊境。沒辦法，我們才發動了令狐之戰。之後康公還不思悔改，侵佔我們的河曲，掠奪我們的王官，摧毀我們的羈馬，因此我們又有了河曲之戰。可以說，晉秦兩國之間的長期敵對狀態，完全是秦康公拒絕和平的緣故。

後來秦康公去世了，秦桓公您繼位了，我們景公翹首以盼說：「這下好了，和平有望了。」令人失望的是，您跟康公是一丘之貉（音禾），利用我們被赤狄侵犯的時候來侵略我們，搶我們的莊稼，殺害我們的邊民，我們忍無可忍奮起反擊，這才有了輔氏之戰。前不久的令狐之盟，您又在忽悠我們，表面上跟我們和平友好，暗地裡勾結白狄和楚國人來攻打我們。白狄跟我們是親戚，跟你們是仇人，你們要我們跟你們去打白狄，我們為了友誼而犧牲親情，答應了你們。可是隨後你們又聯合白狄打我們。你們兩面三刀的行為，連白狄都討厭你們，向我們告密。楚國人也很討厭你的反覆無常，他們也把實情都告訴了我們。天下諸侯知道你們的無恥行徑之後，義憤填膺，一定要討伐你們。如今，我們國君在諸侯們的強烈要求下，不得不前來討個說法。如果貴國君為天下諸侯著想，憐憫我們，肯和我們誠心簽署新的合約，我們還可以試一試把諸侯們勸回去。否則的話，我們也不能阻止他們來伸張正義了。

顛倒黑白，強詞奪理，借題發揮，添油加醋，威脅恫嚇，基本上，《絕秦書》就是這樣的了。當然，不能說秦國在所有的事情上都占理，但是他們有理的地方也被晉國人說成了沒理，晉國人實在是太有才了。

自古以來就是這樣，欲加之罪，何患無辭，國家之間也是如此。有理沒理並不重要，有恩沒恩也不重要，重要的是實力。看看今天的世界，不是也常常能夠看到各種版本的《絕秦書》嗎？

其實，晉厲公根本沒有給秦國人機會，聯合國大軍隨後渡過黃河，攻擊秦國。在麻隧，聯合國軍大敗秦國軍隊，活捉秦國大夫成差和女父。聯合國軍隊又渡過涇水，一直推進到侯麗才撤軍。

「我發誓，今後再也不跟晉國人打交道了。」秦桓公哭著說。在他的記憶中，秦國每一次跟晉國發生關係，最終都會吃大虧。

可是秦桓公忘了，如果當初秦國不跟晉國打交道，就不會有他了。

《絕秦書》作為千古絕唱流傳下來，其中為我們貢獻了「戮力同心」、「痛心疾首」、「惟利是視（圖）」、「引頸以望」等成語和「蝨賊」「逾越」、「傾覆」等辭彙。文章好得連被罵的秦國人也愛不釋手，組織幹部認真學習，在日後罵楚國人的《詛楚文》裡基本模擬了此文的體例、語法和口氣。

喜好古文的同學，建議全篇背誦《絕秦書》。

第一一八章
短命的和平

現在，再來看看晉國的權力佈局。

表面上看，荀家是當今勢力最大的家族。但是，實際上，郤家才是最為張揚的家族。

作為郤步揚的孫子，郤至的政治資本是不夠的，他之所以能夠進入八卿行列，一方面是堂兄弟郤錡鼎力相助，另一方面是他確實很有學問，晉厲公也很賞識他。

郤錡和郤至有一個共同的堂叔，叫做郤犨，又叫苦成叔，不知道怎麼就這麼苦。郤犨現在擔任中軍大夫，很快就能熬到卿的位置。雖然參加不了內閣會議，但是能參加內閣擴大會議。

汲取了趙家因為內訌而被滅的教訓，郤家十分團結。

「三郤」，這是晉國人新發明的名詞。

三郤的性格不大一樣，但是有一點一樣，那就是都很貪。

三郤

郤犨在當上中軍大夫之後，晉厲公給他派了個活，出使魯國監督兩國盟約執行的情況。

通常，大國到小國出差都是美差，就跟中央官員到地方出差一樣。一般來說，好吃好喝好招待之外，還有好多禮品贈送。

魯國負責接待郤犨的是執政聲伯，接待郤犨的規格很高，相當於接待晉國卿的規格，郤犨很滿意，但是滿意不等於滿足。

「感謝你的熱情款待，不過，還有一件事情想麻煩你。」郤犨提出新要求。

「您說，能辦到的我儘量辦到。」聲伯知道郤犨很貪，可是這個人還不能得罪。

「不瞞你說，我老婆不久前剛死了。家裡不能沒有老婆啊，所以我想再娶個老婆，還特想娶個魯國老婆。你沒聽說過那個段子嗎？找情人要找衛國的，娶老婆要娶魯國的。怎麼樣，替我物色一個，這次我就帶回去了。」

「這，您的條件太高啊，一時還真不好找。」聲伯挺為難。

「嗨，高什麼。聽說你有個妹妹，要不，咱們做個親戚？」郤犨早就聽說聲伯的異父妹妹挺漂亮。

「這個，晚了點，我已經把她嫁給施孝叔了。」聲伯倒沒有騙他，半年前，剛把妹妹嫁出去。

「這，這，嗨。」郤犨很懊惱，重重地拍了一下大腿。

現在，聲伯看明白了，郤犨是早就瞄著自己的妹妹來的。如果不能得到自己的妹妹，說不準會幹出什麼來，到時候自己辛辛苦苦這通接待就算是泡湯了。怎麼辦呢？

「那，其實吧，我對這個施孝叔是很不滿意的，要是您不嫌棄的話，我把妹妹給要回來？」聲伯試探著說。他估摸著，以郤犨這樣有身份的人，還會要二手貨？

「好啊好啊，我不嫌棄。」得，郤犨還真要二手貨。

就這麼著，聲伯把妹妹從施孝叔那裡搶回來，給了郤犨。郤犨這個高興啊，去了一趟魯國，自己沒花聘禮，得了個漂亮老婆，還得了彩禮，賺大發了。

這就是郤犨，類似的故事還很多，晉國人民常常拿出來編成段子。

跟郤犨比起來，郤至沒有那麼粗俗，不過只要說到利益，那也是絕不會退讓半步的。

混上了卿，郤至得到了溫這個地方作為采邑。溫原本是周王室的地盤，當年周襄王一激動送給了晉文公，此後狐毛和陽處父先後被封在這裡，現在則成了郤至的地盤。

在溫這個地方有一個歷史遺留問題，其中的一塊地周王室始終沒有移交給晉國，而是自己留下來了。當初狐毛和陽處父都沒在乎，可是如今到了郤至這裡，就不一樣了。

「什麼？該我的，一個子兒也不能少。」郤至眼裡可揉不進沙子，當時佈置了手下，去搶這塊地。

說起來，王室真是虎落平陽被犬欺，王室城管隊竟然幹不過郤至家的保安隊，那塊地被郤至搶了。

那時的周王是周簡王，簡王咽不下這口氣，於是派劉康公和單襄公去晉國，請求晉厲公給個公道。

周王特使來了，晉厲公還是很客氣的，聽說是這個事情，連忙把郤至給找來，同時叫了伯宗來評理。

「我那不是為了自己啊，我是為了晉國的領土完整啊。」郤至先發言，把自己說得挺高尚。

劉康公隨後發言，他首先陳述了歷史遺留問題的來龍去脈，之後表示，根據全民所有制的原則，所有的土地實際上都是王室的。撇過這一點不說，王室把整個溫都給了晉國，自己弄塊自留地難道不行嗎？

這件事情，公說公有理，婆說婆有理，歷史遺留問題往往都是這樣。

「伯宗，你給他們評個理吧。」厲公聽得稀里糊塗，乾脆讓伯宗來解決這個問題。

「我看啊，再怎麼說，王室也是王室，就算衰落了，還是應該尊重的。反正地也不大，還給王室吧。」伯宗也沒有多考慮，算是說句公道話。

說起來，伯宗就屬於沒有政治頭腦的那種，他沒有考慮到，得罪王室無所謂，得罪郤家可就麻煩多了。

就這樣，厲公命令郤至把地還給了王室。郤至表面上沒說什麼，心裡已經把伯宗恨得牙癢癢。

與郤犨和郤至相比，郤錡更張狂一些。

其實可以想像，郤錡的爺爺和父親都曾經是晉國中軍元帥，這在晉國還是頭一份。所以，郤錡一直生活得超級優越，所有紈綺子弟身上該有的缺點他身上都有，狂妄自大、驕橫跋扈、目中無人、胸無點墨、巧取豪奪、欺男霸女、買官賣官等等這些詞，用在他身上都適合。

郤錡聽說大夫夷陽五的一塊田很好，一點沒客氣，直接就給搶過來了，夷陽五沒辦法，只能忍氣吞聲。郤犨聽說大夫長魚矯有塊地不錯，也去搶了過來，長魚矯反抗了一回，結果被郤錡帶著家兵給抓起來了，全家老小捆在一輛車上遊街示眾。後來長魚矯苦苦哀求，這才算完事。

從前有「二趙」，現在有「三郤」，晉國人對「三郤」的怨恨甚至超過了「二趙」。

郤家的名聲可以說是臭名遠揚，他們不僅在國內為非作歹，而且在國際上橫行霸道。為什麼這樣說？因為這一段時間晉國的外交基本被三郤把持，出使各國的機會多半是他們的，所到之處，都是索賄受賄，稍有不從，就危言恫嚇。

「真是貓生耗子，一窩不如一窩啊。」晉國人民都這麼說。

《國語》上有這麼一段，說是趙武二十歲那一年行冠禮。冠禮是什麼呢？就是男子二十歲那年所行的成人禮。成人禮上，男子被授予帽子。所以，後來男子成年簡稱冠，或叫弱冠。

趙武行完冠禮，照例去各大家族拜會。

來到欒書家裡，欒書對他說：「好啊好啊。從前我做你父親的副手，你父親也很帥，但是能力一般，希望你能超過他啊。」

來到荀庚家，荀庚說：「好啊好啊，可惜我老了，看不到你將來大展宏圖了。」

來到士燮家，士燮說：「現在你可要警惕啦，賢明的人受寵更加小心，蠢人得寵則會驕傲。要多聽別人的勸告，不要總想聽好的。」

來到郤錡家，郤錡說：「好啊好啊！年輕人，你比起我們這些老同志還差得遠啊。」

來到韓厥家，韓厥說：「成人是什麼意思？就是要小心謹慎。要在一開始就要親近善人遠離不善。這就好像草木的生長一樣，各以其類聚在一起。人戴上冠冕，就如同宮室有了牆屋，只是去除污穢、保持清潔罷了，其他還有什麼可增益的呢？」

來到荀罃家，荀罃說：「你好好努力吧！作為趙衰、趙盾的後代，如果老大了還在做大夫，這不是恥辱嗎？你老爺爺的才能，你爺爺的勤勉，難道可以忘記嗎？好好努力吧，向你的祖輩學習，你一定能夠做得很好的。」

來到郤犨家，郤犨說：「年少而當官的人很多，我怎麼安排你呢？」

郤犨是公族大夫，相當於組織部長之類，借著這個機會暗示要趙武送點禮才行。

來到郤至家，郤至說：「你看看自己的能力比不上誰，可以請求擔任他的助手。」

最後，趙武來到張老家，張老挺客氣，請趙武坐了一陣，趙武就把前面幾個人的話說了一遍，張老說：「欒書、士燮、韓厥那都是好話，按他們的話去做就好了。至於三郤，估計他們都不得好死，把他們的話都當放屁就行了。」

傲慢、貪婪、無禮，一段小故事，把三郤的嘴臉描述得清清楚楚。

和平時代結束了

晉厲公二年（前579年），晉楚兩國發表和平共處聯合聲明，世界實現了和平。但是，世界和平僅僅維持了兩年時間，到晉厲公四年，一切又都恢復了原來的樣子。

這一次，首先破壞和平的是楚國人。

楚共王很強烈地感到世界和平沒有給自己帶來任何實惠，反倒是晉國占了便宜。如今，各國似乎跟晉國都更親近一些，楚國則被邊緣化了。

「如果世界和平就是這樣，老子寧可不要和平。」楚共王非常惱火，他決定要搞點事情出來。

於是，楚國出兵攻打了鄭國和衛國，因為這兩個國家跟晉國走得很近。不過，楚國並沒有占到什麼便宜。

晉國什麼反應呢？沒反應。

為什麼晉國沒有反應？因為權力鬥爭正在進行中。

三郤已經越來越肆無忌憚了，其他的人要麼敢怒不敢言，要麼冷眼旁觀，等著看熱鬧。

欒書看在眼裡，有心要有所動作，可是又怕孤掌難鳴，不敢輕舉妄動；士燮跟他父親士會一樣，是個生怕是非找上門來的人，除了上朝和開會，其餘時間都躲在家裡種菜，兩耳不聞窗外事；其餘的，荀庚、荀罃和韓厥都是冷眼旁觀的人，等著看熱鬧。而趙旃自顧不暇，哪裡還敢說三道四。

終於，三郤做了一件全晉國人民都憤怒的事情。

伯宗是個以說老實話著稱的人，全晉國人民都知道這個人很正直。可是就這麼個人，得罪了三郤，三郤於是窮追不捨，想盡辦法要害他。最終，他們羅織了大量罪名，真的就把伯宗給害死了。好在伯宗的老婆有先見之明，提前作了提防，因此伯宗的兒子伯州犁能夠逃去楚國。

害死伯宗之後，三郤緊接著又害死了晉國著名的好人欒弗忌。

「郤家一定要滅亡了，一定要滅亡了，他們殺害好人，不會有好報的。」韓厥斷言。不過，他還是躲在一旁冷眼觀瞧，他絕不出頭。

權力鬥爭金科玉律第二十條：最好沒有正義感，即便有正義感，也千萬不要出頭。

副一條：相信壞人一定會被收拾，但不要認為自己能收拾壞人。

晉厲公五年（前 576 年），楚共王派公子成前往鄭國，答應把汝陰的地給鄭國，條件是鄭國跟楚國混。

鄭成公合計了一下，好像跟晉國沒有什麼好處，而且關鍵時刻晉國總是當縮頭烏龜，去年楚國人來侵犯時，鄭國去向晉國求救，晉國就是用「一貫堅持和平方式解決國際爭端」的那一通屁話給忽悠過去了。

「好，成交。」鄭成公很容易得出結論：跟楚國混，實惠。

就這樣，鄭國又成了楚國的跟班。

這一次，晉國還是乾瞪眼。

大概楚共王覺得不把晉國人激怒就很沒意思，所以看到晉國人沒反應，他決定再搞點名堂。什麼名堂？讓鄭國人討伐宋國。地球人都知道，宋國是晉國最死硬的跟班。

聽說要打宋國，鄭國人很興奮。不用動員，子罕就率領鄭國軍隊出發了，鄭軍的戰車清一色都是上次從宋軍手中繳獲的，基本上，這麼多年以來，鄭軍的戰車總保持一半以上來自宋軍。

宋國急忙派出大將將鉏和樂懼迎戰，戰鬥結果大爆冷門，宋國軍隊竟然破天荒地獲得了勝利。捷報傳來，宋國上下一片歡騰。

擊敗了鄭軍的將鉏和樂懼敲著得勝鼓回到了夫渠（今河南商丘境內），大家高興啊，終於擊敗了鄭國人，「恐鄭症」從此一去不復返了。

「兄弟們，今晚開懷暢飲，慶祝勝利。」將鉏和樂懼高興壞了，當晚大宴官兵。

宋國人真的以為擊敗了鄭國人，但是，鄭國人沒有這麼認為。

鄭國人是被擊敗了，但是實際上應該說是被擊退了，因為他們既沒有被消滅，也沒有被擊潰。對於鄭國人來說，只能說是上半場略處下風，真正決定勝負的是下半場。

宋國人當晚喝得很好，很高興，以至於第二天天亮的時候都沒有醒過來。可是，這個時候鄭國人已經來了。

於是，這場戰爭最後的結果就是：宋軍全軍覆沒，將鉏和樂懼都被活捉。

「恐鄭症」不僅沒有結束，反而更重了。

戰爭一觸即發

宋軍再次慘敗的消息傳到了晉國，晉厲公立即召開八卿會議，討論世界局勢的最新進展。

「我們必須教訓鄭國了，奶奶的，他們簡直就像婊子，誰給錢就跟誰上床。」晉厲公非常憤怒，他已經忍無可忍了。

「不要，我覺得僅僅是鄭國背叛我們，不應該出兵，該等到諸侯都背叛我們。」士燮反對。他的理論跟他的做人理論是一致的，那就是能忍則忍。

士燮能忍，別人都不能忍了。

「不行，我不能在我的手裡丟掉晉國的霸主地位，一定要出兵。」

欒書急了，自從當上中軍帥之後，還沒有什麼政績，他現在要表現一下自己。

既然國君和中軍帥都表態了，別人還有什麼話說？

於是，晉軍四軍齊出。

看看四軍的人員配置。

中軍帥欒書，中軍佐士燮；上軍帥郤錡，上軍佐荀偃；下軍帥韓厥，下軍佐荀罃；新軍帥郤犨，新軍佐郤至。

看看變化的部分，原中軍佐荀庚去世，兒子荀偃接班，欒書直接給安排了上軍佐；原下軍帥趙旃去世，郤犨破格擔任新軍帥。

「此次出兵，就是要跟楚國人見個高低。」在出師動員大會上，欒書直接把目標說了出來。其實不說大家也能看出來，小小鄭國根本用不了四軍。

相應的，欒書作了具體安排：晉厲公親自前往督陣，八卿中，除荀罃留守之外，郤犨前往衛國和齊國請求兩國出兵援助，其餘六卿，全部隨同出征。此外，欒書的兒子欒黶被派往魯國請求出兵。

一切安排妥當，晉厲公五年四月十二日，晉軍出發了。

晉軍出發的消息很傳快到了鄭國，鄭成公立即派大夫姚句耳前往楚國求救。

「來吧，誰怕誰？」楚共王沒有猶豫，下令出兵。或許，這就是他期盼的那一天。

楚軍同樣是全軍出動，楚共王親自壓陣，中軍由司馬子反率領，左軍由令尹子重率領，右軍由將軍子辛率領。

楚國三軍浩浩蕩蕩北上。

大軍路過申地，經過申叔時的家，這時候申叔時已經離休在家。子反一向尊敬申叔時，知道他是楚國最有學問的人，因此專門上門請教。

「申老師，您看我們這次出兵的結果會怎樣？」子反問。

申叔時歎了一口氣，說了一大堆道理，簡要來說，實際上就是幾句話：「我們不講信用，破壞世界和平，失道寡助。將軍啊，你就盡力吧，反正我是再也見不到你了。」

子反聽得發愣，十分鬱悶地走了。

其實，不僅申叔時認為楚軍要敗，姚句耳也同樣不看好楚軍。因為與晉軍相比，楚軍行動迅速，但是軍容不整，遇上強敵，很容易自亂陣腳。

毫無疑問，雙方都動員了全部主力，大戰實際上已經不可避免。

非主流

在雙方軍隊遭遇之前，來看看背景材料。

與前兩次戰爭不同的是，這一次雙方都拿出了家底，雙方國君第一次雙雙上陣，應了當年子重「如果國君見面一定在戰場」的預言。因此也可以說，這一次才是晉楚兩國真正的較量。

與前兩次戰爭不同的是，雙方對於戰爭都缺乏準備，都是衝動之下做出的出兵決定。雙方既沒有先軫這樣戰神級的帥才，也沒有楚莊王這樣掌控全局的國君。也就是說，儘管是最高等級的較量，卻一定不是最高水準的戰爭。

在各自的陣容中，同樣也都分成了主戰派和主和派。但是由於兩國國君是主戰派，因此主和派的呼聲直接被忽略了。

楚軍陣營，主和派的代表是子反，但是他並沒有提出自己的看法，因為他與子重矛盾極深，擔心被子重借題發揮。

晉軍陣營，八卿中欒書和三郤都是主戰派，韓厥、荀偃和荀罃隨大流，主和派只有士燮一個人。

如果我們把雙方的主戰派說成是主流派，那麼子反和士燮就是非主流。

任何時候，非主流都是不受歡迎的，即便真理往往掌握在非主流手中。

五月，晉軍渡過黃河。這時候，楚國出兵的消息傳來了。

「元帥，我看，咱們還是撤軍吧。我們假裝逃避楚軍，這樣晉國的憂患就可以舒緩。再說當霸主這樣的事情，不是我們能夠做到的，還是等後面有能力的人來做吧。咱們就安安生生過日子，大家相安無事就好了。」非主流士燮勸欒書撤軍。

欒書狠狠地瞪了他一眼，說了兩個字：「不可。」

在內心裡，欒書有些瞧不起士燮了。

五月二十八日，晉楚兩軍在鄭國鄢陵（今河南鄢陵縣）遭遇。

「我看，我們還是撤吧。」前敵會議上，士燮又提出建議。

欒書瞪了他一眼，沒理他。欒書沒理他，不等於沒人理他。

「老士，太弱了吧？當年韓之戰，惠公被秦國人活捉；萁之戰，先軫陣亡；邲之戰，晉軍被楚莊王擊敗。這三場大戰，都是晉國的恥辱。如果我們再躲避楚國人，又是增加我們的恥辱。」八卿裡排名第八的郤至大聲呵斥排名第二的士燮，語氣十分嚴厲。

沒有人同情士燮。

士燮不說話了，等到會議結束。士燮找了一塊沒人的地方，自言自語：「當初跟外國打仗，那是因為齊、楚、狄、秦都是強國，不跟他們打，就要受欺負。如今齊、秦、狄都不是我們的對手，只剩下一個楚國跟我們抗衡而已。自古以來，只有聖人能夠既沒有外患也沒有內憂，我們都不是聖人，沒有外患必然有內憂。為什麼不留下楚國這個外患呢？」

士燮的話有道理嗎？從權力鬥爭的角度來說，不僅有道理，而且是非常有道理。如果有外患，內部就會團結；如果沒有外患，內部權力鬥爭就會升級。

管子曾經說過：「非有內憂，必有外患。」

士燮的原話是：「外寧必有內憂。」

士燮的話雖然有道理，但是在這個時候說出來肯定是不合時宜的。

所以，士燮的出發點是想遏制國內權力鬥爭，卻一不留神讓自己捲進了權力鬥爭。就因為他的幾次建議，晉厲公、欒書、三郤都開始不喜歡他。從這個角度說，士燮不是一個成熟的政治家，與韓厥相比，他差得很遠。

權力鬥爭金科玉律第二十一條：儘量避免成為非主流，如果不幸成為非主流，儘量不要發言。

第一一九章
鄢陵之戰

五月二十九日。

楚國和晉國進行了最後的戰鬥準備。

楚軍的盟軍鄭國軍隊抵達，而晉軍盟軍齊軍、宋軍、衛軍和魯軍都還沒有抵達。為什麼鄭軍到了而晉軍的盟軍都沒有到？因為路程太遠？不，因為大家都學精了。誰願意跟楚國打仗？誰也不願意。可是又不能得罪晉國。所以，大家都在玩蘑菇戰術，每天都在前進，但是就是到不了。

「殺千刀的，你們就磨蹭吧，就忽悠我們吧。」欒書當然看出來諸侯們的小把戲，可是他也沒辦法，晉國忽悠別人慣了，被別人忽悠也不算冤。

晉軍中有人是經歷過邲之戰的，有的人想起來害怕，有的人想起來窩火，有的人想起來慚愧。怎麼還有慚愧的？還真有，譬如魏錡。

邲之戰中魏錡是犯了錯誤的，害死了不少兄弟。這麼多年以來，他都受著良心的折磨。所以，他很慚愧。另一方面，儘管還沒有混到卿的位置，魏錡通過韓厥的奮鬥史，還是看到了希望。基於以上兩個原因，他暗自發誓要在這一次戰鬥中立功，掙到升官的本錢。

當天晚上魏錡做了一個夢，夢見自己射中了月亮，可是自己卻掉坑裡了，於是趕緊找人來圓夢。

「姬姓為太陽，異姓為月亮。你這夢，一定是可以射中楚王。掉進了泥坑，說明你難免一死。」圓夢的兄弟這樣分析。

晉國人在做夢，楚國人呢？

中國第一神箭手

楚國人在進行戰前大比武。

楚國有兩個著名的神箭手，一個是潘黨，一個是養由基。一向以來，兩個人就互不服氣。反正閑著也是閑著，一幫弟兄們起個哄，哥倆就找地方比試箭法去了。

來到一片空地，兩個神射手準備好了弓箭。

「百步以外安放靶子，看誰能射中，怎樣？」潘黨先劃了個道出來。

「好。」養由基沒意見。

於是，有人去百步之外放了靶子。

潘黨先射，連環三箭過去，都射在靶子上。形象點說，都在六環以上。

潘黨笑了，現在要看養由基的了。

「靶子目標太大了，看見沒有，百步之外正好有柳樹，哪個兄弟過去，在樹葉上做上記號，我要射樹葉。」養由基自己給自己提高了標準，大家一聽，都有些不敢相信。

射柳樹葉的難度比射靶子高了許多，一來目標小，基本上就是十環的標準；二來，微風輕吹，樹葉隨風擺動，還要考慮提前量。

有人去找了三片樹葉，做好了標記。

養由基深深地吸了一口氣，看的人也都屏住了呼吸。

搭箭，拉弓，射箭。

第一支箭，準準地射在做了標記的柳葉上。

「哇。」驚叫聲。

第二支箭，又是準準地射在做了標記的柳葉上。

「啊。」大家不敢相信自己的眼睛。

第三支箭，還是準準地射在做了標記的柳葉上。

「嘩。」一片歡呼聲。

「百步穿楊」這個成語，就來自這裡。

第一個項目，養由基勝出。

第二個項目，力量。

還是一百步以外，潘黨讓人把七層甲捆在一起，吊在樹上，一箭出去，射穿七層甲，那支箭就嵌在甲裡，只留下一個屁股在外面。

潘黨又笑了。

養由基也搭上了箭，拉弓，放箭。箭離弦的時候，潘黨的臉色就變了，行家一出手，就知有沒有。這支箭離弦的聲音就已經告訴了潘黨，養由基的力量也比自己大。

那支箭穩穩地紮進了七層甲，然後穿過甲，落到了地上。

「佩服佩服，養將軍神力，竟然穿過了七層甲。」潘黨服了，他一點也不嫉妒，他是真服了。

「潘將軍看錯了，是你的箭穿過了七層甲。」養由基說。

「怎麼會？」潘黨有點不高興了，這不是假謙虛嗎？這不是在諷刺我嗎？

有人把那七層甲拿了過來，潘黨接過了甲，這時候，他的臉色又變了。

原來，甲上的箭不是潘黨的，而是養由基的。那麼潘黨的箭呢？被養由基的箭生生頂了出去。

養由基的箭法，又準又狠。

養由基和潘黨比試箭法的消息很快傳遍了楚軍大營，楚共王也聽說了，於是也來看看熱鬧。

「大王，你看，我們在百步之外能射穿七層甲，有我們這樣的神射手，還怕晉國人嗎？」養由基和潘黨正在興奮頭上，拿著那七層甲去給楚共王看，以為能夠受到好評。

他們萬萬沒有想到的是，楚共王並沒有高興，他發火了。

「你們真不要臉，知不知道驕兵必敗？知不知道淹死的都是會水的？知不知道山外有山？以為就你們會射箭？你們賣弄箭法吧，明天一定就死在這上面。」楚共王說了一通很有哲理的話，最後一生氣，把兩個人的箭都給沒收了。

真是熱臉貼上了冷屁股，這一通罵，罵得養由基和潘黨兩個灰頭土臉，就連看熱鬧的也覺得很沒趣，一哄而散了。

共王說的有道理嗎？當然有道理。可是，這個道理在這裡並不適合。如果因為容易被敵人射死就不敢射箭的話，學射箭幹什麼？換句話說，射箭的被敵人射死，那就是死得其所，是最正確的死法，有什麼好指責的？

在這一點上，楚共王和士燮一樣，他們都很高明，都很懂得道理，可是，道理用錯了地方。而道理用錯了地方的後果將是很嚴重的。

順便再說說養由基。

養由基是文字記載的中國歷史第一號神射手，第二號才是李廣。

關於養由基還有一個故事，在楚國的荊山有一隻老猿，身手十分敏捷，楚國人打獵的時候用箭射它，老猿根本不當回事，閃轉騰挪，用手接箭，用尾巴撥箭，等等，那簡直是把人不當人看，而是當猴耍。

人被老猿羞辱得受不了了，於是請養由基出馬。老養來到荊山，找到了老猿，然後搭弓上箭。再看老猿，老猿哭了。被射了這麼多年了，它也是行家了，一看養由基的弓箭和動作，它知道自己這回算是栽了。

果然，養由基一箭出去，快如閃電，力大無窮，老猿直接就被幹下來了。

鬥法

叛徒，是很可怕的。

高級叛徒，更加可怕。

充滿仇恨的高級叛徒，那就是無比可怕了。

兩軍陣營各配置了一個叛徒，一個高級叛徒，一個充滿仇恨的高級叛徒。

苗賁皇，鬥越椒的兒子，現在官為晉國上大夫，與楚國有殺父滅族之仇。

伯州犁，伯宗之子，現在擔任楚國太宰，與晉國有殺父滅族之仇。

這一次，兩個叛徒都來到了前線，並且，都在各自國君的身邊出謀劃策。

五月二十九日晚，楚軍召開前敵會議。

「各位，現在兩軍對峙，我們什麼時候打？怎麼打？」楚共王提出問題。在場的有不到十名高級將領。

「我看，再等一等，比比耐心再說。」子反的意見是這樣的，內心裡，他有些不想打。

「等什麼等？我等不及了。」子重反對，基本上，只要是子反支持的，他都反對。

共王各看了他們一眼，他知道這是兩個缺心眼的人，問他們沒什麼用。

「太宰，你的看法呢？」共王問伯州犁。他覺得伯州犁真是個人才。

「大王，現在鄭國軍隊已經到了，而晉國的盟軍還在路上，我們應該趁他們還沒有到來之前進行決戰。」伯州犁建議速戰，他的理由很充分。

共王想了想，晉國的四路盟軍儘管戰鬥力一般，但是人數確實很多，人多膽壯啊。所以，伯州犁的看法是正確的。

「好，我決定明天決戰。太宰，你對晉國軍隊非常熟悉，你認為我們應當怎樣佈置？」共王又問。

「大王，晉軍作戰，紀律性強，協同作戰能力比我們高。如果兩軍陣地戰，晉軍實力在楚軍之上。不過論單打獨鬥、混戰，楚軍強于晉軍。所以，我建議我們明晨早起，迫近晉軍大營列陣，這樣，他們列陣缺乏空間，陣形不整，協同作戰力將會大打折扣。」伯州犁的分析一五一十，說服力極強。

「噢，原來這樣。」子重、子反頻頻點頭，打了一輩子仗，今天總算開了點竅。

五月三十日淩晨，楚軍起了個大早，那天還沒有月亮，兄弟們黑燈瞎火吃了早飯，天微微亮就出發，到了晉軍大營前列陣。

楚國人列好陣了，晉國人才剛開始吃早餐。

晉軍大營，前敵擴大會議。

對面楚軍陣地，楚共王站在巢車上觀察晉軍，身邊就是伯州犁。什麼是巢車？就是類似鳥巢的車，特點是高而且有遮罩，就是用來觀察敵軍的。

在這裡，楚共王和伯州犁進行了一段歷史上十分著名的對話，伯州犁就像一個專業的解說員來講解對面大營中的每一個行動，而楚共王依然像記者一樣提問題，不過這次不是小報，是大報，因為問題很專業。

「晉軍營中車馬往來，在做什麼？」楚共王問。

「召集軍官。」

「都到了中軍大帳，幹什麼？」

「開前敵會議。」

……

伴隨著伯州犁的精彩解說，我們還是把鏡頭轉移到晉軍大營，看看晉國人的作戰程式吧。

楚國人已經逼到了眼前，對於晉國人來說，第一個要討論的問題就是出戰還是穩守。

「楚國人軍心浮躁，我們只需要固守三天，他們就會撤退，到時候我們的盟軍也到了，我們正好包圍他們，必然獲得完勝。」主帥欒書首先定了調，說句公平話，欒書的戰略萬無一失，確實是個好辦法。

按理說，主帥定了調，而且是個好調，別人通常就不說話了。可是，三郤並不買賬。

「不好，我們應該立即出擊。楚國人有六大缺陷，第一，兩大主將子重和子反嚴重不和；第二，楚王的親兵還是莊王時候的人馬，都是老弱；第三，鄭國軍隊的陣形很不齊整；第四，楚軍幾乎就沒有陣形；第五，月末作戰，他們卻在沒有月亮的晚上出動；第六，楚軍非常喧囂，各自為戰，而大家都在向後面看，顯然是找逃跑的路線。他們有這六大缺陷，我們難道不能戰勝他們嗎？」郤至說話了，一點不給欒書面子。

雖然大家都有點討厭三郤，但郤至這番話是說得有道理的，大家忍不住點頭。

「說得有理，欒元帥，跟楚國人決戰吧。」晉厲公決定聽從郤至的建議。

欒書很不願意這個時候跟楚國人決戰，他覺得沒有把握。可是晉厲公都發話了，就這麼頂回去是不合適的。不過，欒書有理由。

「主公，就算郤至說得有理，可是楚軍太逼近我們的大營，我們根本沒有列陣的餘地了。」欒書說。這倒是個現實的問題。

大家都沒話說了。

「這一定是伯州犁出的主意。」荀偃忍不住說了出來。他和伯州犁是朋友，知道伯州犁的才能。

就在大家都傻眼的時候，有一個人想到了辦法。誰？士匄（音蓋）。

士匄是下軍大夫，級別不高，因此站得靠後，這個時候走上前來。

「元帥，我有辦法。我們在大營裡把灶平了，帳篷拆掉，不就騰出地方來了？然後拆掉營門，就可以衝鋒了。老天爺就是讓晉國來抗衡楚國的，我們怕他們幹啥。」士匄的主意一出，現場一片譁然，太聰明了。

晉厲公點點頭，表示同意。郤至笑了，他很開心。欒書的臉色變得很難看，他瞪了士匄一眼，心說：「要說這小子缺心眼呢，他的主意還挺正；要說這小子聰明呢，可是他怎麼一點眼力也沒有？」

大家沒有注意到，在他們讚歎不已的時候，一個人憤怒了，這個人臉漲得通紅，順手抄起一把大戟來。

「兔崽子，大人們說國家大事，你懂個屁，我叫你胡說八道。」這人說著，舉起大戟來就要刺士匄。

誰這麼囂張？士燮，士匄他爹。

士燮知道，當兩派意見不一致的時候，最好不要發言，只要發言，一定會得罪人的。

還好，大家把士燮的長戟奪了下來，士匄遠遠地躲到了一邊。

苗賁皇若有所思，自言自語：「老到，老到。自我保護意識超強啊。」

「就按士匄的方法，準備戰鬥。」晉厲公下了最後的命令。

現在，再把鏡頭拉到楚軍大營的巢車上，依然是楚共王和伯州犁兩人在對話。

楚共王：「張幕矣。」——他們張開了帳幕。

伯州犁：「虔卜於先君也。」——這是在他們先君靈位前祈禱和占卜。

楚共王：「徹幕矣。」——他們又把帳幕拆了。

伯州犁：「將發命也。」——這是準備發佈命令。

楚共王：「甚囂，且塵上矣。」——那裡非常喧鬧，而且塵土飛揚。

「甚囂塵上」，這個成語來自這裡。

伯州犁：「將塞井夷灶而為行也。」——這是填井平灶，看來，他們將在那裡列陣了。

楚共王：「皆乘矣，左右執兵而下矣。」——都上車了，但是車上的戰士又都下車了。

伯州犁：「聽誓也。」——聽取軍令。

楚共王：「戰乎？」——他們準備打嗎？

伯州犁：「未可知也。」——現在還說不準。

楚共王：「乘而左右皆下矣。」——又上車了，又下車了。

伯州犁：「戰禱也。」——這是在作戰鬥前的祈禱。

除了這些看得到的，伯州犁還把晉厲公親軍的情況作了詳細彙報。

有了伯州犁，楚共王對於晉軍的一舉一動都很清楚了。

晉國叛徒在楚軍大放異彩，楚國叛徒在晉國就沒有表現嗎？答案是否定的。

苗賁皇也沒有閑著，他也在晉厲公的身邊介紹楚軍的情況。在詳細介紹了楚共王親軍的情況之後，苗賁皇還提出了非常有價值的建議。

「主公，楚軍一向是把精兵強將集中在中軍的。我們不妨以精兵攻擊他們的左右兩軍，然後三面合圍他們的中軍。這樣，他們一定會大敗。」苗賁皇的建議非常好，當初先軫就是這樣做的。

「大家怎麼看？」晉厲公問。

「嗯，好主意。」欒書表示贊同。

主意是個好主意，而且主帥都贊同了，按理說應該沒有人反對。可是，郤至又說話了。

「我看不好，我看應該集中優勢兵力攻擊對方中軍，派少量部隊拖住對方左右兩軍。為什麼這樣？首先，子重與子反有仇，所以他一定不願意增援中軍。而子辛缺乏作戰經驗，更不敢輕舉妄動；第二，楚軍中軍號稱精銳，實際上是些老弱病殘，再加上鄭國軍隊也在中軍，指揮混亂，反而降低戰鬥力。」

別說，郤至的分析也有道理。

總的來說，欒書的打法穩重，郤至的打法激進，二者都有可取之處。如果是晉文公，一定按欒書的策略。可是，晉厲公年輕氣盛，他覺得郤至的辦法更好。

「好，就按郤至的建議。」晉靈公定了調。

郤至得意地笑了，他沒有注意到，欒書狠狠地瞪了他兩眼。

晉軍最後的作戰安排是這樣的：以上軍對抗楚國的左軍，因為子重的戰力比較強；以郤犨率領新軍的一半牽制楚軍的右軍，其餘中軍、下軍再加上郤至率領新軍的一半來攻擊楚軍的中軍。

不得不承認，晉軍的戰術意識依然在楚軍之上。

戰鬥就要打響，讓我們來看晉楚之間的第三次戰爭。

第一二〇章
永不結束的戰爭

晉軍擺好了陣勢，隨後拆除了營門和柵欄，晉楚兩軍正式對壘了。

伯州犁對晉軍的陣勢感到很吃驚，他知道形勢有些不妙了。

「大王，晉軍要集中優勢兵力來攻擊中軍了，趕快通知左右兩軍向中軍靠近。」伯州犁提出緊急建議。

可是，晚了，因為晉國人已經開始衝鋒了。

既然如此，只能死戰了。

鬥箭

先看看晉軍新軍與楚軍右軍的對抗。

郤犨根本沒有準備跟楚軍硬拼，而楚軍也沒有想要跟晉軍死磕。因此，兩軍以接觸戰的方式進行戰鬥，基本上是第一排的士兵打打停停，後排士兵吶喊助威。

晉國人的策略成功。

再看看晉軍上軍與楚軍左軍的戰鬥。

畢竟是雙方主力部隊，戰鬥遠比右軍要激烈得多。不過，晉軍保持了陣形，楚軍也並不淩亂。基本上，兩軍勢均力敵。

總的來說，這邊的戰鬥很有序，雙方傷亡都不大。那麼，有序到什麼程度呢？

欒針是欒書的二兒子，因為作戰勇猛，此次出任晉厲公的車右。自然，晉厲公不會衝鋒在前，因此還比較悠閒。突然，欒針想起一件事來。

「主公，從前我出訪楚國，子重問我晉軍的勇武體現在哪裡，我說是好以眾整（軍容整肅）和好以暇（從容不迫）。如今兩國交兵，使節不能來往，不能說是軍容整肅；說話不算數，不能算是從容不迫。我請求派人去給子重敬酒。」欒針說。

厲公一聽，這主意挺好，反正閑著也是閑著，當即讓人倒了一杯酒，派了一名算是戰地使者的給子重送過去。

「哎，拜託拜託，酒來了啊，讓個道讓個道。」使者就像趕菜市場一樣，一路喊一路走，大老遠從中軍來到了上軍。

晉軍和楚軍看見有人端酒上來，紛紛讓路，然後在一邊看熱鬧。

使者順利來到了子重的面前，這時候大家都不打仗了，看看要發生什麼。

「我們國君缺乏人手，所以欒針這樣的廢材也要給國君當車右了。沒辦法，不能親自前來，只能派我來為將軍敬酒。」使者說完，把酒敬了上去。

子重接過了酒，恍然大悟：「欒針當初在楚國說過晉軍好整以暇，一定是為了這句話給我送酒的，他記性真好。麻煩你回去替我致謝，有機會我再請他喝酒。」

子重說完，把酒一飲而盡。

酒都敬了，還打什麼？

之後晉楚兩軍基本上就跟演京戲一樣了。

欒針的這杯酒，到底是真的賣弄風度，還是要瓦解敵人鬥志呢？

晉國人，有的時候真的說不清。

總之，楚軍的左右兩軍很休閒。

可是，中軍就慘大了。

晉軍排山倒海一般壓了過來，人數上佔據絕對優勢。就算楚軍中軍都是精銳，可是人家晉軍也都是精銳啊。

如果說左右兩軍打的是友誼賽，中軍絕對是淘汰賽了。

楚共王見到形勢不妙，堅持不退，拼命擂鼓。要說起來，春秋時期的國君不僅常常親自上陣，而且常常衝鋒在前，而楚國國君尤其神勇。

在楚共王的帶領下，楚軍中軍士氣大振，竟然抵擋住了晉軍的攻擊，儘管非常吃力。

魏錡是一員猛將，也是衝鋒在前，他猛地看見楚莊王親自擂鼓，突然想起自己的夢來，於是抽出一支箭，瞄準了楚共王。

楚共王正在擂鼓，一抬頭，發現一支箭正向自己飛來，想要躲，已經來不及了，之後就覺得眼前一黑，右眼就什麼也看不到了。

魏錡的箭準準地射進了楚共王的眼睛，好在距離過長力量不大，否則當場就會要命。

楚共王大叫一聲，一把把箭從眼睛裡拔了出來，箭頭帶著自己的眼珠。見到大王受傷，衛士們急忙上來攙扶。楚共王忍著痛，大叫：「養由基，養由基。」

養由基就在旁邊，急忙過來。

「給你兩支箭，替我殺了射我的人。」共王急了。

把箭給了養由基，共王掉轉車頭，到後面包紮傷口。

戰前，養由基的箭都被共王沒收了，因此這段時間真是乾著急使不上勁，如今拿到了兩支箭，急忙忙要找射傷共王的人。

「誰射的？是誰？」養由基問身邊的士兵，可是兵荒馬亂的，誰注意了？沒人知道。

養由基正在著急，那一邊目標自動出現了。

「我射中了，我射中了楚王，哈哈哈哈。」魏錡手舞足蹈，大聲喊叫，他生怕大家不知道。他很高興，他好像已經看見卿的寶座在向自己招手。

可是他顯然忘了，楚國還有一個叫養由基的。

慢鏡頭開始了。

養由基的箭搭上了弓，拉開弓，鬆手，箭慢慢地飄了出去，筆直地向前飛，箭尾的羽毛在顫動。終於，箭飛到了目的地，「噗」的一聲，一個脖子被刺穿。

喊叫聲戛然而止，脖子彎了下來，於是我們可以看到臉。啊，原來是魏錡。

魏錡趴在了自己的箭囊上，一動不動。

他終於還是沒有能夠當上卿，儘管他離卿已經是無限的近。不過，能死在養由基的箭下，那絕對是個勇士的光榮。就像養由基，他最終也死在敵人的箭下，那是天下第一神射手最偉大的歸宿。

養由基追上了楚共王，把剩下的一支箭還給了共王。

共王用一隻眼看看他，因為他只剩下一隻眼了。

「你的箭還給你。」共王收下了自己的箭，然後把養由基的箭囊遞給了他。

從那以後，養由基得了個「養一箭」的綽號。

放生

共王受傷，楚軍終於抵擋不住了。

楚軍中軍崩了，但是並沒有潰，而是一邊抵抗一邊後撤，這就是楚軍，決不逃命的楚軍。

晉軍精銳已經突入楚軍的陣地，一個身穿紅色盔甲的晉軍將軍十分扎眼，這個人非常勇猛，衝在最前。

楚共王一步步後撤，而紅甲將軍率領著一隊晉軍精銳已經衝到了眼前。共王的親兵們緊張起來，他們知道晉國人喜歡擒賊先擒王的打法，共王已經非常危險。

然而，令楚國人吃驚的是，當紅甲將軍衝近的時候，他一定會跳下車，脫下頭盔。這樣反覆三次，共王終於看出名堂來了，於是他取下自己的弓，派工尹襄給紅甲將軍送過去：「這個紅甲將軍看見我就下車，一定是個君子，把這個送給他，看看他是不是受傷了。」

工尹襄把弓拿去送給了紅甲將軍，並且轉達了共王的問候，紅甲將軍怎麼說？這麼說：「托大王的威靈，外臣能夠隨國君作戰。對大王的問候我不敢當。我並沒有受傷，多謝大王的關心。軍務在身，請使者轉達我的敬意。」說完，紅甲將軍對著使者肅拜三次。

太有風度了，實在是太有風度了，風度好得簡直令人嫉妒。

誰啊？郤至。

「哼。」遠遠地，有人冷笑了一聲。

楚軍還在拼命抵抗，鄭國軍隊則早早崩潰掉了。

韓厥還是那麼勇猛，他知道什麼地方該出頭，什麼地方該掩蓋鋒芒。韓厥率領的兵力恰好對著鄭軍，於是一通衝鋒，把鄭軍打得丟盔棄甲，鄭成公沒命一般狂逃。

大概是覺得跑得太快沒面子，或者到時候不好交代，鄭成公命令御者放慢逃命的速度。

「將軍，鄭伯慢下來了，一定是他跑不動了，圍上去活捉他吧。」韓厥的車右提出建議。

「算了，記得當年非要捉齊侯，結果弄得大家灰頭土臉。算了，別捉人家國君了，得罪一個國家的人可不是好事。」韓厥多聰明的人，他才不會再幹這樣的蠢事。

於是，韓厥的部隊停止追擊了。

隨後，郤至的部隊也追了上來，並且超過了韓厥的部隊。

「前面是鄭伯，抓住他吧。」郤至的車右也這樣建議。

「算了，捉住國君是不吉利的。」郤至也拒絕了。於是，郤至的部隊也停止了追擊。

「哼。」遠處，一個人冷笑了一聲。

要不是養由基和潘黨的神箭讓晉軍心存忌憚，楚軍的大敗基本上就無法避免。還好，儘管損失不小，楚軍並沒有崩潰。

到了天快黑的時候，晉楚兩軍都收兵回營了。

計點損失，楚軍這邊左右兩軍損失很小，中軍傷亡被俘計兩千多人，其中，共王的弟弟公子筏被晉軍活捉，而鄭軍全部潰散。

晉軍方面，傷亡千餘人，基本沒有人被俘，大將魏錡戰死。

總體來說，是晉軍小勝的局面。

子反死了

強國之間的戰爭，實力只是一個方面，更重要的是哪一邊取勝的決心更大。

「大王，是打，還是撤？」子反請示共王。

「打。」楚共王沒有猶豫，儘管受了傷，他也不肯逃跑。

於是，子反下令，三軍整頓車甲，準備明天再戰。

楚國人要繼續打下去的消息傳到了晉軍這裡，晉國人真是有點害怕了，楚王都瞎了一隻眼還要打，那就是只要不死就要跟你拼到底啊。面對這樣的對手，誰不怕？

晉國人沒有打還是撤的選擇，他們沒有理由不打下去。可是，他們還是盼望楚國人自己撤退，免得兩敗俱傷。

「這樣，我們也作出要殲滅他們的姿態，他們一定害怕。」苗賁皇提出建議，他知道楚國人這時候在想什麼。

你橫，我比你還橫。

苗賁皇傳達晉厲公的命令：「全體修繕兵器戰車，晚上好好休息，明天一早攻擊楚軍，活捉楚共王。」

發佈命令之後，苗賁皇悄悄地命令晉軍放鬆對俘虜的看管。果然，有幾個俘虜趁機逃跑了。

逃跑的俘虜回到楚軍大營，立即被帶去見楚共王，因為共王想知道對方的動作。

「大王，晉國人明早就要來攻擊我們，還說不捉住您就不收兵。」逃回來的俘虜彙報。

楚共王心裡打鼓了，要是晉國人鐵了心跟楚國幹到底，還真的麻煩。不說別的，就說自己這眼睛，雖說不致命，但再這麼熬下去，發炎化膿要命那就一點也不奇怪了。

「快請子反。」共王要跟子反商量一下。

為什麼請子反不請子重？因為共王喜歡子反，不喜歡子重。所以子反作為司馬反而指揮中軍，子重作為令尹只能率領上軍。

沒過多久，派去請子反的人回報：「報告大王，子反將軍喝得大醉，正睡著呢。」

共王皺了皺眉頭，他並沒有太生氣。因為要戰鬥的話需要有人出謀劃策，要逃跑的話並不需要，只要一個字：快。

「看來老天是要楚國失敗啊。通知三軍立即收拾行囊，輕裝撤退，快。」共王沒有猶豫，子反來不來都會這樣決斷。

《左傳》曰：「乃宵遁。」

楚軍連夜後撤，想想看，當晚也就是一個小月牙，黑燈瞎火，走得辛苦。

子反到天亮才醒過來。

「啊，該戰鬥了。」子反從床上滾了下來，站起身，就要衝出帳篷。

「將軍，咱們已經撤到瑕了。」谷陽說。谷陽是子反的僕人，一個宦官，一直跟著子反，是子反最信任的人。

「撤了？我怎麼不知道？難道，我睡了一晚上？你昨晚給我喝的是酒？」子反大吃一驚，一連串的問題問出來。

原來，昨晚子反下了準備戰鬥的命令之後回到帳篷，谷陽獻上了一壺水。子反喝了一口，說：「這是酒啊。」

「不是酒，是水，不過喝起來有點像酒。」谷陽挺會說話，不過他也是好心，想讓子反喝一點酒好睡個好覺。

「不是酒？」子反猶豫了一下，他知道那是酒，可是又寧願相信谷陽說的不是酒，最終，他咕嚕咕嚕一口氣把一壺酒喝了個精光。

好酒，真是好酒。喝完之後，子反就什麼也不知道了。

「那，大王來找過我嗎？」子反問。

「撤軍之前來找過，沒叫醒你。」谷陽不敢撒謊。

「唉。」子反歎了一口氣，陣前醉酒，那可是死罪。子反抽出刀來，自言自語：「我是中軍主將，這一仗就是敗在了中軍。就算不醉，我也該死了。」

子反舉起刀來，就要自殺。

正在這個時候，楚共王派人來了。

「大王有令，本次出征，是大王親自坐鎮，失利的責任大王承擔，與子反將軍無關。」原來，楚共王是生怕子反想不開，派人來特赦他。

「不，如果大王讓我死，那是我的光榮。我的部隊是最先敗退的，責任當然是我的。」子反不是一個不敢承擔責任的人。

共王的使者走了，子反的心中久久不能平靜，共王對自己這樣寬容，實在令自己慚愧。即便共王不追究自己，自己就不該自覺一點嗎？

就在子反進行激烈思想鬥爭的時候，子重派人來了。來幹什麼？

「子重將軍讓我給你帶話，當初成得臣的故事你應該知道吧？何去何從，自己看著辦吧。」得，子重的話等於讓子反自殺。

「唉。」子反又歎了一口氣，他決定自殺，因為他感到慚愧。

刀起，刀落，血濺當場。

共王的親叔叔就這樣自殺了，楚國人以剛烈著稱，就是指子反這樣的人。

子反倒下的時候，共王的第二個特使又來了，因為共王擔心子反想不開，再次來赦免子反。

可惜，晚了。

戰爭總結

來總結一下鄢陵之戰。

首先，這是一次晉楚雙方都盡了全力的戰爭。

晉國出動了晉厲公、七個卿和四軍；楚國出動了楚共王、子重、子反和三軍。雙方作戰地鄢陵在滎陽以南，說明晉軍是跨過滎陽，主動尋找楚軍作戰，而楚軍也是同樣的想法。

其次，這次戰爭雙方都沒有表現出很高的戰略戰術素養，沒有出現狐偃、先軫和楚莊王這樣出色的戰略戰術家。因此，這場戰爭註定不會成為經典戰例。

第三，雙方陣容中的叛徒都很出彩，基本上，他們都能看到雙方的優劣長短，應該說，不論是苗賁皇還是伯州犁，都是精英，而把這樣的精英給了對方，絕對是各自國家的損失。

第四，雙方都有各自表現出色的人物。晉國這邊，郤至風頭出足，不僅晉軍的整個戰術部署和打法都是他的意圖，他本人還弄了一身紅甲，像個明星一樣前衝後突。不僅像明星，郤至還賣弄了風度，連楚共王都讚揚他。而楚國這邊的頭號明星無疑是養由基，往常人們稱他養叔，這一戰下來，得了個綽號「養一箭」，端的是楚國人愛晉國人怕，揚名立萬，成為中國歷史第一神箭手。要是放在現在，奧運會射箭金牌別人就根本不要想了，連靶子都給你射穿。

第五，雙方的內部矛盾在戰爭期間被壓制。楚國方面，子重和子反是仇人，但是楚共王在，子重、子反沒有發生正面衝突。晉國方面，儘管欒書、士燮和三郤之間意見並不統一，但是晉厲公在，內部矛盾也沒有爆發。設想一下，如果楚軍沒有共王而晉軍沒有厲公，這次戰爭會亂到什麼程度？

但是，戰爭期間沒有爆發的內部矛盾在戰爭結束後立即爆發，子重借題發揮，逼死了子反。那麼，晉國這邊呢？

第六，晉楚兩軍實際上實力相當，正面作戰的情況下，也就是大打小輸贏，誰也沒有把握戰勝對手。

我們還是先把這次戰爭的結尾交代一下。

晉軍在第二天早上發現楚軍已經撤了，於是皆大歡喜。因為楚軍撤得匆忙，輜重糧食等都來不及帶走，晉軍就在楚軍大營足足吃了三天。

楚軍撤走之後的第二天，齊軍、衛軍、宋軍、魯軍都到了，晉厲公一看，好嘛，仗打完了，你們也來了。

不過，魯軍最終沒有能夠與晉軍會合，因為魯國權臣宣伯暗中派人對郤犨說魯成公是故意磨蹭，等到晉楚兩軍決戰之後再看風使舵的。其實呢，明擺著個個諸侯都這樣的，不過郤犨收了宣伯的賄賂，因此拒絕魯軍前來會合。

「這幫該死的來錦上添花來了，不能便宜他們。」晉厲公下令晉國軍隊凱旋回國，留下隨後趕來的下軍佐荀罃統帥諸侯軍隊攻打鄭國。

聯軍的實力實在太差，也許他們也覺得很無聊，也許他們覺得晉國人派個下軍佐來領導自己太沒面子，要知道齊國和衛國都是國君帶隊，宋國是華元領軍，結果要在你晉國老六的領導下打仗，心情怎麼會爽？

總之，聯軍的軍事行動很不成功，打鄭國打不動，於是屁股一歪，打到陳國去了。打了一通陳國沒什麼成果，屁股再歪一歪，轉蔡國去了。在蔡國轉了一圈，屁股再歪一歪，又來到了鄭國潁上。

鄭國的子罕看透了聯軍這點把戲，他們並不想打仗，可是又不敢就這麼回去，因此四處轉悠。

「轉，轉你們個頭啊。」子罕也沒客氣，率領鄭軍精銳半夜襲擊了聯軍，結果打得聯軍抱頭鼠竄。得，這回也不用不好意思了，聯軍直接跑回國了。

魯成公原本還有些忐忑不安，聽說聯軍被鄭國打得丟盔棄甲，不禁暗自慶倖。

士燮父子

對外戰爭獲勝了，內部的鬥爭就會更加激烈。

「主公，您這麼年輕，而我們都沒有什麼才能，我們為什麼獲得這麼大的勝利呢？主公一定要戒驕戒躁啊。《周書》說了：天命不會一成不變。也就是說只有有德的人才能享受天命。」晉軍回國的時候，士燮對晉厲公這樣說。

晉厲公瞥了他一眼，沒有說話。

欒書也瞥了他一眼。

三郤瞥了他三眼。

就連士匄也瞥了父親一眼。

士燮暗暗地歎了一口氣，不再說話了。

從晉文公稱霸開始到現在，晉國的強勢人物按照順序分別是：狐偃、先軫、趙盾、郤缺、荀林父、士會、郤克、欒書。

同樣按照這個順序，狐家首先從晉國逃亡，在晉國政壇消失；隨後，先家慘遭滅門；再隨後，趙家慘遭滅門。按照這個順序，下一個難道就是郤家？

如果這是一個詛咒，上面的七家是不是都無法逃避？

晉國的卿，沒有一個死在楚國人的車前，卻紛紛倒在晉國人的刀下。什麼是權力鬥爭？這就是權力鬥爭。

權力鬥爭，遠比戰爭要殘酷得多。

權力鬥爭，就是一場永不結束的戰爭。

說春秋之三：晉楚爭雄

作　　者	賈志剛
發 行 人	林敬彬
主　　編	楊安瑜
編　　輯	王聖美
內頁編排	于長煦
封面設計	王雋夫
出　　版	大旗出版　行政院新聞局北市業字第1688號
發　　行	大都會文化事業有限公司 11051台北市信義區基隆路一段432號4樓之9 讀者服務專線：(02)27235216 讀者服務傳真：(02)27235220 電子郵件信箱：metro@ms21.hinet.net 網　　　址：www.metrobook.com.tw
郵政劃撥	14050529 大都會文化事業有限公司
出版日期	2011年09月初版一刷
定　　價	250元
I S B N	978-986-6234-30-9
書　　號	History-26

4F-9, Double Hero Bldg., 432, Keelung Rd., Sec. 1,
Taipei 11051, Taiwan
Tel:+886-2-2723-5216　Fax:+886-2-2723-5220
Web-site: http://www.metrobook.com.tw
E-mail: metro@ms21.hinet.net

◎本書由廣西師範大學出版社授權繁體字版之出版發行。

國家圖書館出版品預行編目資料

說春秋之三：晉楚爭雄 / 賈志剛著. -- 初版. --
臺北市：大旗出版：大都會文化, 2011. 09
面； 公分. --（History ; 26）

ISBN 978-986-6234-30-9（平裝）

1. 春秋史

621.62　　100015868

大都會文化　讀者服務卡

書名：**說春秋之三：晉楚爭雄**

謝謝您選擇了這本書！期待您的支持與建議，讓我們能有更多聯繫與互動的機會。

A. 您在何時購得本書：______年______月______日

B. 您在何處購得本書：___________書店，位於___________(市、縣)

C. 您從哪裡得知本書的消息：

1.□書店　2.□報章雜誌　3.□電台活動　4.□網路資訊

5.□書籤宣傳品等　6.□親友介紹　7.□書評　8.□其他

D. 您購買本書的動機：（可複選）

1.□對主題或內容感興趣　2.□工作需要　3.□生活需要

4.□自我進修　5.□內容為流行熱門話題　6.□其他

E. 您最喜歡本書的：（可複選）

1.□內容題材　2.□字體大小　3.□翻譯文筆　4.□封面　5.□編排方式　6.□其他

F. 您認為本書的封面：1.□非常出色　2.□普通　3.□毫不起眼　4.□其他

G. 您認為本書的編排：1.□非常出色　2.□普通　3.□毫不起眼　4.□其他

H. 您通常以哪些方式購書：(可複選)

1.□逛書店　2.□書展　3.□劃撥郵購　4.□團體訂購　5.□網路購書　6.□其他

I. 您希望我們出版哪類書籍：（可複選）

1.□旅遊　2.□流行文化　3.□生活休閒　4.□美容保養　5.□散文小品

6.□科學新知　7.□藝術音樂　8.□致富理財　9.□工商企管　10.□科幻推理

11.□史哲類　12.□勵志傳記　13.□電影小說　14.□語言學習（____語）

15.□幽默諧趣　16.□其他

J. 您對本書(系)的建議：

____

K. 您對本出版社的建議：

____

讀者小檔案

姓名：______________ 性別：□男 □女　生日：____年____月____日

年齡：□20歲以下 □21～30歲 □31～40歲 □41～50歲 □51歲以上

職業：1.□學生 2.□軍公教 3.□大眾傳播 4.□服務業 5.□金融業 6.□製造業

7.□資訊業 8.□自由業 9.□家管 10.□退休 11.□其他

學歷：□國小或以下 □國中 □高中／高職 □大學／大專 □研究所以上

通訊地址：______________________________________

電話：（H）______________（O）______________ 傳真：______________

行動電話：____________________E-Mail：____________________________

◎謝謝您購買本書，也歡迎您加入我們的會員，請上大都會文化網站 www.metrobook.com.tw 登錄您的資料。您將不定期收到最新圖書優惠資訊和電子報。

北區郵政管理局
登記證北台字第9125號
免貼郵票

大都會文化事業有限公司

讀者服務部 收

11051台北市基隆路一段432號4樓之9

寄回這張服務卡〔免貼郵票〕
您可以：
◎不定期收到最新出版訊息
◎參加各項回饋優惠活動